Kai-Uwe Hugger · Markus Walber (Hrsg.)

Digitale Lernwelten

Kai-Uwe Hugger
Markus Walber (Hrsg.)

Digitale Lernwelten

Konzepte, Beispiele und Perspektiven

VS VERLAG

Bibliografische Information der Deutschen Nationalbibliothek
Die Deutsche Nationalbibliothek verzeichnet diese Publikation in der Deutschen Nationalbibliografie; detaillierte bibliografische Daten sind im Internet über <http://dnb.d-nb.de> abrufbar.

1. Auflage 2010

Lektorat: Stefanie Laux

VS Verlag für Sozialwissenschaften ist eine Marke von Springer Fachmedien.
Springer Fachmedien ist Teil der Fachverlagsgruppe Springer Science+Business Media.
www.vs-verlag.de

Umschlaggestaltung: KünkelLopka Medienentwicklung, Heidelberg
Gedruckt auf säurefreiem und chlorfrei gebleichtem Papier
Printed in Germany

ISBN 978-3-531-16365-9

Inhalt

Einleitung

Digitale Lernwelten: Annäherungen aus der Gegenwart

Kai-Uwe Hugger und Markus Walber

Die digitalen Medien durchdringen zunehmend formelle wie informelle Lernprozesse, also sowohl solche, die im Kontext der traditionellen Bildungsinstitutionen (z.B. Schule und Weiterbildungsträger) angesiedelt sind, als auch solche, die in der Freizeit bzw. unabhängig von erzieherischen Zielbestimmungen stattfinden (z.B. auf dem Pausenhof der Schule oder im Rahmen von Computerspielen). Die jeweilige Antwort auf die Frage nach den gegenwärtigen und zukünftigen Möglichkeiten des Lehrens und Lernens mit digitalen Medien wird in den letzten Jahren besonders durch die neuen technischen Entwicklungen und Möglichkeiten des Internets sowie der mobilen Endgeräte beeinflusst: (a) vom Web 2.0 bzw. Social Web mit seinen erweiterten technischen Möglichkeiten zur Partizipation, Kollaboration, Kommentierung, Zitation und Selbstartikulation (z.B. in Wikis, in den sozialen Netzwerken des Internet, in Weblogs), (b) von den sich eröffnenden Möglichkeiten portabler, leichtgewichtiger Endgeräte und ihrer Softwareanwendungen, die problemlos in der Hand oder Tasche transportiert werden können (z.B. Handys, Smartphones, Laptops), (c) von digitalen 3D-Welten mit ihren Möglichkeiten zur kollaborativen Erschaffung von Objekten im virtuellen Raum, vermittelt über eine selbstgeschaffene Spielfigur (z.B. Second Life, Activeworlds) sowie (d) von digitalen Spielen, die, über ihren unterhaltenden Charakter hinaus, bisher kaum beachtete Bildungspotenziale eröffnen (z.B. über Manipulation oder Modifikation von Spielesoftware, ermöglicht durch Web 2.0-Anwendungen oder spezielle Softwareentwicklungs-Kits).

Im Kontext dieser technischen Entwicklungen und Möglichkeiten entstehen *digitale Lernwelten* sowohl als feste, eingrenzbare und lokalisierbare Bildungsangebote als auch als geografisch entgrenzte und nicht-formalisierte Angebotsstrukturen, die auf ein explizites Bildungs- und Lernziel verzichten. Zugleich gibt es auch Hinweise darauf, dass die Gefahr einer digitalen Bildungskluft, im Zuge derer bestimmten Bevölkerungsgruppen der Zugang zu und die Nutzung von Lernangeboten erschwert wird, durch die mediendidaktische Fruchtbarmachung digitaler Lernwelten nicht etwa eingeebnet wird, sondern – im Gegenteil –

erst manifestiert werden könnte. Wenn es also so ist, dass digitale Medien heute und zukünftig einen zentralen Stellenwert für das Lehren und Lernen haben (werden), dann ist zu fragen: Wie lassen sich digitale Lernwelten tatsächlich genau kennzeichnen? Welche Lern- und Bildungspotenziale eröffnen sich gegenwärtig im Kontext von Web 2.0, mobilen Endgeräten, digitalen 3D-Welten und digitalen Spielen? Wie strukturieren sie das Lernen und Lehren im Rahmen unterschiedlicher pädagogischer Aufgabenfelder? Wie beeinflusst das Lernen in digitalen Lernwelten die Konturen formeller und informeller Lernprozesse sowie das Verhältnis dieser beiden Lernformen zueinander? Und: Welche Beispiele guter oder bester pädagogischer Praxis im Bereich digitaler Lernwelten gibt es gegenwärtig?

Vom E-Learning zu digitalen Lernwelten

Der moderne erziehungswissenschaftliche Diskurs über digitales Lernen verknüpft mediendidaktische Überlegungen zum Lernen und Lehren mit den Möglichkeiten, die sich durch die technische Entwicklung der digitalen Medien für Lern- und Lehrprozesse ergeben. Um die Beiträge des vorliegenden Bandes in diesem konzeptionell facettenreichen Diskurs zu verorten, unterscheiden wir zwischen zwei Perspektiven, die die Einschätzung digitalen Lernens gegenwärtig prägen. Im Zentrum stehen dabei die Rollen des Lerners und des Lehrers.

Die eine Perspektive betrachtet digitales Lernen als klassisches E-Learning: Lernangebote im Internet sind in diesem Verständnis dadurch gekennzeichnet, dass ein Autor bzw. Dozent dem Lerner auf einer speziellen Plattform (z.B. einem Learning Management System wie ILIAS) Inhalte und Werkzeuge zur Verfügung stellt – mit der Vorstellung, dass gerade diese vom Lernenden notwendigerwesie gebraucht werden und verbunden mit dem Ziel, dass diese vom Lernenden tatsächlich genutzt bzw. abgerufen werden. Die Anforderung an den Autoren/Dozenten ist es, die Inhalte entsprechend attraktiv zu gestalten bzw. aufzuarbeiten. Die Erfahrungen mit solchen verinselten Lernplattformen zeigen freilich, dass sie schnell zu einem »Datengrab« (Kerres/Nattland 2007) führen können, in dem einerseits die zur Verfügung gestellten Dokumente für Lernprozesse kaum fruchtbar gemacht werden, weil ihnen spärlich oder gar keine Beachtung geschenkt wird, andererseits vonseiten der Lernenden kein Interesse besteht, sich in solchen, oft als sehr anregungsarm empfundenen Lernumgebungen kommunikativ auszutauschen. Der Entwicklung von E-Learning in diesem Sinne hat sich in den letzten Jahren vor allem auf formale Lern- und Bildungskontexte bezogen (Schule, Hochschule und Weiterbildung), in denen die Lernumgebungen – mehr oder weniger stark – vorstrukturiert sind. Die *Spielräume für selbstgesteuertes Lernen* sind dementsprechend prinzipiell eingeschränkt. Dies verweist auf einen weiteren Aspekt, der die Diskussion über das klassische E-Learning kennzeichnet. Wie auch im bisherigen deutschsprachigen Diskurs der Mediendidaktik allgemein wird der Bedeutung von informellen Lernprozessen auch im Zusammenhang mit digitalen Medien relativ wenig Bedeutung beigemessen. Was ist unter informellem Lernen zu verstehen? Es unterscheidet sich vom formalen Lernen dadurch, dass es *erstens* meist jenseits geplanter Lehrveranstaltungen von formalisierten Bildungsinstitutionen stattfindet, also freiwillig und nicht institutionalisiert ist. *Zweitens* wird es von den individuellen Interessen der Lernenden gesteuert (vgl. Dohmen 2001). Dies bedeutet: Informelles Lernen kann räumlich durchaus innerhalb wie außerhalb der Orte formaler Bildungsinstitutionen stattfinden. Innerhalb kann es sich etwa in Rahmen eines Pausengesprächs zwischen Schülern ereignen, außerhalb vor allem in der Freizeit oder aber auch am Arbeitsplatz. Die Notwendigkeit einer verstärkten mediendidaktischen Berücksichtigung, ja Gestaltung von digitalen Lernumgebungen, in denen informelles Lernen entscheidend für den Lernerfolg des Lernenden sein kann, wird erst vermehrt in jüngster Zeit anerkannt, etwa im Zusammenhang mit der Fruchtbarmachung von Web 2.0-Technologien für digitales Lernen.

Die Kritik am klassischen Konzept von E-Learning verweist auf die zweite gegenwärtige Perspektive auf digitales Lernen, die wir zugleich als leitend für die Beiträge des vorliegenden Sammelbands ansehen. Während hinter der ersten Perspektive ein Verständnis steht, wonach verinselte digitale Lernangebote ebenso »einsame« Lernprozesse forcieren, betrachtet das in diesem Band vertretene Konzept digitales Lernen aus der Perspektive *digitaler Lernwelten*. Digitale Lernwelten sind Teil der Lebens- oder Alltagswelt der teilhabenden Individuen und beziehen z.B. in virtuellen 3D-Welten informelle Kontexte strukturell ein. Die Lebenswelt ist »die für einen Menschen oder eine Gruppe (etwa: Familie, Schulklasse, Arbeitskollegen) konstituierte reale Umwelt von Erfahrungen und Handlungsmöglichkeiten. Sie ist der Lebensraum, in dem sich Erziehung und Sozialisation abspielen und der damit alle Kommunikationen eines Menschen bestimmt und umfasst« (Baacke 1995, 180). Jede Lebenswelt – so Baacke (ebd.) mit Bezug auf die sozialphänomenologischen Überlegungen von Alfred Schütz zur Alltagswelt (Schütz/Luckmann 2003) – wird durch historische und gesellschaftliche Bedingungen beeinflusst, die wiederum Hintergrund sind für die biografische Entwicklung und die Lerngeschichte eines Individuums sowie die Herausbildung seiner Kompetenz. Aus der Perspektive des Begriffs digitaler Lernwelten wird soziales Handeln mit Medien, also auch solches im Kontext von digitalem Lernen, aus der subjektiven Bedeutung heraus erfasst. Die routinisierten alltagsweltlichen Aktivitäten führen zum Alltagswissen, »das den Bezugsrahmen für jedes Verständnis und jede Orientierung in der Welt der alltäglichen Erfahrung (…) (bildet). Jede Deutungs- und Interpretationsleistung in der Alltagswelt basiert auf diesem Wissen« (Vollbrecht 2008, S. 150). Dieser Ansatz zum Verständnis sozialen Handelns und zur Konstruktion von Wirklichkeit ist unseres Erachtens in mehrerlei Hinsicht fruchtbar für die Erklärung von Lernprozessen im Kontext digitaler Medien:

(a) Er weist auf die Handlungs- und Deutungskompetenz des Individuums und somit auf dessen Selbstorganisation hin wie auch auf die Entwicklung von Selbststeuerungskompetenz, die insbesondere im Zusammenhang mit den Lernmöglichkeiten des Web 2.0 erforderlich ist bzw. hierdurch ermöglicht wird.

(b) Mit der Betonung der auf dem Alltagswissen basierenden Deutungs- und Interpretationsleistungen des Menschen unterstreicht er die Bedeutung informeller Lern- und Bildungsprozesse, die bisher wegen ihrer Situierung jenseits formaler digitaler Lernsettings nicht oder nur wenig im Fokus mediendidaktischer Überlegungen zum digitalen Lernen waren. Allerdings macht bereits die Nutzung der anfangs von uns genannten neuen technischen Entwicklungen und Möglichkeiten des Internets sowie der mobilen Endgeräte selbst auf eine *Entgrenzung* des Lernens aufmerksam, durch die informelle Lernprozesse immer weniger von formalisierten Lernprozessen zu trennen sind. Das Lernen in digitalen Medien, das in informellen Kontexten stattfindet (z.B. in der Modding-Szene von Computerspiel-Fans), könnte für bestimmte Adressatengruppen durchaus als Bedingung dafür angesehen werden, dass formalisiertes Lernen überhaupt erfolgreich ist, etwa dann, wenn Lernumgebungen im schulischen Kontext an die durch das Modding erworbenen kreativen Kompetenzen und Reflexionskompetenzen anknüpfen.

(c) Damit wird die historische und gesellschaftliche Eingebundenheit des Subjekts betont und somit diese als Kontextbedingungen von digitalem Lernen anerkannt. Über die kognitiven Aspekte hinaus wird damit vor allem die soziale und kulturelle Einbettung des Lernens mit digitalen Medien angesprochen.

Die Beiträge dieses Sammelbands wollen für diese vielfältigen Zusammenhänge Beispiele, Konzepte und Diskussionsanregungen zur Verfügung stellen. Zu den Positionen der Beiträge im Einzelnen:

Der erste Teil des Bandes – *Theoretische Facetten digitaler Lernwelten* – analysiert die Bedeutung von digitalen Lernwelten mit Blick auf ausgewählte theoretische Perspektiven und Fragestellungen. Stefan Iske und Norbert Meder entfalten in ihrem Beitrag *Lernprozesse als Performanz von Bildung in den Neuen Medien* ein bildungstheoretisch gefasstes Verständnis vom Lernen im Internet. Indem sie Bildung vor allem relational bestimmen, d.h. als Charakteristik der

Beziehung von Menschen zu ihrer Umwelt, gelingt es ihnen zugleich, den Bildungswert informeller wie formeller digitaler Lernwelten theoretisch abzubilden. Am Beispiel von Web 2.0-Anwendungen (z.B. Wikis), die im Hinblick auf mögliche Lernprozesse wenig strukturiert sind, sowie am Beispiel von stärker und systematisch vorstrukturierten Lernwelten im Internet (z.B. basierend auf der von den Autoren entwickelten Web-Didaktik) zeigen sie: Der Erfolg digitaler Lernwelten für den Einzelnen muss sich aus der Bildungsperspektive daran messen lassen, wie es gelingt, die für Bildung konstitutiven drei Verhältnisse fruchtbar zu machen. Fremdes wird dann im Sachverhältnis (Sachen und Sachverhalte in der Welt) oder im Sozialverhältnis (der Andere oder die Anderen in der Gemeinschaft) so angeeignet, dass es in das Selbstverhältnis (das Verhältnis des Einzelnen zu sich selbst in Vergangenheit, Gegenwart und Zukunft) integriert wird.

In ihrem Beitrag *»Serious Games« oder »taking games seriously«?* führen Johannes Fromme, Ralf Biermann und Alexander Unger eine neue Perspektive der pädagogischen Beschäftigung mit Computerspielen in den deutschsprachigen Diskurs um digitale Lernwelten ein: eine sozialisations- und bildungstheoretische Perspektive. Mit dieser gehen sie über bisherige Sichtweisen insofern hinaus, als sich für sie die Lern- und Bildungsrelevanz von digitalen Spielen nicht etwa nur in einer pädagogisch-instrumentellen Anwendung von Serious Games (z.B. als Motivationshilfe) zeigt, sondern viel stärker noch in einem reflexiv-produktiven Umgang mit Computerspielen. Die Autoren verdeutlichen ihre These einerseits am Beispiel einer informellen Lernkultur von Computerspielern (Modding), andererseits anhand eines neuen Konzepts der medienpädagogischen Praxisarbeit: Der Ansatz der Video Game Essays kann sowohl in formellen wie in non-formalen pädagogischen Kontexten zum Einsatz kommen.

Ulf-Daniel Ehlers vertritt in seinem Beitrag *Qualität für digitale Lernwelten: Von der Kontrolle zur Partizipation und Reflexion* die These, dass sich im Begriff der digitalen Lernwelten vor allem eine neue Sichtweise des E-Learning-Konzepts manifestiert: Während E-Learning 1.0 meist in formalen Lernkontexten und verinselt stattfinde, entfalte sich E-Learning 2.0 vor allem dann, wenn mithilfe von Web 2.0-Anwendungen und unter dem Primat der Didaktik die Potenziale vernetzten, informellen und insbesondere selbstgesteuerten Lernens effektiver genutzt werden können. Wenn es aber so ist, dass Voraussetzung von und Ziel für E-Learning 2.0 eine starke Autonomie des Lernenden ist, müsse die Frage der Qualitätsentwicklung neu diskutiert werden: Die digitalen Lernwelten des E-Learning 2.0 erforderten nichts geringeres als eine neue Lern- und Qualitätskultur.

Gabi Reinmann setzt mit ihrem Beitrag *Selbstorganisation auf dem Prüfstand: Das Web 2.0 und seine Grenzen(losigkeit)* einen Kontrapunkt zum oftmals euphorischen Diskurs über die Potenziale des Web 2.0 für das Lernen. Sie schlägt aus pädagogisch-psychologischer Perspektive eine Reihe begrifflicher Differenzierungen vor, mit denen sie zeigen will, unter welchen Bedingungen das Web 2.0 seine Potenziale für den einzelnen Lerner auch tatsächlich entfalten kann. Das Ergebnis ihrer Analyse verdeutlicht im Kern, dass es zwar durchaus sinnvoll sei, die Selbstorganisation als Klammer für die durch Web 2.0 möglichen Formen der Artikulation, Kommunikation, Kollaboration, Partizipation und kreativen Produktion beizubehalten. Kritisch müsse aber zur Kenntnis genommen werden: Selbstorganisiertes Lernen mithilfe von Web 2.0 sei gerade aufgrund der institutionellen Grenzen von Unternehmen und Bildungsorganisationen weder jedem jederzeit möglich noch überall erwünscht.

Wolfgang Jütte und Markus Walber argumentieren in ihrem Beitrag *Inter-Aktive Professionalisierung in Digitalen Sozialräumen* professionstheoretisch. Dabei zeigen sie am Bild der »Digitalen-Bühne« die Bedeutung sozialer Interaktionen für die professionelle Wissenskonstruktion auf. Diese stelle zugleich eine theoretische Plausibilisierung für die Organisation von Professionalisierungsprozessen in Form von digitalen Communities dar. Auf dieser Basis charakterisieren sie die besonderen Potenziale digitaler Medien (Wikis, Blogs etc.) im Hinblick auf die Netzwerkbildung. Im Schlussteil ihres Beitrags diskutieren Jütte/Walber die Gestaltung von (digitalen) Möglichkeitsräumen zur Schaffung von professionellem Wissen.

Im zweiten Teil des Buches, der mit *Digitale Lernwelten in pädagogischen Aufgaben- und Professionsfeldern* überschrieben ist, sind Beiträge versammelt, die die gegenwärtige Bedeutung von digitalen Medien für Lernprozesse im Kontext von Schule, Erwachsenen- und Weiterbildung sowie Hochschule herausarbeiten. Dabei werden nicht nur die jeweiligen Implikationen für die Adressaten dieser pädagogischen Aufgabenfelder deutlich, sondern auch die Folgen, die sich insbesondere durch die Nutzung von Web 2.0-Anwendungen für das professionelle Handeln und Selbstverständnis ergeben. Der Beitrag *Digitale Lernwelten und Schule* von Bardo Herzig und Silke Grafe versucht, den deutschsprachigen Diskurs zum Zusammenhang von digitalen Lernwelten und Schule durch Überlegungen zu bereichern, die zurzeit im anglo-amerikanischen Raum diskutiert werden (vor allem denjenigen des amerikanischen Medien- und Kommunikationswissenschaftlers Henry Jenkins), im hiesigen Kontext bisher aber kaum rezipiert werden. Während der wissenschaftliche Diskurs über das Lernen mit digitalen Medien an deutschen Schulen vor allem durch die Aufgabe der Vermittlung von Medienkompetenz im schulischen Kontext geprägt sei, wiesen nicht nur anglo-amerikanischer Ansätze, sondern auch die empirische Ausgangslage zur Situation des Lernens mit digitalen Medien an deutschen Schulen darauf hin, dass in stärkerem Maße als bisher Formen des informellen Lernens von Kindern und Jugendlichen in digitalen Lernwelten als pädagogische Herausforderung von Schule betrachtet werden müssten.

Dorothee M. Meister und Anna-Maria Kamin verdeutlichen in ihrem Beitrag *Digitale Lernwelten in der Erwachsenen- und Weiterbildung*, dass im Zuge der gegenwärtigen und zukünftigen technischen Entwicklungen im Internet-Bereich, die in verstärktem Maße Kommunikation, Partizipation und den Aufbau von sozialen Netzwerkstrukturen ermöglichen, die Bemühungen im Weiterbildungsbereich dahin gehen, informelles Lernen mit E-Learning zu verknüpfen. Im Diskurs der Erwachsenen- und Weiterbildung sei Web 2.0 zu einem Qualitätssiegel für die Umsetzungsmöglichkeiten von selbstreguliertem Lernen geworden. Die Autorinnen betonen freilich, dass die Gefahr einer digitalen Bildungskluft offenbar auch durch die pädagogische Eingemeindung von informellen digitalen Lernwelten nicht überwunden wird. Auch die neuen digitalen Lernsettings seien nur dann erfolgversprechend, wenn sie auf die Präferenzen und Bedürfnisse der Anwender zugeschnitten seien.

Auch der Beitrag *Digitale Lernwelten in der Hochschule* von Michael Kerres, Jörg Stratmann, Nadine Ojstersek und Annabell Preußler wählt als argumentativen Ausgangspunkt für die Frage der Nachhaltigkeit von E-Learning bzw. digitalen Lernwelten in der Hochschule eine nüchterne Perspektive. Trotz vielfältiger Bemühungen erweise sich nämlich die Hoffnung, E-Learning werde zu einer wesentlichen Verbesserung der Lehre in der Breite führen, als trügerisch. Aus diesem Grund beantworten die Autoren zum einen in ihrem Beitrag die Frage, wie überhaupt die nachhaltige Verankerung einer innovativen Lehrpraxis mit E-Learning – auch im Kontext von Anwendungen im Internet, die mit dem Label Web 2.0 versehen sind – erreicht werden könne. Zum anderen finden sie Antworten auf die Frage, welche Anforderungen an digitale Lernwelten zu stellen seien, um eine solche innovative Lehrpraxis zu unterstützen. Ihr zentrales Ergebnis: Zwar werden in der zukünftigen Lehr- und Lernpraxis der Hochschule digitale Lernwelten eine wichtige Rolle spielen, entscheidende Verbesserungen des Lehrens und Lernens könnten dort aber erst dann erreicht werden, wenn Überlegungen zum »Change Managment« mit der Aufgabe beginnen, die angestrebte didaktische Innovation zunächst einmal grundsätzlich – und ganz unabhängig von E-Learning – zu explizieren, den Beitrag von E-Learning in diesem Rahmen herauszuarbeiten und dann die zur Umsetzung erforderlichen Maßnahmen festzulegen.

Roland Bader vertritt in seinem Beitrag *Orientierung im virtuellen Raum – Mentale Modelle internetgestützter Lernumgebungen im Studium der Sozialen*

Arbeit die These, dass die Integration von Web 2.0-Techniken in das Studium der Sozialen Arbeit neue Chancen für selbstständiges, sozial verankertes und berufsrelevantes Lernen biete. Diese Integration werfe aber auch Fragen auf, etwa nach der Einbindung in die standardisierten Studien- und Prüfungsstrukturen der Hochschule und nach der Orientierung von Studierenden in unterschiedlichen virtuellen Lernräumen. Der Autor rückt letztere Frage ins Zentrum seines Beitrags. Vor dem Hintergrund einer eigenen Studie über mentale Modelle von Studierenden in virtuellen Seminaren und im Web 2.0 gelingt es ihm, Hinweise zum besseren Verständnis der Orientierungsleistungen in Blended Learning-Seminaren mit Web 2.0-Einsatz zu finden, mit Folgen für gegenwärtige und zukünftige hochschuldidaktische Konzepte.

Im dritten Teil – *Best Practice-Beispiele digitaler Lernwelten* – sind Beiträge versammelt, die anhand von konkreten Fallbeispielen aus der Bildungspraxis Implementierungsmöglichkeiten und -grenzen digitaler Lernwelten aufzeigen sollen. Der Beitrag *Digitale Lernwelten in der Beruflichen Bildung. Die Praxis entwickelt sich langsam, aber sie tut es!* von Klaus Schirra und Roger Schlag-Schöffel beschreibt Entwicklungen bei einem Bildungsträger, der hauptsächlich im Bereich SGB III-geförderter Maßnahmen und als private Berufsfachschule agiert. In den letzten fünf Jahren haben sich dort Entwicklungen hin zu selbstgesteuertem Lernen vollzogen, die schließlich auch das Interesse am Einsatz webbasierter Lernumgebungen geweckt haben. Die Autoren verdeutlichen in ihrem praxisbezogenen Beitrag die inhaltlichen sowie organisatorischen Bedingungen, wie dieses Interesse in konkrete E-Learing-Angebote – vor allem durch die Lernplattform Moodle – umgesetzt wurde und welche Schlussfolgerungen sich daraus für die zukünftige Entwicklung des Lehrens und Lernens bei Bildungsträgern ableiten lassen.

Theo Hug setzt sich in seinem Beitrag *Mobiles Lernen* zunächst mit den konzeptionellen Facetten des Lernens mit mobilen Endgeräten auseinander. Der Autor plädiert für ein erweitertes konzeptionelles Verständnis mobilen Lernens, das nicht nur die physischen Aspekte der Mobilität betont, sondern auch Aspekte psychischer, kognitiver und sozialer Mobilität als für das Lernen bedeutsam anerkennt. Für eine Weiterentwicklung des wissenschaftlichen Diskurses zum Gegenstand stellt er drei Überlegungen zur Diskussion: die Erweiterungen einer pädagogischen Theorie des Lernens, ausgewählte Aspekte einer mobilen Kommunikationskultur sowie das Konzept des Mikrolernens. Anschließend stellt Hug eine Auswahl von praktischen Anwendungsbeispielen vor, die verdeutlichen, wie mithilfe mobilen Lernens individuelle und soziale Formen des Wissensaufbaus unterstützt werden können.

Wie bestimmte Potenziale digitaler Lernwelten im Hochschulkontext exemplarisch ausgeschöpft werden können und welche Entwicklungsmöglichkeiten sich daraus zukünftig ergeben, zeigt der Beitrag *Web³ im Hochschuleinsatz: Potenziale digitaler Lernwelten* von Markus Walber und Dennis Schäffer. Die Autoren stellen das Anwendungsszenario des klassischen E-Learnings insbesondere solchen Lehr-Lern-Szenarien gegenüber, die neuerdings die Möglichkeiten des Web 3D (z.B. Second Life) fruchtbar zu machen versuchen. Diese verdeutlichen sie am Beispiel des Modellprojekts E-Learning 3D, das an der Universität Bielefeld durchgeführt wurde und auch empirische Ergebnisse zur Nutzerakzeptanz dieser digitalen 3D-Lernwelt erhoben hat. Auf dieser Basis und ausgehend von einem Zusatzqualifizierungsangebot zum E-Trainer für Studierende skizzieren die Autoren professionelle Kompetenzen, die die Voraussetzung für einen effizienten Einsatz von E-Learning an der Hochschule darstellen.

Der Beitrag *Selbststudium und Web 2.0* von Marina Böhner und André Mersch setzt an der weit verbreiteten Annahme an, dass mit dem Einsatz digitaler Medien in besonderer Weise das Selbststudium und selbstgesteuerte Lernprozesse gefördert und begleitet werden können. In solchen Lehr- und Lernprozessen, so die Autoren, erhöhten sich jedoch auch die Anforderungen, die an Lehrende und Lernende gestellt werden. Im Zentrum ihres Beitrags steht die Vorstellung des Service Center Selbststudium an der Universität Bielefeld. Dessen Konzept und Aufgabenprofil könne verdeutlichen, wie das Selbststudium, insbesondere durch die Nutzung digitaler Medien, unterstützt werden kann.

Auch Veronika Hornung-Prähauser und Diana Wieden-Bischof setzen konzeptionell am Konzept des selbstorganisierten Lernens an. Ihr Beitrag *Selbstorganisiertes Lernen und Lehren in einer digitalen Umwelt: Theorie und Praxis zu E-Portfolios in der Hochschule* beschäftigt sich mit der Frage: Welche Rolle spielt der technisch unterstützte Einsatz von Portfolioarbeit in der Hochschule und welche mediendidaktischen Rahmenbedingungen und Herausforderungen gilt es dabei zu berücksichtigen? Neben der Erläuterung des E-Portfolio-Konzepts, der mediendidaktischen Rahmenbedingungen der E-Portfolioarbeit sowie der Herausforderungen, die sich durch die technische Unterstützung derselben in der Praxis ergeben, stehen praktische Beispiele für den Einsatz im Studienverlauf und der akademischen Weiterbildung im Mittelpunkt des Beitrags. Dabei haben die Autorinnen vier Praxisbeispiele von Hochschulen aus dem deutschsprachigen Raum ausgewählt, welche jeweils verschiedene Aspekte der Portfolioarbeit im Studienverlauf abdecken.

Olaf Schneider und Volker Wittenbröker argumentieren in ihrem Beitrag *Digitale Lernwelten und Lernsoftware: Die ›Designer-Perspektive‹ oder Wie kann man Metaphern mit Leben füllen?* aus dem Blickwinkel der Entwickler von

Lernsoftware. Die bereits seit etlichen Jahren formulierten Forderungen von Medien- und Fachdidaktikern nach offenen Lernumgebungen und -welten nehmen die beiden Autoren zum Anlass, das von ihnen mit entwickelte und von dem Unternehmen AMMMa AG umgesetzte mediendidaktische Konzept vorzustellen. Auf Grundlage dieses Konzepts sind zahlreiche Lernsoftwareprodukte entstanden, mit denen sich heute Schüler/-innen auf das Abitur vorbereiten, medienintegrativer Unterricht durchgeführt wird und mit deren Hilfe Lehrer/-innen ihren Unterricht gestalten. Neben der Vorstellung des mediendidaktischen Konzepts und der exemplarischen Darstellung von darauf basierenden Lernsoftwareprodukten geht es den Autoren auch darum, die ökonomischen Produktionsbedingungen von Lernsoftware in den letzten Jahren zu darzustellen sowie das eigene Handeln im Bereich der Lernsoftwareerstellung zu hinterfragen.

Der vierte Teil dieses Bandes ist mit *Ausblick* betitelt. In dem Expertengespräch *Digitale Lernwelten – Annäherungen an die Zukunft. Eine Diskussion* wird im Rückblick auf die bisherige Entwicklung des Lernens und Lehrens mit digitalen Medien eine Abschätzung für die Zukunft angestrebt. Rolf Arnold und Gabi Reinmann diskutieren darin fünf Fragen, die ihnen die Herausgeber dieses Bandes vorgelegt haben: Zur zukünftigen Erschließung digitaler Welten für Lehr-Lernprozesse in unterschiedlichen pädagogischen Feldern, zum Verhältnis von digitalen und analogen Lernformen, zur Frage einer zunehmenden Verschmelzung von Offline- und Online-Welt, zur Gefahr einer neuen Bildungsungleichheit durch die verstärkte Nutzbarmachung digitaler Lernwelten sowie vor dem Hintergrund des Lernens mit Web 2.0-Technologien und des mobilen Lernens: Welche sind die zukünftigen Kompetenzen der Subjekte, die es mithilfe professionellen pädagogischen Handelns zu fördern gilt?

Literatur

Baacke, D. (1995): Theorie der Medienpädagogik. In: Burkart, Roland/Hömberg, Walter (Hg.): Kommunikationstheorien. Ein Textbuch zur Einführung. Wien: Braumüller, S. 171-190.

Dohmen, Günther (2001): Das informelle Lernen. Die internationale Erschließung einer bisher vernachlässigten Grundform menschlichen Lernens für das lebenslange Lernen aller. Bonn: BMBF.

Kerres, Michael/Nattland, Axel (2007): Implikationen von Web 2.0 für das E-Learning. In: Gehrke, Gernot (Hg.): Web 2.0 – Schlagwort oder Megatrend? Düsseldorf/ München: kopaed, S. 37-53.

Schütz, Alfred/Luckmann, Thomas (2003): Strukturen der Lebenswelt. Konstanz: UVK.

Vollbrecht, Ralf (2008): Konstruktivismus und Sozialphänomenologische Handlungstheorie. In: Sander, Uwe/von Gross, Friedrike/Hugger, Kai-Uwe (Hg.): Handbuch Medienpädagogik. Wiesbaden: VS, S. 149-155.

I. Theoretische Facetten digitaler Lernwelten

Lernprozesse als Performanz von Bildung in den Neuen Medien

Stefan Iske und Norbert Meder

1. Einleitung

Um Lernen in den Neuen Medien zu beschreiben, muss man erst einmal Lernen allgemein begrifflich fassen. Dies tun wir hier im Ausgang von dem Bildungsbegriff als einem 3-fachen Verhältnis. Sodann zeigen wir, dass alle Bildungs- und Lernprozesse grundsätzlich medial bestimmt sind. Diese Bestimmtheit schafft spezifische Medienkulturen, in deren Kontext Medienwelten als Lernwelten entstehen. In den Kulturen der Neuen Medien entsteht eine Vielfalt neuer Medien- und damit auch Lernwelten.

2. Bildung

Viele Autoren rekurrieren auf Bildung als dem jeweiligen Selbst- und Weltverhältnis. Mit dem ›jeweiligen‹ ist angezeigt, dass Bildung in ihrer inhaltlichen Prägung situationsgebunden, kulturhistorisch plural und biografisch zufällig (kontingent) ist. Mit ›Verhältnis‹ wird die Struktur von Bildung angegeben. Strukturell ist Bildung ein Verhältnis, eine Beziehung, eine Relation! Bildung ist also in erster Linie relational und nicht substanziell bestimmt. Sie ist keine Eigenschaft von Menschen, sondern die Charakteristik der Beziehung von Menschen zu ihrer Umwelt.

Die hier aufgegriffene Fassung des Bildungsverhältnisses von Meder[1] arbeitet mit Luhmanns[2] sozialwissenschaftlichen drei Dimensionen für traditionelle Differenzierung. Die drei Dimensionen sind:

---

1 Ausführlicher entfaltet in Meder (2007).

2 Aber auch nach anderen wie z.B. Roth, Heinrich (1971: 180f.): »*Mündigkeit,* wie sie von uns verstanden wird, ist als Kompetenz zu interpretieren, und zwar in einem dreifachem Sinne: (1) als *Selbstkompetenz* (self competence), d. h. als Fähigkeit, für sich selbst verantwortlich handeln zu können, (2) als *Sachkompetenz*, d.h. als Fähigkeit, für Sachbereiche urteils- und handlungsfähig und damit zuständig sein zu können und (3) als *Sozialkompetenz*, d.h. als Fähigkeit, für sozial, gesellschaftlich und politisch relevante Sach- oder Sozialbereiche urteils- und handlungsfähig und also ebenfalls zuständig sein zu können«.

1. die Sachdimension des Verhältnisses,
2. die Sozialdimension des Verhältnisses,
3. die Zeitdimension des Verhältnisses.

Differenziert man in diesen drei Dimensionen, dann ergibt sich Bildung strukturell als ein 3-faches Verhältnis

1. des *Einzelnen* zu den *Sachen und Sachverhalten* in der Welt,
2. des *Einzelnen* zu *dem oder den Anderen* in der Gemeinschaft (in dem Sozialen),
3. des *Einzelnen* zu *sich selbst* in Vergangenheit, Gegenwart und Zukunft (in der Lebenszeit).

In diesen drei Verhältnissen muss nur das dritte Verhältnis erklärt werden. Das Selbstverhältnis liegt in der Zeitdimension. Das leuchtet sofort ein, wenn man sich klar macht, dass man sich zu sich selbst nur als zu einem Vergangenen, einem Aktuellen oder einem Zukünftigen verhalten kann. Vergangenheitsorientiert rekonstruiert man sein ›Geworden-Sein‹. Aktual wählt man seinen Vollzug vor dem Hintergrund der Erlebnis- und Handlungsmöglichkeiten in der Gegenwart. Und schließlich entwirft man hoffnungs-, angst- oder auch nur erwartungsorientiert seine Zukunft. Das Selbstverhältnis bestimmt sich also stets in und an der Lebenszeit. Von daher ist die Biografieforschung Bildungsforschung, weil sie von dem dritten Bildungsverhältnis aus das Verhältnis der Bildung als eines Ganzen in den Blick nimmt. Formalisiert sieht das 3-fache Verhältnis der Bildung folgendermaßen aus:

1	E	r_1	S	in	W
2	E	r_2	A	in	G
3	E	r_3	s	in	Z

Das Verhältnis r_1 des Einzelnen (E) zu den Sachverhalten (S) ist die Korrelation von Subjekt und Objekt. Was Subjekt und Objekt heißen kann, bestimmt sich aus dieser Wechselwirkung.

Das Verhältnis r_2 des Einzelnen (E) zu den Anderen (A) ist die Korrelation von Ego und alter Ego. Was Ego (Ich) und alter Ego (anderes Ich) bedeuten können und sollen, ergibt sich aus der Wechselwirkung von Fremd- und Selbstzuschreibung.

Das Verhältnis r_3 des Einzelnen (E) zu sich selbst (s) ist die Korrelation von Ich und Mir (Hönigswald), von I und Me (Mead), von Leib-Sein und Leib-Haben (Plessner), von Praxis und Poiesis (Aristoteles). Mein Selbst entsteht aus dieser Korrelation als je fragmentarisch und stets überholbar.

Der Einzelne verhält sich außer zu den Konkreta auch zu den drei Ganzheiten Welt, Gemeinschaft und Zeit. Der Einzelne (E) korreliert mit Welt (W) im Modus der Weltanschauung. Der Einzelne (E) korreliert mit der Gemeinschaft (G) im Modus des Ethischen (der Sittlichkeit). Der Einzelne (E) korreliert mit der Zeit im Modus des Glaubens, der vom Wissen um die Nichtverfügbarkeit von Geburt, früher Kindheit und Tod bestimmt ist.

Die Relation ›in‹ bedeutet in allen drei Verhältnissen die Korrelation von Ganzheit und Gliederung. Nach Hönigswald macht diese Korrelation die Sinnbestimmtheit des Erlebens aus und differenziert sich in Sinn der Welt, in sozialkulturellen symbolischen Sinn und in Sinn des Lebens.

Man kann auch noch die Korrelationen zwischen den drei Verhältnissen betrachten. Sach-, Sozial- und Selbstverhältnisse korrelieren untereinander. Manche Naturwissenschaftler übertragen bspw. ihr Sachverhältnis auf das Soziale.

Alles in allem zeigt sich in einer relationalen Analyse, dass Bildung ein Inbegriff von Korrelationen ist. Die Rede vom 3-fachen Verhältnis der Bildung ist vor diesem Hintergrund nur als eine Abkürzung zu verstehen. Jedes einzelne Verhältnis ist schon eine dreifache Korrelation. Und die drei Verhältnisse stehen nochmals über je zwei Korrelationen miteinander im Verhältnis. Bildung ist daher genauer das Verhältnis von Verhältnissen, in denen mindestens 15 Korrelationen zu berücksichtigen sind.

Der strukturelle Bildungsbegriff ist zu verstehen wie eine mathematische Formel, in deren Variablen man Konstanten oder Mengen von Konstanten einsetzt. Konstanten sind im logischen Sinne Namen bzw. Zeichen für Individuen. Für die Relationen bzw. Korrelationen werden Tätigkeiten, Vollzüge, Akte, Handlungen und Beziehungen, die sich symbolisch äußern, eingesetzt. Solche Tätigkeiten sind in ihrer raumzeitlichen Bestimmtheit als empirische Realisationen der Bildungsstruktur zu verstehen, d.h. als empirische Signifikanz des strukturalen Bildungsbegriffs.

3. Bildungsprozess

Der Bildungsprozess ist ein Prozess, der unter dem 3-fachen Verhältnis der Bildung gedeutet wird. Formal und strukturell kann er also als die Abbildung des 3-fachen Verhältnisses der Bildung in die Zeit der Veränderung verstanden werden. Wie alle Prozesse sind auch Bildungsprozesse Veränderungsprozesse.

Prozess und Zustand sind sich ausschließende Bestimmungen der Erfahrung bzw. Korrelate der Erfahrung von Veränderung. Bildungsprozesse verändern das 3-fache Bildungsverhältnis entweder über die Veränderung der Pole jeweiliger Verhältnisse, d.h. über die Relate der Relationen, oder über die Relationen selbst. Wodurch solche Veränderungen von Relata oder Relationen in der Bildung ausgelöst oder verursacht werden, ist eine Frage der empirischen Forschung. Die potenziellen Wirkmöglichkeiten, die durch die Struktur der Bildung aufgedeckt werden, ergeben sich aus der Anzahl der Korrelationen (Kanten) und der Anzahl der Relata (Knoten), die im Netzwerk der Struktur von Bildung logisch vorkommen können. Das sind 15 Korrelationen, in denen 7 Relata vorkommen können. Das ergibt 22 mögliche Einzelwirkursachen. Da diese Einzelwirkursachen in allen Kombinationen mit den anderen möglichen Wirkursachen vorkommen können, ergeben sich rein kombinatorisch viele Möglichkeiten, das aktuelle Bildungsverhältnis zu verändern.

4. Lernen als 3-faches Verhältnis der Bildung

Wenn man unter Grundbegriffen in der Erziehungswissenschaft all das versteht, was Einfluss auf Bildungsprozesse begrifflich fasst, dann müssen die Grundbegriffe als Konfigurationen im Korrelationsgefüge der Bildung verstanden werden. Es müsste also ebenso viele aus der Struktur der Bildung abgeleitete Grundbegriffe der Bildung geben, wie es Kombinationen der Wirkfaktoren gibt. Wir fragen hier nur, wie in der Struktur der Bildung das Lernen zu verorten ist.

Der Lernbegriff ergibt sich aus Gewichtungen und Konkretisierungen des 3-fachen Verhältnisses der Bildung, die wir in der folgenden Schreibweise auch typografisch durch Fettdruck und kursive Schreibweise markieren: Lernen ist das Verhältnis

1. des ***Einzelnen*** zu den *Sachen und Sachverhalten* in der Welt;
2. des ***Einzelnen*** zu *dem oder den Anderen* in der Gemeinschaft (dem Sozialen);
3. des ***Einzelnen*** zu *sich selbst* in Vergangenheit, Gegenwart und Zukunft (in der Zeit).

Lernen verengt den Blick auf den Einzelnen als Relatum in den drei Verhältnissen der Bildung. Der Einzelne (E) ist als Relatum in der Korrelation im Fokus (kursiv und fett), explizit und dominant. Die Fokussierung besteht darin, dass die Korrelation zwischen dem Einzelnen und den Konkreta (kursiv markiert) im Korrelationsgefüge auf die asymmetrische Relation der ›Aneignung‹ des Einzelnen in der Auseinandersetzung mit der Umgebung perspektivisch eingeschränkt wird. In der Wechselwirkung von Sich-bilden und Welt-bildet ist das Sich-bilden (Aneignung) dominant und das Welt-bildet zwar explizit, aber nicht dominant. Traditionell gesprochen kommt es beim Lernen auf das Subjekt (den Einzelnen) an – und zugleich explizit, aber nicht dominant auf die konkreten Bezugspunkte in den Relationen (Sachverhalte, Andere, konkrete Selbstsichten). Das Dominanz-Nichtdominanz-Verhältnis beruht darauf, dass der Einzelne der aneignende Aktive ist, während die Konkreta in der Korrelation zwar gegeben sein müssen, aber nur passiv wirkend angenommen werden. Der ganzheitliche Hintergrund bleibt dabei zumeist ausgeblendet (die Welt, die Gemeinschaft, das ganze eigene Leben). Aber er fungiert dennoch passiv und stumm. Das Ganze ist eben als Hintergrund präsent und wird latent, passiv und unbemerkt (stumm) als ›heimlicher Lehrplan‹ mitgelernt.

Der Lernbegriff zielt auf einen Prozess, der vom Einzelnen mit Bezug auf sich selbst vollzogen wird und der sein 3-faches Bildungsverhältnis auf der Ebene konkreter Tätigkeiten und Handlungen neu gestaltet, erhält oder nachhaltig verbessert.

Wir können den bildungstheoretischen Lernbegriff so definieren, dass er sich immer noch an der Definition von Skowronek orientiert:[3]

Lernen ist der Prozess *eines Einzelnen*, durch den *das 3-fache Bildungsverhältnis* aufgrund von Interaktionen mit der Umwelt oder Reaktionen auf eine Situation *im Modus der Aneignung, d.h. im Modus einer Beziehung auf sich*, relativ dauerhaft *neu* entsteht oder *verändert* wird, wobei deterministische Entwicklung auszuschließen ist. Deterministische Entwicklungen sind Änderungen, die durch angeborene Reaktionsweisen, Reifungsvorgänge oder vorübergehende Zustände des Organismus (Ermüdung, Rausch oder ähnliches) bedingt sind.

»Verhalten« ist in der Definition von Skowronek durch das Bildungsverhältnis ersetzt. Das ist gerechtfertigt, wenn man Verhalten als die empirische Performanz eines Verhältnisses, einer Relation, versteht, wie das insbesondere die Tätigkeitspsychologen auch tun.

5. Lernprozesse

Lernprozesse sind bisher als Aneignungsprozesse bestimmt worden. Das sind Prozesse, in denen der Einzelne sich etwas zu Eigen macht. ›Zu eigen‹ heißt da-

3 »Lernen ist der Prozess, durch den Verhalten aufgrund von Interaktionen mit der Umwelt oder Reaktionen auf eine Situation relativ dauerhaft entsteht oder verändert wird, wobei auszuschließen ist, dass diese Änderungen durch angeborene Reaktionsweisen, Reifungsvorgänge oder vorübergehende Zustände des Organismus (Ermüdung, Rausch oder ähnliches) bedingt sind« (Skowronek 1969: 11).

bei, dass er sich ein ihm vorher Fremdes bekannt macht – und zwar derart, dass er von nun an sich zu ihm verhalten kann. Ob dieses Verhalten bzw. Verhältnis dann ein positives oder negatives ist, bleibt dahingestellt. Aneignen ist die Korrelation im Bildungsverhältnis, in der einsinnig ein vorher Fremdes der Sach- bzw. Sozialdimension derart angeeignet wird, dass es ins Selbstverhältnis integriert wird. Insofern kann man auch von einem Primat des dritten Verhältnisses sprechen, in dem der Einzelne sich zu sich selbst in seiner Lebenszeit verhält. Das Selbstverhältnis ist dominant, es bildet den Referenzgesichtspunkt für die Wahl der Richtung der Aktivität, für die Wahl dessen, was man sich aneignen will. Dieser Ich- bzw. Selbstbezug ist für Lernen wesentliches Merkmal.

Klassisch sind Lernprozesse von den pädagogischen Psychologen nach Lernarten unterschieden worden: Lernen in klassischer Konditionierung, Lernen in operanter Konditionierung, Lernen am Modell, Lernen in Versuch und Irrtum, Lernen durch Einsicht, entdeckendes Lernen u.a.m. Diese Lernarten konkretisieren den Aneignungsprozess und damit die Logik der einsinnigen Relation des Einzelnen im Bildungsverhältnis. Das ist wichtig, weil jede Spezifikation einen Erkenntnisgewinn bedeutet. Aber in der reinen pädagogisch-psychologischen Betrachtung, die nur die Form des Verhaltens, d.h. nur die Relation des Einzelnen, im Blick hat, geht der volle bildungstheoretische Gehalt des Lernbegriffs verloren. Die genuin bildungstheoretische Frage kann folgendermaßen charakterisiert werden:

In welcher Lernart wird derart gelernt, dass ein bestimmtes Verhältnis des Einzelnen zu sich selbst, zu bestimmten Sachverhalten und zu bestimmten Anderen entsteht, und welcher Hintergrund wird damit implizit mitgesetzt? Die bildungstheoretische Frage zielt immer auf das gesamte Relationsgefüge im 3-fachen Bildungsverhältnis. Was ein bildungstheoretischer Lernbegriff niemals ausklammern kann, ist die Frage nach dem Was des Gelernten. Wenn das Grundschulkind das Rechnen lernen soll, ist dann Lernen im operanten Konditionieren die Korrelation, die einerseits das Korrelat des Zahlenraums mit seinen Regeln erzeugt und andererseits ein Kind entwickelt, das sich den Zahlenraum mit seinen Regeln so angeeignet hat, dass es damit selbstverständlich in seinem Alltag kognitiv operieren kann? Nach Lage der Forschung und der praktisch-pädagogischen Erfahrung muss dies bezweifelt werden. Die primäre Korrelation ist hier das angeleitete Üben, ein Lernen in Wiederholungen und das angeleitete Entdecken von Regeln. Lernen in operantem Konditionieren wirkt beiläufig unterstützend. Das Beispiel kann zeigen, dass es bei der bildungstheoretischen Fassung von Lernen immer darum geht, was die Korrelation ›Lernen‹ einerseits aus dem Lernenden in seinem Selbstverhältnis macht und was sie andererseits dazu beiträgt, wie der Einzelne seine Sicht auf die Sachverhalte in der Welt und auf die Sozialbeziehungen in der Gemeinschaft ausrichtet.

5.1 Lernen als Performanz von Medien-Kultur

Bildung und damit auch Lernen sind als Prozesse die Abbildung der Struktur des 3-fachen Bildungsverhältnisses, das an sich nur logisch-strukturell ist, in Raum und Zeit der Veränderung. Raum-zeitliche Charakterisierungen brauchen um ihrer Bestimmtheit willen einen materiellen Rahmen, in dem die Beziehung zu den Sachverhalten, den Anderen und zu sich selbst artikuliert werden kann. Diesen materiellen Rahmen nennen wir Medium. Das primäre Medium, in dem sich der Einzelne mit Bezug auf Welt und Gemeinschaft artikuliert und in Beziehung setzt, ist der Leib in Geste und Befindlichkeit bzw. Haltung. Von der leiblichen Artikulation ist Sprache abgeleitet als ein spezifischer sensomotorischer Raum, in dem ich mich nicht mehr nur artikuliere, sondern zugleich einen Gegenstand bezeichne. Sprache ist das erste *bedeutende*, d.h. einen Gegenstand zeigende Medium. Deshalb ist sie für Humboldt das Medium der Bildung. In diesem Medium erfahren und gestalten wir Welt und Gemeinschaft und beziehen sie zugleich auf uns selbst als ›*meine* Welt‹ und ›meine Gemeinschaft‹.

5.2 Mediale Kultur als Lernwelt

Wir haben das Medium als materiellen Rahmen für Artikulation und gegenständliche Bezeichnung gefasst. Das ist noch zu ungenau, weil es die spezifische Korrelation von Form und Materie nicht zum Ausdruck bringt. Materie ohne Form ist ebenso unvorstellbar wie Form ohne Materie. Daher müssen Medien als spezifische Korrelationen von Form und Materie gefasst werden. Das, was Medien in diesem Form-Materie-Verhältnis ausmacht, ist der Umstand, dass die elementaren Gestalten nur lose gekoppelt sind. Dabei bedeutet für uns Gestalt eine spezifische Verbindung von Materie und Form. In der Sprache sind die Worte elementare Gestalten. Sie bilden den Inhalt, die Materie der Sprache. Sie sind gleichwohl geformt, also Gestalten, insofern sie Anfang, Ende und eine bestimmte Melodie haben. Sie sind darüber hinaus gleichsam generisch geformt, insofern sie als Wortarten Gestaltungspotenziale für Sätze sind. Als Substantive oder Eigenschaftswörter unterliegen sie den Formgesetzen der Grammatik. Man kann mit ihnen vieles machen, aber nicht alles. Insofern sind Worte im Lexikon nur lose gekoppelt. Die lose Kopplung wird in der Grammatik geregelt, aber nicht determiniert. Werden die Wörter aber im Satz, in einer Aussage – sei sie Artikulation meiner selbst oder Darstellung eines Gegenstandes – zur sprachlichen Gestalt einer Aussage zusammengeführt, dann gehen sie für eine gewisse

Zeit eine feste Kopplung ein. Sie bilden eine Satzgestalt, die als Ganzes erinnert, aber auch vergessen werden kann. Bleibt sie, dann wird sie zum Kulturgut, das wert ist, an die Anderen in der Gemeinschaft, insbesondere an die nächste Generation vermittelt und übertragen zu werden. Kultur kann so als die Menge der festen medialen Verkopplungen gefasst werden, die an die übernächste vermittels der nächsten Generation überliefert werden. Kultur ist insofern notwendig an die performante Auseinandersetzung mit konkreten Gestaltungen in der spezifischen Korrelation von Form und Materie eines Mediums gebunden. Insofern solche performanten Auseinandersetzungen mit Welt und Gemeinschaft im jeweiligen Medium nur von einzelnen Menschen vollzogen werden können, ist Kultur immer auf Bildung verwiesen. Denn im 3-fachen Bildungsverhältnis findet genau diese Auseinandersetzung statt. Sofern mit Bezug auf Kultur stets auch das Moment der Kontinuität mitgedacht ist, findet bildende Auseinandersetzung im Hinblick auf drei Generationen statt (Nachhaltigkeit).

Mediale Kultur kann vor diesem Hintergrund als das Spiel verstanden werden, in dem die lose Kopplung elementarer medialer Gestalten als Möglichkeitsraum für die Auseinandersetzung mit Sachen und Sachverhalten in der Welt, mit den Anderen in der Gemeinschaft und mit sich selbst gesetzt wird und zur medialen Darstellung *meiner* Welt, *meiner* Gemeinschaft sowie *meiner* Biografie genutzt wird. Dabei ist der Übergang von loser Kopplung zu fester Artikulation und Bezeichnung stets ein Akt der Konstitution von Welt und Selbst. Er ist auch der Übergang vom Medium zum Symbol, zum Zeichen, das etwas ganz bestimmtes in seiner spezifischen Gestalt bezeichnen will. Unter diesem Aspekt der Zeichenfunktion kann Kultur auch als der unendliche Verweisungszusammenhang symbolischer Formen verstanden werden.

Ein so verstandener Kulturraum wird unmittelbar zum Lernraum, denn er liefert den Hintergrund, vor dem der je Einzelne sein 3-faches Bildungsverhältnis lernend gestalten muss. Er hat keine andere Welt als die mediale Kulturwelt, er hat keine andere Gemeinschaft als die medial vermittelte Kulturgemeinschaft. Beides bildet den unverrückbaren Hintergrund von Bildungsprozessen.

5.3 Neue Medien als Kultur- und Lernwelten

Den Zusammenhang von Bildung, Medium und Kultur haben wir am Beispiel der Sprache deutlich gemacht. Von daher sind die analytischen Momente von der Sprache auf andere Medien analog zu übertragen. Für unser Thema ist nicht die Analogie zum Film, zur Fotografie, zu Musikgenres und ähnlichem zu bilden, sondern zum Medium Internet. Hier sind die lose gekoppelten elementaren Gestalten Internetseiten. Das generische Gestaltungspotenzial liegt in den verschiedenen Formen der Verlinkung von Internetseiten. Intern mögen die Internetseiten spezifischen multimedialen Formgesetzen – wie Film, Foto, Grafik, Text etc. – unterliegen. Aber dies ist für das Medium Internet vergleichsweise belanglos. Es geht vielmehr darum, wie im Internet mit solchen medial heterogenen Seiten umgegangen wird. Dies bestimmt die aktuale und performante Kultur des Internets. Diese Kultur gibt den Hintergrund ab für den Lernraum ›Internet‹.

5.4 Mediale Strukturierung digitaler Lernwelten

Grundlegendes mediales Kennzeichen der Kultur- und Lernwelt Internet ist deren nicht-lineare Organisationsform (Hypertext) auf der Grundlage digitaler Technologie.

Nach Kuhlen (1991) besteht das wesentliche Kennzeichen des Hypertextes in der *Fragmentierung* zu und *Verknüpfung* von Modulen. Über einen Gegenstandsbereich wird eine Struktur in Form eines Netzes gelegt, die aus Knoten und Kanten besteht. Die Hypertext-Konzeption folgt somit der Metapher des *Wissensnetzes* – im Gegensatz zur *Wissenskette*.

Zur Kennzeichnung der medialen Grundstruktur digitaler Lernwelten wird häufig auch der Begriff »Hypermedia« verwendet, meist mit Hinweis auf die Multimedialität der Dokumentenbasis: In den Hypertext-Modulen sind in der Regel neben reinem Text auch Videos, Audios, Animationen, Grafiken oder Bilder enthalten. Der Begriff Hypertext legt demgegenüber die Betonung auf die zugrunde liegende Netzstruktur: Das Netz, das über die Module gelegt wird, besteht dabei immer aus Text – eben dem Hypertext – als Meta-Text auf einer Ebene über den Modulen. Dieser Hypertext definiert und beschreibt die Knoten und Kanten, die die nicht-lineare Netzstruktur konstituieren.

Der Hypertext bildet daher eine Klammer für vielfältige Medientypen, die im Hypertext enthalten sein können (auf die multimediale Datenbasis des Hypertextes weist bereits Ted Nelson [1965] hin, der den Begriff »Hypertext« eingeführt hat). Im Unterschied zu analogen Vorläufern ist die Hypertext-Konzeption explizit an digitale Technologie – d.h. Computer – gebunden (vgl. Iske 2002).

6. Tätigkeiten in digitalen hypertextuellen Lernwelten

Die nicht-lineare Grundstruktur digitaler Lernwelten ermöglicht spezifische Formen von Tätigkeiten,[4] die im Allgemeinen mit der nautischen Metapher der *Navigation* zusammen gefasst werden.

4 Vgl. die russische Tätigkeitstheorie um Wygotski, Lurija und Leontjew.

In Anlehnung an die grundlegende Unterscheidung von Joyce (1995) werden im Folgenden als Pole möglicher Tätigkeiten das Erkunden (»explorative use«) und das Gestalten (»constructive use«) von Hypertexten skizziert: Angesichts der gegenwärtigen Entwicklungen im Bereich des *user-generated content* kann man von einem Konvergieren der Tätigkeiten des Schreibens (»production / construction«) und des Lesens (»usage / exploration«) ausgehen. Darüber hinaus bilden Tätigkeiten der Gestaltung den Ausgangspunkt für Tätigkeiten der Erkundung bzw. der Aneignung.

6.1 Erkunden (»explorative use«)

Grundsätzlich ermöglicht das Erkunden digitaler Lernwelten vielfältige Tätigkeiten als Modifikationen der Aneignung.

Aufgrund der Bindung an digitale Technologie gelten zunächst auch für Lernwelten im Internet die allgemeinen Kennzeichen *elektronischer Texte.* Diese stellen den Ausgangspunkt vielfältiger Tätigkeiten dar, wie beispielsweise des Markierens von Worten, des Editierens und Re-kombinierens von Inhalt, Gliederung, Layout, des Einfügens von Kommentaren, Lesezeichen und Querverweisen, der Stich- und Schlagwortsuche, des Erstellens von Konkordanzen oder auch des gemeinschaftlichen Verschlagwortens von Webseiten (s. social bookmarking, S. 35).

Aus *didaktischer* Perspektive entspricht das Erkunden hypertextueller Umgebungen dem linearen Entfalten einer nicht-linearen Lernwelt im Sinne autodidaktischen Handelns, bei dem der Lernende die didaktischen Entscheidungen über seinen Lernprozess selbst trifft – und treffen muss. Während in der Diskussion um die Selbststeuerung von Lernprozessen vor allem räumliche und zeitliche Aspekte im Vordergrund stehen (vgl. Brinkmann 2000), betont der Begriff der Autodidaktik neben Entscheidungen über die Auswahl der Inhalte vor allem Entscheidungen über den konkreten Lernweg. Lernende eignen sich Wissen an, indem sie ausgehend von ihrem zeitlich-linearen Navigationsprozess ein nicht-lineares mentales Modell des Gegenstandsbereichs entwickeln, das gerade nicht zeitlich-linear, sondern sachlogisch strukturiert ist. Der Lernende muss daher über Lernstrategien in Form intuitiver oder reflektierter Metaregeln für seine Entscheidungen verfügen.

Allgemein kann die Tätigkeit des Erkundens digitaler Lernwelten als Prozess des E-Learnings im Modus der Aneignung verstanden werden, d.h. im Modus einer Beziehung des Lernenden auf sich selbst, und zwar auf der Ebene konkreter Handlungen. Navigation in hypertextuellen Umgebungen ist daher die empirische Realisation der Bildungsstruktur, die empirische Performanz eines Verhältnisses (Relation).

Auf Grundlage der Protokollierung der Navigation der Lernenden durch sequenzierte Logdaten können Aneignungsprozesse in digitalen Lernwelten unter der Perspektive autodidaktischen Handelns in der Auseinandersetzung mit einer spezifischen Umwelt rekonstruiert und in Hinblick auf Strategien und Metaregeln analysiert werden (vgl. Iske 2007a, b). Dies ist von besonderer Bedeutung für eine Pädagogik, deren grundlegenden Gegenstandsbereich Bildungs- und Lern*prozesse* bilden, sowie für eine Didaktik als Handlungswissenschaft.

6.2 Gestalten (»constructive use«)

Das Gestalten hypertextueller Lernwelten spiegelt die hypertextspezifischen Prozesse der Fragmentierung und Verknüpfung wider: Ein Inhaltsbereich wird in einzelne Module fragmentiert und diese werden z.B. nach semiotischen, syntaktischen, semantischen oder pragmatischen Gesichtspunkten mit einander verknüpft und damit in einen zusammenhängenden Kontext gestellt.

Das Gestalten einer hypertextuellen Umgebung hat für den Umgang mit Informationen und Wissen ein besonderes Potenzial, das auf spezifische Tätigkeiten zurückzuführen ist. Diese Tätigkeiten sind über die Gestaltung hinaus gerade auch für Aneignungsprozesse von zentraler Bedeutung:

a) *Metakognitiv-reflexive Tätigkeiten*: Das Gestalten hypertextueller Umgebungen entspricht einer zweifachen Auseinandersetzung mit einem Gegenstandsbereich. Einerseits werden Module auf der inhaltlichen Ebene erstellt, wobei der Autor für deren Verständlichkeit *(Kohäsion)* verantwortlich ist. Andererseits werden diese Module durch Verknüpfungen auf einer Metaebene angeordnet, um sie in einen zusammenhängenden Kontext zu stellen (*Kohärenz*). Der Autor bewegt sich also permanent auf zwei Ebenen und wechselt zwischen Tätigkeiten auf der inhaltlichen Ebene und der Reflexion dieser Tätigkeiten auf der Metaebene (vgl. Meder 1998).
b) *Interpretativ-hermeneutische Tätigkeiten:* Der Prozess der Fragmentierung und Verknüpfung ist ein aktiver Prozess der Interpretation durch einen Autor. Der Prozess der Interpretation ist dabei dynamisch und unabgeschlossen. In ihm drückt sich ein hermeneutisches Verständnis von Wissen aus. Das im hermeneutischen Sinne höhere Verstehen wird in Form des metakognitiven Erfassens und Herstellens komplexer Zusammenhänge zur zentralen Tätigkeit.
c) *Kreativ-heuristische Tätigkeiten:* Die beschriebenen interpretativ-hermeneutischen Tätigkeiten unterstützen das Bewusstsein alternativer Möglichkeiten der Informationsauswahl und -darstellung sowie die Frage der Angemessen-

heit der Darstellung. Beim Gestalten hypertextueller Umgebungen hat diese Auswahl und Anordnung stets einen heuristischen Zug.

d) *Pluralistisch-interdisziplinäre Tätigkeiten:* Die kreativ-heuristischen Tätigkeiten im Umgang mit Information und das Verbinden unterschiedlicher Felder ermöglicht eine pluralistische und interdisziplinäre thematische Auseinandersetzung. Unterschiedliche Aspekte und die vielfältigen Beziehungen zwischen Themengebieten können dabei explizit dokumentiert werden.

e) *Kooperative Tätigkeiten:* Hypertextuelle Umgebungen können sowohl von einer einzelnen Person als auch von einer Gruppe erstellt werden. Damit wird der individuelle Erstellungsprozess auf die Perspektive der sozialen Konstruktion von Wissen erweitert, auf die Reflexion der eigenen Tätigkeit in der Gruppe (siehe Wikis und Weblogs als *Social Software* oder auch das Konzept der *Social Navigation*, S. 33).

Zusammengefasst stellen diese fünf Aspekte typische Tätigkeiten der Wissensorganisation dar: das planvolle Gruppieren, Strukturieren und Darstellen von Informationen, »so daß der Betrachter Einsicht gewinnt, Zusammenhänge erkennen und für sich und seine Umgebung daraus nützliche Folgerungen ziehen kann« (Dahlberg 1994: 227). Die dargestellten Tätigkeiten sind dabei nicht ausschließlich an die Nutzung digitaler Lernwelten gebunden, werden aber zu Schlüsselqualifikationen im Umgang mit diesen.

7. Digitale Lernwelten als Möglichkeitsräume

Digitale Lernwelten unterstützen Lernen im Modus der Possibilität, d.h. die Lernwelt stellt einen äußeren Möglichkeitsraum für potenzielles Lernen dar. Damit stellt sie einen Möglichkeitsraum für vielfältige Aneignungsprozesse dar (vgl. dritter Hauptsatz, S. 35), die zu Lernprozessen führen können – aber nicht zwingenderweise führen müssen. Im besten Fall kann die Gestaltung der Lernumgebung das Lernen begünstigen, den Lernprozess und das Lernresultat jedoch nicht garantieren (vgl. Meyer-Drawe 2003: 508).

Der Möglichkeitsraum der Lernwelt wird aktualisiert durch die konkreten Prozesse der Nutzenden im Auswählen von Verknüpfungen (links) auf dem Hintergrund vieler potenziell möglicher Auswahlen. In dieser Hinsicht kann davon gesprochen werden, dass Nutzer den hypertextuellen Möglichkeitsraum entfalten.

Der Navigationsprozess eines Nutzers in einer hypertextuellen Lernwelt dokumentiert die Interaktion des Nutzers mit der Lernwelt anhand der Auswahlen. Als Prozess der Aneignung dokumentiert der Navigationspfad den Lernprozess des einzelnen Lerners, d.h. die spezifische Art und Weise, auf die er sich die Sach- und Sozialdimension der Lernwelt ›zu eigen macht‹. Im gelungenen Fall wird Fremdes der Sach- (1. Verhältnis) oder Sozialdimension (2. Verhältnis) so angeeignet, dass es ins Selbstverhältnis (3. Verhältnis) integriert wird.

Unterscheidet man digitale Lernwelten nach dem Grad der Strukturierung, können *informelle* von *formellen* Lernwelten unterschieden werden.

Informelle Lernwelten beruhen in der Regel auf einem *geringen* Grad der Vorstrukturierung. In dieser Perspektive sind Web 2.0-Anwendungen (Online-Communities, Weblogs, Wikis oder z.B. Twitter) informelle Lernwelten: Sie bieten einen offenen Raum mit nur wenig strukturellen Vorgaben an, der auf vielfältige Weise genutzt werden kann – z.B. auch für explizite Lerntätigkeiten.

Betrachtet man z.B. Wikis als typische Web 2.0-Anwendung genauer, kann man folgende strukturellen Eigenschaften feststellen: Wikis sind eine spezifische Ausprägung offener Hypertexte, die eine nicht-lineare Anordnung von Inhalten durch Verknüpfungen ermöglichen. Die grundlegende Idee von Wikis ist die radikale Umsetzung der Philosophie des offenen Zugriffs und der freien und direkten Editierbarkeit (»open editing«), die Inhalt und Struktur betrifft (Leuf/ Cunningham 2001). Aufbauend auf dieser Grundidee sind Wikis als Lernwelten strukturell durch spezifische Eigenschaften gekennzeichnet:

- Wikis sind einfach zu bedienen und stellen somit *niedrigschwellige Lernwelten* dar;
- Wikis beruhen wesentlich auf der Zusammenarbeit einer Gruppe von Nutzenden und stellen damit *kooperative Lernwelten* dar;
- Für jede Wiki-Seite ist die Entstehungsgeschichte wie auch der aktuelle Stand jederzeit nachvollziehbar; Wikis stellen daher *transparente Lernwelten* dar;
- Wikis sind auf Zuwachs ausgerichtet. Sowohl inhaltliche Beiträge als auch Verknüpfungen können nach und nach in Wikis eingefügt werden. Wikis stellen daher *prozessorientierte Lernwelten* dar;
- Wikis fokussieren grundlegend auf *user-generated content*, d.h. auf inhaltliche Beiträge der Nutzenden und stellen daher *inhaltsfokussierte Lernwelten* dar;
- Wiki-Beiträge werden von Nutzenden in der Regel in Form von Texten verfasst. Wikis stellen somit *textorientierte Lernwelten* dar.
- Wikis *werden von* den Autoren wie auch den Nutzenden als *work-in-progress* verstanden; als ständige Weiterentwicklung und stellen daher *unabgeschlossen Lernwelten* dar.

Eine Folge dieser strukturellen Eigenschaften von Wikis besteht in der Reflexivitätssteigerung im Umgang mit Wissen sowie der Konstruktion von Wissen in einem sozialen Kontext (vgl. Iske/Marotzki 2010).

Formelle Lernwelten beruhen in der Regel auf einem stärkeren Grad der Vorstrukturierung, die sich an der Frage orientiert, wie digitale Lernwelten speziell in Hinblick auf das Ermöglichen und Unterstützen von Lernen konzipiert sein müssen. So ist die in Bielefeld und Duisburg-Essen entwickelte Web-Didaktik (vgl. Meder 1997, 2006; Swertz 2000, 2004; Iske 2009) die systematische Konzeption einer formellen Lernwelt, die nach didaktischen Gesichtspunkten strukturiert ist und die Möglichkeiten hypertextueller Lernwelten systematisch zur Lernunterstützung nutzt.

Die Web-Didaktik ist als pädagogisch-didaktische Interpretation der Hypertext-Konzeption eine Spezifikation Allgemeiner Didaktik unter den Bedingungen der hypermedialen Strukturen des WordWideWeb. Das Potenzial digitaler Lernwelten wird dabei verbunden mit der didaktisch-wissenschaftlichen Tradition der Strukturierung und Gestaltung von Lernmaterialien und Lernprozessen.

Web-Didaktik beruht auf einer didaktischen Ontologie,[5] wobei die didaktischen Metadaten auf der einen Seite dazu verwendet werden, Autoren und Autorinnen bei der konkreten Gestaltung hypertextueller Lernumgebungen zu unterstützen (s. »constructive use«, S. 31). Auf der anderen Seite unterstützt diese didaktische Strukturierung Tätigkeiten der zielgerichteten Navigation von Lernenden (s. »explorative use«, S. 30). Aus Perspektive der Web-Didaktik entspricht diese zielgerichtete Navigation autodidaktischem Handeln als linearem Entfalten einer nicht-linearen Lernwelt.

Wie können Tätigkeiten in einer digitalen Lernwelt unterstützt werden, die explizit auf Aneignung zielen? Bezogen auf Lernprozesse in digitalen Welten können die Hauptsätze der Web-Didaktik (vgl. Meder 2006: 35-37) folgendermaßen spezifiziert werden:

1. Die didaktische Strukturierung digitaler Lernwelten ist die Abbildung von semantischen Netzen (Bedeutungsbeziehungen) in die Zeit des lernenden Vollzuges, in die Zeit der Aneignung von Wissen unter dem Gesichtspunkt der Geltung.
2. Die Aneignung von Wissen in digitalen Lernwelten, das stets metakognitiv strukturiert ist, ist die Abbildung der zeitlichen Strukturen des Lernprozesses

5 Im modernen technologischen Kontext versteht man unter einer Ontologie ein System der Benennung (Typisierung, Klassifizierung) von Modulen und Verknüpfungen in einem Netzwerk. Geometrisch formal spricht man auch von der Typisierung von Knoten und Kanten.

in ein mentales Modell, d.h. in den sachlogischen Raum, der metakognitiven Bedeutungsbeziehung.

3. Eine digitale Lernwelt ist die Abbildung der Bedeutungsbeziehungen in alle bekannten zeitlichen Strukturen des Lernens, sodass jeder Lernende sich seinen Weg als zeitlichen Verlauf wählen kann, der ihn am besten darin unterstützt, seinen Lern- und Bildungsprozess in den logischen Raum der Bedeutungsbeziehungen – in sein mentales Modell – zu transformieren.

Zur Veranschaulichung des Grades der Strukturiertheit formeller und informeller Lernwelten kann beispielhaft auf die Konzeptionen der *Folksonomy* und der *Taxonomy* verwiesen werden: Folksonomy ist eine Wortkreuzung aus »folk« und »taxonomy« und bezeichnet eine Laien-Klassifizierung[6] als das gemeinschaftliche Indexieren von Inhalten anhand frei gewählter Schlagworte. Populäre Anwendungen für *social bookmarking* als kooperatives Verwalten und Erschließen von Webseiten sind beispielsweise *delicious.com* oder *mister-wong.com.*

Taxonomy als Klassifikationslehre bezeichnet das Indexieren von Inhalten (Objekten und Relationen) anhand definierter Schlagworte (Deskriptoren), die in einer Ontologie (vgl. oben, Web-Didaktik) zusammengefasst sind. Beispielhaft hierfür ist die systematische Klassifikation von wissenschaftlichen Publikationen in einer Universitätsbibliothek.

8. Fazit

Die bildungstheoretische Fassung von Lernen hat gezeigt, dass Lernen ein am Einzelnen orientiertes Relationsgefüge im dreifachen Verhältnis von Bildung ist. Als aktuales Verhalten vollzieht es sich stets in Raum und Zeit, d.h. in einem Medium. Medien bestimmen sich in Anlehnung an Luhmann als Korrelation von medialem Raum und konkreter Gestaltung in diesem Raum. Internet als medialer Lernraum bestimmt sich als Menge lose gekoppelter Internetseiten, die über Verlinkung fest verbunden werden können. Dabei entstehen konkrete mediale Gestalten im Internet. Internet als Lernraum kann so als Raum der Auseinandersetzung mit solchen konkreten Gestalten verstanden werden (Erkundung / explorative use) oder als Möglichkeitsraum für eigenes lernendes kreatives Gestalten in diesem Medium (Gestaltung / constructive use). Das Internet erweist sich als ein Lernraum, der aufgrund seiner medialen Grundstruktur eine herme-

6 Der Begriff der »Laien«-Klassifizierung wird hier in Abgrenzung zu *Taxonomy* als »Experten«-Klassifizierung ohne jede wertende Konnotation verwendet.

neutische und metakognitive Auseinandersetzung mit Wissen möglich macht und damit eine spezifische Lernkultur eröffnet.

Literatur

Bachmair, Ben (Hg.) (2010): Medienbildung in neuen Kulturräumen: Aufgaben – Adressaten – Ansätze. Wiesbaden: VS.

Borelli, Michele/Ruhloff, Jörg (Hg.) (1998): Deutsche Gegenwartspädagogik, Bd. III. Baltmannsweiler: Schneider Hohengehren.

Brinkmann, Dieter (2000): Moderne Lernformen und Lerntechniken in der Erwachsenenbildung: Formen selbstgesteuerten Lernens. Bielefeld: Institut für Freizeitwissenschaft und Kulturarbeit (IFKA).

Dahlberg, Ingrid (1994): Wissensorganisation – eine neue Wissenschaft? In: Wille, Rudolf/Zickwolff, Monika (Hg.), S. 225-238.

Eibl, Christian/Magenheim, Johannes/Schubert, Sigrid/Wessner, Martin (Hg.) (2007): DeLFI 2007: die 5. e-Learning Fachtagung Informatik. Bonn: Gesellschaft für Informatik.

Iske, Stefan (2002): Vernetztes Wissen. Bielefeld: Wilhelm-Bertelsmann Verlag.

Iske, Stefan (2007a): Navigationsanalyse: Methodologie der Analyse von Prozessen der Online-Navigation mittels Optimal-Matching. Duisburg-Essen: DuEPublico.

Iske, Stefan (2007b): E-Learning aus Prozessperspektive. In: Eibl, Christian/Magenheim, Johannes/Schubert, Sigrid/Wessner, Martin (2007), S. 21-32.

Iske, Stefan (2009): Hypertext, E-Learning und Web-Didaktik. In: Mertens, Gerhard/Frost, Ursula/Böhm, Winfried/Ladenthin, Volker (Hg.), S. 877-891.

Iske, Stefan/Marotzki, Winfried (2010): Wikis: Reflexivität, Prozessualität und Partizipation. In: Bachmair, Ben (2010).

Joyce, Michael (1995): Of two minds: hypertext pedagogy and poetics. Ann Arbor: University of Michigan Press.

Kuhlen, Rainer (1991): Hypertext. Ein nicht-lineares Medium zwischen Buch und Wissensbank. Berlin: Springer.

Leuf, Bo/Cunningham, Ward (2001): The Wiki way: quick collaboration on the Web. Boston: Addison-Wesley.

Meder, Norbert (1997): Die Abbildung von Sachverhalten in die Zeit. In: Schmied-Kowarzik, Wolfdietrich (1997), S. 277-289.

Meder, Norbert (1998): Neue Technologien in Erziehung / Bildung. In: Borelli, Michele/Ruhloff, Jörg (1998), S. 26-40.

Meder, Norbert (2006): Web-Didaktik: eine neue Didaktik webbasierten vernetzten Lernens. Bielefeld: Wilhelm Bertelsmann.

Meder, Norbert (2007): Der Lernprozess als performante Korrelation von Einzelnem und kultureller Welt. Eine bildungstheoretische Explikation des Begriffs. In: Spektrum Freizeit, 7, 1&2, S. 119-135.

Mertens, Gerhard/Frost, Ursula/Böhm, Winfried/Ladenthin, Volker (Hg.) (2009): Handbuch der Erziehungswissenschaft. Teil VII Medienpädagogik, Bd. 3. Paderborn: Schöningh.

Meyer-Drawe, Käthe (2003): Lernen als Erfahrung. In: Zeitschrift für Erziehungswissenschaft, 6, H. 4, S. 505-514.

Nelson, Ted (1965): Complex information processing: a file structure for the complex, changing and the indeterminate. In: Proceedings of the 1965 20th national conference, Association for Computing Machinery (ACM), Cleveland, S. 84-100.

Roth, Heinrich (1971): Pädagogische Anthropologie. Band II. Entwicklung und Erziehung. Grundlagen einer Entwicklungspädagogik. Hannover: Schroedel.

Schmied-Kowarzik, Wolfdietrich (Hg.) (1997): Erkennen – Monas – Sprache. Studien und Materialien zum Neukantianismus. Würzburg: Königshausen & Neumann.

Skowronek, Helmut (1969): Lernen und Lernfähigkeit. München: Juventa.
Swertz, Christian (2000): Computer und Bildung: eine medienanalytische Untersuchung der Computertechnologie in bildungstheoretischer Perspektive. Bielefeld: Universität Bielefeld.
Swertz, Christian (2004): Didaktisches Design: ein Leitfaden für den Aufbau hypermedialer Lernsysteme mit der Web-Didaktik. Bielefeld: Wilhelm Bertelsmann.
Wille, Rudolf/Zickwolff, Monika (Hg.) (1994): Begriffliche Wissensverarbeitung: Grundfragen und Aufgaben. Mannheim: B.I.

»Serious Games« oder »taking games seriously«?

Johannes Fromme, Ralf Biermann und Alexander Unger

Serious Games und moderne Legitimationen des Spielerischen

In den letzten Jahren wächst das Interesse an sog. »Serious Games«, also an (digitalen) Spielen, die nicht nur der spielerischen Unterhaltung und dem Vergnügen dienen, sondern auch »ernsthaftere« Hintergründe oder Zwecke haben. Dieses wachsende Interesse dokumentiert sich beispielsweise in

- der Gründung der *Serious Games Initiative* im Woodrow Wilson Center for International Scholars in den USA im Jahr 2002,[1]
- der Thematisierung von Serious Games im Rahmen von Konferenzen, etwa des *Serious Games Summit*, der 2007 im Rahmen der *Game Developers Conference* in San Francisco stattgefunden hat, oder der *Serious Games Conference*, die 2009 zum dritten Mal im Rahmen der IT-Messe *CeBIT* durchgeführt wurde,[2]
- der Auseinandersetzung mit Serious Games und Game Based Learning in entsprechenden Publikationen (z.B. Prensky 2001; Bergeron 2006; Michael/Chen 2006; Ritterfeld/Weber 2006; Annetta 2008) sowie
- der Entwicklung und Verfügbarkeit unterschiedlicher Spiele, die als »Serious Games« oder Ähnliches bezeichnet werden.[3]

Die Diskussionen und Entwicklungen sind im angloamerikanischen Raum weiter fortgeschritten als im deutschsprachigen, aber auch hierzulande findet das Schlagwort Serious Games zunehmend Beachtung und Verwendung (vgl. etwa Fromme/Petko 2008/2009). Eine eindeutige Abgrenzung von anderen Bezeich-

---

1 Vgl. www.seriousgames.org (letzter Zugriff 6.5.2009).

2 Vgl. www.seriousgames-conference.de/index.php?id=79 (letzter Zugriff: 6.5.2009).

3 Vgl. www.gamesforchange.org/play (letzter Zugriff 6.5.2009); Informationen über und Links zu einer Reihe von Beispielen enthält auch die Wikipedia-Seite: http://en.wikipedia.org/wiki/Serious_game (letzter Zugriff 6.5.2009); für den deutschsprachigen Raum vgl. auch www.spielbar.de/neu/category/themen/seriousgames/ (letzter Zugriff 6.5.2009).

nungen wie »digitale Lernspiele« oder »Game Based Learning« wird zumeist nicht vorgenommen, aber Einigkeit besteht darin, dass die so bezeichneten Softwareprogramme eben (auch) ernste Absichten haben. Zu solchen »ernsten Absichten« werden unter anderem gezählt:

- Werbung (Spiele, die der Werbung für ein Produkt oder eine Organisation dienen),
- Gesellschaftlicher oder politischer Wandel (Games for Change – Spiele, die zum sozialen, ökologischen oder politischen Wandel beitragen bzw. veränderte Einstellungen oder Werte vermitteln sollen),
- Training und Ausbildung (Simulationen, bei denen bestimmte Handlungsabläufe erprobt oder eingeübt werden können),
- Gesundheit (Games for Health, bei denen es um die spielerische Unterstützung von Therapien, von Gesundheitsbildung o.ä. geht),
- Lernen (Game Based Learning im engeren Sinne, wo es um das Erreichen klar definierter Lernergebnisse geht; oder Educational Games, bei denen i.d.R. komplexere Lernziele verfolgt werden).

Der den Serious Games zugrunde liegende Gedanke ist historisch gesehen nicht ganz neu, aber er ist modern, genauer: in der Moderne erst aufgekommen. In vormoderner Zeit war die Auffassung relativ populär, dass Spiele vor allem problematische Züge aufweisen. Insbesondere den Karten- und Würfelspielen, aber auch Maskenspielen und karnevalesken Formen der Unterhaltung standen die Angehörigen der gebildeten (und herrschenden) Stände kritisch bis ablehnend gegenüber (vgl. Retter 1979). Zwar gab es auch Spiele, die als Form der gepflegten Unterhaltung akzeptiert waren (z.B. Brettspiele), aber erst im modernen Humanismus hat sich eine gänzlich andere, positivere Sichtweise auf das Spiel entwickelt – man kann hier geradezu von einer Rehabilitierung des Spiels sprechen. Zu den prominentesten Vertretern dieser neuen Sichtweise gehört Friedrich Schiller, der in seinen Briefen zur Ästhetischen Erziehung die humanistische Deutung des Spiels in der These zugespitzt hat, dass der Mensch eigentlich nur dort ganz Mensch ist, wo er spielt.[4] Das freie Spiel ist für ihn also der Ursprung von Ästhetik und Kultur und nicht nur ein eher belangloser Zeitvertreib.

---

4 Die Argumentation in Schillers Briefen über die ästhetische Erziehung des Menschen läuft darauf hinaus, dass das eigentliche Menschsein erst jenseits des für das Überleben Notwendigen beginnt: »Denn, um es endlich einmal herauszusagen, der Mensch spielt nur, wo er in voller Bedeutung des Wortes Mensch ist, und er ist nur da ganz Mensch, wo er spielt« (Schiller 1795/1960, 15. Brief).

Trotz dieser positiven Umdeutung ist uns auch die skeptische Perspektive auf das Spiel erhalten geblieben. Das mag auf der einen Seite damit zu tun haben, dass Schillers Spielbegriff eng an den Begriff der ästhetischen Kunst angelehnt und eher als Programm denn als Beschreibung der heterogenen Realität des Spiels zu verstehen ist.[5] Auf der anderen Seite ist das moderne Denken nicht allein durch den Humanismus und eine Neubewertung des Ästhetischen gekennzeichnet, sondern auch durch das, was Max Weber als protestantische Ethik bezeichnet hat (Weber 1993). Dieser asketisch ausgerichtete und nicht zuletzt mit der Reformation verbreitete »Geist des Kapitalismus« reglementiert nach Weber zunehmend die gesamte Lebensführung und geht einher mit einer Abwertung und Ablehnung des Unmäßigen, des Müßiggangs, des Vergnügens, des Spielens usw., also jener Phänomene, die mit der kapitalistischen Rationalisierung des Alltagslebens nicht vereinbar scheinen.

Aus dieser Sicht ist das Spiel im Grunde nur dann legitimierbar, wenn es einen nützlichen Beitrag zur modernen, kapitalistischen Lebensführung bzw. Gesellschaft zu leisten verspricht. Dies gilt in verstärktem Maße für neue Formen des Spiels (z.B. Computerspiele), mit denen die ältere, den gesellschaftlichen Diskurs prägende Generation nicht oder nur bedingt vertraut ist. Das Argument, dass Spiel, Vergnügen und Unterhaltung zum Leben gehören oder einen wichtigen Ausgleich zur Welt der Arbeit und des Ernstes darstellen, wird gerade bei den digitalen Spielen offenbar als zu schwach angesehen. Als wirksamer wird offenbar das Argument eingeschätzt, dass (digitale) Spiele auch für ernsthafte Zwecke verwendbar sind. Vor diesem Hintergrund können die aktuellen Entwicklungen und Diskussionen im Bereich Serious Games, (auch) als Versuche angesehen werden, die digitalen Spiele gesellschaftlich durch den Nachweis zu rehabilitieren, dass sie »mehr als nur Unterhaltung« sein können.[6] Dass die Branche daran ein Interesse hat, liegt angesichts des eher negativen Images von Computerspielen, das durch die öffentlichen Debatten über einen möglichen Zusammenhang zwischen »Amokläufen« und der Nutzung so genannter »Killerspiele« entstanden ist, auf der Hand.

Die skizzierte moderne Denktradition würden wir aus spieltheoretischer Sicht jedoch als ambivalent einschätzen, denn in dieser Tradition wird das Spiel (der Tendenz nach) idealisiert und auch domestiziert, wobei sehr vereinfacht gesehen Schiller eher für die Idealisierung und die protestantische Ethik eher für die Do-

5 Das Spiel bzw. der Spieltrieb sollen Gestalt gebend vermitteln zwischen der »absoluten Realität« bzw. dem »sinnlichen Trieb« und der »absoluten Formalität« bzw. dem »Formtrieb« (Schiller, 1795/1960, 15. Brief).

6 Unter diesem Motto stand beispielsweise die Serious Games Conference 2009 auf der CeBIT in Hannover (vgl. www.seriousgames-conference.de, letzter Zugriff: 6.5.2009).

mestizierung steht. Vor allem Brian Sutton-Smith (1983, 1984) hat mehrfach darauf aufmerksam gemacht, dass die riskanten, aggressiven, rauschhaften, unvernünftigen Momente in neueren Theorien des Spiels gerne ausgeklammert oder verdrängt werden, was zu einer unzulässigen Verkürzung führe, da das Spiel nurmehr einer heil und harmonisch gedachten Kinderwelt zugerechnet werde (vgl. auch Wegener-Spöhring 1993). Pädagogen/innen und Eltern neigen im Sinne dieser Idealisierung und Domestizierung des Spiels dazu, sich nur für die schönen, friedlichen, niedlichen oder eben für die nützlichen Formen des Spiels zu interessieren, weil sie als die wertvollen angesehen werden. Im Unterschied dazu beharren Sutton-Smith und auch Wegener-Spöhring darauf, dass die riskanten und ungebändigten Formen ebenso zum Spiel gehören wie die schönen und die nützlichen Anteile. Mehr noch: Die Freiheitspotenziale des Spiels liegen ihrer Ansicht nach eher in seinen widerständigen und ungezähmten Momenten. »Spiel ist Umkehrung der Wirklichkeit, Transformation, ist Irritierung und Karikatur, ist Paradoxie und Kontrafaktum und nicht Abbild der Realität« (ebd.: 263).

Als ambivalent ist die moderne Form der Auseinandersetzung mit dem Spiel aber auch deshalb anzusehen, weil der Versuch, das Spiel für andere (zum Beispiel pädagogische) Zwecke nutzbar zu machen, Gefahr läuft, wesentliche Merkmale des Spiels aufzuheben. In bekannten Spieltheorien wie denen von Huizinga (1956), Caillois (1982) oder Sutton-Smith (1978) (für einen Überblick vgl. Scheuerl 1997) wird übereinstimmend hervorgehoben, dass es sich beim Spiel um eine aus dem üblichen Leben herausgehobene Sphäre des Als-Ob handelt, in der die Ordnungen und Festlegungen des Alltagslebens aufgehoben sind und die verfolgten Zwecke in der Spieltätigkeit selbst liegen. Eine Instrumentalisierung des Spiels – beispielsweise für pädagogische Zwecke – stellt diesen Charakter des Spiels vom Grundsatz her infrage, zumal für die skizzierten ungeregelten Formen hier zumeist kein Raum bleibt.

Hier soll nicht die These vertreten werden, dass eine instrumentelle Nutzung von (digitalen) Spielen grundsätzlich nicht möglich oder zu verurteilen wäre. Vielmehr soll betont werden, dass es sich dabei nur um eine vergleichsweise enge Perspektive auf die Relevanz des Spiels für Lern- oder Bildungsprozesse handelt. Sie basiert auf der Annahme, dass Spiel und Lernen zwei unterschiedliche Pole markieren, wobei der Spiel-Pol durch Merkmale wie Unterhaltsamkeit, Vergnügen, Spannung usw. gekennzeichnet wird und der Lern-Pol durch Merkmale wie Ernsthaftigkeit, Pflicht, Langeweile usw. Wenn man von dieser Gegenüberstellung ausgeht, dann sind vom Grundsatz her drei Konzepte für eine Verbindung von Spiel und Lernen denkbar (vgl. Ritterfeld/Weber 2006):

- Motivations-Konzept: Spiel kann als Motivationshilfe genutzt werden, um erzieherische Inhalte und Informationen zu vermitteln. Es soll also als Türöffner fungieren, um auf pädagogisch relevante Inhalte aufmerksam zu machen, das Interesse an diesen Inhalten zu wecken und schließlich um die Inhalte auch zu transportieren.
- Belohnungs-Konzept: Spiel kann als (überraschende oder auch angekündigte) Belohnung und Verstärkung für die vorherige (erfolgreiche) Bearbeitung von Lernaufgaben eingesetzt werden.
- Integrations-Konzept (oder Blending-Konzept): Im Unterschied zu den anderen beiden Ansätzen handelt es sich hier nicht um ein additives Konzept, sondern um den Versuch, die als pädagogisch relevant erachteten Inhalte zu einem essenziellen Teil des Spiels zu machen.

Wenn Spiel und Lernen (oder Unterhaltung und Ernsthaftigkeit) polar gegenübergestellt werden, dann werden beide Phänomene in einer bestimmten Weise verengt betrachtet. Es wird nämlich allgemein unterstellt, dass Lernen nicht unterhaltsam sei und Spielen nichts mit Lernen zu tun habe. Sicher gibt es viele Kinder, Jugendliche und Erwachsene, die mit pädagogischen bzw. institutionalisierten Lernumgebungen negative Erfahrungen verbinden, die aber Spielen gegenüber positiv eingestellt sind. Für diese Gruppen, die eine negative Einstellung zum Lernen ausgebildet haben, kann es sich in der Tat anbieten, das Lernen durch die Verwendung von Spielen (Lernspielen) attraktiver zu machen. Dabei scheinen integrative Strategien Erfolg versprechender zu sein als die skizzierten additiven Konzepte, auch weil sie die Inhalte (und damit das Lernen) in einen konsistenten Kontext einbinden und somit dem Prinzip des situierten Lernens folgen. Aber nicht alle Menschen haben mit pädagogischen Settings negative Erfahrungen gemacht, und wenn sich im Laufe der Kindheit keine negativen Einstellungen gegenüber dem (institutionellen) Lernen entwickeln, dann ist eine solche Gegenüberstellung für diese Personen auch nicht erforderlich, weil sie sowohl in spielerischen als auch in pädagogischen Settings erfolgreich lernen werden (vgl. Ritterfeld/Weber 2006: 408).

Zwar ist der *pädagogische* Einsatz von Spielen nur eine Variante dessen, was derzeit als mögliche ernsthafte Verwendung digitaler Spiele in den Blick genommen wird, aber es wäre für die theoretische wie konzeptionelle Beschäftigung mit dem Thema Serious Games durchaus lohnend, jenen Diskussionsstand aufzuarbeiten und in Erinnerung zu bringen, der beispielsweise in der Spielpädagogik zur Frage des Verhältnisses von Spielen, Lernen und Pädagogik bereits in den 1980er-Jahren erreicht wurde (vgl. Kreuzer 1983/1984). Das ist an dieser

Stelle nicht möglich, aber zu den Dingen, die wir dort lernen können, gehört, dass im Rahmen einer pädagogischen Beschäftigung mit dem Spiel neben der skizzierten instrumentellen Sichtweise auch eine andere Perspektive eingenommen werden kann. Diese zweite Perspektive möchten wir hier als eine sozialisations- und bildungstheoretische bezeichnen. Sie betont, dass das Spiel als Lern- und Entwicklungsraum vor jeder Intentionalität existiert, sie akzeptiert, dass zu diesem Raum auch konflikthafte, widersprüchliche und ungezähmte Momente gehören können, und sie weist mit der Beachtung der sozialen und kulturellen Einbindung über das Spiel als isoliertes »Singleplayerphänomen« hinaus. Etwas zugespitzt kann man sagen, dass im Spiel informell gelagerte Lern- und Bildungspotenziale liegen, die komplexer und vielschichtiger sind als das, was im Bereich von Lernspielen oder Serious Games üblicherweise anzutreffen ist. Damit einher geht ein erweitertes Verständnis dessen, was an (digitalen) Spielen als pädagogisch relevant angesehen wird (vgl. Fromme/Jörissen/Unger 2009), und die Einsicht, dass eine genauere Untersuchung dieser informellen und nonformalen Phänomene und ihrer Bedeutung für mediale Lern- und Bildungsprozesse erziehungswissenschaftlich lohnend ist. Wenn die Lern- und Bildungsrelevanz von digitalen Spielen vermessen werden soll, dann reicht also der Blick auf Serious Games nicht aus. Vielmehr müssen die Spiele und die Spielkulturen der Computerspieler/innen mit einbezogen und ernst genommen werden (vgl. Gee 2003; Salen 2008). Um die Tragfähigkeit dieser Herangehensweise aufzuzeigen, wird im Folgenden das Modding als eine informelle Lernkultur exemplarisch etwas genauer vorgestellt und erläutert. Im Anschluss daran wollen wir zeigen, dass auch für die medienpädagogische Praxis andere als nur instrumentelle Verwendungsweisen von digitalen Spielen oder Lernspielen denk- und realisierbar sind.

Modding als informelle Lernkultur

In der öffentlichen Diskussion um Computerspiele dominieren bis heute kritische Stimmen, die ihnen negative Wirkungen zuschreiben. Auf der anderen Seite finden sich mittlerweile auch Überlegungen, welche Kompetenzen durch das Spielen digitaler Spiele gefördert werden und wie Spiele gezielt für die Vermittlung von Wissen, Kompetenzen oder Einstellungen eingesetzt werden können (vgl. Gebel/Gurt/Wagner 2005). Fokussiert wird in beiden Fällen auf die Implikationen der Auseinandersetzung mit einem gegebenen Spielprogramm, unberücksichtigt bleibt dagegen zumeist der Umstand, dass sich zunehmend ein produktiver Umgang mit Computerspielen auf einem hohen technischen und gestalterischen Niveau etabliert hat, der als »Modding« bezeichnet wird. Um das Phänomen Modding hat sich zudem eine informelle Lernkultur ausgebildet, die vollständig von klassischen Bildungsinstitutionen abgekoppelt ist und auch keinen Bezug zu den üblichen Formen des E-Learnings aufweist. Gleichwohl eröffnet sie eigene Lernräume, fordert und fördert die Entwicklung spezifischer Kompetenzen und macht zudem ihre interaktiven Produkte über das Netz praktisch jedem interessierten Nutzer zugänglich. Modding kann zugleich als eine subversive Gegenkultur zum proprietären Medienmarkt verstanden werden, die der bloßen Nutzung medialer Produkte eine reflexive Kultur der Eigenproduktion entgegengesetzt.

Unter *Modding* wird zunächst die Manipulation oder Modifikation von proprietärer (Spiele-)Software verstanden. Es geht hierbei nicht um »nützliche« Anwendungen, sondern um grafische Repräsentationen, narrative Strukturen und Regelsysteme von Spielesoftware. Ergebnis des Moddings sind Softwareprogramme oder Programmteile (Mods), die über bzw. in das kommerzielle Basisspiel installiert werden können. Die Motivation zur Erstellung eines Mods ist oft die Unzufriedenheit der Fangemeinde mit dem kommerziellen Produkt oder der Wunsch, dessen Narration auszudehnen, das Regelsystem »authentischer« zu gestalten oder den Bedeutungskontext zu modifizieren. Die Bandbreite der möglichen Modifikationen reicht dabei von kleinen Tweaks oder Cheats, die nur einen Parameter des Spiels verändern (z.B. die zur Verfügung stehende Munition, die Qualität der KI usw.), über die Erstellung neuer Spielfelder (sog. Maps oder Levels) oder Grafiktexturen (sog. Skins) sowie neuer Spieleszenarien bis zu Total Conversions, die das Basis-Spiel und dessen Bedeutungskontext so weit verändern, dass eigentlich ein neues Spiel entsteht (vgl. Nieborg 2005). Bekanntestes Beispiel für eine solche umfassende Modifikation ist das Spiel *Counter-Strike* (EA-Games 1999), das auf dem Spiel *Half-Life* (Sierra 1998) basiert (vgl. Nieborg/Graaf 2008: 178).

Der Eingriff in das Basisprodukt kann demnach von einer oberflächlichen Modifikation über die Veränderung des Regelsystems und der Narration des Spiels bis in den Quellcode und die Spiel-Engine reichen. Modding steht in einer engen Verbindung mit der OpenSource-Bewegung. Neben der Nutzung so genannter Web 2.0-Applikationen (Wikis, Foren usw.) für die Organisation der Modder-Community kommen auch spezielle Software-Development-Kits (SDKs) zum Einsatz, mit denen neue Inhalte für das Basisspiel erstellt werden können. Da Modding aber auch die Umgehung des Kopierschutzes erfordern kann oder von der Produktionsfirma ggf. nicht gewünscht wird, stellt es u.U. eine Urheberrechtsverletzung dar. Mittlerweile bieten aber viele Softwarefirmen SDKs mit dem Originalprodukt auf einem Datenträger an. Dies liegt nicht zuletzt daran, dass die Existenz einer großen Modder-Community das »shell life«, also die Zeit, die ein Produkt im Handel erhältlich ist, nachhaltig verlängern und demnach entscheidend zu dessen kommerziellem Erfolg beitragen kann (vgl. Kücklich 2005; Nieborg/Graaf 2008). Nichtsdestotrotz ist Modding zunächst eine subversive Praxis, die mit der Veränderung, Umdeutung und Weiterentwicklung proprietärer Programme durch offene Fan-Communitys einhergeht.

Mittlerweile liefern fast alle Spiele-Zeitschriften, die ein wichtiges Organ der Spieleindustrie, aber auch der Spieler-Community darstellen, auf den beiliegenden Datenträgern von Usern erstellte Mods mit oder besprechen diese sogar im Magazin. Manche Spiele, wie z.B. *Civ4: Colonization* (2k Games 2008), bieten sogar von Herstellerseite eine Autooption für das Update von nutzererstellten Modifikationen an. Die Spieleindustrie setzt demnach zunehmend auf die Selbstproduktion der Fangemeinde. Daher findet sich auch eine entsprechend große Anzahl von Mods auf einschlägigen Seiten im WWW. Allein auf einer Fansite zu dem oft stark kritisierten Action-Spiel *GTA: San Andreas* (www.gtainside.com) finden sich über 7.500 größere und kleinere Modifikationen, Skins, Tweaks usw. (Stand 1/2009). Die Qualität dieser Angebote variiert sicherlich; ihnen allen ist aber gemein, dass sie nicht von bezahlten Profis erstellt wurden, sondern von vermeintlichen Rezipienten in ihrer Freizeit, die sich somit als aktive und enthusiastische User erweisen.[7] Aber auch Modifikationen zu Spielen, die weniger im Zentrum des öffentlichen Interesses stehen wie z.B. *Total War: Medieval 2* (Sega 2006) erfreuen sich großer Beliebtheit. So wurde die Total Conversion *Clouds over Europe* für dieses komplexe, im Mittelalter angesiedelte Strategiespiel, ca. 240.000 Mal heruntergeladen. Insgesamt gibt es fast 30 vollwertige Mods, die von der Community erstellt und zu großen Teilen auch gepflegt und weiterentwickelt werden. Hier zeigt sich, dass Modding durchaus ein Breitenphänomen darstellt und dementsprechend in der öffentlichen Diskussion wie in der Forschung stärker beachtet werden sollte (vgl. Poremba 2003: 1). Auch Nieborg und Graaf (2008: 179) sehen im Modding einen »integral part of modern game-culture«.

Aus pädagogischer Perspektive sind am Modding vor allem die soziale Organisationsform und die implizite Kompetenzvermittlung von Interesse. Wie bereits angedeutet wurde, lassen sich umfangreichere Mods ähnlich wie Open-Source-Projekte nur kooperativ in großen Teams realisieren (vgl. Möller 2006:

7 Die Modder-Community *GTA-Berlin* hat sich sogar das Ziel gesetzt, die virtuelle Stadt San Andreas mit Texturen der realen Stadt Berlin zu überschreiben. So kann der Spieler, der diesen Mod installiert hat, durch das Brandenburger Tor fahren, den Reichstag besuchen oder den Fernsehturm bestaunen. Durch die Veränderung der Oberflächengrafiken können so andere kulturelle Hintergründe und Bedeutungskontexte geschaffen sowie spezifische Vorlieben der Nutzer umgesetzt werden, die bei einer proprietären Produktion kaum Berücksichtigung finden könnten.

62). So umfasst z.B. das Team des *Medieval 2*-Mods *Broken Crescent* ca. 60 freiwillige Mitarbeiter, die Beiträge u.a. zu den Bereichen Mapping, Coding, Skripting, Animation, Musik und auch Recherche (Research) zum historischen Hintergrund liefern.[8] Modding stellt demnach eine z.T. hoch differenzierte Produktionsform dar, die sich in einer selbst gewählten und selbst organisierten Gemeinschaft im virtuellen Raum des Internets vollzieht. Der »Lohn« für die Erstellung eines Mods beschränkt sich dabei zumeist auf die Anerkennung durch die Spieler-Community. Interessant an der (Lern-) Kultur dieser Gemeinschaft ist darüber hinaus, dass ihr Wissen nicht einem Kreis eingeweihter Personen vorbehalten bleibt, sondern frei zugänglich ist. Es wird u.a. in Form von Wikis mit Tutorials oder durch Ansprechpartner in Foren verbreitet. Hier zeigt sich eine positive Auswirkung des Web 2.0 auf die Modderkultur, die sich seit ihren Anfängen nicht nur weiterentwickelt hat, sondern zunehmend einer breiten Gruppe von Usern zugänglich wird. Potenzielle Mitstreiter bekommen so schnell Zugang zu relevantem Wissen und können bei dessen Aneignung unterstützt werden. Diese Offenheit gilt auch für die Produkte der Community. Letztlich gibt es keine größere Modifikation, die nicht andere Mods oder Tweaks teilweise oder komplett integriert. Dies wird nicht als Diebstahl geistigen Eigentums verstanden, sondern das Aufnehmen und Weiterentwickeln bestehender Produkte ist geradezu basaler Bestandteil dieser (Sub-)Kultur. Modding-Communitys sind informelle Lernorte, die demnach eine deutliche Differenz zu traditionellen Lernsettings aufweisen, die stärker durch Kontrolle, Überprüfung und Selektion charakterisiert sind. Auch die hohe intrinsische Motivation ihrer Mitglieder ist in klassischen Lernsettings nur selten anzutreffen.

Neben der sozialen Komponente wird beim Modden eine Vielzahl weiterer Kompetenzen und Wissensformen gefordert und gefördert. Dazu gehören informationstechnisches Know-how und eine spezifische Produkt- bzw. Spiel-Expertise, aber auch ästhetisches, narratives und dramaturgisches Wissen. Aufgrund der stark arbeitsteiligen Produktionsweise sind auch entsprechende Fähigkeiten notwendig, um in einem virtuellen Setting und einem großen Team effektiv mitarbeiten und sich organisieren zu können. Hier zeigt sich eine deutliche Schnittmenge mit den Anforderungen an Wissensarbeiter in der Wissensgesellschaft (vgl. Beck/Wade 2006). In manchen Fällen, etwa bei den erwähnten *Medieval 2*-Mods, die versuchen, historische Gegebenheiten möglichst exakt wiederzugeben, kommen noch klassische methodische Kompetenzen wie das Recherchieren, Aufbereiten und Umsetzen von (historischem) Wissen in einer medienadäquaten Weise hinzu.

8 Vgl. www.twcenter.net/forums/showthread.php?t=88832 (letzter Zugriff: 18.1.2009).

Modding ist demnach ein hochgradig reflexiver Umgang mit dem Medium Computerspiel. Wer ein bestehendes Spiel erweitern will, muss den Programmcode sowie die relevanten Narrationen und Regeln genau kennen und sich mit diesen intensiv auseinandersetzen. Der Modder muss das Spiel und seine Oberfläche quasi durchschauen und lernt dabei nicht zuletzt etwas über mediale Architekturen und Produktionsprozesse sowie über die Möglichkeiten und Grenzen des Mediums bei der Umsetzung bestimmter Inhalte und Strukturen (vgl. Unger 2007; Fromme/Jörissen/Unger 2009). Die reflexive Durchdringung und Dekonstruktion der digitalen Spiele stellt zugleich auch ein »politisches« Statement gegen einen proprietären, von Medienkonzernen kontrollierten Medienmarkt dar, dem der Eigensinn der Nutzer mit ihren subversiven und partizipativen Organisations- und Produktionsformen entgegengesetzt wird. Auch wenn es sich hier nicht um klassische politische Inhalte handelt, sondern »nur« um Spiele, wird die Etablierung einer solchen produktiven Medienkultur in der kritisch-aktiven Medienarbeit als ein Beitrag zur Demokratisierung der Gesellschaft verstanden (vgl. Schell 2003). Die Tendenzen zur Wiedervereinnahmung der Modding-Kultur durch die Spieleindustrie, z.B. durch das Abwerben von Programmieren aus der Modding-Community für die Erstellung proprietärer Produkte, wird in der wissenschaftlichen Community daher durchaus kritisch kommentiert (vgl. Kücklich 2005). Gleichwohl kann festgehalten werden, dass sich in der digitalen Spielekultur zunehmend ein reflexiv-produktiver Umgang etabliert, der komplexe Lern- und Bildungspotenziale aufweist und dem man mit einer Rezeptionsperspektive nicht gerecht werden kann, wie sie für Diskurse über das Verhältnis von Massenmedien und ihren Nutzern kennzeichnend sind oder waren.

Video Game Essays: Ein Ansatz zur Unterstützung von Lernprozessen mit Computerspielen

Das Motiv eines reflexiv-produktiven Umgangs mit Computerspielen ist auch für den zweiten hier exemplarisch behandelten Zugang zum Lernen mit digitalen Spielen leitend. Während es sich beim Modding um eine informelle Lernkultur handelt, stellen Video Game Essays einen Ansatz dar, der in formellen wie nonformalen pädagogischen Kontexten verwendet wird und als neues Konzept der medienpädagogischen Praxisarbeit gelten kann.[9] Ausgangspunkt ist die Überlegung, dass Computerspiele in vielfältiger Weise in pädagogischen Kontexten und Projekten eingesetzt werden können (vgl. Fromme/Meder 2001) und eben

9 Eine Durchsicht der Literatur mit Informationen über Projekte der aktiven Medienarbeit zeigt, dass Computerspiele im Verhältnis zu ihrer Relevanz in der Lebenswelt von Kindern und Jugendlichen bisher deutlich unterrepräsentiert sind.

nicht nur im Sinne der Serious Games-Debatte (vgl. Egenfeldt-Nielsen/Smith/Tosca 2008: 205f.). Das Konzept der Video Game Essays ist für Entertainmenttitel in gleicher Weise tragfähig wie für digitale Lernspiele. Es zeigt auf, wie das Medium Computerspiel in Anlehnung an die Kriterien der aktiven Medienarbeit (vgl. Schell 2003: 51ff.) mit unterschiedlichen Zielgruppen und in verschiedenen Einrichtungen und Kontexten – z.B. mit Jugendlichen in der offenen Medienarbeit oder in der Schule bzw. Hochschule – eingesetzt werden kann.

Der leitende Gedanke bei dem Konzept ist, dass die jeweilige Zielgruppe zu einer reflexiv-kritischen Auseinandersetzung mit Computerspielen dadurch angeregt werden soll, dass sie zur Durchführung einer Spielanalyse aufgefordert wird. Die Besonderheit der Analyse besteht darin, dass diese nicht in Textform erstellt wird, sondern in audiovisueller Form. Aus verschiedenen Gründen wird eine nur textbasierte Analyse für neue Medien wie Computerspiele als nur bedingt aussagekräftig angesehen. Die Suche nach einer Alternative zur Textform bildete insofern einen wichtigen Anlass für die Entwicklung der Idee, Filmessays über Computerspiele zu produzieren. In der Bezeichnung »Video Game Essay« sind die drei wesentlichen Aspekte enthalten, die den Ansatz auszeichnen:

Die Verwendung des Begriffs »Essay« ist im allgemeinen Sprachgebrauch nicht eindeutig. Nach dem Duden ist ein Essay eine Abhandlung, die eine literarische oder wissenschaftliche Frage in knapper und anspruchsvoller Form behandelt. Im Englischen wird die Bezeichnung »Essay« seit der Mitte des 20. Jahrhunderts verwendet »für Texte, die unsystematisch Betrachtungen über die vielfältigsten Aspekte des menschlichen Lebens wiedergeben. Die Anstrengungen, das Wort der Sache nach adäquat ins Deutsche zu übertragen, sind vielfältig und führen zu Ausdrücken wie ›Versuch‹, ›Entwurf‹, ›Abhandlung‹, ›Aufsatz‹, ›Fragment‹ bzw. zu einer ganzen Reihe von metaphorischen Umschreibungen wie ›Abschweifung‹, ›Gespräch‹, ›Bemühung‹, ›Gedanken‹, ›Experiment‹, ›Annäherung‹, ›Spiel‹, ›intellektuelle Reise‹ etc.« (Pfammater 2002: 7). Eine Definition des Begriffs bzw. eine Eingrenzung wird also allgemein als schwierig angesehen (vgl. Rohner 1966; Pfammater 2002).

Das Essay soll in diesem Kontext als eine Form der anspruchsvollen, in der Gestalt aber relativ freien Auseinandersetzung verstanden und durch die anderen beiden im Begriff enthaltenen Aspekte »Video« und »Game« noch genauer spezifiziert und eingegrenzt werden. Mit »Video« wird angezeigt, dass das Essay – als Medium wie Ergebnis der Auseinandersetzung – in filmischer statt schriftlicher Form her- bzw. dargestellt wird. Das filmische Produkt ähnelt einem dokumentarischen Film. Der Vorteil liegt in der Möglichkeit, die symbolischen Ausdrucksformen der Bildsprache, wie sie im Computerspiel als audiovisuellem

Medium verwendet werden, übernehmen und durch verbale Kommentare ergänzen zu können, statt die eigene Analyse, Beschreibung und Bewertung vollständig in verbale Ausdrucksformen übersetzen zu müssen. Hierzu werden für die Analyse – analog dem Produktionsprozess von Machinima-Filmen (vgl. Buchele 2007; Kelland/Morris/Lloyd 2005) – relevante Sequenzen des Spiels mit einem Screenrecorderprogramm aufgenommen, in ein Videoschnittprogramm importiert und mit einer verbalen Kommentierung in eine erzählende und zugleich erklärende Form zusammengefügt.

Der Gegenstandsbereich des Essays wird mit dem Teilaspekt »(Video) Game« indiziert. Es stehen also digitale Games im Mittelpunkt der Betrachtung. Um welche Art Spiel es sich handelt – ob Lernspiel, Edutainmentsoftware oder reines Entertainmentspiel –, ist dabei unerheblich. Gleichzeitig hilft dieser Bestandteil des Begriffs den Adressaten bei der Verortung des Ansatzes. In diesem Punkt unterscheidet sich die Arbeit an einem Video Game Essay sowohl von der klassischen Video- und Filmarbeit als auch von der Erstellung eines Machinima-Films. Das zentrale Thema bildet das Computerspiel, das in der heutigen Lebenswelt der Jugendlichen seinen festen Platz hat. Damit kommt der Ansatz der Video Game Essays der Forderung nach, mit der aktiven Medienarbeit an »aktuelle Themen bzw. Gegenstände, an denen Jugendliche ihr Interesse bekunden und/oder die sie als Problem artikulieren« (Schell 2003: 149), anzuknüpfen.

Zusammengefasst sind Video Game Essays das Medium und das audiovisuelle (filmische) Ergebnis einer Auseinandersetzung mit Computerspielen, die – wie noch zu zeigen ist – die Entwicklung einer reflexiven Distanz erforderlich macht (vgl. Fromme 2006). Video Game Essays versuchen, anderen dokumentarischen Genres vergleichbar, in einer Kombination aus erklärenden und erzählenden Elementen Aspekte von Computer- und Videospielen zu erforschen und in einem filmischen Beitrag darzustellen. Im Folgenden werden zwei Szenarien für Settings skizziert, in denen Video Game Essays erstellt werden können, zum einen die medienpädagogische Jugendarbeit, zum anderen die Arbeit mit Studierenden in der Hochschule.

Da Computerspiele im Alltag von Heranwachsenden ihren festen Platz eingenommen haben, lassen sich ohne Probleme Themen finden, die dem Anspruch gerecht werden, »daß medienpädagogisches Handeln an der individuellen Ausgangslage der Jugendlichen zu orientieren ist« (Schell 2003: 52). So wäre es zum Beispiel möglich, dass Jugendliche sich darauf einigen, in Gruppenarbeit ein Essay zu produzieren, das an ihre Eltern gerichtet ist und über Inhalte, Ziele sowie die Faszination des Spiels Auskunft gibt. Um dies zu bewerkstelligen, müssen Jugendliche sich verschiedener Aspekte bewusst werden: So müssen sie das Spiel selbst und dessen spezifische Strukturen, die spielspezifische Faszination und das eigene anzufertigende Produkt incl. der Arbeitsschritte der Herstellung durchdenken. Wichtig für die Reflexion ist, dass sie jederzeit auf die Unterstützung der Medienpädagogen zurückgreifen können und diese umgekehrt neue Impulse in die Gruppe tragen. Der gesamte Prozess kann in mehrere Phasen eingeteilt werden: Im ersten Schritt werden die Spielstrukturen erkundet und wieder ins Bewusstsein zurückgeführt, da die Jugendlichen diese bei vertrauten Spielen in der Regel so sehr verinnerlicht haben, dass sie nicht mehr bewusst beachtet und wahrgenommen werden. Die habituellen Spiel- bzw. Handlungsmuster werden damit aus der Ebene der unbewussten Kompetenz auf die Ebene der bewussten Kompetenz transferiert (vgl. Mrochen 2001: 18). So entsteht eine analytisch-forschende Haltung, durch die es gelingt, die Machart des jeweiligen Spiels zu bestimmen und zu den eigenen Vorlieben in Beziehung zu setzen. Dabei ist es durchaus möglich, auf vorhandene Erfahrungen aus der Medienarbeit zurückgreifen. Mit einem vorbereiteten Fragenkatalog können Auseinandersetzungen mit dem ausgewählten Spiel initiiert werden (vgl. Müller 2001: 49f.): Wie gefällt dir das Spiel? Was interessiert oder langweilt dich an diesem Spiel? Wie beurteilst du das Verhalten der Spielfiguren? Hat das Spiel etwas mit dir zu tun?

Diese Punkte könnten im Verlauf des Projekts sowohl als Leitfaden für die Auseinandersetzung mit dem Computerspiel wie auch für die Kapitelstruktur des Essays dienen. Die Komplexität kann erhöht werden, wenn die Jugendlichen selbst einen Kriterienkatalog erarbeiten, der dokumentiert, welche Aspekte von Computerspielen bei dem Essay Berücksichtigung finden sollen. Grafik, Steuerung, Motivationsförderung, Spielspaß und Rahmengeschichte eignen sich beispielsweise als Punkte für einen solchen Katalog. Der Grad der Komplexität eines Video Game Essay Projekts lässt sich auf diese Weise auf die Zielgruppe anpassen, damit eine Über- oder Unterforderung vermieden wird.

Nach der Phase der grundlegenden Auseinandersetzung mit dem Spiel muss diese in die Form des filmischen Essays übertragen werden. Anhand eines »Drehbuchs« legen die Teilnehmer fest, welche Narrations- und Argumentationsstruktur ihr Essay haben soll. Hierbei wird auch der Vorteil der filmischen Form der Auseinandersetzung ersichtlich: »In der Arbeit am stehenden oder bewegten Bild lassen sich Spiele auch dann deskriptiv erfassen, wenn die Schriftform als Beschreibungsmedium dem Entwicklungsstand der Spieler nicht angemessen ist« (Müller 2001: 50) oder eine ›Übersetzung‹ der Bildinformationen in die Schriftform als unangemessen erscheint. Das Konzept der Video Game Essays stellt eine Möglichkeit dar, Computerspiele in audiovisueller Weise zu erfassen, zu analysieren und vor allem mit einer präsentativen Symbolik (vgl. Niesyto 2003: 17) angemessen darzustellen. Niesyto rekurriert in seinen Ausführungen auf Langer (1987/1942), nach der »Menschen ihre Lebenserfahrungen und ihre Gefühle in symbolischer Form« (Niesyto 2003: 17) verarbeiten. Die diskursive Sprache ist dafür aber nicht die einzige Form, da auch Bilder, Musik, Tanz, Körpersprache usw. als präsentative Symbolik ihre – nicht geringe – Bedeutung haben (vgl. ebd.). Insofern können individuelle Spielerfahrungen von Jugendlichen gerade auf diese Weise in angemessener Form bearbeitet und präsentiert werden. Die filmische Form der Auseinandersetzung mit Computerspielen bietet die Möglichkeit, auf die symbolischen Gehalte der Spiele sowohl sprachlich (in der kommentierenden Moderation) als auch audiovisuell einzugehen. Dabei ist nicht ausgeschlossen, dass die Jugendlichen eine andere präsentative Symbolik, z.B. aus einem Film, einfügen, um sich mit dem Spiel auseinanderzusetzen. Dies bietet sich gerade in Anbetracht zunehmender Tendenzen zur (technischen wie inhaltlichen) Medienkonvergenz an.

Zusammengefasst stehen folgende (Lern-)Ziele im Fokus der Anwendung der Video Game Essays in der freien Medienarbeit:

- Reflektieren über Computerspiele und sich über deren individuelle Bedeutung (persönlicher Bezug) bewusst werden,
- Sozialkompetenzen (z.B. durch Gruppenarbeit, Diskussionen),
- Kenntnisse über die Handhabung und Bedienung der Hard- und Software sowie
- Kenntnisse über die Möglichkeiten der Mediengestaltung.

Das zweite Einsatzgebiet, das in exemplarischer Weise (als kurzer Erfahrungsbericht) vorgestellt wird, ist die Ausbildung im Bachelor-Studiengang Medienbildung an der Otto-von-Guericke-Universität Magdeburg, in dem Computerspiele (bzw. Digital Game Studies) als Wahlpflichtfach fest in der Studien- und Prüfungsordnung verankert wurden. Im Rahmen eines Seminars wurde das Thema Video Game Essays erstmals aufgegriffen, diskutiert und praktisch umgesetzt. Dabei wurde aufbauend auf bereits vermittelten grundlegenden Kenntnissen zu Computerspielen gefragt, wie diese adäquat zur Produktion eines Video Game Essays in der Medienarbeit mit Jugendlichen eingesetzt werden können. Das bereits oben beschriebene Szenario kann dabei als Zielvorstellung dienen. Dazu wurden die Studierenden im Seminar mit den Fragen »Was könnte ein Video Game Essay sein?«, »Wie plane ich didaktisch im Sinne der aktiven Medienarbeit ein Video Game Essay Projekt?«, »Welche Ziele werden damit verfolgt?« und »Wie produziert man ein filmisches Essay über Computerspiele (technische Durchführung)?« konfrontiert.

Zu Beginn des Seminars wurden die Studierenden aufgefordert, anhand von Beispielvideos und ihrem bisherigen Wissen eine Liste mit relevanten Themen oder Fragen zu erstellen, die ein Video Game Essay aufgreifen kann. Anhand dieses Katalogs wurde die Bedeutung der einzelnen Elemente für bestimmte Zielgruppen diskutiert. So entstand ein zweiter, erweiterter und auf verschiedene Zielgruppen (Eltern, Lehrer/innen, Jugendliche) abgestimmter Katalog. Hierbei konnten die Studierenden auf theoretische und praktische Erfahrungen der zielgruppenorientierten Medienarbeit zurückgreifen und diese auf neue Arbeitsfelder beziehen. Daran anschließend wurden von erfahrenen Studierenden die Kenntnisse über die konkrete technische Umsetzung der Aufnahme von Spielsequenzen sowie der Videoschnitt, die Vertonung und die Ausgabe der Essays in Form von internetfähigen Videostreams an die anderen Seminarteilnehmer vermittelt. Mit diesen technischen Kompetenzen ausgestattet, wurden alle Teilnehmer in kleine Gruppen eingeteilt, um eigenständig ein Essay zu produzieren. Sie konnten dabei frei wählen, welches Spiel sie thematisieren und welche Zielgruppenperspektive sie einnehmen wollten. So mussten die Gruppen jeweils das Spiel analysieren, dessen mögliche Bedeutung für die Zielgruppe diskutieren und in ihr Essay einbringen. Zuletzt wurden die Filmessays den anderen Seminarteilnehmern präsentiert und zur Diskussion gestellt.

Zusammengefasst sind folgende (Lern-)Ziele in der Hochschullehre bei der Nutzung von Video Game Essays zu konstatieren:

- Vermittlung und Anwendung grundlegender Kenntnisse über Computerspiele und ihre Verortung in vornehmlich kindlichen und jugendlichen Lebenswelten (Zielgruppenorientierung),
- Didaktische Planung von Projekten und deren kooperative Durchführung (Methodenkompetenz),
- Kenntnisse über die Handhabung und Bedienung der notwendigen Hard- und Software,
- Förderung medienpädagogischer Kompetenzen (vgl. Blömeke 2000),
- Kenntnisse über die Möglichkeiten der Mediengestaltung sowie
- Sozialkompetenzen (z.B. durch Gruppenarbeit, Diskussionen).

Als vorläufiges Fazit kann aufgrund der bisherigen Erfahrungen mit dem Konzept der Video Game Essays festgehalten werden, dass es sich nicht nur um eine interessante Variante der Analyse von Computerspielen handelt, sondern auch um einen Ansatz, der geeignet ist, in der Tradition der handlungsorientierten Medienpädagogik komplexe Lernprozesse bei Jugendlichen, Studierenden und

Schülern methodisch angeleitet anzuregen. Im Unterschied zu Lernspielen oder Serious Games stehen nicht die durch das Spiel selbst initiierten Prozesse der Kompetenz-, Einstellungs- oder Wissensvermittlung im Blickpunkt, sondern jene Prozesse, die sich im Rahmen einer aktiven und reflexiven Auseinandersetzung mit dem Spiel und der Aufgabe, die Analyse in einer audiovisuellen Form umzusetzen, ergeben. Die digitalen Spiele dienen hier als Initialzündung für weitergehende Prozesse, die durch Medienpädagogen/innen und Lehrpersonen an Schulen und Hochschulen durch die Gestaltung einer entsprechenden Lernsituation angeregt und unterstützt werden. Dem Spielen kommt damit eine Bedeutung zu, die sich zwischen Unterhaltungs- und Lernmedium ansiedeln lässt. Dies bietet den Vorteil, dass man auf Spiele zurückgreifen kann, an denen die Jugendlichen Interesse haben und die ihnen aus ihrem Alltag vertraut sind. Ein Spagat wie bei Lernspielen, die »langweilige« Lerninhalte möglichst unterhaltsam an den Vorlieben der Jugendlichen orientiert in eine Spielgeschichte verpacken wollen und auf gleiches Interesse wie bei Entertainment-Software hoffen, ist dabei nicht notwendig und auch nicht gewollt.

Je nach Einsatzzweck der Video Game Essays stehen teilweise unterschiedliche Prozesse und Ziele im Vordergrund: In der Jugendarbeit ist die Förderung von praktischer Medienkompetenz, reflexiver Medienbildung und Sozialkompetenz ein vorrangiges Anliegen, während in der Hochschulausbildung auf bereits erworbene basale Kenntnisse über Computerspiele zur Ausbildung von Methodenkompetenz für die Gestaltung einer didaktischen bzw. projektorientierten Lernsituation zurückgegriffen wird. In diesem Kontext werden diese Kenntnisse zudem erweitert und ausgebaut. In der Schule können Video Game Essays sowohl der kritischen Auseinandersetzung mit Computerspielen als auch dem »klassischen« Ziel der Wissensvermittlung dienen, indem sie unterstützend in den schulischen Lernprozess integriert werden. Hier zeigen sich aber auch die Grenzen einer solchen Form der medialen Auseinandersetzung: Thematisch müssen Überschneidungspunkte zwischen den verwendeten Computerspielen, der filmischen Form der Video Game Essays und den Zielvorstellungen existieren. Prozess, Inhalt und Ziel eines Projekts müssen aufeinander abgestimmt werden. Die prinzipiell offene Form der Video Game Essays ermöglicht einen Spielraum in der Wahl der Einsatzgebiete, schränkt diesen aber zugleich auch ein, weil technische Besonderheiten und die filmische Auseinandersetzung mit Computerspielen zu berücksichtigen sind. Die Vorteile des Einsatzes überwiegen u.E. jedoch. Unter Berücksichtigung der Kriterien und Merkmale der aktiven Medienarbeit (vgl. Schell 2003) lassen sich vielfältige (Lern-)Prozesse initiieren, gerade auch dann, wenn es darum geht, die unterschiedlichen Voraussetzungen

(Lebensweltbezug, Kompetenzförderung, institutioneller Kontext, unterschiedliche und variabel festsetzbare Schwerpunkte der audiovisuellen oder verbalen Kommunikation) in konstruktiver Weise zu verbinden.

Ausblick

Die aufgeführten Beispiele zeigen, dass auch kommerzielle Unterhaltungsspiele zu Anlässen und Medien komplexer und reflexiver Lernprozesse (gemacht) werden können und insofern medienpädagogisch ernst genommen werden müssen. Die dabei geforderten und geförderten Kompetenzen und Fähigkeiten sind für die Entwicklung eigener Orientierungen wie für die soziale Teilhabe in einer durch Medien geprägten Wissensgesellschaft höchst relevant, und sie stehen als Social Skills auch bei vielen Arbeitgebern hoch im Kurs. Die beiden vorgestellten Beispiele Modding und Video Game Essay integrieren Spielen und Lernen, knüpfen also am eingangs in Anlehnung an Ritterfeld und Weber (2006) erläuterten integrativen bzw. Blending-Paradigma an, variieren und erweitern es aber durch ein stärker produktiv-gestalterisches Moment. Bemerkenswert ist, dass dieses Moment nicht allein in pädagogisch organisierten Settings anzutreffen ist, sondern auch in vielen Spiel- und Fankulturen, die sich im Bereich der neuen Medien zunehmend als partizipative und schöpferische Kulturen ausformen (vgl. Jenkins 2006). Dass die mit den digitalen Medien verbundenen neuen Möglichkeiten der Eigenproduktion, der Kooperation und der Partizipation ohnehin schon in vielfältiger und kreativer Weise genutzt werden, stellt medienpädagogisch gesehen sowohl eine Herausforderung als auch eine große Chance dar. Die Herausforderung besteht nicht zuletzt darin, diese informellen Lernkulturen wahrzunehmen, ernst zu nehmen und zu verstehen. Die besondere Chance liegt darin, das hier bereits vorhandene hohe Interesse, die ausgeprägte intrinsische Motivation und die teilweise recht eindrucksvollen Kenntnisse und Erfahrungen aufgreifen und mit pädagogischen Ansätzen im Sinne einer partizipativen Lernkultur auch in stärker formalisierten Kontexten verbinden zu können (vgl. Salen 2008). Solche partizipativen und eigensinnigen kulturellen Praxen sind nicht nur aus sozialisations- und bildungstheoretischer Perspektive bedeutsam, sondern weisen auch eine politische Dimension auf. Sie tragen bei zu einer demokratischen und gänzlich undogmatisch daherkommenden kritisch-empanzipativen Nutzung der neuen Informations- und Kommunikationstechnologien.

Literatur

Annetta, Leonard A. (Hg.) (2008): Serious Educational Games: From Theory To Practice. Rotterdam: Sense.

Beck, John/Wade, Mitchell (2006): The Kids are alright. How the Gamer Generation is Changing the Workplace. Boston: Harvard Business School Press.

Bergeron, Bryan (2006): Developing Serious Games. Florence: Cengage Learning Services.

Blömeke, Sigrid (2000): Medienpädagogische Kompetenz. Theoretische und empirische Fundierung eines zentralen Elements der Lehrerausbildung. München: kopaed.

Buchele, Kai-Thorsten (2007): Machinima: Virtuelle Spiel(film)helden. Aus Computerspielen eigene Filme machen. In: Computer und Unterricht, H. 68, S. 44-45.

Caillois, Roger (1982): Die Spiele und die Menschen: Maske und Rausch. Frankfurt a.M. u.a.: Ullstein.

Egenfeldt-Nielsen, Simon/Smith, Jonas Heide/Tosca, Susana Pajares (2008): Understanding video games. The essential introduction. New York: Routledge.

Fromme, Johannes (2006): Zwischen Immersion und Distanz: Lern- und Bildungspotenziale von Computerspielen. In: Kaminski, Winfred/Lorber, Manfred (Hg.): Clash of Realities. Computerspiele und soziale Wirklichkeit. München: kopaed, S. 177-209.

Fromme, Johannes/Jörissen, Benjamin/Unger, Alexander (2009): (Self-) Educational Effects of Computer Gaming Cultures. In: Ferdig, Rick (Hg.): Handbook of Research on Effective Electronic Gaming. Volume II. Hershey/New York: Information Science Reference, S. 757-775.

Fromme, Johannes/Meder, Norbert (Hg.) (2001): Bildung und Computerspiele. Zum kreativen Umgang mit elektronischen Bildschirmspielen. Opladen: Leske + Budrich.

Fromme, Johannes/Petko, Dominik (Hg.) (2008/2009): Computerspiele und Videogames in formellen und informellen Bildungskontexten. Themenheft 15/16 der Zeitschrift MedienPädagogik. Online: www.medienpaed.com (letzter Zugriff: 6.5.2009).

Gebel, Christa/Gurt, Michael/Wagner, Ulrike (2005): Kompetenzförderliche Potenziale populärer Computerspiele. In: E-Lernen: Hybride Lernformen, Online-Communities, Spiele. Berlin (QUEM-report, H. 92), S. 241-376.

Gee, James Paul (2003): What video games have to teach us about learning and literacy. New York: Palgrave Macmillan.

Heil, Reinhard/Kaminski, Andreas/Stippak, Marcus/Unger, Alexander/Ziegler, Marc (2007) (Hg.): Tensions and Convergences – Technological and Aesthetic (Trans)Formations of Society. Bielefeld: transcript.

Huizinga, Johann (1956): Homo ludens. Vom Ursprung der Kultur im Spiel. Reinbek: Rowohlt.

Jenkins, Henry (2006): Confronting the Challenges of Participatory Culture: Media Education for the 21st Century. An occasional paper on digital media and learning. Chicago, IL: MacArthur Foundation. Online: http://digitallearning.macfound.org/site/c.enJLKQNlFiG/b.2029291/k.97E5/Occasional_Papers.htm (letzter Zugriff: 13.11.2009).

Kelland, Matt/Morris, Dave/Lloyd, Dave (2005): Machinima. Making animated movies in 3D virtual environments. Lewes: Ilex.

Kreuzer, Karl Josef (1983/1984): Handbuch der Spielpädagogik. 4 Bände. Düsseldorf: Schwann.

Kücklich, Julian (2005): Precarious Playbour: Modders and the Digital Games Industry. In: Fibreculture, Vol. 1, Issue 5: www.journal.fibreculture.org (letzter Zugriff: 10.6.2008).

Langer, Susanne (1987): Philosophie auf neuem Wege. Frankfurt a.M.: Fischer. Zuerst 1942.

Michael, David R./Chen, Sandra L. (2006): Serious Games: Games that Educate, Train and Inform. Florence: Cengage Learning Services.

Möller, Eric (2006): Die heimliche Medienrevolution – Wie Weblogs, Wikis und freie Software die Welt verändern. Hannover: Heise.

Mrochen, Siegfried (2001): Kompetenzen – was ist das eigentlich? In: Zeitschrift Siegen: Sozial (SI:SO). 1/2001, S. 16-18.

Müller, Kai (2001): Computerspiele reflektieren – Einsatzmöglichkeiten von »Search&Play«. In: Fromme, Johannes/Meder, Norbert (Hg.): Bildung und Computerspiele. Opladen: Leske + Budrich, S. 43-56.

Nieborg, David (2005): Am I Mod or Not? Online: www.gamespace.nl/content/DBNieborg 2005_CreativeGamers.pdf (letzter Zugriff: 18.1.2009).

Nieborg, David/Graf, Shennja van der (2008): The mod industries? The industrial logic of non-market game production. Online: http://ecs.sagepub.com/cgi/content/abstract/11/2/177 (letzter Zugriff: 10.05.2009).

Niesyto, Horst (2003): VideoCulture. Projektentwicklung und Projektergebnisse. In: Niesyto, Horst (Hg.): VideoCulture. Video und interkulturelle Kommunikation. München: kopaed, S. 15-110.

Pfammatter, René (2002): Essay – Anspruch und Möglichkeit. Plädoyer für die Erkenntniskraft einer unwissenschaftlichen Darstellungsform. Hamburg: Dr. Kovac.

Poremba, Cindy (2003): Remaking Each Other's Dreams: Player Authors in Digital Games. Online: http://www.shinyspinning.com/REOD.pdf (letzter Zugriff: 18.1.2009).

Prensky, Mark (2001): Digital game-based learning. New York: Vintage.

Retter, Hein (1979): Spielzeug. Handbuch zur Geschichte und Pädagogik der Spielmittel. Weinheim/ Basel: Beltz (Neuausgabe 1989).

Ritterfeld, Ute/Weber, René (2006): Video Games for Entertainment and Education. In: Vorderer, Peter/Bryant, Jennings (Hg.): Playing Video Games. Motives, Responses, and Consequences. Mahwah/London: Lawrence Erlbaum, S. 399-413.

Rohner, Ludwig (1966): Der deutsche Essay. Materialien zur Geschichte und Ästhetik einer literarischen Gattung. Neuwied: Luchterhand.

Salen, Katie (Ed.) (2008): The Ecology of Games. Connecting Youth, Games, and Learning. Cambridge/London: MIT Press.

Schell, Fred (2003): Aktive Medienarbeit mit Jugendlichen: Theorie und Praxis. München: kopead.

Scheuerl, Hans (Hg.) (1997): Theorien des Spiels. Weinheim u.a.: Beltz, 12., neu ausgestattete Aufl.

Schiller, Friedrich (1960): Über die Ästhetische Erziehung des Menschen. Hg. von Albert Reble. Bad Heilbrunn/Obb.: Klinkhardt. Zuerst 1795. Online: http://www.kuehnle-online.de/literatur/schiller/ prosa/aestherzieh/15. htm (letzter Zugriff: 6.5.2009).

Sutton-Smith, Brian (1978): Die Dialektik des Spiels. Schorndorf: Hofmann.

Sutton-Smith, Brian (1983): Die Idealisierung des Spiels. In: Grupe, Ommo u.a. (Hg.): Spiel – Spiele – Spielen. Schorndorf: Hofmann, S. 60-75.

Sutton-Smith, Brian/Kelly-Byrne, Diana (1984): The Idealization of Play. In: Smith, Peter K. (Hg.): Play in Animals and Humans. Oxford: Basil Blackwell, S. 305-321.

Unger, Alexander (2007): Technological Transformation of Education. In: Heil, Reinhard u.a. (Hg.): Tensions and Convergences. Bielefeld: transcript, S. 213-224.

Weber, Max (1993): Die protestantische Ethik und der Geist des Kapitalismus. Textausgabe auf der Grundlage der ersten Fassung von 1904/05 mit einem Verzeichnis der wichtigsten Zusätze und Veränderungen aus der zweiten Fassung von 1920, herausgegeben und eingeleitet von Klaus Lichtblau und Johannes Weiß. Bodenheim: Athenäum Hain Hanstein.

Wegener-Spöhring, Gisela (1993): Spiel und Aggressivität. Ihr Wechselverhältnis in den Theorien des Spiels und in einem Beispiel. In: Fritz, Jürgen/Fehr, Wolfgang (Hg.): Handbuch Medien: Computerspiele. Bonn: Bundeszentrale für politische Bildung, S. 263-276. Online (gekürzte Version): www.bpb.de/themen/QHJT5T,0,0,Spiel_und_Aggressivit%E4t.html (letzter Zugriff: 6.5.2009).

Qualität für digitale Lernwelten: Von der Kontrolle zur Partizipation und Reflexion

Ulf-Daniel Ehlers

1. Einleitung

Das E-Learning-Portal »e-teaching.org« zeigt ein Video des »Studierenden 2.0«. Dieser wird im Video als »Networked Student« bezeichnet. Anstatt wie bisher brav jeden Tag zur Uni zu gehen, in Vorlesungen mitzuschreiben und für Klausuren zu lernen, ist der Studierende 2.0 damit beschäftigt, sich mithilfe von Onlinesystemen eigene Lernlandschaften zusammenzubauen. Dies sind individuelle Wissenssammlungen zu studienrelevanten Themen, die er mit Anderen teilt und zusammen mit ihnen entwickelt. In Studiengruppen erarbeitet er nicht nur mit anderen Studierenden, sondern auch mit Lehrenden und Experten anderer Universitäten eigenständig Projekte. Prüfungen finden nicht nur am Ende des Semesters als Klausur statt, vielmehr begleiten Lehrende fortlaufend sein Portfolio, um anhand seiner Performanz zu sehen, wie sich sein Kompetenzerwerb entwickelt. Für den Studierenden 2.0 ist die Universität ein Wissensraum, der nicht an der Wand des Hochschulgebäudes aufhört, sondern der sich überall dorthin erstreckt, wo er seine eigene Wissensgemeinschaft hat – über Gebäudegrenzen hinweg, über Ländergrenzen hinweg, durch unterschiedliche Kontexte und Lebensphasen. Der Studierende 2.0 benutzt E-Learning 2.0, um sich selbstorganisiert und vernetzt zu bilden.

Bei einem Vortrag auf der *Innovations in Learning Conference* 2007 benutzt Stephen Downes (2007) die Metapher der »Walled Gardens«. Er beschreibt »E-Learning 1.0« als inselhaftes E-Learning, welches sich innerhalb der Gartenmauern abspielt, während nebenan die Tür zur Welt offen steht. E-Learning der »Ne(x)t Generation« reißt Löcher in diese Gartenmauern. Es führt zu einer neuen Lernkultur – einer Lernkultur der Net-Generation. Diese ist gekennzeichnet durch eine stärkere Autonomie der Lernenden, die wegführt von einem *Wissenstransfermodell,* wie es in vielen Bildungskontexten vorherrscht, hin zu einem Modell der gemeinsamen Wissenskonstruktion und Kompetenzentwicklung.

Dafür bedarf es einer veränderten Konzeption und geeigneter Methoden der Qualitätsentwicklung.

Aber was steckt wirklich dahinter? Was macht das neue, innovative Element aus, welches mit Web 2.0 (Tim O'Reilly 2004, 2005) und mit E-Learning 2.0 beschrieben wird? Und vor allem: Hat diese Entwicklung Konsequenzen dafür, wie wir Qualität im E-Learning sichern, managen und entwickeln? Und wenn ja: Brauchen wir neue Methoden und Konzepte, um zukünftig die Qualität von E-Learning 2.0 zu gewährleisten und zu verbessern? Diese Fragen stehen am Anfang vieler Debatten, die rund um den Begriff E-Learning 2.0 geführt werden. War die Qualitätsfrage bereits zur Zeit von E-Learning 1.0 heiß diskutiert, so existiert im Bereich E-Learning 2.0 eine noch größere Unsicherheit.

Der vorliegende Beitrag geht diesen Fragen nach. In drei Schritten wird zunächst beschrieben, was E-Learning 2.0 ist, auf welchen Grundlagen es aufbaut und was sich verändert. In einem zweiten Schritt wird aufgezeigt, welche Konsequenzen sich für die Qualitätsentwicklung des E-Learning ergeben. Drittens werden exemplarisch einige Methoden beschrieben und praktische Anregungen dazu gegeben, wie sich Methoden zur Qualitätsentwicklung im E-Learning weiterentwickeln sollten. In einem Ausblick wird diskutiert, ob eine neue Lernkultur auch zu einer neuen Qualitätskultur führt.

2. Digitale Lernwelten 2.0: Informell und vernetzt

Digitale Lernwelten werden auch als Lernen 2.0 oder E-Learning 2.0 bezeichnet. Doch was steckt hinter diesem Begriff? Hält er das Neue, das er verspricht? Um es gleich vorwegzunehmen: E-Learning 2.0 ist kein wissenschaftlicher Begriff. Es geht nicht um eine Höherentwicklung, um ein neues Paradigma oder um eine Ablösung im Sinne eines *Releasewechsels*. Streng genommen geht es nicht einmal um eine neue Technologie. Es geht um kein neues spezielles Lernmodell und keine neue, abgegrenzte, innovative Variante des E-Learnings. E-Learning 2.0 bezeichnet vielmehr ein Bündel von Entwicklungen, Trends und Sichtweisen, die einen Wandel vom Lehren zum Lernen beschreiben. Die neue Sichtweise verbindet mit E-Learning im Wesentlichen fünf Charakteristika:

1. Lernen findet immer und überall und in vielen unterschiedlichen Kontexten statt, nicht nur im Klassenraum.
2. Lernenden fällt die Rolle des Organisierenden zu.
3. Lernen findet ein Leben lang statt, ist multiepisodisch und nicht (nur) an Bildungsinstitutionen gebunden.

4. Lernen findet in Lerngemeinschaften (sog. *Communities of Practice;* Wenger 1998) statt: Lernende treten Communities bei, sowohl formellen als auch informellen.
5. Lernen findet in großem Umfang informell und non-formal statt: zu Hause, am Arbeitsplatz und in der Freizeit und ist nicht mehr lehrenden- und institutionenzentriert.

Im Verständnis von E-Learning 2.0 ist angelegt, unter Zuhilfenahme der verfügbaren Social Software eine neue Art der Lernplattform zu schaffen: Es gibt nicht mehr *ein* Learning Management System (LMS), das als Materialinsel im Ozean Internet zu benutzen ist, sondern ein LMS ist als Tor zum Web zu verstehen (Kerres 2006). Der E-Tutor (Lehrende) greift nur noch als Wegweiser ein, indem er kleine Lerninhalte (Microcontent) in einem Portal zur Verfügung stellt, die die Tür zum selbstgesteuerten Lernen aufstoßen, um die gestellten Lernziele zu erreichen. Diese werden mit den Lernenden ausgehandelt und zu Beginn z.B. via Blog-Eintrag oder Podcast festgehalten. Damit setzt sich die Lernumgebung nicht mehr aus einer einzelnen Anwendung, sondern aus mehreren individuell zusammengestellten und miteinander operierenden Tools zusammen. In diesem Zusammenhang wurde der Begriff des »Personal Learning Environment« (PLE) geprägt. In einem PLE findet die individuelle Reflexion des Lernenden in Weblogs oder Podcasts und kollaboratives Arbeiten in Wikis statt (Kerres 2006: 6). Somit ist Lernen nicht mehr nur der Transfer und Konsum von Inhalt und Wissen sondern auch die eigenständige Produktion. Mark van Harmelen (2006) fasst die Eigenschaften eines PLEs wie folgt zusammen:

> »Personal Learning Environments are systems that help learners take control of and manage their own learning. This includes providing support for learners to set their own learning goals, manage their learning; managing both content and process, communicate with others in the process of learning and thereby achieve learning goals« (van Harmelen 2006: 17).

Langfristig gesehen kann sich so eine »persönliche Lernlandschaft« entwickeln, die ein »interaktives Portal mit allen Zugängen zur persönlichen digitalen Welt« des Einzelnen darstellt. In einem »permanenten Wissensproduktionsprozess [...] aggregiert jede Person ihre Daten und Inhalte nach persönlichem Interesse, reflektiert und mixt diese je individuell zusammen und teilt sie im gewünschten sozialen Kontext mit« (Wagner 2006).

Kerres weist darauf hin, dass bestehende E-Learning (1.0) Ansätze oftmals den Nachteil haben, dass Lernprogramme, aber auch moderne Lernplattformen von den Lehrenden mühsam mit Inhalten, viel Zeit und Geld befüllt werden müssen und dann oft zum »Datengrab« verkommen, während das echte Leben »sich heute nebenan, im Internet« abspiele (Kerres 2006). Mit den Werkzeugen des Web 2.0 lässt sich der Inhalt des Internets zur Lehre nutzen; dessen Inhalt generiert und regeneriert sich laufend von selbst (ebd.: 5). In diesem Modell tritt an die Stelle des Bearbeitens fertiger Kursmaterialien ein aktives und kreatives »rip, mix and learn« (Richardson 2005). Anstelle eines LMS könnten E-Portfolios treten, mit deren Hilfe Lernende ihre Lern- und Arbeitsprozesse selbst managen, dokumentieren und mit anderen austauschen (Siemens 2004).

2.1 Informelles Lernen

Die Metapher des lebenslangen Lernens macht deutlich, dass Lernende nicht Dauerbesucher von Lehrveranstaltungen werden können, sondern dass vielmehr neue Lernformen gefragt sind, die selbst gesteuert, schnell, flexibel und problemorientiert aufgebaut sind. Informelles Lernen, »das sich in mittelbaren Lebens- und Erfahrungszusammenhängen außerhalb des formalen Bildungswesens entwickelt« (Dohmen 2001), rückt wieder in den Mittelpunkt der Diskussion. Es umfasst – soviel ist heute bekannt – 70-80% aller Lernaktivitäten. Jay Cross spricht in seinem neusten Buch »Informal Learning« davon, dass nur 10-20% in formalen Lernszenarien gelernt werden und 80% durch informelles Lernen. Er fordert eine Formalisierung informellen Lernens und eine Informalisierung formalen Lernens. Trotzdem wird der formalen Bildung heute noch eine weit größere Bedeutung zugeschrieben als der informellen (Cross 2003).

2.2 Vernetztes Lernen

Im E-Learning 2.0 geht es darum, dass Lernende in sozialen Netzwerken selbstbestimmt lernen. Aus (konstruktivistisch) *lerntheoretischer* Perspektive stellen die Fürsprecher des E-Learning 2.0 Konzeptes eine »Möglichkeit der Belehrung« menschlichen Lernens grundsätzlich infrage. Dies wird damit begründet, dass ein selbst gesteuertes System (Lernende) von seiner Umwelt nicht determiniert, sondern allenfalls gestört (»perturbiert«) und angeregt werden kann. Zudem wird argumentiert, dass Lernen nicht allein dadurch funktioniert, dass *externe* Anforderungen gestellt werden – Lernen, so die Vorstellung, kann nicht ohne den Lernenden geplant werden (vgl. Holzkamp 1993: 184). Das Konzept des selbstgesteuerten Lernens bekommt für E-Learning 2.0 – aus *bildungstheoretischer* Sichtweise – eine enorme Bedeutung. Selbst gesteuertes Lernen wird oftmals als *Oberbegriff* für alle Lernformen verstanden, in denen die Lernenden ihren Lernprozess bzw. Aufgaben, Methoden und Zeitaufwand selbst bestimmen (und/oder mit entscheiden) und verantworten können (Deitering 1996: 45). Friedrich und

Mandl (1997) verdeutlichen den Unterschied zwischen »Selbstbestimmung« und »Selbststeuerung« folgendermaßen:

> »Selbstbestimmtes Lernen gibt den Lernenden die Möglichkeit, die Auswahl von Inhalten (was wird gelernt?) und die Lernziele (woraufhin?) eigenständig mitbestimmen zu können. Selbstgesteuertes Lernen enthält die Option von Lernenden, den Weg des Lernens, die Lernregulation, (wie? wann?) bei vorgegebenen Lerninhalten und -zielen festzulegen« (Friedrich/Mandl 1997: 219).

Für Medienpädagogen ist die grundsätzliche Herausforderung im Bereich E-Learning 2.0, das Lernarrangement an den Parametern des didaktischen Feldes auszurichten: Merkmale der Zielgruppe, Spezifikation von Lehrinhalten und -zielen, didaktische Methode, didaktische Transformation und Strukturierung der Lernangebote, Merkmale der Lernsituation und Spezifikation der Lernorganisation, Merkmale und Funktionen der gewählten Medien und Hilfsmittel (Kerres 2001). Gerade bei Phänomenen wie E-Learning 2.0 ist es wichtig, auf das Primat der Didaktik hinzuweisen und zuerst die Frage nach den Bildungszielen zu stellen und dann geeignete Lehr-/Lernszenarien und -methoden zu wählen und die notwendigen Werkzeuge, um diese umzusetzen.

George Siemens entwickelte eine neue Lerntheorie, die 2004 veröffentlicht wurde (Siemens 2004): den Konnektivismus. Er gibt an, dieser Entwurf weise in seinen Prinzipien über die bisherigen lerntheoretischen Ansätze des Behaviorismus, Kognitivismus und des Konstruktivismus hinaus und berücksichtige dabei die zunehmende Tendenz des Lernenden hin zu informellem, vernetztem und elektronisch gestütztem Lernen. Das Lernen wird dabei gesehen als zunehmend kontinuierlicher, lebenslanger Prozess, der in alltägliche Arbeits- und sogar Freizeitaktivitäten eindringt und sowohl den Einzelnen als auch die Organisation und deren Verbindungen untereinander beeinflusst. Siemens führt aus, das Wissen über »Wo« und »Wer« sei heute wichtiger, als das »Wie« und »Warum«. Obwohl Siemens' Entwurf sich nicht klar gegen bestehende Lerntheorien abhebt, sondern eher eine netzwerkorientierte Lernphilosophie beschreibt, ist der Ansatz vor allem dahingehend wertvoll, dass er mit großer Klarheit die Entwicklung von E-Learning 2.0 und sozialen Prozessen als Grundlage für die stattfindenden Lern- und Interaktionsprozesse hervorhebt.

Zusammenfassend kann festgehalten werden, dass mit E-Learning 2.0 fundamentale und grundsätzliche Änderungen einhergehen. Nicht nur die Lernform wird dabei thematisiert, sondern auch die prinzipielle Art, wie Lernen an sich funktioniert, wird teilweise als neu beschrieben und als nicht mit bestehenden lerntheoretischen Entwürfen beschreibbar.

3. Qualität für Digitale Lernwelten: Von der Kontrolle zur Partizipation und Reflexion

Qualitätsentwicklung für E-Learning sowie für Bildung allgemein wird zunehmend wichtiger. Dabei werden Lerninhalte und Lernprozesse evaluiert und Programme und Institutionen zertifiziert und akkreditiert. *Qualitätsmanagement* sieht vor, umfassende Organisationsprozesse in einer Bildungseinrichtung zu definieren und Indikatoren für deren Güte festzulegen. *Qualitätssicherung* untersucht, ob eine zuvor versprochene Qualität tatsächlich erreicht wird. *Qualitätskontrolle* soll Fehler aufspüren und verhindern. Was aber passiert in E-Learning 2.0 Lernszenarien? Was passiert in diesen Fällen, wo Lernmaterialien nicht von vornherein feststehen, Lernprozesse hochgradig unterschiedlich und uneinheitlich beschaffen sein können und individuellen Lernwegen folgen? Und was ist mit denjenigen Bildungsprozessen, die außerhalb von Programmen und jenseits von formalen Bildungsinstitutionen stattfinden? Wer bestimmt die Qualität solcher Lernszenarien, was kann überhaupt noch qualitativ bewertet werden und welche Methoden können herangezogen werden, um Qualität zu verbessern?

Voraussetzung von und Ziel für E-Learning 2.0 ist eine starke Autonomie des Lernenden. Der Lernende ist dabei hochgradig selbstgesteuert. Lernen findet nicht ausschließlich in Institutionen statt, sondern überall, ein Leben lang und multiepisodisch, in Lerngemeinschaften und sozialen Netzwerken, unter Nutzung von *Social Software* und individuell zusammengestellten Inhalten. Die Sicherung und Entwicklung von Qualität in solchen Lernszenarien muss sich demnach vor allem auf die *individuellen Lernprozesse* und die *gezeigten Leistungen* (Performanz) konzentrieren. Es geht um die Perspektive des Lernenden, weniger um organisationale Prozesse und/oder so genannte Inputfaktoren. Qualitätsbeurteilung findet weniger mittels klassischer Methoden des experten- und standardbasierten Qualitätsmanagements, der Qualitätssicherung oder -kontrolle statt, sondern bedient sich partizipativer Methoden und responsiver Designs. Ziel ist es, zu einer individualisierten und lernprozessbezogenen Beurteilung zu kommen. Tabelle 1 zeigt die unterschiedlichen Gegenstände, auf die sich Qualitätsbeurteilung für E-Learning 2.0 bezieht.

Schaut man in die relevante Literatur über Qualität im Bildungsbereich, wird schnell deutlich, dass Qualitätssicherung durchaus mehr als »Überprüfung anhand von Standards« sein kann: Harvey und Green sehen für den Bildungsbereich nicht *ein*, sondern *fünf* grundsätzlich unterschiedliche pädagogische Qualitätsverständnisse und kommen zu dem Schluss, dass Qualität ein philosophischer Begriff sei (Harvey/Green 2000: 36). Ähnlich weisen auch Posch und Altrichter darauf hin, dass Qualität ein Begriff ist, der nun im Hinblick auf die

Tabelle 1: Unterschiedliche Bedingungen und Gegenstände der Qualitätsbeurteilung

Traditionelle Lernwelten	**E-Learning 2.0**
Qualität wird durch Experten beurteilt	Qualität wird von Lernenden und Peers beurteilt
Lernplattform	Personal Learning Environment
Content	User Created Content
Curriculum	Lerntagebücher/ E-Portfolios
Kursstruktur	Kommunikation
Tutorverfügbarkeit	Interaktion
Multimedia (Interaktivität)	Soziale Netzwerke und Communities of Practice
Aneignungsprozesse	Beteiligungsprozesse

Werte der verschiedenen Interessengruppen näher zu bestimmen sei (Posch/Altrichter 1997: 28). Als Folge davon sprechen sie von Qualität als einem relativen Begriff, der im Verhältnis zwischen den Stakeholdern als Aushandlungsprozess zu organisieren sei (ebd.; ähnlich auch: Harvey/Green 2000: 17). Heid hebt hervor, dass Qualität keine generelle, beobachtbare Eigenschaft eines Bildungsprozesses sei, sondern vielmehr das Resultat einer Bewertung (Heid 2000: 41). Qualität in der Bildung kann somit nicht als eine pauschale Klassifizierung guter Schulen, Programme oder Lernszenarien verstanden werden, sondern muss sich als Resultat eines transparenten Aushandlungsprozesses von Werthaltungen, Anforderungen und Ergebnissen verstehen (vgl. auch Ditton 2000: 73). Posch und Altrichter (1997: 130) kommen zu dem Schluss, dass man nicht mehr erreichen kann als »jene Kriterien, die jeder Stakeholder bei seinen Qualitätseinschätzungen benutzt, so klar als möglich zu definieren und diese – zueinander in Wettbewerb stehenden – Sichtweisen zu berücksichtigen, wenn Qualitätsbeurteilungen vorgenommen werden«.

Für Qualität von Bildungsprozessen heißt das, zunächst einmal zu fragen, *welche* Stakeholder mit *welchen* Interessen *wie* am Bildungsszenario beteiligt sind. In dieser Frage zeigt sich bereits ein deutlicher Unterschied zwischen dem broadcasting-orientierten E-Learning 1.0 Verständnis und dem eher beteiligungsorientierten E-Learning 2.0 Verständnis. E-Learning 2.0 rückt die Lernenden nicht nur als Empfänger in den Mittelpunkt, sondern auch als aktive Akteure, die selbst an der Definition und Evaluation von Qualität der Lernressourcen und der Lernprozesse beteiligt sind. Während nach der Konzeption von E-Learning 1.0 Lernmaterialien vielfach von Experten erstellt und bewertet werden, Lernplattformen durch Institutionen und Experten qualitätsgesichert werden, stellen Lernende sich in E-Learning 2.0 Szenarien ihre eigenen persönlichen Lernumgebungen (PLE) zusammen, kreieren eigenen Content und lernen zusammen mit und von anderen. Lernmaterialien werden gegenseitig durch die Peers bewertet.

In E-Learning 2.0 Lernszenarien fällt dem Lernenden als aktivem Konstrukteur von Lernmaterialien (Co-Creator), Lernumgebungen (PLE) und Impulsgeber für eigenen Lernprozess eine wichtige Rolle bei der Definition von Erfolgs- und Qualitätskriterien zu. Dies ist übrigens eine Eigenschaft, die oftmals als Barriere für die Integration von E-Learning 2.0 in formale Bildungsprozesse empfunden wird. Denn die Konkurrenz von Lernenden und Lehrenden und/oder anderen institutionellen Akteuren bei der Qualitätseinschätzung scheint oft unüberwindbar und nur über einen Machtverlust auf Institutionsseite auflösbar.

Die Rolle der Qualitätsentwicklung ändert sich. Ist sie vielfach in traditionelleren Lernszenarien noch die einer Prüfung und Kontrolle von Qualität, so wird sie in E-Learning 2.0 Szenarien mehr zur Rolle eines *Ermöglichers* von Lernfortschritten. Lernmethoden und Qualitätsentwicklung rücken eng zusammen. Methoden wie Feedback, Reflexion und Empfehlungsmechanismen rücken in den Vordergrund. Charakteristische Rahmenbedingungen, die in der Qualitätsentwicklung für E-Learning 2.0 Szenarien beachtet werden müssen, sind im Folgenden aufgeführt:

- **Von Rezeption zu Partizipation:** Die Metapher für Lernen ändert sich. Im E-Learning 2.0 macht sich Qualität nicht so sehr an der Evaluation einer vorgefertigten Lernumgebung oder eines von Experten produzierten Lerninhaltes fest. Nicht die Rezeption, sondern die aktive Beteiligung steht im Vordergrund, also die Frage, inwieweit ein Lernszenario dazu anregt, individuelle, persönliche Lernumgebungen zu kreieren, eigene Lerninhalte zusammenzustellen und mit anderen zu teilen.
- **Von Kontrolle zu Reflexion:** Qualitätsentwicklung für E-Learning 2.0 Szenarien verlagert den Fokus von einem Konformitätsfokus hin zu einer Reflexion des Lernprozesses. Lernende werden dabei unterstützt, eigene Lernfortschritte, Bildungsstrategien, Bedarfe etc. zu reflektieren, zu erkennen und umzusetzen und den Beitrag von Bildungsmedien dabei kritisch zu reflektieren. Ziel ist, eine persönlich ideale Konfiguration von Bildungsmedien und -strategien zu erlangen, die durch selbstständige Reflexion weiter entwickelt wird.
- **Von der Produktorientierung über die Prozessorientierung hin zur Performanz- und Kompetenzorientierung**: Weniger die Lernmaterialprodukte, mit denen gelernt wird, stehen im Vordergrund der Qualitätsentwicklung; auch nicht die Prozesse eines Anbieters. Qualitätsentwicklung konzentriert

sich auf die Performanz der Lernenden, die von ihnen erstellten Lernprodukte, Entwicklungsschritte u.ä. (etwa in E-Portfolios), die den Weg zur Handlungskompetenz kennzeichnen.

- **Von Bildungsplanung für den Lernenden zur Bildungsplanung durch den Lernenden:** Qualität von Lernszenarien wird oftmals durch eine sorgfältige Analyse der Bildungsbedarfe, eine umfassende Konzeptionsphase, rückgekoppelte Lernmaterialdesign- und Entwicklungsprozesse und die Evaluierung von Lernprozessen und Outcomes angestrebt. In E-Learning 2.0 Szenarien werden viele dieser Prozesse vom *Anbieter* eines Programms auf den *Lernenden* verlagert. Qualitätskonzepte müssen daher Lernende in ihrer Fähigkeit zur Qualitätsentwicklung durch Reflexion unterstützen, lernerorientierte Evaluationsformen ermöglichen und Lernenden die notwendigen Werkzeuge zur Qualitätsentwicklung ihrer eigenen persönlichen Lernumgebung an die Hand geben.
- **Vom Empfänger zum Entwickler von Lernmaterialien**: Um zu ermitteln, wie die Materialien und Medieneigenschaften optimal auf den Lernprozess wirken folgt Qualitätsbeurteilung in E-Learning 2.0 Szenarien nicht der Logik einer Wirkungsforschung. Es geht nicht um Lernprozesse, die in einem einheitlichen Lernszenario stattfinden. Vielmehr stehen die Prozesse der Entwicklung, der flexiblen Nutzung und der Validierung über soziale Austauschprozesse mit anderen Lernenden im Mittelpunkt.
- **Von der »Lerninsel« LMS zum Internet als Lernumgebung:** Kerres (2006) weist darauf hin, dass Lernmanagementsysteme wie eine Insel funktionieren, die im großen Materialozean des Word Wide Web einen abgeschlossenen Bereich darstellen. E-Learning 2.0 Szenarien verstehen LMS nur als Startpunkt und als Wegweiser für die eigene Suche und Verwendung von Materialien aus dem Internet, ihre Weiterentwicklung und Verknüpfung mit Werkzeugen, die flexibel zu persönlichen Lernportalen arrangiert werden können. Die Qualitätsbeurteilung konzentriert sich daher nicht mehr auf die Materialien auf dem LMS, sondern auf die Lernprodukte sowie auf ggf. in einem E-Portfolio dokumentierte Lernprozesse.
- **Von Klausuren zur Performanz:** Lernfortschritte und Leistungen zeigen sich nicht nur in Prüfungen, sondern sind vor allem in den in Portfolios dokumentierten Lernverläufen (bspw. in Wikis oder Weblogs), Lernprodukten und sozialen Interaktionen nachvollziehbar.

4. Konzepte und Methoden zur Qualitätsentwicklung in digitalen Lernwelten

Die Qualitätsbeurteilung in digitalen Lernwelten fokussiert sich auf den Lernprozess. Nicht externe Maßstäbe und interindividuelle Vergleiche werden herangezogen (etwa über Klausuren, Tests oder Assessments), sondern Verfahren der Selbtsbewertung intra-individueller Entwicklungsprozesse stehen im Vordergrund. Die angewandten Mittel bestehen weniger aus Klausuren und Tests als vielmehr aus Reflexion und Begutachtung von Lernprodukten und E-Portfolios. Zwar ist E-Learning 2.0 als Trend eine neue Entwicklung, jedoch gibt es mit den zugrunde liegenden Lernmodellen *autonomen Lernens* und des *Lernens in Communities of Practice* bereits substanzielle Erfahrungen und Methoden, wie Beurteilungen und Qualitätsbewertungen von Lernprozessen vorgenommen werden können. Diese Methoden können von Lehrenden genutzt werden, um sie zusammen mit Lernenden dazu einzusetzen, deren Lernfortschritte zu evaluieren und individuelle Lernplanungen zu ermöglichen. Lehrende haben dabei die Rolle des Mentors, der Feedback und Rückmeldung gibt, bei der Reflexion von Lernerlebnissen hilft oder E-Portfolioeinträge beurteilt. Im folgenden Abschnitt werden zwei Methoden zur Qualitätsbeurteilung von Lernprozessen in digitalen Lernwelten exemplarisch vorgestellt.

4.1 Selbstevaluation

Eine wichtige Methode, die enorme Potenziale für die Qualitätsbewertung von Lernprozessen in E-Learning 2.0 Szenarien bietet, ist das Konzept der Selbstbewertung. Dabei geht es nicht um eine abschließende (summative) Beurteilung der Lernleistung, sondern vor allem um eine Verbesserung der Lernfähigkeiten.

> »Self-evaluation is defined as students judging the quality of their work, based on evidence and explicit criteria, for the purpose of doing better work in the future. When we teach students how to assess their own progress, and when they do so against known and challenging quality standards, we find that there is a lot to gain. Self-evaluation is a potentially powerful technique because of it's impact on student performance through enhanced self-efficacy and increased intrinsic motivation. Evidence about the positive effect of self-evaluation on student performance is particularly convincing for difficult tasks (Maehr & Stallings, 1972; Arter et al., 1994), especially in academically oriented schools (Hughes et al., 1985) and among high need pupils« (Henry 1994).

In der Literatur finden sich positive Effekte für Selbstevaluationsprozesse auf die Lernleistung (Maehr/Stallings 1972; Arter et al. 1994; Hughes et al. 1985). Studierende können sich dabei mit dem Profil der eigenen Stärken- und Schwächen auseinandersetzen. Rolheiser und Ross (2001) führen aus, dass Studierende, die ihre Leistungen positiv evaluieren, sich höhere Ziele stecken, sich persönlich mehr für den Lernprozess einsetzen und mehr persönliche Ressourcen mobilisieren. Ein Selbstbeurteilungsprozess vollzieht sich in vier Schritten:

- **Schritt 1:** Lernende werden in die Definition der Kriterien eingeführt, die zur Beurteilung herangezogen werden. Dies geschieht zumeist in Form von Aushandlungsrunden. Es zeigt sich, dass weder Kriterien, die vorgegeben werden, noch Kriterien, die vollständig von Studierenden entwickelt werden, so effektiv sind wie solche, die gemeinsam entwickelt werden. Studien zeigen, dass Kriterien, die in Zusammenarbeit mit Lernenden entwickelt werden, Zustimmung und Zielmotivation erhöhen. Lernende werden zudem gleichzeitig bei der Entwicklung von eigenen Zielen gecoacht und machen Erfahrungen bei Wahl der Schwierigkeitsstufe. Es entwickelt sich zudem eine Beratungshaltung zwischen Lehrenden und Lernenden, die in E-Learning 2.0 Lernprozessen von hoher Bedeutung sein kann.
- **Schritt 2:** In diesem Schritt wenden Lernende die selbst gewählten Kriterien auf ihren eigenen Lernprozess an. Dabei kann es wichtig sein, dass ihnen Beispiele zur Verfügung stehen, wie solche Bewertungen aussehen.
- **Schritt 3:** In einem dritten Schritt bekommen Lernende Feedback zu ihrer Selbsteinschätzung. Ziel ist es, die eigenen Einschätzungen durch diesen Feedbackprozess zusammen mit Lehrenden zu kalibrieren. Eine Triangulation von eigener Einschätzung, der des Lehrenden und derjenigen der Peers wird in die Bewertung einbezogen.
- **Schritt 4:** Im vierten Schritt werden Studierende aufgefordert, auf Basis der eigenen Einschätzung Kompetenzentwicklungspläne zu entwickeln und mit Lehrenden Strategien zu beraten, um diese Ziele zu erreichen.

4.2 Qualitätsbeurteilung mit E-Portfolios

E-Portfolios – netzbasierte Sammelmappen – integrieren verschiedene Medien und Services. Studierende sammeln in ihrem E-Portfolio diejenigen Lernprodukte, die sie im Verlauf einer Veranstaltung oder auch während des gesamten Studiums erstellen. Das elektronische Portfolio können Studierende benutzen, um ihre Kompetenz auszuweisen und ihren Lernprozess zu reflektieren. Es werden Arbeitsergebnisse, verbunden mit Anmerkungen von Tutoren, Lehrenden und Kommilitonen, Feedbacks und persönlichen Reflexionen gesammelt.

E-Portfolios eignen sich zur Qualitätsbeurteilung: »Sind E-Portfolios ein Assessment *des* Lernens oder *für das* Lernen?« (Barrett/Carney 2005; Ainsworth/Viegut 2006). E-Portfolios können dabei zur abschließenden Bewertung (summativ) oder zur fortlaufenden Verbesserung (formativ) herangezogen werden. Wie in Tabelle 2 ersichtlich, unterscheiden sich Zweck, Ausgestaltung und Inhalte der E-Portfolios zur summativen Bewertung des Lernerfolgs deutlich von denjenigen zur formativen Bewertung der Lernunterstützung.

Tabelle 2: Funktionen eines E-Portfolio (EP) zur Beurteilung (basiert auf Hornung-Prähauser et al. 2007)

E-Portfolio für summative Beurteilungen	**E-Portfolio für formative Beurteilungen**
Zweck des EP wird vorgeschrieben.	Der Zweck des E-Portfolios wurde mit dem/der Lernenden abgestimmt.
Es ist festgelegt, welche Lernprodukte im EP für eine Bewertung vorhanden sein müssen.	Artefakte wurden vom Lerner/von der Lernerin ausgewählt, um damit die Geschichte ihres Lernens zu erzählen.
E-Portfolios werden üblicherweise am Ende eines Schuljahres, Semesters oder Programms unter Zeitbeschränkung angefertigt.	E-Portfolios werden laufend gepflegt, über ein Schuljahr, Semester oder Programm hinweg, mit flexibler Zeiteinteilung.
Die E-Portfolios und/oder Artefakte werden üblicherweise benotet, basierend auf einer Matrix und quantitativen Daten für ein externes Publikum.	Die E-Portfolios und Artefakte werden mit den Lernenden begutachtet und benutzt, um Rückmeldung zur Verbesserung des Lernens zu geben.
Das E-Portfolio ist üblicherweise durch die vorgegebenen Ergebnisse, Ziele oder Standards strukturiert.	Die Organisation des E-Portfolios ist durch den Lernenden bestimmt oder mit dem Mentor/Berater/Lehrer ausgehandelt.
Manchmal werden sie benutzt, um wichtige Entscheidungen zu treffen.	Sie werden kaum genutzt, um wichtige Entscheidungen zu treffen.
Summativ: Was wurde bis heute gelernt (Vergangenheit – Gegenwart)?	Formativ: Welche Lernbedürfnisse gibt es in der Zukunft (Gegenwart – Zukunft)?
Extrinsische Motivation ist notwendig.	Intrinsische Motivation mobilisiert den/die Lernenden.
Publikum: extern, geringe Auswahlmöglichkeiten.	Publikum: Lernende, Familie, Freunde.

Hinsichtlich der Qualitätsbeurteilung wird das E-Portfolio als Weg von ausschließlich fremdbestimmter, testorientierter Leistungs*feststellung* durch die Lehrenden, hin zu einer stärker selbstbestimmten Leistungs*darstellung* durch die Lernenden verstanden. E-Portfolios sind kompetenzorientiert. Es wird dabei nicht betont, was Lernende *falsch* gemacht haben, sondern was sie können. Portfoliobefürworter betonen häufig die natürliche Brückenfunktion des Portfolios, d.h. die Verbindung, die es zwischen Lehren, Lernen und Beurteilen herstellt

(Häcker 2005: 14). Ein E-Portfolio ist daher eine Methode der Leistungsbeurteilung, die eine Kombination aus Fremd- und Selbstevaluation bietet.

5. »Löcher in der Gartenmauer«: Neue Lern- und Qualitätskultur für E-Learning

Stephen Downes (2007) benutzt bei einem Vortrag auf der *Innovations in Learning Conference* von Brandon Hall die Metapher der »Walled Gardens«. Er bezieht sich damit darauf, was Kerres (2006) als inselhaftes E-Learning bezeichnet, wenn er das sog. »E-Learing 1.0« beschreibt. E-Learning 2.0 reißt Löcher in diese Gartenmauern. Es führt zu einer neuen Lernkultur. Diese ist gekennzeichnet durch eine stärkere Autonomie der Lernenden, die wegführt von einem *Wissenstransfermodell,* wie es in vielen Bildungskontexten vorherrscht, und hin zu einem Modell der gemeinsamen Wissenskonstruktion und Kompetenzentwicklung. Lernende für eine ungewisse Zukunft *fit* zu machen, steht im Vordergrund, sie bei ihrer Entwicklung zu »reflektierten Praktikern« (Schön 1983) zu unterstützen und sie mit einem Portfolio von Handlungskompetenzen auszustatten, mit dem sie ihre jeweiligen Arbeits- und Lebenskontexte gestalten und innovativ weiter entwickeln können.

Sicherlich wird *Lernen* an sich dadurch nicht neu erfunden. Lernen als Grundkonzept bleibt gleich. Wir erkennen vielmehr, wie neue pädagogische Verständnisse und didaktische Formen wie z.B. Lehr-/Lernszenarien gestaltet sein können. Und damit sind wir bei einer neuen Kultur des Lernens angelangt. Sie fordert Bildungsorganisationen dadurch heraus, dass sich das neue Lernen nicht mehr in »walled gardens« abspielt, sondern über – sowohl physische als auch konzeptuelle – Institutionsgrenzen hinaus geht und viele traditionelle Regelungen und Verständnisse wie *in Stein gemeißelte* Curricula, traditionelle Prüfungen oder ein »organisationsweit einzusetzendes LMS« infrage stellt.

Eine neue Kultur des Lehrens und Lernens, wie im Beitrag beschrieben, stellt auch die Auffassungen davon infrage, wie Qualität beurteilt, entwickelt und gesichert wird. Verfahren, die auf Beteiligung des Lernenden und den Lernprozess direkt abzielen, stehen dabei im Vordergrund und weniger organisationszentrierte Prozesse. Eine Qualitätskultur für E-Learning, die Verfahren und Methoden für E-Learning 2.0 beisteuern möchte, zielt auf beteiligungsorientierte Verfahren ab, schafft Räume und Möglichkeiten zur Reflexion und bindet Lernende in Feedbackprozesse ein. Lerngemeinschaften werden in Reviewprozesse und Bewertungsverfahren für Materialien, Konzepte und Problemstellungen involviert und Qualitätsbeurteilungen sind zielgruppenbezogen und nicht an externen Standardvorgaben orientiert.

Eine solche Konzeption von Qualität, von Qualitätsmethoden und -instrumenten fordert Bildungsinstitutionen auf allen Ebenen heraus: Institutionell müssen neue Rahmenbedingungen festgelegt werden, die es bspw. ermöglichen, e-portfoliogestützte Bewertungsprozesse als Prüfungsleistungen zu akzeptieren. Auf Programmebene ist es wichtig, Lernmethoden und Curricula so zu konstruieren, dass sie Raum für Steuerungen durch Lernerfeedbacks lassen. Auf der Ebene von Lernaktivitäten müssen Lernende zunehmend mehr mit Reflexions- und Peer-Reviewprozessen vertraut gemacht werden, die ihnen eine Rückmeldung über die Qualität ihrer Lernprozesse ermöglicht.

Für Lehrende sind hierbei völlig neue Kompetenzen erforderlich, die es ihnen ermöglichen, *Social Software*-Werkzeuge für die beschriebenen Qualitätsentwicklungsprozesse in Lehrveranstaltungen einzusetzen.

Literatur

Ainsworth, Larry/Viegut, Donald (2006): Common formative assessments. How to Connect Standards-based Instruction and Assessment. Thousand Oaks.

Arter, Judith A./Spandel, Vicki/Culham, Ruth/Pollard, John (1994): The impact of training students to be self-assessors of writing. Paper presented at the annual meeting of the American Educational Research Association. New Orleans.

Common Knowledge (2007): Online: http://www.commonknowledge.org/userimages/resources_peer_assist_guidellines+.pdf.

Cross, Jay (2003): Informal Learning – the other 80%. Internet Time Group. Online: www.internettime.com/Learning/The%20Other%2080%25.htm.

Ditton, Hartmut (2000): Qualitätskontrolle und -sicherung in Schule und Unterricht. Ein Überblick zum Stand der empirischen Forschung. In: Helmke, A./Hornstein, W./Terhart, E. (Hrsg.): Qualität und Qualitätssicherung im Bildungsbereich. Weinheim: Beltz.

Dohmen, Günther (2001): Das informelle Lernen. Die internationale Erschließung einer bisher vernachlässigten Grundform menschlichen Lernens für das lebenslange Lernen aller. Bonn: Bundesministerium für Bildung und Forschung.

Friedrich, Heinz/Mandl, Heinz (1997): Analyse und Förderung selbstgesteuerten Lernens. In: Weinert, F.E./Mandl, H. (Hg.): Psychologie der Erwachsenenbildung. Göttingen: Hogrefe, S. 237-293.

Häcker, Thomas (2005): Mit der Portfoliomethode den Unterricht verändern. In: Pädagogik, 57 (3), 13-18.

Harvey, Lee/Green, David (2000): Qualität definieren – Fünf unterschiedliche Ansätze. In: Helmke, A./Hornstein, W./Terhart, E. (Hg.): Qualität und Qualitätssicherung im Bildungsbereich: Schule, Sozialpädagogik, Hochschule. Zeitschrift für Pädagogik. 41. Beiheft. Weinheim/Basel: Beltz, S.17-40.

Heid, Hans (2000): Qualität: Überlegungen zur Begründung einer pädagogischen Beurteilungskategorie. In: Helmke, A./Hornstein, W./Terhart, E. (Hg.): Qualität und Qualitätssicherung im Bildungsbereich: Schule, Sozialpädagogik, Hochschule. Weinheim/Basel: Beltz.

Henry, Diane (1994): Whole Language Students with Low Self-direction: A self-assessment tool, ERIC ED 372 359 (Virginia, University of Virginia).

Holzkamp, Klaus (1993): Lernen. Subjektwissenschaftliche Grundlegung. Frankfurt a.M.: Campus.

Hughes Meredydd/Ribbins Peter/Thomas Hughes (Hg.) (1985): Managing Education: the system and the institution. London: Holt, Rinehart and Winston.

Kerres, Michael (2001): Multimediale und telemediale Lernumgebungen. Konzeption und Entwicklung (2. Aufl.). München: Oldenbourg.
Kerres, Michael (2006): Potenziale von Web 2.0 nutzen. In: Hohenstein, Andreas/Wilbers, Karl (Hg.): Handbuch E-Learning, München: DWD – vorläufige Fassung, 5. August 2006. Online: http://mediendidaktik.uni-duisburg-essen.de/files/web20-a.pdf (letzter Zugriff: 20.10.2006).
Maehr, Martin/Stallings, Robert (1972): Freedom from external evaluation. In: Child Development, 43, S. 177-185.
O'Reily, Tim (2005): What is Web 2.0? Online: www.oreilly.de/artikel/web20.html.
Posch, Peter/Altrichter, Herbert (1997): Möglichkeiten und Grenzen der Qualitätsevaluation und Qualitätsentwicklung im Schulwesen. Innsbruck: StudienVerlag.
Richardson, Will (2005): New Internet Literacies in the Classroom. Weblogg-ed. Online: static.hcrhs.k12.nj.us/gems/edtech/blcliteracies.ppt (letzter Zugriff: 17.07.2006).
Rolheiser, Carol, Ross, Jay Adams (2001): Student self-evaluation: What research says and what practice shows. In: Small, R.D./Thomas, A. (Eds.): Plain talk about kids, S. 43-57. Covington, LA: Center for Development and Learning.
Schön, Donald (1983): The Reflective Practitioner. How professionals think in action. London.
Siemens, George (2004): Connectivism. Online: www.elearnspace.org/Articles/connecti vism.htm.
Harmelen, Mark van (2006): Personal Learning Environments. Online: www.octette.cs.man.ac.uk/jitt/index.php/Personal_Learning_Environments (letzter Zugriff: 10.11.2007).
Wagner, Anja C. (2006): Überlegungen zu E-Learning 2.0 [Video-Podcast]. Online: edufuture.de/2006/12/22/ueberlegungen-zu-elearning-20 (letzter Zugriff: 10.11.2007).
Wenger, Etienne (1998): Communities of practice: learning, meaning, and identity. Cambridge University Press.

Selbstorganisation auf dem Prüfstand: Das Web 2.0 und seine Grenzen(losigkeit)

Gabi Reinmann

Der folgende Beitrag widmet sich dem Konzept der Selbstorganisation und dem selbstorganisierten Lernen im Web 2.0, das nun bereits seit mehreren Jahren auch die Aufmerksamkeit von Pädagogik und Psychologie auf sich gezogen hat. Es handelt sich um eine kritische Aufarbeitung der in diesem Kontext anzutreffenden Behauptungen und Annahmen, und der Beitrag nimmt dabei eine vorrangig pädagogisch-psychologische Perspektive ein. Ich schlage eine Reihe begrifflicher Differenzierungen vor, mit denen ich zeigen will, unter welchen Bedingungen das Web 2.0 seine Potenziale für den Einzelnen auch tatsächlich entfalten kann.

1. Web 2.0 und seine Grenzenlosigkeit

1.1 Der Eiertanz um ein Wort

Web 2.0 als Metapher. »2.0« ist eine Kennzeichnung, die aus der Softwarebranche kommt und dort die zweite, verbesserte Version eines Programms anzeigt. Es ist folglich eine Metapher und bedeutet zunächst nichts Anderes, als dass wir es beim Web 2.0 mit einer »überarbeiteten Neuauflage« des ersten WWW zu tun haben. Allerdings bezeichnet es weniger eine technische Neuerung als vielmehr eine Neuerung, welche die Wahrnehmung und Nutzung des Internets betrifft (Panke 2007). Ausgehend von einer schlichten Marketingabsicht, mit der das Web 2.0 seine Karriere startete, ist es zu einem Kürzel avanciert, dessen Protagonisten einen Paradigmenwechsel verkünden: eine Art Revolution gegen die Definitionsmacht von Experten, gegen die vorstrukturierende Kompetenz von Redaktionen, gegen unnötige Hierarchien, gegen ein konsumorientiertes Lernen in geschlossenen Systemen. Ziele sind stattdessen offene Web-Projekte (wie Open Content), Partizipation und soziale Netzwerkbildung (vor allem durch Communities), die Verbreitung nutzergenerierter Inhalte (z.B. in Foto- oder Videoportalen), die Artikulation und Gestaltung des Selbst (etwa über eigene Blogs oder Podcasts) sowie ein aktiv-konstruktives, selbstorganisiertes Lernen.

Web 2.0 in Erziehung und Bildung. All das spielt sich aktuell vor allem in informellen Kontexten, also *außerhalb* von Bildungsinstitutionen, ab. Inzwischen aber mehren sich die Versuche, sich dem Web 2.0 theoretisch und empirisch auch aus der Perspektive der institutionalisierten Erziehung und Bildung zu nähern: So hat sich beispielsweise die Zeitschrift »merz« (Medien und Erziehung) mit dem Themenheft »Medienpädagogik 2.0?!« im April 2008 der Frage gewidmet, welche medienerzieherischen Konsequenzen es hat, dass und wenn sich Kinder und Jugendliche im Web 2.0 tummeln. Mit dem Themenspecial »Web 2.0 in der Lehre« hat das Portal »e-teaching.org« im September 2008 den Umgang mit dem Web 2.0 speziell an Hochschulen in den Blick genommen. Es findet also durchaus eine kritische Diskussion statt; es werden theoretische Überlegungen angestellt und es mehren sich empirische Studien, welche die bekanntesten Web 2.0-Dienste in ihren Umfragen aufnehmen (z.B. ARD ZDF Online-Studie 2007, (N)Onliner Atlas 2008, JIM-Studie 2008, HIS-Studie 2008 zum »Studieren im Web 2.0«). Das heißt allerdings nicht, dass sich die mit dem Web 2.0 transportierten Hoffnungen bereits überall erfüllen und massenweise in selbstinitiierte Bildungsprojekte und autonome Lerngruppen münden. Wohl aber signalisieren diese Aktivitäten, dass das Web 2.0 eine inzwischen konsensfähige Kurzbezeichnung in Bildungskontexten darstellt, die seriöse wissenschaftliche Arbeiten auslöst, ohne hierzu selbst ein wissenschaftliches Konzept sein zu müssen. Vor diesem Hintergrund braucht man das Web 2.0 meiner Einschätzung nach weder als »Buzzword« zu schmähen noch als »unwissenschaftlichen Begriff« zu bekämpfen.

1.2 Grenzenlosigkeit: eine Eigenschaft des Web 2.0?

Das grenzenlose Web 1.0. Bereits das Web 1.0, also das durch Web-Browser komfortabel gemachte Internet, zeichnete sich dadurch aus, dass es Orts- und Zeitgrenzen zu überschreiten half: Der Zugriff auf Information, die Distribution von Dokumenten sowie die synchrone und asynchrone Kommunikation haben sich durch das »Netz der Netze« verändert, sind schneller und einfacher geworden, haben vor allem physische Grenzen der Information und Kommunikation überwunden. Grenzenlosigkeit in diesem Sinne ist also nichts, was das Web 2.0 erfunden hätte. Selbst Partizipation, soziale Netzwerkbildung und Produktion durch den Nutzer hatte Tim Burners-Lee vom Europäischen Kernforschungszentrum CERN zumindest als Idee bereits im Blick, als er am Hypertextpotenzial des Web 1.0 arbeitete. Tatsächlich umsetzen aber konnte man das erst durch eine erweiterte *technische* Basis: durch einfachere Anwendungen und frei zugängliche Open Source-Werkzeuge, Multimedia-Anwendungen, mächtige Suchmaschinen, anwenderfreundliche Wiki-Systeme, große Blogger-Plattformen, Video-Portale und neue Community-Software sowie natürlich Breitbandnetze, wachsende Rechnerkapazitäten und sinkende Kosten (z.B. Alby 2007).

Grenzverschiebungen im Web 2.0. Es sind heute allerdings nicht mehr nur die physischen Grenzen, die das Internet überwinden hilft, sondern (a) inhaltliche, (b) soziale und (c) persönliche Grenzen. Dazu ein paar Beispiele: (a) Die 2001 gegründete Wikipedia in deutscher Sprache ist mit 845.184 Artikeln[1] die zweitgrößte Wikipedia-Ausgabe nach der englischen, die über 2,6 Millionen Artikel enthält – eine gigantische Enzyklopädie, die in der Tat alle Grenzen sprengt. Hinzu kommt, dass sich prinzipiell jeder an diesem Projekt beteiligen und eigene Beiträge beisteuern oder bestehende modifizieren kann. Bildungswissenschaftler träumen zudem von »Personal Learning Environments«, die den Lernenden einen individuell angepassten, weil selbst gewählten, prinzipiell unbegrenzten »Basar von Lerninhalten« bescheren (Schaffert/Hilzensauer 2008: 8). (b) Wer heute zu den 12- bis 19-Jährigen zählt, verbringt die Hälfte seiner Mediennutzungszeit in Online-Communities, wo er/sie Kontakte knüpft und pflegt und dabei an riesigen »Freundschaftsnetzwerken« partizipiert (Medienpädagogischer Forschungsverbund Südwest 2008), deren Grenzen sich mit wenigen Klicks beliebig erweitern lassen. Chatsysteme kombinieren Text, Audio und Video mit großer Selbstverständlichkeit und fördern zusammen mit mobilen Endgeräten eine allgegenwärtige Kommunikation. (c) Einfache Editoren ermöglichen eine multicodale Selbstartikulation im Netz – auf eigenen Blogs, gemeinsamen Wikis oder auf großen Plattformen, in denen die Porträts der großen Stars neben der Selbstproduktion von Schülern und Studenten stehen. Privatheit und Öffentlichkeit ändern dabei ihre Bedeutung und gehen ineinander über: Blogs z.B. gelten als Instrument für ein Identitätsmanagement, an dem auch die Öffentlichkeit teilhaben kann (Zerfaß/Welker/Schmidt 2008).

Selbstorganisation im Fokus. Wenn die offene Entwicklung von Lern- oder Bildungsinhalten, wenn Kollaboration und Netzwerkbildung sowie autonome Selbstartikulation und Persönlichkeitsentfaltung zu den zentralen Potenzialen des Web 2.0 zählen, muss man beim Web-Nutzer geradezu zwangsläufig von einer hohen Selbstorganisation und der Fähigkeit zum selbstorganisierten Lernen ausgehen: Nur dann nämlich können diese Potenziale auch genutzt werden. Die *Selbstorganisation* gehört denn auch zu den zentralen Losungsworten des Web 2.0. Emotional positive Konnotationen und unbestimmte Heilsversprechungen hän-

1 Angabe im Januar 2009 unter: http://de.wikipedia.org/wiki/Wikipedia:%C3%9CberWikipedia.

gen dieser Vokabel an (vgl. Rosenthal 1984), die anders als das Web 2.0 durchaus ein wissenschaftliches Konzept mit vielschichtigen Bedeutungsvarianten beinhaltet. Und genau hier liegt das Problem: Als bloße Worthülse im Kontext des Web 2.0 streut ein unreflektierter Gebrauch der Begriffe Selbstorganisation und »selbstorganisiertes Lernen« falsche Erwartungen und Empfehlungen.

2. Der Begriff der Selbstorganisation

Wie kann man dem entgehen? Die einzige Chance besteht darin, eine Begriffsschärfung vorzunehmen, verschiedene Auffassungen von Selbstorganisation und selbstorganisiertem Lernen zu analysieren sowie mögliche Differenzierungen vorzuschlagen und anzuwenden.

2.1 Selbstorganisation als Entstehung von Ordnung

Verschiedene Ebenen der Selbstorganisation. Von Selbstorganisation sprechen Biologen und Hirnforscher (z.B. Varela 1990; Roth 2001), Pädagogen und Psychologen (z.B. Reich 2006; Watzlawick 1995), Soziologen und Organisationstheoretiker (z.B. Luhmann 1992; Willke 2001). Sie meinen dabei *nicht* genau das Gleiche. Es scheint aber einen kleinsten gemeinsamen Nenner zu geben, und der liegt in der *Entstehung bzw. Herstellung von Ordnung* (Sembill/Wuttke/Seifried/Egloffstein/Rausch 2007). Wie Ordnung entsteht oder hergestellt werden kann, ist von der *Ebene* der Ordnung abhängig: (a) Auf der *Organebene*, also z.B. in Zellen, im Gehirn oder in Ökosystemen findet laut Sembill et al. (2007) eine *selbsttätige* Entstehung von Ordnung statt. Da der gleichlautende Begriff der Selbsttätigkeit in der Reformpädagogik gerade nicht die Organ-, sondern die personale Ebene im Blick hat, ist diese Bezeichnung wohl nicht ganz so günstig gewählt. Gemeint ist, was Maturana und Varela (1990) als Autopoiesis bezeichnet haben, nämlich einen Prozess der Selbsterschaffung und -erhaltung. (b) Auf der *Ebene der Person* mit eigenen Zielen und Absichten (z.B. in der Rolle als Lehrender und Lernender) treffen wir dagegen auf eine *selbstbestimmte* Entstehung von Ordnung. Sturma (2006: 205) führt dies auf die den Menschen kennzeichnende Fähigkeit zurück, »natürliche Ordnung« durch »künstliche Ordnung« (Sprache, Zahlen, Kunst etc.) zu überlagern. (c) Die Selbstorganisation von Gruppen, Organisationen und Gesellschaften – also die auf der *sozialen Ebene* – lässt verschiedene Interpretationen zu: Viele Soziologen und Systemtheoretiker neigen dazu, die Selbstorganisation sozialer Einheiten in Analogie zur *autopoietischen* Entstehung von Ordnung auf der organischen Ebene zu verstehen. Das aber ist durchaus umstritten, denn Gruppen, Organisationen und Gesellschaften bestehen aus Personen, die – nur weil sie sich in Gemeinschaften befinden – ihr

Dasein als Person mit ihrer prinzipiellen Fähigkeit zur Selbstbestimmung nicht aufgeben. Auch wenn sich nicht alle Ereignisse in sozialen Einheiten aus dem Denken und Handeln von einzelnen Personen erklären lassen, liegt es nahe, neben einer autopoietischen auch eine *selbstbestimmte* Entstehung von Ordnung auf der sozialen Ebene anzunehmen.

Tabelle 1: Verschiedene Ebenen bei der Entstehung von Ordnung

Ebene	**Beispiel**	**Entstehung von Ordnung durch**
Ebene des Organischen	Zelle, Ökosystem	Selbsterschaffung/-erhaltung
Ebene der Person	Lernende, Lehrende	Selbstbestimmung
Ebene des Sozialen	Organisation, Gesellschaft	Selbsterschaffung und Selbstbestimmung?

Selbstorganisation im Web 2.0. Geht es um Selbstorganisation im Web 2.0, hat man in der Regel sowohl die Person als auch soziale Einheiten im Blick. Wir kennen z.B. alle die Äußerungen zur so genannten Schwarmintelligenz oder »Weisheit der Vielen« (Surowiecki 2004), mit der man faktische wie auch konstruierte Wirkungen von Web 2.0-Anwendungen beschreibt, mitunter auch erklärt. Die hier angeführten Argumente tragen eindeutig systemtheoretische Züge. Wir kennen aber auch die Hoffnungen auf wachsende Emanzipation der Nutzer im Web 2.0, die sich auf pädagogische Bildungsideale berufen, die eher normativen Charakter haben (vgl. Arnold 2007; Erpenbeck/Sauter 2007). In beiden Fällen bemüht man die Selbstorganisation – mal im Sinne der autopoietischen, nicht von Personen intendierten Entstehung von Ordnung, mal im Sinne der selbstbestimmten Herstellung von Ordnung.

2.2 Selbstorganisiertes Lernen

Im weiteren Verlauf dieses Beitrags beschränke ich mich vorrangig auf die *personale* Ebene bzw. auf die Selbstorganisation als einen handlungsregulierenden Prozess innerhalb der Person, die allerdings stets auch Teil einer von äußeren Einflüssen gesteuerten spezifischen Situation ist. Dies gilt auch für das selbstorganisierte Lernen, für dessen Differenzierung ich (wiederum in Anlehnung an Sembill et al. 2007) verschiedene Begriffe vorschlage, nämlich: selbstreguliertes, selbstgesteuertes und selbstbestimmtes Lernen. In der pädagogisch-psychologischen Literatur werden diese zwar uneinheitlich verwendet, können aber durchaus präzisiert werden.

Selbstreguliertes Lernen. Lernen, jedenfalls ein bewusst wahrgenommenes, intentionales Lernen, ist eine Handlung und damit bis zu einem gewissen Grad stets *selbstreguliert* (vgl. Boekaerts/Pintrich/Zeidner 2000): Wenn wir lernen, müssen wir Informationen aus unserem Umfeld wahrnehmen, sie verarbeiten und verstehen (kognitive Kontrolle). Wir müssen wissen, auf welches Ziel hin wir uns mit Neuem auseinandersetzen, was wir dazu brauchen, wie lange wir weitermachen sollten und wann wir aufhören können (metakognitive Kontrolle). Zudem müssen wir in irgendeiner Form zum Lernen motiviert sein und unsere Emotionen zumindest so regulieren, dass sie uns nicht im Wege stehen (emotional-motivationale Kontrolle). In Anlehnung an den etablierten Begriff der Handlungsregulation ist es naheliegend, diese (meta-)kognitiven und emotional-motivationalen Abläufe als Selbst*regulation* zu bezeichnen. Selbstregulation beschreibt demnach die *innere Strukturierung* des Lernens bzw. eine innere und damit unsichtbare Ordnung, ohne die kein Lernen möglich wäre.

Selbstgesteuertes Lernen. Lernen ist aber nicht nur eine selbstregulierte Handlung, sondern auch ein Prozess, der von äußeren Faktoren bedingt und damit unterschiedlich fremd- und *selbstgesteuert* ist (vgl. Zimmermann 1990).[2] Je nachdem, wo und unter welchen Bedingungen wir lernen – in Bildungsinstitutionen, am Arbeitsplatz oder in der Freizeit –, treffen wir auf verschieden große Handlungs-, Gestaltungs- und Entscheidungsspielräume. Begeben wir uns in Lernumgebungen, die andere vorstrukturiert haben (in Schule, Hochschule, Weiterbildung), ist der Selbststeuerungsanteil zunächst klein, wobei er durch didaktische Entscheidungen (konstruktivistisch orientierte Szenarien; s. z.B. Reinmann 2005) im gegebenen Rahmen wieder vergrößert werden kann. Nutzen wir unseren Arbeitsalltag zum Lernen (informelles Lernen), müssen wir sehr viel mehr Bedingungen von vornherein *selbst* in die Hand nehmen und steuern, um effektiv Wissen aufbauen zu können. Selbststeuerung beschreibt also die *äußere Strukturierung* des Lernens bzw. eine äußere, prinzipiell sichtbare Ordnung, die ihrerseits wieder Einfluss auf die innere Ordnung, die Selbstregulation, nehmen kann.

Selbstbestimmtes Lernen. Die Frage ist nun, wie innere und äußere Strukturierung des Lernens zusammenhängen. Selbstregulierung und Selbststeuerung sind letztlich zwei Perspektiven ein- und desselben Phänomens, denn es gibt *immer* eine irgendwie geartete innere *und* eine äußere Strukturierung beim Lernen. Genau hier hat aus meiner Sicht das Konzept der *Selbstbestimmung* (Deci/ Ryan 2000, 2008) seinen Platz, und zwar Selbstbestimmung in dem Sinne, dass es der Person gelingt, *äußere* Anforderungen und Gegebenheiten (äußere Strukturierung) mit *inneren* Zielen und Normen (innere Strukturierung) in Einklang bzw. in eine Passung zu bringen. Dabei gibt es viele Abstufungen: Der Idealfall ist die intrinsische Handlungsregulation, die dann vorliegt, wenn man sowohl bei

2 Im englischsprachigem Raum wird beides i.d.R. als »self-regulated learning« bezeichnet.

den externen Bedingungen als auch bei den Handlungszielen ein Höchstmaß an Gestaltungs- und Entscheidungsspielraum hat. Aber auch von außen kommende Anforderungen kann man prinzipiell in das Selbst integrieren oder sich mit diesen identifizieren und sich in der Folge *autonom* fühlen.

Tabelle 2: Innere und äußere Strukturierung beim selbstorganisierten Lernen

Begriffliche Differenzierung	**Selbstorganisation als Herstellung von Ordnung**
Selbstregulation	durch innere Strukturierung
Selbststeuerung	durch äußere Strukturierung
Selbstbestimmung	durch Passung innerer und äußerer Strukturierung

Die Freiheit des Willens. Eine selbstbestimmte Person – so könnte man die obigen Ausführungen zusammenfassen – fällt eigene Entscheidungen, wählt im Falle bestehender Handlungsoptionen ihre Ziele und Vorgehensweisen selbst aus und trägt dann auch die praktischen Folgen (Sturma 2006: 206ff.). Auch ohne philosophische Vorbildung lässt sich rasch erkennen, dass ein so verstandenes selbstbestimmtes Lernen ein weiteres zentrales Konstrukt tangiert, nämlich die *Freiheit des Willens* (vgl. Pauen 2006). Bieri (2001) schlägt hierzu ein Konzept vor, das eine Art philosophisches Pendant zur psychologischen Selbstbestimmungstheorie bildet. Er geht davon aus, dass wir Willensfreiheit weder im Sinne einer *Unbedingtheit* des Willens noch im Sinne einer *bedingten* Freiheit sinnvoll konzipieren können: Im Falle der Unbedingtheit könnte man für das eigene Handeln nur sich selbst verantwortlich machen, niemals aber historische oder soziokulturelle Gegebenheiten, Erziehung oder biografische Einflüsse. Doch genau dies tun wir in vielen Fällen, und wir tun es aus gutem Grund, denn: Keiner von uns ist frei von genau diesen Einflüssen, die uns prägen und unsere Sozialisation ausmachen. Im Falle der Bedingtheit müssten wir uns von der Idee verabschieden, überhaupt einen eigenen Willen zu haben, was in hohem Maße dem persönlichen Erleben und Streben des Menschen widerspricht. Bieri (2001) gelingt eine Lösung dieses Dilemmas, indem er davon ausgeht, dass die Freiheit des Willens etwas ist, um das man sich bemühen muss, das man sich erarbeitet und darin resultiert, dass man sich als *frei erlebt*. Er nennt dies den *angeeigneten Willen*. Zu diesem gelangt eine Person nach Bieri (2001), (a) wenn sie sich Klarheit über ihren Willen verschafft, diesen also kennt und *artikuliert*, (b) wenn sie ihren Willen nachvollziehen kann und diesen in seiner Entstehung und Eigenart *versteht* und (c) wenn sie ihren Willen positiv *bewerten*, also akzeptieren und gutheißen kann.

Selbstorganisiertes Lernen im Web 2.0. Beim selbstorganisierten Lernen im Web 2.0 wird selten unterschieden, ob es um eine Innen- oder Außenperspektive geht, obschon die eingenommene Perspektive zu verschiedenen Fragestellungen führt: Nehmen wir die *Innen*perspektive ein, blicken wir auf mentale Vorgänge beim Lernen, also z.B. auf Lernstrategien bei der digitalen Portfolio-Arbeit mit Web 2.0-Anwendungen (z.B. Häcker/Lissmann 2007). Wählen wir die *Außen*sicht, fragen wir eher danach, was man als Lernender unter welchen Bedingungen selbst entscheiden und gestalten kann, also wann man z.B. mit welchen Web-Werkzeugen angeleitet oder informell lernt (z.B. Jadin/Richter/Zöserl 2008). Eine Sicht auf die *Passung* zwischen Innen und Außen liegt beispielsweise dann vor, wenn wir uns für das Autonomieerleben von Lernenden interessieren, etwa im Kontext des Bloggens (z.B. Reinmann/Bianco 2008). Web 2.0-Studien, welche vor allem die Netzwerkbildung und andere soziale Phänomene im Blick haben, erweitern die personale Ebene um die soziale Ebene, auf der die Unterscheidung zwischen Selbstregulation, Selbststeuerung und Selbstbestimmung nicht sinnvoll ist, hängen doch alle drei Begriffe an der Person und ihrem Handeln. Sicher greifen die individuelle Kognition und die soziale Partizipation beim Lernen ineinander (Salomon/Perkins 1998); auf welche Weise und mit welchen Implikationen für die Selbstorganisation, das ist allerdings weitgehend unklar. Umso wichtiger ist es, Selbstorganisation eben *nicht* als letztlich leere Floskel im und für das Web 2.0 zu verwenden. Nur wenn wir hier genauer im Blick haben, auf welcher Ebene und in welcher Hinsicht wir uns für die Selbstorganisation im Web 2.0 einsetzen, kann es uns gelingen, darauf auch gezielt hinzuwirken, denn Selbstorganisation im Web 2.0 ist weder ein sich selbst erschaffendes Phänomen noch ist es voraussetzungslos!

3. Voraussetzungen für Selbstorganisation

Was aber sind die Voraussetzungen für Selbstorganisation im Web 2.0? Ich gehe davon aus, dass dazu einerseits personale Bedingungen vorliegen müssen, die sich eher nicht allein durch Sozialisation in einer digitalen Medienwelt entwickeln. Andererseits gibt es natürlich auch situationale Bedingungen für selbstorganisiertes Lernen, unter die man (vor allem) politische, ökonomische und pädagogische Faktoren subsumieren kann.

3.1 Personale Voraussetzungen

Gefahr voreiliger Schlüsse. Die Differenzierung des selbstorganisierten Lernens in selbstreguliertes, selbstgesteuertes und selbstbestimmtes Lernen erweist sich bei der Frage nach den personalen Voraussetzungen als besonders fruchtbar. So ist es z.B. ein allgemeiner Konsens, dass ein Mindestmaß an *Selbstregulation* beim Lernen sogar unter Bedingungen starker Anleitung und Fremdsteuerung (z.B. in Schule und Hochschule) nicht nur möglich, sondern nötig ist. Aus diesem Grund ist weder ein Lernen im Schlaf möglich noch führen bloße Reiz-Reaktion-Ketten (außerhalb simpler Verhaltensweisen) zu langfristig wirksamen Lernergebnissen (vgl. Friedrich/Mandl 2006). Diese Erkenntnis aber darf *nicht* dazu verleiten anzunehmen, jeder Mensch könne in jeder Situation das Optimum an Selbstorganisation erreichen: So ist z.B. nicht jeder in der gleichen Weise in der Lage und willens, in nicht vorstrukturierten Kontexten in völliger Eigenregie und damit *selbstgesteuert* zu lernen. Je weniger Expertise Lernende in einer Domäne oder einem Thema besitzen – was meist auch mit geringerem Interesse verknüpft ist –, umso schlechter können sie gegebene Chancen zur Selbststeuerung nutzen (z.B. Wild 2000; Wirth/Leutner 2006). Der resultierende *mäßige* Erfolg offen konzipierter Bildungsangebote (die der Web 2.0-Philosophie entsprechen) lässt sich dann wohl darauf zurückführen, dass Lernende in der Regel mit sehr unterschiedlichen personalen Ausgangsbedingungen teilnehmen. Ebenso vermessen wäre es anzunehmen, dass *Selbstbestimmung* im hier verwendeten Sinne eine einfach zu erreichende Anforderung beim Lernen darstellt. Selbst wenn man humanistische Prämissen heranzieht und davon ausgeht, dass der Mensch ein grundlegendes Bedürfnis nach Kompetenzerleben hat, ist damit nicht automatisch die Fähigkeit, Bereitschaft oder Gelegenheit verbunden, intrinsisch motiviert zu lernen und/oder externe Ziele in einem anstrengenden Prozess etwa durch Erproben und Anpassen mit den persönlichen Bedürfnissen in Einklang zu bringen.

Entmystifizierung der Netzgeneration. Voreilige Schlüsse wirft auch Schulmeister (2008) den Protagonisten der so genannten Netzgeneration vor, denn den heutigen Jugendlichen und jungen Erwachsenen spricht man mit Vorliebe viele der hier aufgeführten Merkmale eines selbstorganisierten Lernens (im Sinne der Selbststeuerung und Selbstbestimmung) als Dispositionen zu. Dem liegt die Annahme oder Überzeugung zugrunde, diese quasi automatisch infolge des Aufwachsens mit dem grenzenlosen Internet erwerben zu können. Allmählich aber wird deutlich, dass genau *die* Nutzungsformen des Internets, die dieses zum Web 2.0 machen – also die aktiv-produzierende, kreativ-gestalterische und partizipatorische Nutzung – nur von einem Bruchteil der Onliner wahrgenommen wird, wofür Schulmeister (2008) eine Fülle von Belegen liefert. Das gilt für die in der schon erwähnten JIM-Studie untersuchten Jugendlichen ebenso wie für junge Erwachsene, die als Studierende eine insgesamt eher rezeptive Haltung an den Tag legen (Kleimann/Özkilic/Göcks 2008). In einer umfangreich angelegten

Studie, die nach Profilen von Medienkompetenz Jugendlicher sucht, kommen Treumann et al. (2007) auf sieben »Typen« im alltäglichen Medienhandeln. Gerade der Typus des »Gestalters und kreativen Machers«, der für die im Interesse stehenden Web 2.0-Potenziale prädestiniert wäre, macht dabei die kleinste Gruppe (nämlich gerade 3%) aus, während fast 38% die Medien (und das sind laut anderen Studien vor allem, aber nicht nur die digitalen Medien) eher konsumorientiert und/oder unkritisch-naiv verwenden.

Der Wille zur Selbstorganisation. Selbstorganisiertes Lernen erfordert nicht nur Interesse am Gegenstand des Lernens, ein ausreichendes Maß an Vorwissen oder Vorverständnis zum Thema sowie grundlegende Fähigkeiten und Übung in der Selbststeuerung innerhalb einer Lernumgebung. Selbstorganisiertes Lernen – so meine These – ist auch nur dann möglich, wenn Lernende den freien Willen dazu haben, und zwar im Sinne eines angeeigneten Willens (Bieri 2001; vgl. S. 81). Das heißt, dass sich ein Lernender darüber im Klaren sein muss, welches Wissen und Können er wozu eigentlich erwerben möchte, und dass er es schaffen muss, dies zum Ausdruck zu bringen (Aspekt der *Artikulation).* Es müssen sodann seine eigenen, selbst gesteckten Ziele sein, die er da verfolgt, oder aber er muss nachvollziehen können, von wem er diese Ziele aus welchen Gründen übernommen hat (Aspekt des *Verstehens).* Letztlich muss er diese Ziele auch als sinnvoll einstufen und mit seinem Wertesystem in Einklang bringen (Aspekt der *Bewertung).* Auch unter solch einer Perspektive wird noch einmal deutlich, mit welch hohen individuellen Anforderungen ein Lernen verbunden ist, das nicht nur selbstreguliert, sondern auch selbstgesteuert und vor allem selbstbestimmt vonstatten geht.

3.2 Situationale Voraussetzungen

Selbstorganisation als politisches Ziel. Schon seit den späten 1970er-Jahren spielt die Selbstorganisation eine zentrale Rolle im Zusammenhang mit Konzepten lebenslangen und informellen Lernens (Zürcher 2007; Rohs 2008), für das sich nicht nur die Bundesregierung, sondern auch EU und UNESCO seit vielen Jahren stark machen. Die daran geknüpften Erwartungen und Versprechungen lassen sich im weitesten Sinne der Idee der *Selbstbestimmung* zuordnen: Ziel ist es, dass sich mündige Bürger entwickeln, die sich für Demokratie und Solidarität einsetzen und zudem selbstverantwortlich die Chance nutzen, ihre Kompetenzen ein Leben lang weiterzuentwickeln – und zwar unabhängig vom formalen Bildungsgrad. Zu den Begründungen, die auf Demokratisierung, Emanzipation und Schließung von Kompetenzklüften zielen, gesellen sich allerdings zunehmend ökonomische Argumente: Um Arbeitsplätze zu erhalten, Innovationen voranzutreiben und die Produktivität von Regionen, Nationen und Kontinenten im globalen Wettbewerb zu steigern, werden selbstorganisierte Formen des Lernens und Arbeitens zunehmend in den Dienst der Verbesserung des »Humankapitals« gestellt. Ob unter einer solchen Rhetorik noch günstige (bildungs-)politische Bedingungen für Selbstorganisation im Web 2.0 im Sinne der Selbstbestimmung möglich sind, ist zumindest fraglich.

Selbstorganisation als organisationale Basis. In Unternehmen, aber auch im öffentlichen Sektor greift man die vorgefertigten politisch korrekten Floskeln im Umkreis der Selbstorganisation gerne auf. Im Blick hat man dabei vor allem das *selbstgesteuerte Lernen:* Organisationsmitglieder sollen nicht mehr nur in formalen Weiterbildungsszenarien lernen, sondern auch die natürlichen Lernressourcen in der Arbeitsumgebung nutzen, in der Freizeit lernen und/oder ihre Beschäftigungsfähigkeit selbst in die Hand nehmen. Wissensintensive Tätigkeiten bzw. die so genannte Wissensarbeit (Willke 2001) machen die Selbststeuerung in Form von Eigeninitiative und selbstständiger Wahl geeigneter Mittel des Kompetenzerwerbs und Problemlösens unabdingbar. Konzepte wie *persönliches Wissensmanagement* (Reinmann/Eppler 2008) versuchen, die daraus resultierenden Anforderungen an den Einzelnen mit externen Maßnahmen (im Sinne des organisationalen Wissensmanagements) zu verbinden. Web 2.0-Anwendungen bieten für diese Szenarien einerseits äußerst günstige Bedingungen; zudem können sie zur internen Unternehmenskommunikation beitragen und neue Innovationsstrategien anschieben (vgl. Picot/Fischer 2006). Andererseits haben gerade Unternehmen mit den zu Beginn beschriebenen Grenzüberschreitungen infolge des Web 2.0 durchaus ihre Probleme, denn Kontrollen, interne Regeln und Geheimhaltungsvereinbarungen kollidieren schnell mit der Idee offener Netzprojekte und mündiger Partizipation. Organisationen werden die Selbstorganisation nur dann fördern, wenn damit die Fremdsteuerung entlastet oder erleichtert wird. So etwas wie ein freier Wille dürfte dabei keine Rolle spielen.

Selbstorganisation als didaktisches Mittel. Geht es um die Nutzung des Web 2.0 in Bildungsinstitutionen wie Schule und Hochschule, steht vor allem die Qualität von Lernprozessen und -ergebnissen im Mittelpunkt des Interesses, wobei kognitive und metakognitive Aspekte ein besonderes Gewicht haben. Im Unterricht liegt der Fokus daher faktisch vor allem auf der *Selbstregulation*, denn Ziele, Inhalte und meist auch die Methoden stehen beim institutionalisierten Lernen in aller Regel fest, sind also eher fremdgesteuert. Innerhalb dieses Rahmens versucht man zwar, mit konstruktivistisch orientierten didaktischen Szenarien selbstgesteuerte, in wenigen Fällen auch selbstbestimmte Prozesse zu integrieren. Wie schwer aber vor allem Letzteres ist, beschreibt z.B. Häcker

(2007) im Zusammenhang mit der Portfolioarbeit in der Schule, zu der sich auch Web 2.0-Anwendungen wie Blogs in hohem Maße eignen: Portfolios als Instrument zur Reflexion und Selbstbewertung von Prozessen und Ergebnissen des Lernens *können* gerade ein selbstbestimmtes Lernen voranbringen, kommen aber vielfach nur »systemstabilisierend« zum Einsatz. Die bestehende Selektions- und Zertifizierungsfunktion von Bildungsinstitutionen ist nämlich prinzipiell nicht dafür ausgelegt, Macht und Kontrolle aus der Hand zu geben. Angesichts der Tatsache, dass Bildung (anders als die Ökonomie) Selbstorganisation im Sinne der Selbstregulation, Selbststeuerung und Selbstbestimmung zum Ziel haben sollte, sind diese Schwierigkeiten besonders erwähnenswert.

4. Web 2.0 und seine Grenzen

Voraussetzungen als Grenzen. Die Grenzenlosigkeit des Web 2.0 und der damit einhergehenden Möglichkeiten für Selbstorganisation erfährt ihre Grenzen in den Voraussetzungen, die mit ihr verbunden, bislang aber kaum Gegenstand intensiver Reflexion sind. Dies dürfte unter anderem daran liegen, dass der Begriff der Selbstorganisation im Allgemeinen und der des selbstorganisierten Lernens im Besonderen nicht als wissenschaftliches Konzept verwendet wird, sondern als Wohlfühlfloskel und emotional aufgeladenes Zeichen für eine Art Befreiungsakt. Unterscheidet man z.B. die innere von der äußeren Strukturierung des Lernens, wird rasch deutlich, dass nur die Selbstregulation integraler Bestandteil allen (intentionalen) Lernens ist. Daraus ist *nicht* zu folgern, dass ein emanzipatorischer Ruck durch die Lernenden geht, sobald sie ein von Fremdbestimmung freies Web 2.0 zur Verfügung haben. Selbstorganisation im Sinne der Selbststeuerung und der Selbstbestimmung ist eine Herausforderung, die eine ganze Reihe kognitiver Fähigkeiten, Vorwissen, Interesse, Willen und Strategien voraussetzt, die man sich erst einmal aneignen muss. Zu den personalen müssen situationale Voraussetzungen kommen: Selbstorganisation benötigt Handlungs- und Entscheidungsspielräume, in denen Selbststeuerung möglich ist und Selbstbestimmung toleriert wird. Genau dies aber ist schwierig, weil sowohl Unternehmen als auch Bildungsinstitutionen als Organisationen immer auch Macht- und Kontrollmechanismen beinhalten, die zur personalen Freiheit notgedrungen in einem schwer zu lösenden Spannungsverhältnis stehen.

Elite statt Breite? Ohne Zweifel bieten die neuen Web 2.0-Anwendungen eine Fülle von Potenzialen speziell für den Bereich der Bildung, sodass ich mich zu Beginn dieses Beitrags auch für die Beibehaltung dieser prägnanten Bezeichnung aussprechen konnte. Ebenso unbestreitbar ist, dass die Selbstorganisation als Klammer für die durch Web 2.0 möglichen Formen der Artikulation, Kommunikation, Kollaboration, Partizipation und kreativen Produktion notwendig und wünschenswert ist. Aber sie ist *weder jedem jederzeit möglich noch überall erwünscht.* Prämissen dieser Art sind Ausdruck sozialromantischer und pseudodemokratischer Vorstellungen, die letztlich das Gegenteil dessen bewirken, was ihnen wichtig ist, denn sie machen das selbstorganisierte Lernen im Web 2.0 zum Elitekonzept (Hartmann 2004) – zum Privileg für eine Bildungselite, welche die notwendigen Voraussetzungen mitbringt und in der Lage ist, sich diejenigen Kontexte zu suchen, in denen es die geringsten Zwänge gibt.

Literatur

Alby, T. (2007): Web 2.0. Konzepte, Anwendungen, Technologien. München: Hanser.

Arnold, R. (2007): Ich lerne, also bin ich. Eine systemisch-konstruktivistische Didaktik. Heidelberg: Carl Auer.

Bieri, P. (2001): Das Handwerk der Freiheit. Über die Entdeckung des eigenen Willens. Frankfurt a.M.: Fischer.

Boekaerts, M./Pintrich, P.R./Zeidner, M. (Hg.) (2000): Handbook of self-regulation: Theory, research, and application. San Diego: Academic Press.

Deci, E.L./Ryan, R.M. (2000): The »what« and »why« of goal pursuits: Human needs and the self-determination of behavior. Psychological Inquiry, 11 (4), S. 227-268.

Deci, E.L./Ryan, R.M. (2008): Facilitating optimal motivation and psychological well-being across life's domains. Canadian Psychology, 49 (1), S. 14-23.

Erpenbeck, J./Sauter, W. (2007): Kompetenzentwicklung im Netz. New Blended Learning mit Web 2.0. Berlin: Luchterhand.

Friedrich, Helmut Felix/Mandl, Heinz (2006): Lernstrategien: Zur Strukturierung des Forschungsfeldes. In Mandl, Heinz/Friedrich, Helmut Felix (Hg.): Handbuch Lernstrategien. Göttingen: Hogrefe, S. 1-23.

Häcker, Thomas (2007): Portfolio – ein Medium im Spannungsfeld zwischen Optimierung und Humanisierung des Lernens. In Gläser-Zikuda, Michaela/Hascher, Tina (Hg.): Lernprozesse dokumentieren, reflektieren und beurteilen. Lerntagebuch und Portfolio in Bildungsforschung und Bildungspraxis. Bad Heilbrunn: Klinkhardt, S. 63-85.

Häcker, Thomas/Lissmann, U. (2007): Möglichkeiten und Spannungsfelder der Portfolioarbeit – Perspektiven für Forschung und Praxis. Empirische Pädagogik, 21 (2), S. 209-239.

Hartmann, M. (2004): Elitesoziologie. Eine Einführung. Frankfurt a.M./New York: Campus.

HIS-Studie (2008) s. Kleimann/Özkilic/Göcks 2008.

Jadin, Tanja/Richter, Christoph/Zöserl, Eva (2008): Formelle und informelle Lernsituationen aus Sicht österreichischer Studierender. In: Zauchner, Sabine/Baumgartner, Peter/Blaschitz, Edith/Weissenbäck, Andreas (Hg.): Offener Bildungsraum Hochschule. Freiheiten und Notwendigkeiten. Münster: Waxmann, S. 169-180.

Kleimann, B./Özkilic, M./Göcks, M. (2008): Studieren im Web 2.0. Studienbezogene Web- und E-Learning-Dienste. HISBUS-Kurzinformation Nr. 21 https://hisbus.his.de/hisbus/docs/hisbus21.pdf.

Luhmann, Niklas (1992): Die operative Geschlossenheit psychischer und sozialer Systeme. In: Fischer, Hans Rudi/Retzer, Arnold/Schweitzer, Jochen (Hg.): Das Ende der großen Entwürfe. Frankfurt a.M.: Suhrkamp, S. 117-131.

Maturana, Humberto R./Varela, Francisco J. (1990): Der Baum der Erkenntnis: Die biologischen Wurzeln des menschlichen Erkennens. München: Goldmann.

Medienpädagogischer Forschungsverbund Südwest (2008): JIM-Studie 2008. Jugend, Information, (Multi-)Media. Stuttgart. www.mpfs.de/fileadmin/JIM-pdf08/JIM-Studie_2008.pdf.

Panke, S. (2007): Unterwegs im Web 2.0: Charakteristiken und Potenziale. Tübingen: e-teaching.org. www.e-teaching.org/didaktik/theorie/informelles lernen/Web2.pdf.
Pauen, M. (2006): Anders handeln in einer determinierten Welt? Grundzüge einer philosophischen Konzeption von Willensfreiheit In: Heinze, Martin/Fuchs, Thomas/Reischies, Friedel (Hg.): Willensfreiheit – eine Illusion? Berlin: Parodos, S. 15-34.
Picot, A./Fischer, T. (Hg.) (2006): Weblogs professionell. Grundlagen, Konzepte und Praxis im unternehmerischen Umfeld. Heidelberg: dpunkt.
Reinmann, Gabi (2005): Blended Learning in der Lehrerbildung. Grundlagen für die Konzeption innovativer Lernumgebungen. Lengerich: Pabst.
Reinmann, Gabi/Bianco, T. (2008): Knowledge Blogs zwischen Kompetenz, Autonomie und sozialer Eingebundenheit. In: Hornung-Prähauser, Veronika/Luckmann, Michaela/Kalz, Marco (Hg.): Selbstorganisiertes Lernen im Internet. Einblick in die Landschaft der webbasierten Bildungsinnovationen. Innsbruck: Studienverlag, S. 44-58.
Reinmann, Gabi/Eppler, M. (2008): Wissenswege. Methoden für das persönliche Wissensmanagement. Bern: Huber.
Rohs, M. (2008): »Informal E-Learning« – What does it mean? In Bruck, P.A./Lindner, M. (Hg.): Microlearning and capacity building, Proceedings of the 4th international Microlearning 2008 Conference. Innsbruck: University Press, S. 24-36.
Rosenthal, P. (1984): Words and values. Some leading words and where they lead us. Oxford: University Press.
Roth, G. (2001): Fühlen, Denken, Handeln. Wie das Gehirn unser Verhalten steuert. Frankfurt a.M.: Suhrkamp.
Salomon, G./Perkins, D. (1998): Individual and social aspects of learning. Review of Research in Education, 23, S. 1-24.
Schaffert, S./Hilzensauer, Wolf (2008): On the way towards Personal Learning Environments: Seven crucial aspects. eLearning Papers, 9 www. elearningeuropa.info/files/media/media15971.pdf.
Schulmeister, R. (2008): Gibt es eine »Net Generation«? Hamburg www.zhw.uni-hamburg.de/uploads/schulmeister-net-generation_v2.pdf.
Sembill, D./Wuttke, E./Seifried, J./Egloffstein, M./Rausch, A. (2007): Selbstorganisiertes Lernen in der beruflichen Bildung. – Abgrenzungen, Befunde und Konsequenzen. Berufs- und Wirtschaftspädagogik – online, 13 (Dez. 2007). www.bwpat.de/ausgabe13/sembill_etal bwpat 13.shtml.
Sturma, D. (2006): Ausdruck von Freiheit. Über Neurowissenschaften und die menschliche Lebensform. In Sturma, D. (Hg.): Philosophie und Neurowissenschaften. Frankfurt a.M.: Suhrkamp, S. 187-214.
Surowiecki, J. (2004): The wisdom of crowds: Why the many are smarter than the few and how collective wisdom shapes business, economies, societies and nations little. London: Brown.
Treumann, Klaus Peter/Meister, Dorothee M./Sander, Uwe/Burkatzki, Eckhard/Hagedorn, Jörg/Kämmerer, Manuela/Strotmann, Mareike/Wegener, Claudia (2007): Medienhandeln Jugendlicher. Mediennutzung und Medienkompetenz. Bielefelder Medienkompetenzmodell. Wiesbaden: VS.
Varela, Francisco J. (1990): Kognitionswissenschaft – Kognitionstechnik. Frankfurt a.M.: Suhrkamp.
Watzlawick, Paul (1995): Wirklichkeitsanpassung oder angepasste ›Wirklichkeit‹? Konstruktivismus und Psychotherapie. In: Foerster, Heinz v./Glasersfeld, E. v./Heijl, P.M./Schmidt, S.J./Watzlawick, Paul (1995): Einführung in den Konstruktivismus. München: Oldenbourg, S. 89-107.
Wild, K.-P. (2000): Lernstrategien im Studium. Münster: Waxmann.
Willke, Helmut (2001): Systemtheorie 3. Steuerungstheorie. Grundzüge einer Theorie der Steuerung komplexer Sozialsysteme. Stuttgart: Lucius & Lucius.
Wirth, J./Leutner, D. (2006): Selbstregulation beim Lernen in interaktiven Lernumgebungen. In Mandl, Heinz/Friedrich, Helmut Felix (Hg.): Handbuch Lernstrategien. Göttingen: Hogrefe, S. 172-184.
Zerfaß, A./Welker, M./Schmidt, J. (Hg.) (2008): Kommunikation, Partizipation und Wirkungen im Social Web. Band 1. Köln: Halem.

Zimmermann, B.J. (1990): Self-regulated learning and academic achievement: An overview. Educational Psychologist, 25, S. 3-17.

Zürcher, R. (2007): Informelles Lernen und der Erwerb von Kompetenzen. Theoretische, didaktische und politische Aspekte. Hg. von Bundesministerium für Unterricht, Kunst und Kultur. Wien: bm:uk.www.erwachsenenbildung.at/services/publikationen/materialien_zur_eb/nr2_2007_informelles_lernen.pdf.

Interaktive Professionalisierung in Digitalen Sozialräumen

Wolfgang Jütte und Markus Walber

1. Digitalisierung von Sozialräumen und Professionalisierungspotenziale – eine relationale Perspektive

Wenn hier von digitalen Sozialräumen gesprochen wird, dann geht es vornehmlich um die Interaktion und gemeinschaftsbildende Funktion des Web 2.0. Damit rücken »soziale Netze« in den Mittelpunkt. Darunter wird ganz allgemein ein Geflecht sozialer Beziehungen von Personen oder Organisationen und ihre Verknüpfung verstanden. Zunehmend kommt es zu einer Vermischung von informationstechnischen und sozialen Vernetzungen. Dafür steht beispielhaft *»Social Software«* wie Weblogs und Wikis als Kennzeichen des Web 2.0. Sie umfasst Anwendungen, die Kommunikation, Interaktion und Zusammenarbeit unterstützen und der Logik des Tausches folgen

Akteure in Professionalisierungsprozessen können als »doppelte Netzwerker« bezeichnet werden, insofern diese sowohl einen Fremdbezug im Sinne »Andere vernetzen« als auch einen Selbstbezug des »Sich-Vernetzens« realisieren. Vor dem Hintergrund der Zunahme von projektartigen Arbeitsstrukturen sind diese Netzwerkaktivitäten sowohl Ausdruck professionellen Handelns als auch Voraussetzung für Professionalisierungsprozesse. Die beiden Dimensionen können als Pole eines Kontinuums begriffen werden, die Grenzen sind fließend und die Akteure nehmen diese Unterscheidung häufig selbst nicht bewusst wahr. Während die Beziehungsarbeit ursprünglich im privaten Bereich beheimatet war, rückt sie nun auch in den Blickpunkt der Erwerbsarbeit. Bei dieser Form des Netzwerkens geht es darum, Opportunitätsstrukturen zu sichern; dies kann als eine Folge der Entgrenzung von Arbeit und Leben betrachtet werden (vgl. Rosa 2006, S. 276). Es geht um das mühevolle Offenhalten von Optionen. Insofern kann der netzwerkende Professionelle als Gestalt des modernen Wissensarbeiters gelten. Der *knowledge worker* ist ein hochgradiger *social worker.* Vor diesem Hintergrund wird hier eine relationale Perspektive beim Aufbau von Professions-Wissen eingenommen. Dabei geht es um die Beziehungen und Interaktionen zwischen einer bestimmten Anzahl von Elementen und/oder Akteuren, wobei hier ein besonderes Augenmerk auf Formen der Interaktion geworfen wird, die der spezifischen Form der Medialität des Web 2.0 geschuldet sind: »Digitale Medien determinieren ihren Gebrauch nicht; digitale Medien *entstehen* erst durch ihren Gebrauch!« und die »Sozialen Medien des Web 2.0 […] durch ihren *gemeinsamen* Gebrauch« (Münker 2009, S. 27).

Ziel dieses Beitrags ist es, die Potenziale der sich durch die Nutzung digitaler Sozialräume ergebenden soziokulturellen Dynamisierungen im Hinblick auf die Gestaltung von Prozessen nutzbar zu machen und zur interaktiven Professionalisierung der beteiligten Akteure und ihrer Herkunftssysteme (Wissenschaftssystem/Praxissystem) beizutragen.

Zunächst wird eine professionstheoretische Perspektive für die Bedeutung sozialer Interaktionen im Hinblick auf die professionelle Wissenskonstruktion aufgezeigt (Kap 2). Diese stellt zugleich eine theoretische Plausibilisierung für die Organisation von Professionalisierungsprozessen in Form von digitalen Communities dar. Auf dieser Basis werden die besonderen Potenziale digitaler Medien im Hinblick auf die Netzwerkbildung thematisiert (Kap. 3). Bevor abschließend Handlungsoptionen im Hinblick auf die Gestaltung von Möglichkeitsräumen zur Schaffung professionellen Wissens aufgezeigt werden (Kap. 5), erfolgt in Kapitel 4 die Herausarbeitung erwarteter sozialer Netzwerkeffekte von interaktiven Professionalisierungsprozessen.

2. Interaktive Professionalisierung als Schaffung von Möglichkeitsräumen

Die Professionalitätsdebatte in der Erwachsenenbildung wird in ihrer historischen Entwicklung aus vielfältigen Perspektiven geführt. Neben strukturfunktionalistischen (Parsons, Marshall) und kriterienzentrierten Ansätzen (Oevermann, Koring), die sich jeweils um eine deutliche Abgrenzung zwischen ›Professionellen‹ und ›Laien‹ bemühen, markieren Dewe, Ferchhoff und Radtke bereits zu Beginn der 1990er-Jahre Professionalität an der Schnittstelle von Theorie und Praxis und definieren unterschiedliche Formen zu deren Relationierung (vgl. Dewe/Ferchhoff/Radtke 1992, S. 70ff.). Zentral ist hier folglich nicht die Abgrenzung von Theorie und Praxis, vielmehr wird die Frage nach einer gemeinsamen Wissensbasis gestellt. Im Ergebnis kommen sie zu der Position, dass ›professionelles Wissen‹ nicht, wie in klassischen professionstheoretischen Positionen beschrieben, durch Transformationsprozesse von Wissenschaft in die Praxis entsteht, sondern eine eigenständige »dritte« Wissensform darstellt, die in keinem dieser beiden Kontexte in Gänze verortet werden kann (vgl. Dewe/Ferchhoff/Radtke 1992, S.78ff.).

Die Beobachtung von Wissenschaft und Praxis lässt allerdings vermuten, dass die Wissenschaft die Produktion von wissenschaftlichem Wissen nicht primär am praktischen Handlungswissen orientiert und praktisches Handeln nur selten von wissenschaftlichem Wissen geleitet ist. Dies ist nicht überraschend, wenn man Wissenschaft und Praxis aus konstruktivistischer Perspektive als zwei voneinander getrennte selbstorganisierte Systeme versteht, die sich gegenseitig nur im Sinne von Resonanzen beeinflussen können. Die beiden Systeme sind als gesellschaftliche Funktionssysteme ihrer je eigenen, der Selbstorganisation verpflichteten Leitdifferenz verhaftet. Das Wissenschaftssystem hat also zum Ziel, wissenschaftliches Wissen zu produzieren, das Praxissystem strebt nach viablem Praxiswissen. Die Entstehung professionellen Wissens, unter der Berücksichtigung von wissenschaftlichem und praktischem Wissen, erfolgt in einem eigenständigen autopoietischen Professionalisierungssystem. In diesem System entstehen Kommunikationen zwischen Vertretern aus den Wissenschafts- und dem Praxissystem. Hier sind also die interaktiven Dynamiken konstitutiv, weshalb hier die Generierung von professionellem Wissen unter Einbeziehung der blinden Flecken der jeweils anderen Perspektive als *Interaktive Professionalisierung* bezeichnet wird. Hierbei geht es u.E. nicht darum, ein neues gesellschaftliches Funktionssystem, sondern darum, Interaktionssysteme zu schaffen.

Interaktionssysteme sind im Gegensatz zu Funktionssystemen durch die Kommunikation von ›körperlich‹ Anwesenden, sich gegenseitig wahrnehmenden Beobachtern, klassifiziert (vgl. Simon 2008, S. 99ff.). Das Kriterium der körperlichen Anwesenheit ist im Kontext von digitalen Lernwelten allerdings metaphorisch zu verstehen, denn hier werden auch virtuell konstituierte Interaktionssysteme inkludiert. Interaktive Professionalisierung hat also die Schaffung von Möglichkeitsträumen zur interaktiven Entwicklung professionellen Wissens unter Beteiligung von Wissenschafts- und Praxisperspektiven zum Ziel (s. Abb. 1).

Die hier skizzierten Interaktionssysteme können in diesem Kontext auch als *Professional Communities*[1] bezeichnet werden. Neben dem Kriterium einer reflexiven Auseinandersetzung mit erwachsenenpädagogischem Handeln (vgl. Logar/Schrittesser 2006, S. 4) müssen den Professional Communities hier zusätzlich Wissensressourcen aus dem Wissenschafts- und dem Praxissystem, zum Beispiel durch Personen repräsentiert sein. Auf diese Weise können wissen-

1 Dieser Beitrag beansprucht keine umfassende Begriffsdiskussion des vielschichtigen »Community«-Begriffs, Ein Erklärungsangebot liefert beispielsweise Schachtner (2008), die insbesondere die konstitutiven Merkmale in den Blick nimmt.

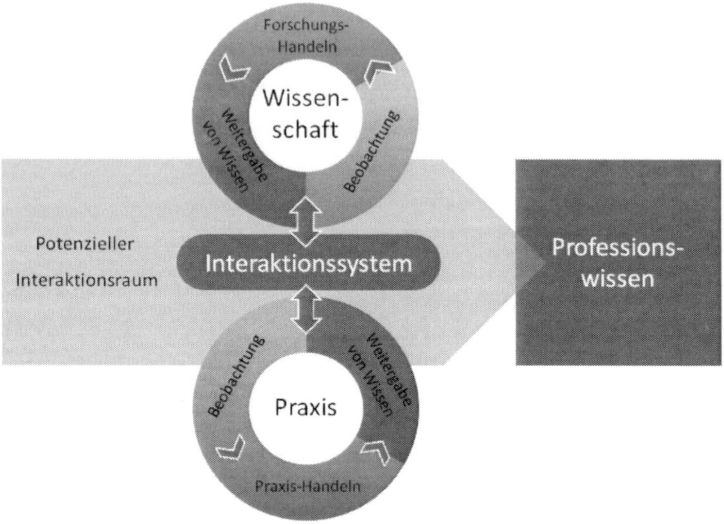

Abbildung 1: Interaktive Professionalisierung
Quelle: Eigene Darstellung.

schaftliche Erkenntnisse mit der aktuellen pädagogischen Praxis relational reflektiert werden. Konstituiv ist also nicht mehr die Denkfigur der Vermittlung von Theorie und Praxis, sondern das eigenwertige Moment der ›Begegnung‹. Wissenschaftliche und praktische Beobachtungen bleiben zunächst prinzipiell erhalten, können aber durch Kontrastierung und Relationierung positiv perturbierend wirken (vgl. Dewe/Ferchhoff/Radtke 1992, S. 78). Die Auflösung der Perturbationen erfolgt im jeweiligen System unter den Regeln der Autopoiesis. Es entsteht ein potenziell doppelter Nutzen: Das Wissenschaftssystem kann aktuelle praxisrelevante Forschungsfragen identifizieren, das Praxissystem erhält eine wissenschaftlich fundierte Anregung für das praktische Handlungsrepertoire.

Die Schaffung von Professional Communities ist in unterschiedlichen Kontexten denkbar (s. auch Kap 5). So können beispielsweise Workshops, Tagungen, Professionalisierungs›werkstätten‹, Wissenschaft-PraxisProjekte etc. initiiert werden. Insbesondere unter Berücksichtigung der Knappheit der Ressource Zeit, gestaltet es sich vielfach schwierig und ist keinesfalls voraussetzungslos, Akteure aus beiden Systemen in Interaktion zu bringen. Vor diesem Hintergrund soll nachfolgend dargestellt werden, welche Potenziale sich für die Initiierung von interaktiven Professionalisierungsprozessen durch die Einbeziehung digitaler Informations- und Kommunikationstechnologien ergeben.

3. Interaktionspotenziale digitaler Spielräume

Im Bereich des Einsatzes von digitalen Medien in Lernprozessen rückt die Gestaltung von Interaktionen zwischen den am Lernprozess beteiligten Akteuren zunehmend in den Vordergrund. Vor diesem Hintergrund werden sowohl in der wissenschaftlichen Auseinandersetzung als auch im Praxiseinsatz zunehmend medial repräsentierte Interaktionen als didaktische Gestaltungsdimension thematisiert.

Als deklarativer Marker für diese Veränderung wird immer wieder der Wandel von Web 1.0 nach Web 2.0 genannt. Web 2.0 beschreibt dabei nicht zwingend eine neue technologische Entwicklungsstufe (Revision 2.0), sondern insbesondere einen Perspektivenwechsel weg von reinen expositorischen Lehrangeboten hin zu nutzerbestimmten interaktiven Lernkontexten. Hier entstehen mittels digitaler Medien realisierte Interaktionssyteme, die die beteiligten Akteure sozial relationieren und hohe kommunikative Potenziale bergen.

Zur Illustration der vielfältigen Möglichkeiten, die Web 2.0 bietet, werden zunächst unterschiedliche Anwendungen charakterisiert und im Anschluss systematisiert (vgl. dazu auch die Einteilungskritieren von Ebersbach/Glaser/Heigl 2008, S. 35). Diese werden aufgrund ihrer Zielsetzung Menschen in soziale Interaktion zu bringen auch unter dem Stichwort *Social Software* subsumiert.

Wikis

Eine der in diesem Kontext bekanntesten Anwendungen sind Wikis (hawaiianisch=schnell), die eine unkomplizierte kooperative Generierung von webbasierten Inhalten ermöglichen. Diese werden über ein Hypertext-System realisiert, dessen Inhalte von den Benutzern nicht nur gelesen, sondern auch online direkt über einen Webbrowser bearbeitet werden können. Es geht hier also um eine kollektive Form von Wissenskonstruktion, die beispielsweise im Kontext von Projekten, Weiterbildungsangeboten oder Forschergruppen hervorgebracht wird. Zunehmend werden solche Systeme auch zum internen Wissensmanagement in Organisationen eingesetzt.

Blogs

Blogs, auch Weblogs genannt, basieren auf klassischen Foren, die zusätzlich über eine Kommentarfunktion verfügen und mit anderen Webressourcen verlinkt sein können. Sie repräsentieren vorrangig die subjektive Sichtweise eines Autors oder Autorenteams auf ein spezifisches Themenspektrum, unter dem bewusst versucht wird, unterschiedliche Informationen zu sammeln oder weitergehende Diskurse anzuregen. Wie in einem Logbuch werden die Beiträge chronologisch abgelegt, darüber hinaus aber häufig durch so genannte Tag-Clouds aus den am häufigsten genannten Begriffen visualisiert.

Social Bookmarks und Collaborative Tagging

Social Bookmarks sind Web-Lesezeichen, die, im Gegensatz zu individuell gesammelten Lesezeichen in einem Webbrowser, von verschiedenen Akteuren zusammengetragen und geteilt werden. So profitiert jeder von den Linksammlungen Anderer. Es entsteht eine kollektive themenspezifische Strukturierung von Content durch eine sozial akzeptierte Community. Zur Realisierung existieren unterschiedliche Softwarelösungen (z.B. Mr. Wong, del.icio.us, Diigo, etc.), die über das Hinzufügen und Löschen hinaus auch das Kommentieren von Lesezeichen mit Texten und Schlagwörtern erlauben. Letzteres wird auch als *Collaborative Tagging* bezeichnet. Tags sind die in diesem Zusammenhang frei vergebenen Schlagworte, die häufig als Tag-Cloud visualisiert sind, welche die quantitative Gewichtung der Tags durch unterschiedliche Schriftgrößen abbildet.

Social Network Services

Social Network Services sind Softwarelösungen (z.B. Face-Book, Xing oder studiVZ), die soziale Netzwerke im Internet abbilden, in denen jede(r) Mitglied werden kann, der ein eigenes Profil mit persönlichen Daten anlegt und sich so anderen potenziellen Netzwerkmitgliedern präsentiert. Jedes Mitglied kann andere ins eigene Netzwerk einladen und von anderen eingeladen werden. Die Software stellt Funktionen zur Verfügung, die die Suche nach weiteren Mitgliedern ermöglichen, die sich für ähnliche Themen interessieren wie man selbst. Besteht der Wunsch nach unmittelbarer Kontaktaufnahme, kann das eigene Profil dem entsprechenden Mitglied präsentiert werden.

Webbased Application Sharing

Webbased Application Sharing beschreibt die Möglichkeit, dass zwei oder mehr Benutzer gleichzeitig in Echtzeit von ihren jeweiligen Rechnern auf eine Software zugreifen können. Der Gedanke ist nicht neu, die Realisierung wird allerding durch die im Rahmen der für das Web 2.0 entwickelten vielfältigen Softwaretools deutlich dynamisiert. So können beispielsweise gemeinsam Texte produziert, Mindmaps erstellt oder Grafiken generiert werden. Ein bedeutsames Potenzial liegt in der Webbasierung die es ermöglicht, die Applikationen ohne lokale Installation auf den Rechnern der Anwender zu nutzen. Dies ermöglicht eine dezentrale Bearbeitung des Contents unabhängig von der eigenen Aussattung mit Hard- und Software.

Virtuelle 3D-Welten

Im Gegensatz zu anderen digitalen Lernumgebungen ist in online nutzbaren 3D-Umgebungen (wie z.B. Second-Life), die 3D-Welt annähernd vollständig von den Nutzern und nicht von den Betreibern (Autoren) generiert. Mithilfe eines digitalen Stellvertreters (Avatar) können Personen miteinander synchron in Kontakt treten und untereinander virtuell Produkte, Dienstleistungen oder Gedanken austauschen. Die Kommunikation erfolgt per Text-Chat oder Voice-Chat. Besondere Reize der virtuellen Welt liegen in den vielfältigen Möglichkeiten zu sozialer Interaktion, der ortsunabhängigen Erreichbarkeit und der einfachen Möglichkeit zur Darstellung von dreidimensionalen Objekten und Simulationen (vgl. u.a. Pätzold 2007).

Aus den hier beschriebenen Spielarten von Social Software lassen sich die übergeordneten funktionalen Interaktionsdimensionen Wissenskonstruktion, Kollaboration und Comunity-Building ableiten. Auf dieser Basis spannt Abbildung 2 ein Interaktionsspielfeld auf, in das sich die unterschiedlichen Tools systematisierend einordnen lassen. Ein Blick auf die sozialen Praktiken in den drei Dimensionen zeigt die dahinter liegenden Interaktionen.

Wissens-Konstruktion

Diese Dimension repräsentiert die Entstehung und Weiterentwicklung von eher inhaltsbezogenen Wissensressourcen. Hierzu zählen insbesondere die wiki-basierten Wissenssammlungen. Hierin liegen also inhaltsgetriebene Interaktionspotenziale, die weit über das *one-to-many*-Prinzip herkömmlicher E-Mail-Interaktionen oder die traditionelle Rezeption von Websites hinausgehen. Im Mittelpunkt steht nicht mehr die reine Übermittlung von Informationen, sondern die interaktive Anreicherung und Weiterentwicklung Wissensnetzwerken. Etwas technisches Interesse vorausgesetzt, stellen sich primär journalistische Fragen, z.B. nach der inhaltlichen Zielsetzung und dem Schreibstil oder konzeptionell-inhaltliche Fragen beim Erstellen von Wissensbeiträgen.

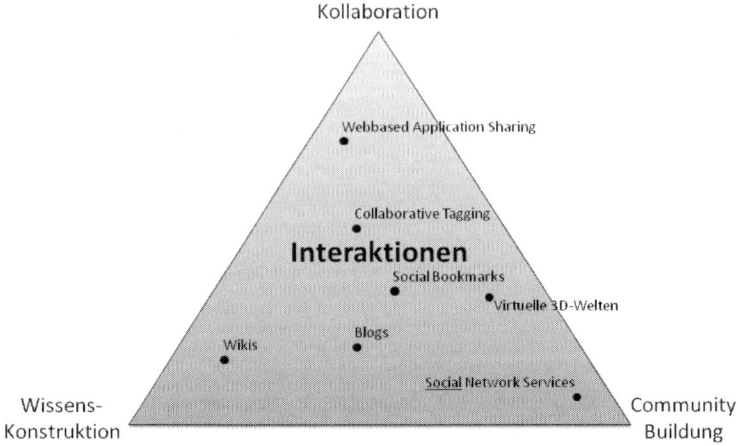

Abbildung 2 : Interaktionsspielfeld
Quelle: Eigene Darstellung, (in Anlehnung an Ebersbach/Glaser/Heigl, 2008, S. 35)

Kollaboration

Die Dimension Kollaboration beschreibt die Qualität des Entstehungsprozesses von sozialem sowie inhaltlichem Output in dem Sinne, dass »man Seite an Seite mit anderen an derselben Unternehmung arbeitet« (Gabriel 1997, S. 77f.). Sichtbar werden Akteure ausschließlich durch das von ihnen gezeigte Engagement. Nutzer erstellen Inhalte wie Texte, Mindmaps, Audio- und Videodateien gemeinsam. Ein wesentliches Merkmal sind geteilte Aktivitäten aller kollaborierenden Personen, an denen sie nicht nur als Rezipienten teilnehmen, sondern sich durch Kommentare, Verlinkungen und Trackbacks zu den Inhalten wechselseitig in Beziehung setzen. Sie geben ihr Wissen, ihre Meinung, ihre Kompetenz und Reflexionsfähigkeit ganz direkt in einen Tauschkreislauf, mit dessen Feedback in Form des Gegentauschs von Meinungen, Wissen und Kommentaren sie rechnen. Kollaborationen erfolgen tendeziell eher inhaltsfokussiert, können aber durchaus netzwerkbildende Dynamiken auslösen. Viele der kollaborativen Schreibprojekte im Internet scheinen daher auf der Ausbildung von sozialem Vertrauen im Sinne des US-amerikanischen Soziologen Robert D. Putnam zu beruhen: »I'll do this for you now, without expecting anything immediately in return and perhaps without even knowing you, confident that down the road you or someone else will return the favor« (Putnam 2000, S. 134). Vertrauensvolle Beziehungen sind ein erfolgskritischer Faktor für eine fruchtbare Vernetzung.

Community Building

Die Dimension Community Building rekurriert auf die sozialen Netzwerk-Effekte, die sich aus Interaktionen ergeben. Durch die neue Nutzungsform digitaler Technologien rückt das Netz als Sozialraum in den Blick, der in besonderer Weise den Informations- und Erfahrungsaustausch ermöglicht. Das Besondere von Sozialen-Interaktions-Systemen liegt darin, dass sie keine Formen darstellen, das *Persönliche* zu ordnen, sondern solche, das *Soziale* zu verbinden. Dies verkörpern insbesondere die Social Network Dienste. Die Bedeutung des ›Sozialen‹ im digitalen Raum lässt sich empirisch identifizieren. So besteht beispielsweise ein signifikanter Zusammenhang zwischen dem Grad der sozialen Zuwendung und dem von Weiterbildungsteilnehmern selbst eingeschätzten Nutzen von digitalen Lernformen (vgl. Walber 2007, S. 132). Hierzu ist anzumerken, dass für die Schaffung digitaler Sozialräume die *Rezeption* sozialer Aktionen nicht hinreichend ist. Erst rekursive soziale *Interaktionen* führen zu vitalen digitalen Kommunikationssystemen.

4. Professionalisierungsprozesse auf »digitalen Bühnen«

Nachfolgend geht es darum, wie Professionalisierungssysteme im digitalen Raum entstehen und welche erwartbaren Effekte zu beobachten sind. Die Illustration erfolgt anhand der Metapher ›Bühne‹, auf der Akteure aus dem Wissenschafts- und Praxissystem als Netzwerk inszeniert werden (vgl. Abb 3).

Der Versuch, die Entstehung einer professionellen Wissensbasis über die Metapher der »Digitalen Bühne« einzufangen, lehnt sich an das »primär wissenstheoretisch und wissenssoziologisch orientierte Analyseinstrumentarium« nach Dewe (1996, S. 714) an, nach dem »die professionelle Wissensbasis *nicht von außen* und *vorab substantiell* bestimmbar oder vermittelbar ist, sondern stets nur am empirisch beobachtbaren Handeln erwachsenenpädagogischer Akteure (Dozenten, Leiter, Mitarbeiter) *im Kontext der Wissensanwendung, also ex post*, rekonstruiert werden kann« (ebd., Herv. i.O.). Insofern handeln die Akteure im Sinne einer doppelten Hermeneutik, indem sowohl die Darsteller des Wissenschaftssystems in ihrem *Forschungs*handeln an Gegenständen der Praxis, als auch die Darsteller des Praxissystems in ihrem Praxishandeln unter Rückgriff auf wissenschaftliche Erkenntnisse, rekursiv beobachteter Bestandteil des jeweils anderen Systems sind (vgl. Schäffter 2006 S. 3f.).

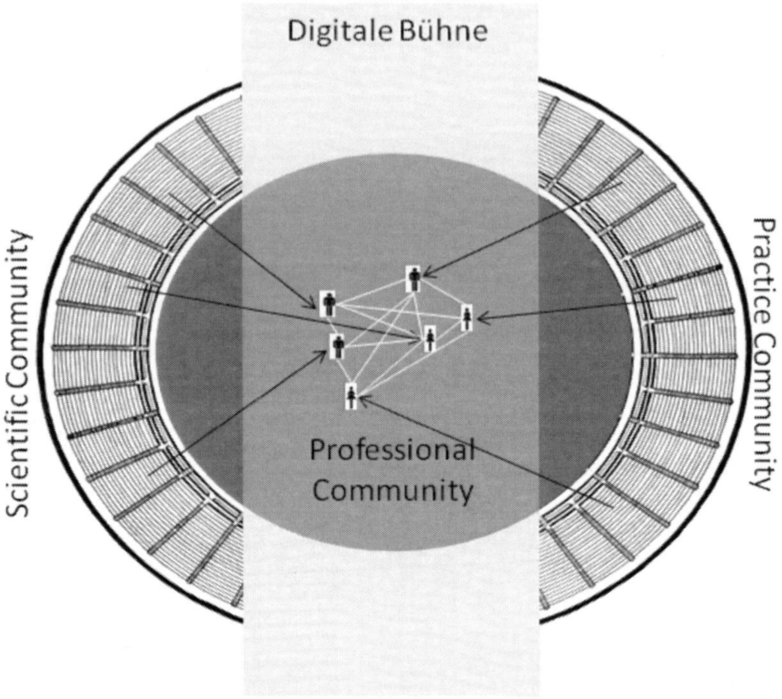

Abbildung 3: Interaktive Professionalisierung auf der digitalen Bühne
Quelle: Eigene Darstellung.

Darüber hinaus wird durch die Metapher der »Bühne« die relationale Perspektive unterstrichen, wie sie in der Netzwerkforschung zentral ist. So verweist der amerikanische Soziologe Mark Granovetter (1985) in seiner Theorie der »Embeddedness« darauf, wie Handeln in soziale Beziehungen eingebunden ist. Um Professionalisierungsprozesse angemessen zu erfassen, gilt es, die Einbindung der Akteure in die soziale Struktur zu berücksichtigen. Dies betrifft das »Eingebettetsein« durch persönliche Beziehungen ebenso wie die strukturelle Eingebundenheit in Funktionssysteme. Direkte und indirekte soziale Beziehungen eröffnen Möglichkeiten oder aber sind Behinderungen für das zielgerichtete Handeln des Akteurs und können somit zu »Perturbationen« führen, die auslösende Dynamiken für die Generierung von Professionswissen darstellen. Die besondere Qualität dieses Entstehungsprozesses ergibt sich also aus den Relationen zwischen den beteiligten Akteuren. Die Relationen können im Sinne der oben ausgearbeiteten Interaktionsdimensionen die Modi Wissenskonstruktion, Kollaboration, Community Building oder Mischformen aus diesen annehmen. So können beispielsweise Erziehungswissenschaftler und Erwachsenenbildner bei der Inszenierung eines Fach-Worshops in einer virtuellen 3D-Welt Fachthemen kollaborativ bearbeiten, und zusätzlich Möglichkeiten im Hinblick auf Community Building schaffen. Entscheidend für Professionalisierungsprozesse ist vor dem Hintergrund des oben skizzierten theoretischen Modells, dass an den Interaktionen tatsächlich Vertreter aus beiden Funktionssystemen beteiligt sind. Erst die Verschränkung der Perspektiven leuchtet die jeweiligen blinden Flecken aus und ermöglicht die Entstehung von Professionswissen und die anschließende Reflexion im jeweiligen Funktionssystem. Die digitale Bühne bietet also soziale Spielräume, in denen professionsbezogene Interaktionsmöglichkeiten realisiert werden können.

Professionswissen wird hier als eigenständige komplexe Wissensart verstanden, deren konstitutive Merkmale wissenschaftliches Wissen, praktisches Fachwissen, berufliches Routinewissen, lokales Organisationswissen und intuitive Wissensformen sein können (vgl. Nittel 2002, S. 31). In diesem Sinne wird neben Fach- und Methodenkompetenz insbesondere auch Sozialkapital aufgebaut.

Zur Sichtbarmachung der Prozesse und Effekte solcher Interaktionssysteme wird hier eine netzwerkanalytische Perspektive eingenommen, deren anregendes Potenzial darin begründet liegt, dass Professionalisierungshandeln wie oben beschrieben in Netzwerken von sozialen Beziehungen stattfindet und sich so eröffnet, »was hinter der Bühne stattfindet«. Hinter den offensichtlich sichtbaren Interaktionsprozessen und -resultaten entwickelt sich oftmals eine verborgene Wirklichkeit informell vernetzter Beziehungen und Interaktionen der beteiligten Akteure. Ortfried Schäffter (2001, S. 3) hat diese als »latente soziale Netzwerke [mit] Ausdruck von lebensweltlichen Institutionalisierungsprozessen mit langfristiger Strukturierungswirkung« bezeichnet. Dazu müssen durch die zunehmende Mediatisierung der Sozialräume auch die digitalen Gemeinschaften hinzugezählt werden.

Bisher ist noch wenig darüber bekannt, in welchen Beziehungsnetzwerken sich Akteure in Professionalisierungsprozessen bewegen, welche Reichweite diese Netze haben, welche Funktionen den Beziehungen übertragen werden, welche ressourcenbezogenen Zugangsstrukturen sie widerspiegeln etc. Den Akteuren selbst sind die Strukturen persönlicher Netzwerke häufig nur in begrenztem Umfang bekannt. Sie bauen sich über die Zeit Informations- und Kontaktnetze auf, aber wie diese genau beschaffen sind, entzieht sich den Einzelnen. Dies liegt in der Latenz der Struktur dieser Arbeitsbeziehungen, die zumeist fallweise aktiviert werden. Da Kontakte sehr in Routinen eingebunden sind, werden sie nicht als eigene Qualität wahrgenommen. Eine Vergewisserung des eigenen »Vernetzungsniveaus« könnte zu einer reflektierten Interaktiven Professionalisierung beitragen.

Vor diesem Hintergrund würde es sich lohnen, mehr über das Kommunikationsverhalten von Akteuren im Sinne einer berufsweltlichen Ethnografie zu wissen. Wie kann das »Vernetzungsniveau« der beteiligten Akteure erfasst werden? In welchen digitalen Beziehungsnetzwerken bewegen sie sich? Wie wirkt sich die Struktur dieser persönlichen Kernnetze auf das Berufshandeln und auf die Leistungserstellung im pädagogischen und wissenschaftlichen Handlungsfeld aus? Vor allem geht es darum, das Kommunikationsverhalten unter der Perspektive der Aufgabenbewältigung zu betrachten. Hier wären vergleichende Bereichsstudien nützlich. Wessen Beziehungsnetze sind dichter und heterogener? Wer pflegt ein größeres und intensiveres professionelles Kontaktnetz? Wie ist das Verhältnis zwischen online- und offline Welt zu qualifizieren.

Empirische Untersuchungen könnten hier nicht nur für die medien(pädagogische), sondern auch die Professionsforschung fruchtbar sein. Diese können im Rahmen dieses Beitrags nicht erfolgen, es soll aber versucht werden – wenngleich noch etwas holzschnittartig – Phänomene zu beleuchten, die zur (Neu-)Vermessung des Feldes beitragen können.

Um die erwartbaren Effekte der professionellen Interaktionen in digitalen Spielräumen zu erfassen, werden im Folgenden drei Schlaglichter auf den allgemeinen Stellenwert von Austausch und kommunikativen Bedarfen geworfen: das Innovationspotenzial von schwachen Verbindungen, wie es Kennzeichen der sozialen Medien ist und den Aufbau von Sozialkapital, das als sich-Vernetzen die eine Seite von Community Building markiert,. Dabei wird auf Ergebnisse der Netzwerkforschung zurückgegriffen.

Austausch und kommunikative Bedarfe

Sozialbeziehungen haben Einfluss auf die Bereitstellung von Weiterbildung; sie behindern oder erleichtern die Zielerreichung. Dies ist keine neue Einsicht. Den Stellenwert von sozialer Interaktion als konstituierendes Merkmal der Weiterbildung unterstreicht Tietgens:

> »[...] weil Erwachsenenbildung insgesamt [...] häufiger auf kooperative Aktivitäten, auf soziale Interaktion außerhalb des Unterrichts selbst angewiesen ist, als dies für andere Bildungsbereiche gilt. Für die Erwachsenenbildung ist diese soziale Interaktion geradezu konstituierend. Denn sie kann nicht von festen Beständen ausgehen, sondern sie muß sich

prozessual je neu herstellen. Sie kann weder mit festen Lehrplänen rechnen noch mit festem Personal, weder mit sicherem institutionellem Rahmen, noch mit einem gesicherten Bestand von Teilnehmern. Sie muß dies alles durch soziale Interaktion ständig erneuern. Die Arbeitsvoraussetzungen müssen immer neu recherchiert, Meinungsführer müssen angesprochen, Kursleiter gewonnen, Räume ausgehandelt, Teilnehmer gehalten werden« (Tietgens 1991, S. 102).

Vernetzung ist Arbeit, d.h. ein Prozess, der sich nicht von selbst ergibt. Es geht hierbei um die Selbstwahl von Partnern, um das »Sich-selbst-Vernetzen in Beziehungen mit Resonanz« (Gieseke 1996, S. 708). Professionalität bedeutet, einen beruflichen Beziehungsfundus aufzubauen, der für das eigene Handeln genutzt werden kann. Hier entstehen »unsichtbare« Wissens- und Expertennetzwerke auf die im Bedarfsfall zurückgegriffen werden kann. Die Fähigkeit und Bereitschaft, berufliche Kontaktnetze und kooperative Beziehungen aufzubauen und zu halten, ist für die Bewältigung der alltäglichen Arbeit wichtig. Dies hat nicht zuletzt etwas mit der steigenden Komplexität des Handlungsfeldes zu tun. Auf diesen Aspekt der Vernetzung als Teil des Managementhandelns hat u.a. auch Robak (2004) hingewiesen.

Innovationspotenzial von »schwachen Verbindungen«

In der Netzwerkforschung wird zwischen starken und schwachen Beziehungen unterschieden. Diese basale Unterscheidung geht vornehmlich auf die Analyse von Mark Granovetter zurück. Beziehungen können nach ihrer Stärke unterschieden werden. Dabei bedingen sich der Zeitaufwand, die emotionale Intensität, die Intimität und die wechselseitigen Hilfeleistungen. Bei »starken Beziehungen« *(strong ties)* handelt es sich um dauerhafte, emotional bindende und auf Gegenseitigkeit beruhende Bindungen wie z.B. zu Freunden, die eine starke Beharrungskraft aufweisen. Sie nehmen häufig eine unterstützende Funktion ein. »Schwache Beziehungen« *(weak ties)*, wie sie z.B. eher zu Bekannten unterhalten werden, sind weit weniger intensiv und reziprok und dienen dem Informationsgewinn und der Arbeitserleichterung. Granovetter zeigt in seiner Studie zur Stellensuche (1974), dass der überwiegende Teil der Stellen aufgrund informeller Kontakte vermittelt wurde. Er fand, dass die Mehrzahl der Stellenwechsler die Informationen, die zum neuen Arbeitsplatz führten, über schwache Beziehungen zu Bekannten und nicht über starke Beziehungen zu engen Freunden erlangten. Diese Ergebnisse unterstreichen die These von der »Stärke schwacher Beziehungen«. Es ist vor allem diese Brückenfunktion, die die Stärke schwacher Beziehungen ausmacht (s. Jansen 1999 S. 100f.). Sie verbinden »Inseln« und soziale Kreise; über sie fließen neue Informationen zusammen. Die in Kapitel 2 beschriebenen professionellen Interaktionssysteme zeichnen sich insbesondere durch flüchtige schwache Beziehungen aus, weshalb dieser Aspekt für interaktive Professionalisierungsprozesse von besonderer Relevanz ist.

Starke Beziehungen sind oft redundante Beziehungen. Je stärker die Beziehung zwischen zwei Personen ist, z.B. wenn sie Freunde sind, desto wahrscheinlicher ist, dass sie gemeinsame Freude haben. Netzwerkspezifisch gesprochen handelt es sich dabei um redundante Beziehungen. Durch sie entstehen keine Informationsvorteile. Demnach sind es vor allem die »schwachen Beziehungen« im Sinne Granovetters, die Teilgruppen verbinden und durch die neue und heterogene Informationen verstärkt fließen. Der Nutzen von nichtredundanten Beziehungen resultiert aus dem Informationsgewinn; sie helfen, eine zu starke Binnenorientierung zu überwinden. Demgegenüber bilden »Seilschaften« starke Beziehungen und verweisen auf sich selbst. In heterogenen und diversifizierten Netzwerken weiten sich Horizonte. Durch die weniger selektive Informationsverbreitung können sie offenbar eher Innovationen anregen.

Abbildung 4 zeigt die schwachen Bindungen zwischen verschiedenen verdichteten Teilgruppen. Die miteinander verbundenen Akteure bilden so – bezogen auf die Weiterbildung – »Kommunikationsbrücken«.

Zur Bedeutung »schwacher Beziehungen« leistet auch die Theorie der »strukturellen Löcher«, wie sie vor allem von Burt (1992) entwickelt wurde, einen Beitrag. Dieser Ansatz betont, wie Akteure durch ihre strategische Position im Netzwerk Macht entwickeln. Dies trifft auf den Cutpoint-Akteur (»You« in Abb. 4) zu, der strukturelle Löcher in einem Gesamtnetz überbrückt. Akteure, die viele nicht redundante Beziehungen haben, gelten nach Burt als unabhängiger und aktiver. Gewinne ergeben sich vornehmlich aus ihrer Position im Informationsfluss:

> »Akteure, die strukturelle Löcher überbrücken, erfahren über ihre direkten Kontakte viele nicht redundante Informationen schneller als andere. Des Weiteren werden Informationen über sie im Netzwerk weitergegeben und gelangen an viele andere Akteure, die nicht direkt mit ihnen verbundenen sind. Auch hieraus ergeben sich Chancen. Der Akteur ist in den Suchprozessen vieler anderer Akteure präsent, wird ggf. von ihnen angesprochen und erfährt so von neuen Möglichkeiten« (Jansen 1999, S. 180).

Aus Sicht des einzelnen Akteurs ist die Position des »Cutpoint- Akteurs« durchaus attraktiv. Er steht im »Schnittpunkt« sozialer Kreise und kann als ein Prototyp des unternehmerischen, innovativ Handelnden verstanden werden (vgl. Jansen 1999, S. 100). Dazu zählen auch technische oder persönliche Ressourcen, die unterschiedliche Akteure immer wieder miteinander »ins Spiel bringen«. Dies kann eine technische Inszenierung wie Xing, Facebook, etc. oder auch der

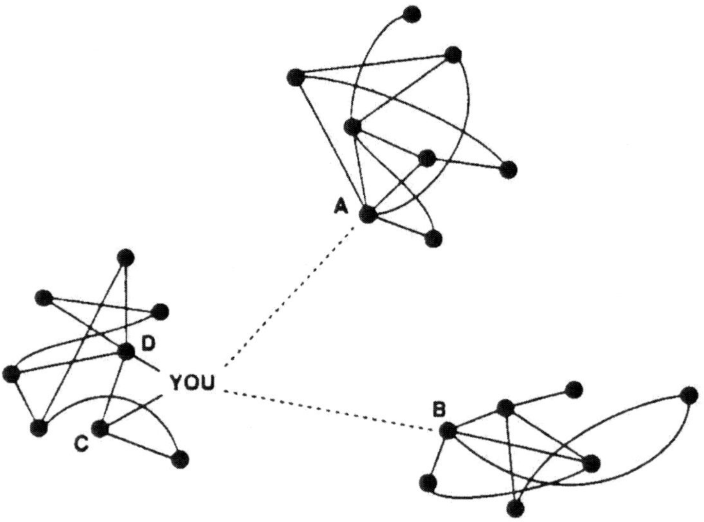

Abbildung 4: Brückenfunktion schwacher Beziehungen
Quelle: Burt 1992, S. 27, zit. nach Jansen 1999, S. 179.

Veranstalter regelmäßiger virtueller Workshops sein. Dahinter steckt die Frage der »Ökonomie der Aufmerksamkeit« (vgl. Frank 1998). »Kompetent im hohen Fach ist nur, wer Anerkennung seitens derer findet, die ihrerseits für kompetent gelten« (ebd, 160). Einen öffentlichen Raum, der Aufmerksamkeitspotenziale schafft, die Voraussetzung für Anerkennung sind, stellt die »Digitale Bühne« dar.

Aufbau von Sozialkapital

Wenn man soziale Beziehungen als Handlungsressourcen betrachtet, stößt man auf die Theorie des sozialen Kapitals, die – allgemein formuliert – aussagt, dass bestimmte Beziehungen Akteuren Vorteile verschaffen können.

Pierre Bourdieu hat das Besondere dieser Kapitalform gegenüber dem ökonomischen und dem kulturellen Kapital herausgearbeitet. Er erfasst das soziale Kapital als ein Beziehungsnetz, das vor allem als Ergebnis längerfristiger Investitionsentscheidungen entsteht. Dabei werden Zufallsbeziehungen in dauerhafte Beziehungen mit einem gewissen Verpflichtungscharakter umgewandelt. Der

Aufbau sozialen Kapitals als Investition in Beziehungen zielt auf mittel- und langfristige Effekte:

> »[...] das Beziehungsnetz ist das Produkt individueller oder kollektiver Investitionsstrategien, die bewußt oder unbewußt auf die Schaffung und Erhaltung von Sozialbeziehungen gerichtet sind, die früher oder später einen unmittelbaren Nutzen versprechen« (Bourdieu 1983, S. 192).

Das Konzept des sozialen Kapitals auf Akteure in der Weiterbildung bezogen bedeutet, dass ihre Professionalisierungschancen auch von ihren aufgebauten Beziehungsressourcen zum Wissenschafts- und Praxissystem abhängen. Das Sozialkapital verweist auf die an Beziehungen geknüpften Zugangsmöglichkeiten. Dies kann am Beispiel der Programmplanung gezeigt werden.

Planende in der Weiterbildung wissen, dass sie nicht selbst über alle relevanten Informationen verfügen müssen, sondern dass sie durch Beziehungen Zugang zu relevantem Wissen und Ressourcen erlangen können. Beziehungen bilden Zugänge zu Wissen, die immer wieder neu hergestellt werden müssen. Die flexible Nutzung von Kontaktnetzen garantiert den Erwerb relevanter Informationen, um sich auf dem Laufenden zu halten. In Planungsprozessen fungieren sie als Ressourcennetzwerke. Dazu zählen die effizientere Nutzung von Ressourcen, die Erleichterung der Referentenvermittlung, das Finden von relevanten Ansprechpartnern und Expertise (Yellow Pages-Effekt), aber auch die Möglichkeit der empirischen Konkurrenten- und Zielgruppenanalyse. Auch Innovationen sind auf Beziehungen angewiesen. Zur Verwirklichung von neuen Projektideen benötigt man, besonders wenn man in einen neuen Bereich vorstoßen möchte, Beziehungsnetze, durch die man sich die erforderlichen Kontakte bahnen kann.

Aus der Perspektive der selbstständig und freiberuflich Tätigen in der Weiterbildung, die zu den »Jongleuren der Wissensgesellschaft« (Nittel/Völzke 2002) gezählt werden können, ist das Vernetzungspotenzial von Relevanz. »Sie haben ein verbindliches und zugleich flexibles Verhältnis zu Institutionen und sind auf eine Vielzahl von Kontakten und gut funktionierende soziale Netzwerke angewiesen« (Kade/Nittel/Seitter 1999, S. 148). Angesichts von Mobilitätszwängen kann die Investition in soziale Beziehungen, z.B. in Formen digitaler Communities, als eine angemessene Strategie des »Im-Gespräch-Bleibens«, gerade auch von Berufsanfängern interpretiert werden. Diese soziale Kapitalbildung kann durch Effekte im Hinblick auf akkumuliertes Professionswissen auch Opportunitäten für Anschlussbeschäftigungen schaffen. Es scheint, dass das alte Bild des »Projektemachers« (Krajewski 2004) aus dem 18. Jahrhundert, in moderner Gestalt, das »Berufsbild des vernetzten Projektmitarbeiters«, wieder

Urständ' feiert. Verändert hat sich insbesondere durch die digitalen Netzwerktechnologien der Zugriff auf das generierte Sozialkapital. So können beispielsweise über Kommunikationsplattformen wie Xing innerhalb von wenigen Minuten potenzielle Akteure für spezifische Themenbearbeitungen adressiert und auf die digitale Bühne eingeladen werden.

5. Gestaltete Lernräume als Orte professioneller Interaktion zur Schaffung professionellen Wissens

Aus einer professionstheoretischen Perspektive stellt sich die Frage, welche Auswirkungen die Nutzung von Web 2.0-Technologien in bestimmten Handlungskontexten auf das berufliche Selbstverständnis von Akteuren im Wissenschafts- und im Praxissystem hat. Vernetzungen ermöglichen, wie oben herausgearbeitet, den Aufbau eines Ressourcen-Austausch-Netzwerks. Dadurch entstehen erweiterte Möglichkeiten der professionellen Interaktion, die auch auf das eigene Arbeitsverhalten zurückwirken, das oft durch Vereinzelung (»Bild des Einzelkämpfers«) gekennzeichnet ist. Weblogs beispielsweise haben nicht nur eine wichtige Informations- und Beziehungsanbahnungsfunktion, sondern auch eine Entlastungs- und Unterstützungsfunktion. So kommuniziert man mit Kollegen und Kolleginnen, die unter ähnlichen Bedingungen arbeiten oder mit vergleichbaren Problemlagen konfrontiert sind.

Auch können die neuen Medien den fachlichen Austausch im Rahmen von Wissenschaft-Praxis Diskursen fördern. Des Weiteren bilden sie Orte, an denen soziales Kapital aufgebaut und gepflegt wird. Hier bereitgestellte neue Beziehungsmöglichkeiten wirken sich positiv auf die professionellen Entwicklungsmöglichkeiten aus. Darüber hinaus hat die soziale Einbindung in Wissenschafts- und Praxisdiskurse Auswirkungen auf das professionelle Selbstverständnis. Ferner übernehmen Interaktionen in fachlichen Arbeitskreisen neben den wichtigen Funktionen der Information und Beziehungsanbahnung auch diejenigen von Entlastung und Unterstützung (vgl. Jütte 2002, S. 204f.). So erfährt man hier nicht nur Neues, sondern kommuniziert mit Kollegen, die unter ähnlichen Bedingungen arbeiten oder mit vergleichbaren Problemlagen konfrontiert sind. Der professionelle Austausch im Sinne »kollegialer Diskurse« kann auch zur Entwicklung eines Professionsethos beitragen (s. dazu auch Peters 1999). Insofern ist zu erwarten, dass in diesen interaktiven Organisationsformen vieles gelernt und reflektiert wird, was zur Professionalisierung des Handelns benötigt wird.

Professionalisierung durch (hochschul-)didaktische Settings

Während hier digitale Communities als tendenziell selbstorganisierte Gemeinschaften in den Blick genommen werden, gibt es bereits Versuche, den Aufbau von Professionswissen durch besondere Settings aktiv zu gestalten.

Dazu zählt beispielweise das Projekt der »Professional Community« an der Universität Wien, das »versucht, [...] empirisch zu belegen, inwieweit [...] Community Building in einer vernetzten Lerngemeinschaft von Lehrenden, Forschenden und Studierenden realisierbar und über einen längeren Zeitraum hinweg aufrecht zu erhalten ist« (Logar/Schrittesser 2006, S. 267).

Das »Lifelong Learning Lab Bielefeld« (L3:Lab:Bielefeld) versteht sich als Modellprojekt für die Zusammenarbeit von Erwachsenenbildungspraxis und Wissenschaft, in dem jeder Partner seine spezifischen Kompetenzen einbringt, um die anstehenden gestalterischen und wissenschaftlichen Aufgaben in der Weiterbildungslandschaft umzusetzen (vgl. Jütte/Walber/Behrens 2010). Das L3 Lab bildet ein Interaktionsfeld zwischen der Universität sowie den Akteuren und Einrichtungen der kommunalen Erwachsenenbildungspraxis. Seinen Innovationsanspruch leitet es aus der besonderen Verzahnung zwischen Theorie und Praxis und den verschiedenen Lernorten ab. Durch seinen Netzwerkcharakter können jederzeit Akteure eingebunden werden. Der systematisch gepflegte Dialog verlangt nicht nur besondere Verständigungsleistungen, sondern hat auch positive Rückwirkungen auf die beteiligten Einrichtungen, sowohl für den Praxisbezug des Studiums als auch für den Wissenschaftsbezug der Weiterbildung. Das L3 Lab als Verzahnung von Universität und Weiterbildungsorganisationen greift die Forderung nach Kooperation zwischen Theorie und Praxis und zwischen verschieden (Lern-)Orten auf. Dabei wird die Eigenständigkeit der beteiligten Partner nicht infrage gestellt. Die Universität wird als Ort wissenschaftlichen Wissens und die Praxis als Ort des pädagogischen Professionswissens betrachtet. Als intermediäre Instanz leistet das L3:Lab:Bielefeld hier Vermittlungsarbeit.

Auch im Rahmen von Projektstudien und Fallarbeit, welche die sozialen Medien des Web 2.0 nutzen, ist Interaktive Professionalisierung denkbar. Ein Beispiel ist das Digitale Falllaboratorium an der Universität Tübingen. Das Projekt entwickelt und erprobt ein didaktisch aufbereitetes, fallorientiertes und medienbasiertes Konzept, in dessen Mittelpunkt die Arbeit an authentischen Fällen aus der Erwachsenen-Bildungspraxis steht, die auch digital, z.B. als Videos, repräsentiert und in computerunterstützte Lernumgebungen eingebettet sind. Das praktische Ziel des Projekts besteht darin, durch die mediengestützte

Arbeit mit authentischen Fällen aus der Erwachsenenbildungspraxis die Deutungskompetenz von Lehrkräften zu fördern.[1]

In all den genannten Beispielen kommt es auch zu Verschränkungen von Wissenschafts- und Praxisperspektiven und damit zu neuen Vernetzungen auf der »Professionalisierungs-Bühne«.

Auf der Suche nach neuen Vergemeinschaftungsformen und Interaktionssystemen

Es wird sichtbar, dass durch die Entwicklung neuer Technologien zahlreiche zusätzliche digitale Spielräume (s. Kap. 3) entstehen. Ansatzweise werden bereits Professional Communities im Web sichtbar, wenngleich sie nicht immer alle harten Kriterien der professionstheoretischen Auseinandersetzung erfüllen. Vielmehr handelt es sich hier um komplementäre Praktiken, die keinesfalls andere Professionalisierungsstrategien substituieren sollen, diese jedoch um eine neue Spielart bereichern. Die neuen Vernetzungsformen können dabei als überregionale *»kommunikative Nischen* (d.h. kleine Kommunikationsgemeinschaften innerhalb begrenzter Kommunikationsräume)« (vgl. Schorsch 1987) betrachtet werden. Sie können Sinn erzeugen, einen Beitrag zur Definition der (kollektiven) professionellen Identität leisten und sozialisationsbildend sein.

Können zu den Professionalisierungsinstanzen neben Berufsverbänden, die problemlösungsorientiert arbeiten, auch die privaten Handlungsnetze oder die schwachen Beziehungen gezählt werden, die durch neue Kommunikationstechnologien entstehen? Vielleicht verweisen sie nur auf die nachlassende Institutionalisierung und Milieugebundenheit in der Erwachsenenbildung, aber zweifelsohne übernehmen sie eine Funktion der Vergemeinschaftung, die es wert ist, betrachtet zu werden. Inwiefern »Digitale Communities« zu interaktiven Tauschprozessen von wissenschaftlichen Erkenntnissen und praktischem Handlungswissen beitragen können, inwiefern professionelle Netzwerke zur pädagogischen Identität und zur Entwicklung von Handlungskompetenz beitragen (vgl. Rapold 2007), ist bisher kaum untersucht worden. Vor diesem Hintergrund lässt sich ein interessantes Forschungsfeld aufspannen.

So hat der Soziologe Georg Simmel schon früh die Wechselwirkung zwischen Individuen und Sozialem postuliert und die Figur der »Kreuzung sozialer Kreise« entwickelt (vgl. Simmel 1968/1908). Welche Rolle kommt den neuen digitalen Spielräumen dabei dazu? Wenn diese Frage weiter verfolgt werden soll, bedarf es empirischer Bemühungen, diese Spielräume weiter zu differenzieren

1 Siehe auch die Projektseite: www.kbe-bonn.de/fallarbeitindererwachsenenbildun.html.

und Typologien zu entwickeln. So haben Schorb et al. (2005) Nutzertypologien auf Basis der Modellvorstellungen des Internets als »Wissensspeicher«, »Marktplatz«, »Forum« und »unsicherer Raum« erstellt. Dass es hier zu veränderten Spielräumen kommen kann, lassen auch Diskurse der neueren Lernortforschung erahnen.

> »Der Lernortbegriff muss in prinzipieller Erweiterung der Definition des Deutschen Bildungsrats über das öffentliche Bildungswesen und formelle Lernprozesse hinaus ergänzt und neu bestimmt werden. Lernorte sind als zusammenhängende pädagogische und räumliche Einheiten zu verstehen, in denen Lernprozesse stattfinden, wobei es sich sowohl um formelle, didaktisch-intentionale als auch um informelle Lernprozesse handeln kann« (Dehnbostel 2009, S. 801f.).

Dabei wird das Bild der Reise aufgegriffen:

> »Was früher die Wanderjahre in der Handwerksausbildung bewirkten, könnten im übertragenen Sinne verbundene und vernetzte Lernorte herstellen: einen einzelbetrieblich und einzelinstitutionell nicht möglichen Erwerb von fachlichen, sozialen und humanen Kompetenzen durch unterschiedliche Arbeitssituationen, Prozessabläufe und Lernkulteren, durch wechselnde personelle, lernorganisatorische, lokale und regionale Gegebenheiten« (ebd., S. 800).

Die hier lediglich skizzierten empirischen Beobachtungsdimensionen stellen nur einen Ausschnitt aus den denkbaren Forschungsfragen dar. Allerdings wird schnell deutlich, dass zur Identifikation der komplexen Professionalisierungspotenziale differenzierte empirische Untersuchungen des interaktiven Zusammenspiels zwischen praktisch und wissenschaftlich handelnden Akteuren in den digitalen Sozialräumen erfolgen müssen.

Literatur

Bourdieu, Pierre (1983): Ökonomisches Kapital, kulturelles Kapital, soziales Kapital. In: Kreckel, R. (Hg.): Soziale Ungleichheiten. Göttingen: Schwartz, S. 183-198.

Burt, Ronald S. (1992): Structural Holes. The Social Structur of Competition. Cambridge.

Dehnbostel, Peter (2009): Lernorte. In: Fuhr, Thomas/Gonon, Philipp/Hof, Christiane (Hg.): Teilband 2: Erwachsenenbildung, Weiterbildung. Handbuch der Erziehungswissenschaft. Paderborn: Schöningh, S. 793-802.

Dewe, Bernd/Ferchhoff, Wilfried/Radtke, Frank-Olaf (1992): Das »Professionswissen« von Pädagogen. Ein wissenstheoretischer Rekonstruktionsversuch. In: Dewe, Bernd/ Ferchhoff, Wilfried/Radtke, Frank-Olaf (Hg.): Erziehen als Profession. Zur Logik professionellen Handelns in pädagogischen Feldern. Opladen: Leske + Budrich, S. 70-91.

Dewe, Bernd (1996): Das Professionswissen von Weiterbildnern: Klientenbezug – Fachbezug. In: Combe, Arno/Helsper, Werner (Hg.): Pädagogische Professionalität. Unter-

suchungen zum Typus pädagogischen Handelns. Frankfurt a.M.: Suhrkamp, S. 714-754.
Ebersbach, Anja/Glaser, Markus/Heigl, Richard (2008): Social Web. Konstanz: UVK.
Franck, Georg (1998). Ökonomie der Aufmerksamkeit. Ein Entwurf. München/Wien: Hanser.
Gabriel, Norbert (1997): Kulturwissenschaften und neue Medien. Wissensvermittlung im digitalen Zeitalter. Darmstadt: Wissenschaftliche Buchgesellschaft.
Gieseke, Wiltrud (1996): Der Habitus von Erwachsenenbildern: Pädagogische Professionalität oder plurale Beliebigkeit? In: Combe, A./Helsper, W. (Hg.): Pädagogische Professionalität. Untersuchungen zum Typus pädagogischen Handelns. Frankfurt a.M.: Suhrkamp, S. 678-713.
Granovetter, Mark S. (1974): Getting a job. A study of contacts and carreers. Cambridge: Harvard University Press.
Granovetter, Mark S. (1985): Economic Action and Social Structure: The Problem of »Embeddedness«. In: American Journal of Sociology, Vol. 91, H. 3, S. 481-510.
Jansen, Dorothea (1999): Einführung in die Netzwerkanalyse. Grundlagen, Methoden, Anwendungen. Opladen: Leske + Budrich.
Jütte, Wolfgang (2002): Soziales Netzwerk Weiterbildung. Analyse lokaler Institutionenlandschaften. Bielefeld: Bertelsmann.
Jütte, Wolfgang/Walber, Markus/Behrens, Julia (2010): Lifelong Learning Lab Bielefeld. Interaktive Professionalisierung in der Weiterbildung. Bielefeld: Universität Bielefeld (Manuskript).
Kade, Jochen/Nittel, Dieter/Seitter, Wolfgang (1999): Einführung in die Erwachsenenbildung/ Weiterbildung. Stuttgart u.a.: Kohlhammer.
Krajewski, Markus (2004): Projektemacher. Zur Produktion von Wissen in der Vorform des Scheiterns. Berlin: Kadmos.
Logar, Silvia/Schrittesser, Ilse (2006): Professional Communities. Gestaltete Lernorte für Professionalisierungsprozesse in Aus- und Weiterbildung. In: Cendon, Eva/Marth, Doris/Vogt, Helmut (Hg.): Wissenschaftliche Weiterbildung im Hochschulraum Europa. Hamburg: DGWF e.V., S. 261-270.
Münker, Stefan (2009): Emergenz digitaler Öffentlichkeiten. Die Sozialen Medien im Web 2.0. Frankfurt a.M.: Suhrkamp.
Nittel, Dieter (2002): Professionswissen aus Sicht der Profession. In: Wittpoth, Jürgen (Hg.): Professionswissen und erwachsenenpädagogisches Handeln. Bielefeld: Bertelsmann, S. 253-286.
Nittel, Dieter/Voelzke, Reinhard (Hg.) (2002): Jongleure der Wissensgesellschaft. Das Berufsfeld der Erwachsenenbildung.
Pätzold, H. (2007): E-Learning 3-D – welches Potenzial haben virtuelle 3-D-Umgebungen für das Lernen mit neuen Medien, [online]: http://www.medienpaed.com [Stand: 07.09.2007].
Peters, Roswitha (1999): Erwachsenenbildnerisches Handlungsethos. In: Hessische Blätter für Volksbildung, 49. Jg., Nr. 1, S. 31-39.
Putnam, Robert D. (2000): Bowling Alone: The Collapse and Revival of American Community. New York: Simon & Schuster.
Rapold, Monika (Hg.) (2007): Pädagogische Identität, Netzwerke und Verbandsarbeit. Baltmannsweiler: Schneider Verlag Hohengehren.

Robak, Steffi (2004): Management in Weiterbildungsinstitutionen. Eine empirische Studie zum Leitungshandeln in differenten Konstellationen. Hamburg: Kovac.

Rosa, Hartmut (2006): Beschleunigung. Die Veränderung der Zeitstrukturen in der Moderne: Frankfurt a.M.: Suhrkamp.

Schachtner, Christina (2008): Learning Communities – Das Bildungspotenzial kollaborativen Lernens im virtuellen Raum. In: Schachtner, Christina/Höber, Angelika (Hg.): Learning Communities. Das Internet als neuer Lern- und Wissensraum. Frankfurt a.M.: Campus, S. 11-39.

Schäffter, Ortfried (2001): In den Netzen der lernenden Organisation. Dokumentation der KBEFachtagung »Vernetzung auf allen Ebenen« vom 10.-11.05.2001. Online: http://www.treffpunktlernen.de/objects/KFT_Lernende_ Organisation.pdf.

Schäffter, Ortfried (2006): Die Generierung von Professionswissen vom Akteursstandpunkt pädagogischer Praxis. Ein Reflexionsstufenmodell lernförderlicher Institutionenforschung Online: http://ebwb.hu-berlin.de/team/schaeffter/downloads [Stand: 30.01.2010].

Schorb, Bernd; Kaelcke, Anne-Kathrin; von Holten, Susanne (2005): Kompetenzentwicklung durch Internetkommunikation. Wie Weiterbildner ihre fachliche Kompetenzentwicklung mit Mailinglisten, Foren und Chats erweitern. In: ABWF (Arbeitsgemeinschaft Betriebliche Weiterbildungsforschung e.V.) (Hg.): E-Lernen: Hybride Lernformen, Online-Communities, Spiele. Berlin (Quem-Report, H. 92), S. 187-240.

Schorsch, Christof (1987): Selbstorganisation und Vernetzung. Anmerkungen zur Ökologie der Kommunikation. In: Communications, 13. Jg, H. 1, S. 131-152.

Simmel, Georg (1968): Soziologie. Untersuchungen über die Formen der Vergesellschaftung. 5. Aufl. Berlin: Duncker & Humblot, zuerst 1908.

Simon, Fritz B. (2008): Einführung in Systemtheorie und Konstruktivismus. Heidelberg: Carl-Auer.

Tietgens, Hans (^{2}1991): Einleitung in die Erwachsenenbildung. Darmstadt: Wissenschaftliche Buchgesellschaft.

Völzke, Reinhard/Jütte, Wolfgang (2007): Netzwerke von Pädagoginnen und Pädagogen in Zeiten des Web 2.0. Zum Beziehungspotential geteilter Interessen in und außerhalb des Internets. In: Rapold, Monika (Hg.): Pädagogische Identität, Netzwerke und Verbandsarbeit. Baltmannsweiler: Schneider Verlag Hohengehren, S. 93-113.

Walber, Markus (2003): Lernen in virtuellen webbasierten Lernumgebungen. In: Witthaus, Udo/Wittwer, Wolfgang/Espe, Clemens (Hg.): Selbst gesteuertes Lernen. Theoretische und praktische Zugänge. Bielefeld: Bertelsmann, S. 209-222.

Walber, Markus (2007): Selbststeuerung im Lernprozess und Erkenntniskonstruktion. Eine empirische Studie in der Weiterbildung. Münster: Waxmann.

II. Digitale Lernwelten in pädagogischen Aufgaben- und Professionsfeldern

Digitale Lernwelten und Schule

Bardo Herzig und Silke Grafe

Digitale Medien als pädagogisches Aufgabenfeld stellen inzwischen einen etablierten und anerkannten Bestandteil mediendidaktischer und medienerzieherischer Diskurse im Kontext von Schule dar. Die grundsätzliche Forderung nach einer schulischen Form der Auseinandersetzung mit und über Medien ist – wenngleich die Vorstellungen darüber inhaltlich durchaus divergent sind – inzwischen unstrittig. In der deutschsprachigen Diskussion ist dabei eine Zentrierung um den Begriff der Medienkompetenz (als Zielkategorie im Hinblick auf Schülerinnen und Schüler) und um den Begriff der medienpädagogischen Kompetenz (im Hinblick auf die Lehrpersonen) zu konstatieren. Teilweise in synonymer, teilweise auch in begrifflich differenzierter Weise werden medienerzieherische, mediendidaktische und medienpädagogische Argumentationslinien skizziert, in jüngerer Zeit ergänzt durch Überlegungen zur Medienbildung.

Im US-amerikanischen Raum werden aktuell Ansätze diskutiert, die Übersichten über notwendige Kompetenzen beim Lernen mit digitalen Medien als wichtigen Bestandteil einer partizipativen Kultur beinhalten. Diese Überlegungen, die bisher in der deutschsprachigen Diskussion nur wenig rezipiert werden, stellen aus unserer Sicht durch die Betonung des partizipativen Gedankens und durch den Fokus auf Aufgaben beim Lernen mit Medien eine wichtige und sinnvolle Ergänzung zur deutschsprachigen Debatte um Medienkompetenz dar.

Vor diesem Hintergrund wird zunächst in aller Kürze die empirische Ausgangslage zur Situation des Lernens mit digitalen Medien an deutschen Schulen skizziert, ehe zentrale Sichtweisen und Positionen zu Aufgaben der Medienerziehung und zum Konzept der Medienkompetenz aus dem deutschsprachigen Raum vorgestellt werden. Als Beispiel für die anglo-amerikanische Diskussion folgen die Überlegungen von Henry Jenkins, der diskutiert, welche Kompetenzen Schülerinnen und Schüler beim Lernen mit digitalen Medien erwerben sollten. Abschließend formulieren wir Konsequenzen für die Medienkompetenz-Debatte in Deutschland und für die schulischen Aufgabenfelder des Lernens mit und über Medien.

1. Zur Ausgangslage

Zur Situation des Lernens mit digitalen Medien an deutschen Schulen lässt sich aus empirischer Sicht festhalten, dass von einer durchgängigen Integration digitaler Medien noch nicht die Rede sein kann. Zwar sind die Einstellungen von Schülerinnen und Schülern, Lehrpersonen und Schulleitungen insgesamt vergleichsweise positiv (vgl. zusammenfassend Herzig/Grafe 2007: 20ff.). Dennoch zeigt sich in Bezug auf die schulische Nutzungshäufigkeit, dass Deutschland nach wie vor OECD-weit einen der hintersten Ränge einnimmt. Mit einer im Vergleich zu den übrigen OECD-Staaten überdurchschnittlich häufigen häuslichen Nutzung weist die Bundesrepublik zudem die OECD-weit größte Differenz zwischen schulischer und häuslicher Nutzung auf (vgl. PISA-Konsortium Deutschland 2007: 280). Die geringe Nutzungshäufigkeit digitaler Medien in der Schule kann auf verschiedene Gründe zurückgeführt werden. Zum einen ist die Ausstattung der Schulen mit digitalen Medien im internationalen Vergleich defizitär. Deutschland rangiert mit einem Schüler-Computer-Verhältnis von 11:1 im OECD-weiten Vergleich auf Platz 24 von 30 untersuchten Staaten (vgl. OECD 2007: 188). Neben der Ausstattung kommt den handelnden Akteuren eine besondere Rolle zu: Eine gewinnbringende Integration digitaler Medien gelingt am ehesten den Lehrpersonen, die mit ihrem Unterrichtsstil der Wechselwirkung von Inhalt, Medium, Lernvoraussetzungen und Sozialformen Rechnung tragen. Die Veränderung der im Verlauf der Unterrichtserfahrung erworbenen routinisierten und praktizierten Handlungsmuster der Lehrpersonen ist jedoch ein schwieriger und langwieriger Prozess, wie Ergebnisse der Professions- und Expertiseforschung zeigen (vgl. z.B. Blömeke/Müller/Eichler 2005). Zwar sind zurzeit Veränderungen der Unterrichts- und Lernkultur erkennbar, jedoch wird eine grundlegende Änderung didaktischer Muster zur Integration digitaler Medien in den Unterricht noch weitere Anstrengungen erfordern. Über die medienerzieherischen und -didaktischen Fähigkeiten der Lehrpersonen hängt die Integration digitaler Medien in den schulischen Alltag damit nicht zuletzt auch von der Qualität der Aus- und Fortbildung ab. Medienpädagogische Inhalte werden in der Ausbildung angehender Lehrerinnen und Lehrer bisher unzureichend berücksichtigt, wenngleich einzelne Beispiele Möglichkeiten einer solchen Integration zeigen (vgl. Herzig 2007). In Bezug auf die Fortbildung wird von Lehrpersonen nach wie vor Bedarf in pädagogisch-inhaltlichen, didaktischen und pädagogischen Fragen geäußert (vgl. MMB 2008). Blickt man aus systemischer Sicht auf Schule, so sind für eine erfolgreiche Integration digitaler Medien weitere Einflussfaktoren von Bedeutung: Aufgaben wie Motivation und Unterstützung des Kollegiums – insbesondere auch durch die Schulleitung, die Herstellung von

Arbeitsstrukturen und Sicherung der Finanzierung, die Sicherstellung des Informationsflusses in der Schule und nach außen sowie die Entwicklung von Medienkonzepten.

Insgesamt sind demnach – trotz vielfältiger Bemühungen und einzelner Fortschritte – weitere Anstrengungen in den genannten Feldern notwendig, um eine vollständige Integration digitaler Medien in deutsche Schulen zu erreichen.

2. Medienkompetenz im deutschsprachigen Diskurs

Das Lernen mit und über – digitale wie analoge – Medien wird im (populär-)wissenschaftlichen Diskurs der letzten Jahre vor allem am Begriff der Medienkompetenz festgemacht, der in den vergangenen Jahren wie kaum ein anderer Begriff eine Konjunktur erlebt hat, obwohl er schon seit über 30 Jahren durch die medienpädagogische Szenerie »irrlichtert« (vgl. Heydrich 1995).

In Anlehnung an Tulodziecki (2007) lassen sich hinsichtlich des Begriffs der Medienkompetenz drei Ebenen unterscheiden, die – ohne Anspruch auf Trennschärfe – helfen, die Vielzahl der verschiedenen Ansätze zu kategorisieren (vgl. ebd.: 13 ff.).

Auf einer ersten Ebene kann man unterschiedliche Rahmen feststellen, die als Ausgangspunkt für Überlegungen zur Medienkompetenz dienen. Baacke (1998: 26) hat beispielsweise kommunikative Kompetenz als Rahmen gewählt und auf dieser Basis Medienkompetenz als die Fähigkeit ausgewiesen, »in die Welt aktiv aneignender Weise auch alle Arten von Medien für das Kommunikations- und Handlungsrepertoire von Menschen einzusetzen«. Medienkompetenz wird demnach von ihm als eine »Besonderung von kommunikativer Kompetenz« betrachtet (Baacke 1999: 8). Wagner (2004) wählt als Rahmen eine historisch-genetische Betrachtung. Seiner Ansicht nach muss derjenige, der kompetent mit Medien umgehen will, »ein Verständnis dafür entwickeln, dass die Informationstechnologien – so wie alle anderen Medien – spezifische Programme ›zur Aneignung von Welt‹ unterstützen« (Wagner 2004: 8). Im Rahmen von *Medienkompetenz als Bestandteil von Allgemeinbildung* geht es darum, sich damit auseinanderzusetzen, welche »[…] tiefgreifenden Veränderungen in den Wahrnehmungsformen, Erfahrungs- und Kommunikationsmöglichkeiten einer Gesellschaft […]« sich »[…] aus der Wechselwirkung zwischen gesellschaftlichem Wandel und Medienentwicklung ergeben […]« (Wagner 2004: 10). Tulodziecki (1997: 114ff.) geht in seinem Ansatz von schulischen Leitideen für Erziehung und Bildung aus und greift bei der theoretischen Fundierung auf entwicklungstheoretische Ansätze zur kognitiven Komplexität und zur moralischen Urteilskompetenz zurück. Er beschreibt zusammenfassend »Medienkompetenz als Vermögen und Bereitschaft zu einem sachgerechten, selbst bestimmten, kreativen und sozial verantwortlichen Handeln im Medienzusammenhang« (2008: 112).

Auf einer zweiten Ebene geht es darum, Medienkompetenz nach Feldern bzw. Bereichen, nach Dimensionen bzw. Teilkompetenzen oder nach Medienarten zu strukturieren.

Baacke (1998: 11) hat für sein Konzept von Medienkompetenz beispielsweise die vier Bereiche »Medienkritik«, »Medienkunde«, »Mediennutzung« und »Mediengestaltung« gewählt, die er jeweils noch in Unterdimensionen gliedert. Tulodziecki (1997: 142ff.) differenziert Medienkompetenz über verschiedene Inhalts- und Aufgabenfelder, die ziel- und (erwerbs-)prozessbezogene Aspekte enthalten. Insgesamt entstehen so die folgenden Aufgabenbereiche: »Auswählen und Nutzen von Medienangeboten«, »Eigenes Gestalten und Verbreiten von Medienbeiträgen«, »Verstehen und Bewerten von Mediengestaltungen«, »Erkennen und Aufarbeiten von Medieneinflüssen«, »Durchschauen und Beurteilen von Bedingungen der Medienproduktion und Medienverbreitung«.

Zahlreiche Autoren entwickeln in ihren Ansätzen Dimensionen bzw. Teilkompetenzen von Medienkompetenz. Groeben (2002: 165ff.) hat eine Dimensionsbeschreibung von Medienkompetenz vorgelegt, in der – über die bisher genannten Aspekte hinaus – insbesondere die medienbezogene Genussfähigkeit und die Kommunikation über Medienrezeption und -gestaltung (so genannte Anschlusskommunikation) betont werden. Aufenanger (2001: 17ff.) sieht Medienkompetenz als intergenerationelle, gesellschaftliche und interkulturelle Bildungsaufgabe. Dabei unterscheidet er die folgenden sechs zentralen Dimensionen: Kognitive Dimension, Handlungsdimension, Moralische Dimension, Soziale Dimension, Affektive Dimension, Ästhetische Dimension. Moser (2006: 221ff.) geht in seinem Kompetenzmodell von den drei Handlungsfeldern »Anwendung und Gestalten von Medienprodukten«, »Austausch und Vermittlung von Medienbotschaften« sowie »Medienreflexion und -kritik« aus, denen er jeweils die Kompetenzbereiche Sach-, Methoden- und Sozialkompetenz zuordnet.

Als ein Beispiel für die Strukturierung nach Medienarten dient der Ansatz von Spanhel (2006). Er sieht für die systematische Förderung von Medienkompetenz auf curricularer Ebene die Berücksichtigung verschiedener Leitmedien in den jeweiligen Jahrgangsstufen vor »5. Jahrgangsstufe: Bilder (Fotos, Dias, Zeichnungen, Comics, Grafiken), 6. Jahrgangsstufe: Audiovisuelle Medien (Filme, Videos, Fernsehen), 7. Jahrgangsstufe: Hörmedien (Radio, Kassetten, CD), 8. Jahrgangsstufe: Printmedien (Zeitungen, Zeitschriften), 9. Jahrgangsstufe: Multimedia (CD-ROM, Internet, E-Mail)« (S. 264).

Über die zwei genannten Ebenen hinaus werden auf einer dritten Ebene Umsetzungen in Form von Unterrichtseinheiten oder Projekten relevant. Als grundlegendes Prinzip wird in fast allen Konzepten ein handlungsorientiertes Vorgehen favorisiert, wobei unterschiedliche Akzentsetzungen erfolgen wie z.B. Produktionsorientierung oder Wahrnehmungsorientierung.

Vergleicht man die Inhalts- und Aufgabenbereiche bzw. Inhalts- und Themenfelder sowie Dimensionsbeschreibungen und ihre theoretischen Fundierungen miteinander, so lassen sich – unter Berücksichtigung grundlegender Überlegungen zum Kompetenzbegriff (vgl. Herzig 2004) – folgende Aspekte im Hinblick auf Eigenschaften von Medienkompetenz resümierend und erweiternd festhalten:

- Medienkompetenz rekurriert auf die kommunikative Deutung des anthropologischen Grundverhältnisses des Menschen zu sich selbst, zu seiner dinglichen und sozialen Umwelt, bezieht dabei aber den Menschen als Ganzes mit seinen kognitiven, ästhetischen, affektiven und moralischen Bedürfnissen ein. Sie ist damit konstitutiver Bestandteil der Entwicklung von Weltsichten, von sozialen Beziehungen und der Entwicklung der eigenen Persönlichkeit. Medienkompetenz hat daher nicht eine primär funktionale, sondern eine bildende Bedeutung.
- Medienkompetenz ist ausgerichtet auf ein sachgerechtes, selbst bestimmtes, kreatives und sozial verantwortliches Handeln in einer von Medien geprägten Welt und damit wichtiger Bestandteil handelnder Lebensbewältigung.
- Medienkompetenz bezeichnet die Verfügung über ein mental verankertes Regel- und Wertesystem zur Nutzung und Gestaltung von Medienangeboten, das in der Auseinandersetzung mit verschiedenen (medienbezogenen) Inhalts- und Aufgabenbereichen erworben und entwickelt werden kann.

Der Erwerb von Medienkompetenz kann unter folgende Prämissen gestellt werden:

- Medienkompetenz ist in ihrer jeweils aktuellen Erscheinungsform entwicklungsbedingt und – in erzieherischer Hinsicht – entwicklungsfähig.
- Medienkompetenz kann in handelnder Auseinandersetzung des Individuums mit medienbezogenen Aufgaben und Inhalten in sich aktiv aneignender Weise (weiter-)entwickelt werden.
- Medienkompetenz bezieht sich auf verschiedene Handlungsanforderungen im Kontext von Medien, z.B. die Erkundung medialer Räume, die Gestaltung medialer Produkte, die Beurteilung von Mediengestaltungen oder von Ent-

wicklungen im Medienbereich, das Treffen von Entscheidungen im Medienzusammenhang oder die Problemlösung unter Einbeziehung von Medien.

3. Media education für das 21. Jahrhundert – ein Ansatz in den USA

Einen anderen Zugang zur Medienkompetenz weisen Ansätze auf, deren Autoren unter Einbezug von Theorien der Cultural Studies davon ausgehen, dass Kinder und Jugendliche Handlungs- und Medienkompetenzen im Rahmen ihrer kulturellen Praxen erwerben und auf dieser Basis Modelle von Medienkompetenz bzw. *media literacy* entwickeln (vgl. z.B. Buckingham 2003). Als ein Ansatz, der in der deutschsprachigen medienpädagogischen Diskussion bisher wenig rezipiert wurde, wird im Folgenden der des amerikanischen Medien- und Kommunikationswissenschaftlers Henry Jenkins dargestellt.

Ausgangslage von Jenkins' Überlegungen ist die Beobachtung, dass Kinder und Jugendliche beim Umgang mit digitalen Medien eine Vielzahl von Kompetenzen nicht in der Schule, sondern in informellen Lerngemeinschaften erwerben. Sie führen beispielsweise in einer Online-Simulation einen Wahlkampf, entwickeln Software der OpenSource-Bewegung weiter und vermarkten diese oder erstellen digitale Videofilme und verbreiten sie auf Plattformen (vgl. Jenkins 2006a: 5). Diese Aktivitäten ermöglichen den Kindern und Jugendlichen die Teilhabe an einer so genannten partizipativen Kultur (»participatory culture«). Diese ist nach Jenkins (ebd.: 7) durch folgende Merkmale gekennzeichnet:

»1. With relatively low barriers to artistic expressions and civic engagement
2. With strong support for creating and sharing one's creations with others
3. With some type of informal mentorship whereby what is known by the most experienced is passed along to novices
4. Where members believe that their contributions matter
5. Where members feel some degree of social connection with one another […]«.

Auch wenn ein Teil der Kinder und Jugendlichen die oben genannten Formen der Partizipation in informellen Kontexten erlernt, sprechen folgende Kernprobleme für die Notwendigkeit pädagogischer Interventionen (Jenkins 2006a: 12ff.):

– Die Partizipationslücke (»The Participation Gap«): Der unterschiedliche Zugang zu Möglichkeiten, Erfahrungen, Fertigkeiten und Wissen, die Kinder und Jugendliche auf die zukünftige gesellschaftliche Teilhabe vorbereiten.

- Das Transparenzproblem (»The Transparency Problem«): Die Herausforderung für Heranwachsende zu erkennen, auf welche Weise die Medien unsere Wahrnehmungen von Welt prägen.
- Die ethische Herausforderung (»The Ethics Challenge«): Die Misserfolge traditioneller Formen von Ausbildung und Sozialisation im Hinblick auf die Vorbereitung der Heranwachsenden auf ihre zunehmend öffentlichen Rollen als Medienproduzenten und Teilnehmer von Gemeinschaften.

Um diesen Problemen zu begegnen, muss aus Jenkins' Sicht neu darüber nachgedacht werden, welche zentralen Kompetenzen Kinder und Jugendliche im Rahmen von Lernerfahrungen erwerben sollten. Er fordert, dass Lehrpersonen den sozialen Fähigkeiten und kulturellen Kompetenzen, die sich im Umgang mit der Medienlandschaft neu ergeben, größere Aufmerksamkeit widmen (2006a: 18).

Jenkins legt seiner Betrachtung folgende Definition einer »twenty-first century literacy« zugrunde (New Media Consortium 2005: 8, zit. n. Jenkins 2006a: 19): »[...] the set of abilities and skills where aural, visual, and digital literacy overlap. These include the ability to understand the power of images and sounds, to recognize and use that power, to manipulate and transform digital media, to distribute them pervasively, and to easily adapt them to new forms«. Er erweitert diese Definition, indem er betont, dass die textuelle Lese- und Schreibfähigkeit nach wie vor eine wichtige Basiskompetenz darstellt und dass die neuen Kompetenzen nicht nur als individuelle Ausdrucksmöglichkeiten interpretiert werden sollten, sondern eine soziale Dimension besitzen. Insgesamt geht es ihm darum, die Fähigkeiten, die bereits im Rahmen des Umgangs mit Massenmedien für wichtig erachtet wurden (z.B. Verstehen, wie Medien unsere Wahrnehmung von Welt beeinflussen; Erkennen der ökonomischen und kulturellen Kontexte der Medienproduktion und -verbreitung; Mediengebrauch außerhalb der kommerziellen Hauptströmungen), zu erweitern (vgl. Jenkins 2006a: 20).

Auf der Basis von Ergebnissen empirischer Forschung über *media literacy* und durch die Erkundung von Formen informellen Lernens, die in einer partizipativen Kultur stattfinden (vgl. dazu ausführlich Jenkins 2006b und 2006c), entwickelt Jenkins eine vorläufige Zusammenstellung von Kernkompetenzen – so genannte *core skills* bzw. *core media literacy skills* –, die aus seiner Sicht benötigt werden, um an der neuen Medienlandschaft zu partizipieren. Die Liste beinhaltet die folgenden Fähigkeiten (Jenkins 2006a: 22ff.):

- *Spiel (»Play«): die Fähigkeit, mit dem eigenen Umfeld zu experimentieren, als eine Form des Problemlösens.* Spielen wird durch die häufig damit verbundene Motivation und Zielgerichtetheit und durch Möglichkeiten zur Wissensexploration und -verarbeitung sowie zum Problemlösen als nützliche Fähigkeit gesehen, um sich auf zukünftige Rollen und Verantwortlichkeiten im Alltag vorzubereiten.

- *Simulation (»Simulation«): die Fähigkeit, dynamische Modelle von Prozessen in der realen Welt zu interpretieren und zu konstruieren.* Digitale Simulationen und Videospiele werden als geeignete Mittel zum Lernen gesehen, da sie häufig von den Nutzerinnen und Nutzern als spannender betrachtet werden als traditionelle Formen der Wissensrepräsentation und zudem durch flexible Modellanpassungen und Parameteränderungen Möglichkeiten zum entdeckenden Lernen bieten.
- *Aufführung (»Performance«): die Fähigkeit, alternative Identitäten anzunehmen mit dem Ziel, zu improvisieren und zu entdecken.* Improvisierte Aufführungen und Rollenspiele ermöglichen die Balance von Problemlösen und kreativem Ausdruck, laden dazu ein, uns und die Welt neu zu erfinden und Probleme aus unterschiedlichen Perspektiven zu betrachten.
- *Aneignung (»Appropriation«): die Fähigkeit, Medieninhalte sinnvoll in Abschnitte zu zerlegen und neu zusammenzufügen.* Die sinnvolle Gliederung von Medieninhalten erfordert eine genaue Analyse der existierenden Strukturen und Verwendungszwecke des Materials. Für das Zusammenfügen wird eine Einschätzung der entstehenden Strukturen und der verborgenen potenziellen Bedeutungen benötigt.
- *Multitasking (»Multitasking«): die Fähigkeit, sich einen schnellen Überblick über die Umgebung zu verschaffen und gleichzeitig den Fokus aus dem Stehgreif heraus auf hervorstechende Details zu richten.* In Bezug auf diesen Aspekt ist das schnelle Suchen nach relevanten Informationen genauso bedeutsam wie die dauerhafte Konzentration auf eine Sache.
- *Verteilte Kognition (»Distributed Cognition«): die Fähigkeit, sinnvoll mit Werkzeugen umzugehen, die unsere mentalen Kapazitäten erweitern.* Auf der Basis des Konzepts verteilter Kognition nach Clark (2003) geht es Jenkins darum, dass Schülerinnen und Schüler lernen, wie sie Zugriff auf Expertisequellen sehr unterschiedlicher Art (Experten, Datenbanken, Netzwerke etc.) erhalten und diese sinnvoll nutzen.
- *Kollektive Intelligenz (»Collective Intelligence«): die Fähigkeit, im Hinblick auf ein gemeinsames Ziel Wissen zu vernetzen und Aufzeichnungen zu vergleichen.* Ausgehend vom Konzept kollektiver Intelligenz von Levy (2000) weist Jenkins darauf hin, dass Schülerinnen und Schüler lernen sollen, wie man die Potenziale von vernetzter Kommunikation ausschöpft, z.B. in Form

kollaborativen Problemlösens oder der Bewertung von Informationen in Gemeinschaften.

- *Urteilsfähigkeit (»Judgement«): die Fähigkeit, die Glaubwürdigkeit und Zuverlässigkeit verschiedener Informationsquellen beurteilen zu können.* Informationen kritisch beurteilen zu können, stellt auch für den Umgang mit traditionellen Medien eine bedeutsame Fähigkeit dar. Im Umgang mit digitalen Medien ist es darüber hinaus wichtig zu verstehen, auf welche Weise in kulturellen Gemeinschaften Informationen generiert und für glaubwürdig erachtet werden.
- *Transmediale Navigation (»Transmedia Navigation«): die Fähigkeit, über verschiedene Codierungsarten und Sinnesmodalitäten hinweg den Fluss von Informationen zu bearbeiten.* Hierbei geht es sowohl darum, neue Arten von Erzählungen und Argumenten aufarbeiten zu können, die in einer Kultur der Konvergenz auftreten, als auch darum, Ideen auf eine Weise auszudrücken, die die Möglichkeiten und Angebote der neuen Medienlandschaft ausschöpft.
- *Vernetztes Arbeiten (»Networking«): die Fähigkeit, Informationen zu suchen, darzustellen und zu verbreiten.* Schülerinnen und Schüler sollen lernen, wie Netzwerke funktionieren und wie man sie für eigene Zwecke nutzen kann. Dies beinhaltet das Verständnis sozialer und kultureller Kontexte, aus denen neue Informationen hervorgehen, die Beurteilung der Vertrauenswürdigkeit der Beteiligten und die Nutzung der Netzwerke zur Verbreitung eigener Arbeitsergebnisse.
- *Verhandlung (»Negotiation«): die Fähigkeit, sich in verschiedenen Communities zu bewegen, verschiedene Perspektiven wahrzunehmen und zu respektieren, unterschiedliche Normen zu erfassen und nachzuvollziehen.* Die Fähigkeit zu verhandeln wird auf zwei Weisen definiert: zum einen als die Fähigkeit, zwischen zwei abweichenden Perspektiven zu verhandeln, zum anderen als diejenige, zwischen unterschiedlichen Gemeinschaften zu verhandeln.

Jenkins möchte mit seinem Ansatz eine Reflexion und Diskussion darüber anregen, wie die genannten Fähigkeiten systematisch in schulischen und außerschulischen Kontexten umgesetzt werden könnten. Entsprechend adressiert er drei Zielgruppen: Schule, außerschulische Programme bzw. Institutionen und Eltern (Jenkins 2006a: 56ff.). Für die Schule fordert er einen integrativen Ansatz, in dem jedes Unterrichtsfach seinen Beitrag zur Förderung der genannten Fähigkeiten leistet. Außerschulische Programme bzw. Institutionen sollten Orte des Experimentierens und der Innovation darstellen. Vorhandene Materialien müssten demnach stärker daraufhin verändert werden, dass die Lernenden nicht nur als

Rezipienten von Massenmedien betrachtet werden, sondern vielmehr Medieninhalte aktiv auswählen, produzieren, neu gestalten, kritisieren und verbreiten. Insgesamt soll es darum gehen, dass Jugendliche lernen, ihre eigenen Arbeiten zu bewerten und ihr Medienhandeln einzuschätzen. Sie sollen Hilfestellung dabei erhalten, ihre eigenen Medienprodukte in einen größeren sozialen, kulturellen und rechtlichen Kontext einzubetten. Die dritte Zielgruppe – die Eltern –, die insbesondere die erste Beziehung der Kinder zu den Medien prägt, sollte weniger eine bewahrpädagogische Haltung einnehmen, sondern ihre Kinder beim Erwerb der genannten Fähigkeiten unterstützen. Hierbei ist eine Unterstützung durch Materialien und Beratungsangebote wichtig, die bisher in der gewünschten Form nur spärlich vorhanden sind.

3. Konsequenzen und Ausblick

Vergleicht man die von Jenkins aufgeführten *skills* mit den Kompetenzdimensionen deutschsprachiger Autoren, so lassen sich viele Gemeinsamkeiten hinsichtlich der anvisierten Ziele finden, wenn auch in etwas unterschiedlicher Terminologie. Dennoch sind darüber hinaus einige wesentliche Akzentuierungen hervorzuheben.

Jenkins geht nicht in streng systematischer Weise vor. Er rekurriert zwar an verschiedenen Stellen auf Theorieansätze, eine übergreifende Einbettung in ein Theoriekonzept bleibt jedoch aus.[1] In gewisser Weise folgt Jenkins einem pragmatischen Vorgehen, indem er aus einer Gesellschaftsanalyse heraus die derzeitigen Entwicklungen unter medialen Aspekten betrachtet und daraus Konsequenzen für einen kompetenten Umgang mit Medien formuliert, um am gesellschaftlichen Leben aktiv partizipieren zu können.

Mit der Entwicklung einer vorläufigen Liste von *core skills* macht Jenkins auf ein Grundproblem medienpädagogischer Theoriebildung aufmerksam. In der deutschsprachigen Diskussion werden Kompetenzen häufig so formuliert, dass sie möglichst unanfällig gegen technologische Veränderungen in der Medienlandschaft sind. Je konkreter Kompetenzen in Bezug auf einzelne Medienarten oder Medienangebote ausgelegt werden, desto schneller müssen sie »korrigiert« werden. Auf der anderen Seite sind übergreifende Kompetenzen im Hinblick auf (medien-)pädagogische Praxis erst noch zu konkretisieren. In gewisser Weise bewegt sich Jenkins damit im Spannungsfeld zwischen Kompetenzen und Standards.

1 Dies gilt im Vergleich etwa zum handlungstheoretischen Konzept von Tulodziecki (1997), zum systemtheoretisch fundierten Ansatz von Spanhel (2006) oder zu den kultur- und bildungstheoretisch orientierten Arbeiten von Bachmair (2008).

Jenkins integriert in seiner Argumentation die Perspektiven des Lernens über Medien – in der deutschsprachigen Diskussion als medienerzieherische Perspektive bekannt – und des Lernens mit Medien, das stärker mediendidaktische Sichtweisen zum Ausdruck bringt. Dies ist insofern aufschlussreich, als dadurch – wenn auch zulasten einer strengen analytischen Trennung – ins Bewusstsein gehoben wird, dass medienerzieherische Maßnahmen immer auch mit mediendidaktischen Überlegungen verbunden sind. Zum einen gilt dies für Lehrpersonen, die Lehr-Lernprozesse arrangieren und gestalten, um medienerzieherische Ziele zu erreichen, zum anderen trifft es aber auch auf die Lernenden zu, die sukzessive Fähigkeiten erwerben, Medien in geeigneter Weise im Hinblick auf eigene Ziele zu nutzen.

In Bezug auf die üblichen Begründungsmuster für die Auseinandersetzung mit (digitalen) Medien in der Schule wird durch die Diskussion deutlich, dass die stärker gesellschaftlichen Begründungsmuster mit solchen verbunden werden (sollten), die eher pädagogisch ausgerichtet sind. Damit wird einer gewissen Einseitigkeit im Hinblick auf funktional ausgerichtete Sichtweisen (z.B. auf wirtschaftliche Verwertbarkeit) deutlich entgegengetreten.

Die aktuelle empirische Ausgangslage zur Situation des Lernens mit digitalen Medien an deutschen Schulen (vgl. Abschnitt 1) und die Ausführungen von Jenkins zeigen, dass Kinder und Jugendliche digitale Medien weniger in schulischen Kontexten nutzen, sondern vorrangig in der Freizeit. Diese außerschulischen digitalen Lernwelten stellen für die Institution Schule eine besondere Herausforderung dar, wenn man unterstellt, dass dort die außerschulischen medialen Erfahrungen und die damit verbundenen Chancen und Risiken bezüglich der Weltaneignung und Persönlichkeitsentwicklung nicht ignoriert werden dürfen. Schule hat die Aufgabe, Verbindungen zwischen den außerschulischen und schulischen Lernwelten herzustellen. Aus der Sicht jeden Unterrichtsfaches muss überlegt werden, welche außerschulischen kulturellen Praxen der Schülerinnen und Schüler für das fachliche Lernen von Bedeutung sind. Ein Beispiel dazu stellt die Integration von computerbasierten Simulationsspielen in das Fach Politik/Sozialwissenschaften dar (vgl. Grafe 2008: 135ff.). Ein solches Vorgehen ermöglicht ein Lernen mit Medien (Kompetenzbereiche »Spiel« und »Simulation« nach Jenkins) zur Förderung von Problemlösefähigkeit und zur Erweiterung des Fachwissens (vgl. ebd.: 213ff.). Gleichzeitig werden wichtige Aufgaben der Medienerziehung bearbeitet, indem beispielsweise das in die Simulation implementierte Gesellschaftsmodell mit der Realität verglichen wird (z.B. Aufgabenbereich »Verstehen und Bewerten von Mediengestaltungen« nach Tulodziecki).

Insgesamt geht es weniger darum, neue Aufgabenbereiche der Medienerziehung als Folge der aktuellen technischen und gesellschaftlichen Entwicklungen zu benennen, sondern jeweils Umsetzungsbeispiele in der Schule zu entwickeln, die die kulturellen Mediennutzungspraxen der Kinder und Jugendlichen aufgreifen und sie in den schulischen Kontext stellen. Diese Aufgabe müssten Fachdidaktiken und Medienbildung gemeinsam angehen. Auch Lehrpersonen stehen vor der Herausforderung, fachdidaktische Kompetenzen und medienpädagogische Kompetenzen zu verbinden. Im Rahmen der medienpädagogischen Kompetenz (vgl. Blömeke 2000; Herzig 2004) sind nicht nur medienerzieherische, mediendidaktische und schulentwicklungsbezogene Kompetenzen sowie die eigene Medienkompetenz gefordert. Für kompetentes medienpädagogisches Handeln ist es ebenso wichtig, die Bedeutung der Medien für die Kinder und Jugendlichen im Sinne ihrer sozialisatorischen Wirkung zu kennen und einschätzen zu können. Dies beinhaltet beispielsweise die Kenntnis der Medienausstattung von Kindern und Jugendlichen, die Öffnung für ihre Medienwelt und für ihre Aneignung kultureller Ressourcen sowie ihre sozialen Praktiken.

Literatur

Aufenanger, Stefan (2001): Medienkompetenz im digitalen Zeitalter. In: Beck, Uwe/Jahlin, Peter (Hg.): Tagungsband Edut@in 2000. Karlsruhe: Karlsruher Kongreß- und Ausstellungs-GmbH, S. 15-21.

Baacke, Dieter (1998): Medienkompetenz. Herkunft, Reichweite und strategische Bedeutung eines Begriffs. In: Kubicek, Herbert (Hg.): Lernort Multimedia. Heidelberg: v. Decker, S. 22-27.

Baacke, Dieter (1999): »Medienkompetenz«: theoretisch erschließend und praktisch folgenreich. In: medien + erziehung 43, H. 1, S. 7-12.

Bachmair, Ben (2008): Medienwissen für Pädagogen. Medienbildung in riskanten Erlebniswelten. Wiesbaden: VS.

Blömeke, Sigrid (2000): Medienpädagogische Kompetenz. München: kopaed.

Blömeke, Sigrid/Müller, Christiane/Eichler, Dana (2005): Handlungsmuster von Lehrerinnen und Lehrern beim Einsatz neuer Medien. Grundlagen eines Projekts zur empirischen Unterrichtsforschung. In: Bachmair, Ben/Diepold, Peter/de Witt, Claudia (Hg.): Jahrbuch Medienpädagogik 4. Wiesbaden: VS, S. 229-244.

Buckingham, David (2003): Media Education. Literacy, Learning and Contemporary Culture. Cambridge: Polity.

Clark, Andy (2003): Being There: Putting Brain, Body, and World Together Again. Cambridge: MIT Press.

Grafe, Silke (2008): Förderung von Problemlösefähigkeit beim Lernen mit Computersimulationen. Bad Heilbrunn: Klinkhardt.

Groeben, Norbert (2002): Dimensionen der Medienkompetenz: Deskriptive und normative Aspekte. In: Groeben, Norbert/Hurrelmann, Bettina (Hg.): Medienkompetenz. Voraussetzungen, Dimensionen, Funktionen. Weinheim/München: Juventa, S. 160-197.

Herzig, Bardo (2004): Medienpädagogische Kompetenz. In: Blömeke, Sigrid/Reinhold, Peter/Tulodziecki, Gerhard/Wild, Johannes (Hg.): Handbuch Lehrerbildung. Bad Heilbrunn: Klinkhardt, S. 578-594.

Herzig, Bardo (2007): Medienpädagogik als Element professioneller Lehrerausbildung. In: Sesink, Werner/Kerres, Michael/Moser, Heinz (Hg.): Jahrbuch Medienpädagogik 6: Zum Selbstverständnis der Medienpädagogik. Wiesbaden: VS, S. 283-297.

Herzig, Bardo/Grafe, Silke (2007): Digitale Medien in der Schule. Standortbestimmung und Handlungsempfehlungen für die Zukunft. Bonn: Deutsche Telekom AG. Online: https://www.uni-paderborn.de/fileadmin/kw/Institute/Erziehungswissenschaft/mepaed/downloads/forschung/Studie_Digitale_Medien.pdf (zuletzt gesehen am 15.02.2009).

Heydrich, Wolfgang (1995): Nachträgliches zur Kompetenz. In: Lauffer, J./Volkmer, I. (Hg.): Kommunikative Kompetenz in einer sich ändernden Medienwelt. Opladen: Leske + Budrich, S. 223-234.

Jenkins, Henry (2006a): Confronting the Challenges of Participatory Culture: Media Education for the 21st Century. Chicago: MacArthur Foundation. Online: http://digitallearning.macfound.org/atf/cf/{7E45C7E0-A3E0-4B89-AC9C-E807E1B0AE4E}/JENKINS_WHITE_PAPER.PDF (letzter Zugriff: 15.02.2009).

Jenkins, Henry (2006b): Convergence Culture. Where Old and New Media collide. New York/London: NYU Press.

Jenkins, Henry (2006c): Fans, Bloggers, and Gamers. Exploring Participatory Culture. New York/London: NYUPress.

Levy, Pierre (2000): Collective Intelligence: Man's Emerging World in Cyberspace. New York: Perseus.

MMB [Institut für Medien- und Kompetenzforschung] (2008): Digitale Schule – wie Lehrer Angebote im Internet nutzen. Essen: Eine Bestandsaufnahme im Auftrag des Bundesministeriums für Bildung und Forschung (BMBF). Online: http://www.dlr.de/pt/PortalData/45/Resources/dokumente/nmb/MMB_Veroeffentlichung_Lehrer_Online_20080505_final.pdf (letzter Zugriff: 15.02.2009).

Moser, Heinz (2006): Einführung in die Medienpädagogik. Aufwachsen im Medienzeitalter. 4., überarb. u. akt. Aufl. Wiesbaden: VS.

New Media Consortium (2005): A Global Imperative: The Report of the 21st Century Literacy Summit.

OECD (Hg.) (2007): PISA 2006. Volume 2: Data/ Données. Online: http://www.oecd.org/data oecd/30/18/39703566.pdf (letzter Zugriff: 15.02.2009).

PISA-Konsortium Deutschland (Hg.) (2007): PISA 2006. Die Ergebnisse der dritten internationalen Vergleichsstudie. Münster u.a.: Waxmann.

Spanhel, Dieter (2006): Medienerziehung. Handbuch Medienpädagogik, Bd. 3. Stuttgart: Klett-Cotta.

Tulodziecki, Gerhard (1997): Medien in Erziehung und Bildung. Grundlagen und Beispiele einer handlungs- und entwicklungsorientierten Medienpädagogik. 3. Aufl. Bad Heilbrunn: Klinkhardt.

Tulodziecki, Gerhard (2007): Medienbildung – welche Kompetenzen Schülerinnen und Schüler im Medienbereich erwerben und welche Standards sie erreichen sollen. In: PLAZ (Hg.): Standards in der Medienbildung. PLAZ-Forum, Heft 17, S. 9-33.

Tulodziecki, Gerhard (2008): Medienerziehung. In: Sander, Uwe/von Gross, Friederike/Hugger, Kai-Uwe (Hg.): Handbuch Medienpädagogik. Wiesbaden: VS, S. 110-115.

Wagner, Wolf-Rüdiger (2004): Medienkompetenz revisited. Medien als Werkzeuge der Weltaneignung: ein pädagogisches Programm. München: kopaed.

Digitale Lernwelten in der Erwachsenen- und Weiterbildung

Dorothee M. Meister und Anna-Maria Kamin

Digitale Medien eröffnen neue Dimensionen und Perspektiven für die Erwachsenen- und Weiterbildung. Während die Bildungsarbeit früher stärker auf das institutionalisierte Lernen konzentriert war, ermöglichen digitale Lernwelten sowohl die Erweiterung der traditionellen Kursformen als auch Räume sozial vernetzten informellen digitalen Lernens. Die Zugänge sind für Lernende jedoch sehr unterschiedlich und abhängig sowohl von der individuellen Einschätzung des Angebots als auch von den generellen Bildungsaktivitäten. So steht die Weiterbildung vor der Herausforderung, die möglichen Schieflagen einer digitalen Spaltung zu mildern und gleichzeitig Lernenden in einem nomadisch zu begehenden Bildungsraum auch zukünftig Anhaltspunkte und Orientierungen anzubieten.

1. Weiterbildung im Erwachsenenalter

Die Erwachsenen- und Weiterbildung erlebte in den letzten Jahrzehnten einen enormen Bedeutungszuwachs. Ihre Leistungen wurden bis in die 1980er-Jahre hinein jedoch überwiegend in ihrer institutionalisierten Form, etwa in Gestalt von Kursen, Seminaren oder Fortbildungsveranstaltungen bei unterschiedlichen Bildungsträgern, wahrgenommen. Diese Fokussierung auf die institutionellen Bildungsformen basierte nicht zuletzt auf tradierten Strukturen, die sich auch in den Erhebungsformen widerspiegelten. So erfasste das Berichtssystem Weiterbildung (BSW) seit 1979 lediglich die Beteiligung an beruflichen und allgemeinen Weiterbildungsmaßnahmen. Für diesen Bereich wies das BSW eine kontinuierliche Zunahme der Beteiligung von 29 Prozent im Jahr 1979 auf 48 Prozent im Jahr 1994 nach, während sich in den Jahren 1994 bis 2003 ein leichter Abwärtstrend abzeichnete. Ab 2007 konnte dann, aufgrund des wirtschaftlichen Aufschwungs und der damit verbundenen verbesserten Situation der öffentlichen Finanzen, wieder ein leichter Aufwärtstrend (auf 43%) verzeichnet werden (Rosenbladt/Bilger 2008: 10ff.). Eine hohe Weiterbildungsbeteiligung weisen auch Brödel/Yendell (2008) in ihrer Studie zum Weiterbildungsverhalten in NRW bei Personen im Alter zwischen 14 und 64 Jahren nach. Fast drei Viertel (72,9%) der Befragten nahmen in ihrem Leben an mindestens einer Weiterbildungsveranstaltung teil, unabhängig von der Art der Veranstaltung. Wie bereits andere Studien, bestätigen auch Brödel und Yendell, dass die Weiterbildungsbeteiligung nach Alter, Geschlecht, Erwerbstätigkeit und Bildung stark variiert. Nach wie vor zeigen sich Disparitäten im Hinblick auf den Bildungshintergrund (Volks- oder Hauptschüler beteiligen sich deutlich weniger als Personen mit Hochschulreife), sodass heute von einer Verfestigung der seit langem bestehenden ungleichen Beteiligungsmuster im Bereich der beruflichen und allgemeinen Weiterbildung ausgegangen werden muss (Autorengruppe Bildungsberichterstattung 2008: 138).

Die zunehmenden Ausdifferenzierungsprozesse der Gesellschaft, verbunden mit dem gesellschaftlichen Wandel, den Globalisierungstendenzen und der Entwicklung von Informationstechnologien, führen immer mehr dazu, dass das Lernen traditionelle zeitliche, mediale und soziale Rahmungen verlässt und sich dadurch Arbeits-, Lern- und Lebensorte immer stärker verzahnen (Kirchhöfer 2004: 103f.). Darüber hinaus bedingt die rapide Alterung von Wissensbeständen veränderte Arbeitsformen und die Notwendigkeit, sich in immer kürzeren Zyklen neues Wissen anzueignen. Diese Entwicklungen ließen lebenslanges, informelles und arbeitsplatzorientiertes Lernen immer mehr in den Fokus der öffentlichen Diskussion, des Wissenschaftsdiskurses und empirischer Untersuchungen gelangen.

Nachgewiesen werden kann inzwischen eine kontinuierliche Zunahme von Weiterbildungsaktivitäten im informellen Bereich. Nach einer Untersuchung von Rosenbladt und Bilger (2008: 4) bestätigten 61 Prozent der Befragten, sich im Jahr 2003 in irgendeiner Form informell weitergebildet zu haben, 2007 stieg der Anteil sogar auf 68 Prozent an. Aus bildungspolitischer Sicht besteht die Hoffnung, dass informelle Lernformen, die sich durch relative Barrierefreiheit und Niedrigschwelligkeit auszeichnen, zu höherer Beteiligung anregen. Die Gefahr ist indes auch beim informellen Lernen vorhanden, dass sich das von institutionalisierter Bildung bekannte soziale Gefälle wiederholen und fortschreiben könnte (Brödel/Yendell 2008: 68).

2. Computerunterstützte Lernwelten

Während im Rahmen von formellen Lerngelegenheiten die mediale Unterstützung im Lernprozess lange Zeit eine eher untergeordnete Rolle spielte, kam den traditionellen Medien wie Büchern und Zeitschriften, aber auch dem Radio oder dem Fernsehen schon immer eine gewichtige Rolle bei der individuellen Bildung zu. Einen bemerkenswerten Aufschwung erhielt das mediale Lernen seit den

1980er-Jahren. Personal Computer (PCs) und seit den 1990er-Jahren CD-ROM bzw. DVD und das Internet avancierten weltweit zu selbstverständlichen Arbeits-, Informations-, Kommunikations- und auch Lernmitteln. Seit Anfang des neuen Jahrtausends findet das Schlagwort ›E-Learning‹ Verwendung, um diese Entwicklungen zu subsumieren. Darunter werden »alle Arten des Lernens mit digitalen (elektronischen) Medien, sowohl Online- als auch Offline-Medien« (Reinmann 2008: 14) verstanden. Die Begriffsbestimmung trifft zunächst noch keine Unterscheidung bezüglich verwendeter didaktischer Szenarien, Lehr-Lernmethoden, Kommunikationsformen oder technischer Werkzeuge. Diese Fragen nach lerntheoretischen Konzeptionen finden im pädagogischen Diskurs unter einer dezidiert mediendidaktischen Ausrichtung Beachtung. In Bezug auf informelle Lernprozesse scheinen digitale Informations- und Kommunikationstechnologien eine Schlüsselposition einzunehmen. So stellt der Bereich ›Computer, EDV, Internet‹ den thematisch wichtigsten Bereich informellen Lernens in Beruf und Freizeit dar (Rosenbladt/Bilger 2008: 14). Ebenso verzeichnet das BSW bei den praktizierten Lernformen in Bezug auf die Beteiligung an informellem beruflichem Lernen in den Kategorien ›Computergestützte Selbstlernprogramme‹ und ›Wahrnehmung von Lernangeboten aus dem Internet‹ von 2003 bis 2007 gar eine Verdoppelung der Beteiligungsquote (Autorengruppe Bildungsberichterstattung 2008: 146). Die digitalen Lernwelten sind indes heterogen und vielfältig hinsichtlich praktizierter Lernformen.

2.1 E-Learning im Unternehmen

In den Weiterbildungsangeboten von Unternehmen sind digitale Medienangebote heute meist ein fester Bestandteil in der Angebotspalette. Bereits jedes zweite Großunternehmen in Deutschland setzt IT-gestütztes Lernen ein (Michel 2008: 5). Die Einsatzmöglichkeiten gestalten sich allerdings in den Betrieben sehr unterschiedlich. Die Spannweite reicht von der Publikation des Weiterbildungsangebots im Intranet über die Bereitstellung von verschiedenen Tools und Angeboten auf einem Lern-Management-System bis hin zum Online-Training in der virtuellen Umgebung von ›Second Life‹. Bei kleinen und mittleren Unternehmen (KMU) ist die Implementierung webbasierter Lernmöglichkeiten weitaus weniger verbreitet als in größeren Betrieben, wenngleich auch hier ein Trend zu steigender Nutzung erkennbar ist. Rund 27 Prozent der KMU setzen multimediale Lernapplikationen ein, sechs Prozent planen schon konkret den Einsatz und 31 Prozent erwägen einen Einsatz (vgl. Michel 2006: 6). Großunternehmen ab 1.000 Mitarbeiter werden aus diesem Grund nach wie vor als die erfolgversprechendste Zielgruppe für E-Learning Angebote gesehen. Bei Selbstständigen und Freiberuflern sowie im Handwerk wird der Einsatz währenddessen etwas skeptischer eingeschätzt (Michel 2008: 5).

Die Erwartungen bezüglich des Einsatzes webbasierter Lernmöglichkeiten im betrieblichen Kontext sind vielgestaltig. Neben lernmethodischen Gesichtspunkten spielen auch technologische, organisatorische und monetäre Gründe eine Rolle. Die innovativen technischen Möglichkeiten, beispielsweise durch grafische Gestaltung, Interaktionsmöglichkeiten oder Simulationen, ermöglichen ein anschauliches und praxisnahes Lernen. Zeitliche und örtliche Unabhängigkeit von der Lerngruppe bieten Anwendern die Chance, das Lerntempo, die Lernzeiten und den Lernort individuell und flexibel zu bestimmen. Die ubiquitäre Verfügbarkeit von Online-Medien ermöglicht den Zugriff auf aktuelle Informationen und Wissensbestände ›just in time‹ und ›on demand‹ von dort, wo sie gefordert sind, und die Zugriffe können zeitnah zum Auftreten eines Wissensbedarfs der Mitarbeiter in unterschiedlichsten Arbeits- und Lernzusammenhängen erfolgen. Schließlich sollen durch den Einsatz von E-Learning aber auch Kosten für Reise, Unterkunft und Gebühren eines Präsenztrainings eingespart werden (Meister 2004b: 18).

Nach einer ersten technisch und ökonomisch getriebenen Euphorie (z.B. Back et al. 2001; Dowling et al. 2003) und einer danach folgenden Ernüchterung hinsichtlich Beteiligung und Erfolg (z.B. Grotlüschen 2003; Bürg 2005) ist bezüglich der E-Learning-basierten Weiterbildungsmöglichkeiten inzwischen eine Phase der Konsolidierung (z.B. Miller 2005; Henning/Hoyer 2006) zu verzeichnen. Die Praxis zeigt, dass anspruchsvollere Programme, trotz Förderbemühungen, allenfalls in großen Unternehmen verbreitet sind, da die Entwicklungskosten für CBTs und WBTs[1] nach wie vor sehr hoch sind. Die Hoffnung auf Einsparpotenziale ist in vielen Fällen nicht bestätigt worden. Lediglich in spezifischen Bereichen, wie zum Beispiel Produkt- und Softwareschulungen, wo aus Kostengründen kurze, wenig komplexe Qualifizierungsmaßnahmen für viele Mitarbeiter eingesetzt werden, kann flächendeckend eingespart werden (Reinmann 2008: 18). In einigen Fällen treibt der Sparwille in Unternehmen bisweilen auch kontraproduktive Blüten, wie etwa im Fall eines weltweit tätigen IT-Unternehmens, das seine zentrale interne Fortbildungstagung über die neuesten Produktentwicklungen mit Vorträgen von und für die eigenen Mitarbeiter nicht mehr an einem attraktiven Konferenzort durchführt. 2009 fand die Tagung mit ca. 400

1 Als CBTs (Computer Based Training) werden computerunterstützte Lernprogramme bezeichnet, die didaktisch aus den Ansätzen des Instruktionsdesigns der 1970er-Jahre abgeleitet werden (Issing/Klimsa 2002: 549). WBTs (Web Based Trainings) sind eine Weiterentwicklung der CBTS für Programmangebote im Netz (ebd.: 564).

Teilnehmenden erstmals vollständig virtuell statt, die Hauptvorträge und Posterpräsentationen wurden von einem LearningManagementSystem (LMS) unterstützt, das jedoch lediglich die Präsentation von Folien und Erläuterungen über einen Audiokanal zuließ. Das größte Manko solcher rein virtuellen Bildungsformen basiert indes weniger auf einer nicht optimalen Technikunterstützung, sondern darin, dass die informellen sozialen Kontakte zu kurz kommen und damit das Aufbauen von vertrauensbasierten fachlich orientierten Beziehungen nicht gefördert wird. Netzwerkarbeit kann auch virtuell gepflegt werden, allerdings ist der Aufbau von Netzwerken in der Anfangsphase virtuell mit weit größerem Aufwand als bei realen Begegnungen verbunden.

Als Lösung für die Defizite und Schwierigkeiten einer rein virtuellen Schulung scheint der Einsatz von Blended Learning geeignet zu sein, der zunehmend praktiziert wird. Der Begriff bezeichnet einen Ansatz der Lernorganisation, der die Vorteile von Präsenzveranstaltungen und E-Learning kombiniert. Bei dieser Form werden verschiedene Lernmethoden, Medien sowie lerntheoretische Ausrichtungen miteinander kombiniert (Reinmann-Rothmeier/Vohle 2003: 19). In diesem Zusammenhang ist es wichtig, dass sich die beteiligten Personen an einem Ort treffen, um sich kennenzulernen oder um Erfahrungen auszutauschen. Die Online-Phasen dienen dann zumeist dem Erwerb, der Vertiefung oder dem Transfer von Wissen.

2.2 Lernen durch Kooperation und Kollaboration im Lernraum Web 2.0

Nachdem lange Zeit insbesondere Offline-Lösungen mit systematisch aufbereitetem Wissen in einem strikten Instruktionsdesign im Vordergrund standen, befindet sich die Weiterbildungsbranche auf dem Weg zu einer stärkeren Lerner- und Kooperationsorientierung. »Kooperatives Lernen mit neuen Medien spielt eine zentrale Rolle bei der Diskussion neuerer E-Learningszenarien« (Hinze 2008: 241). Die technischen Innovationen im Internet-Bereich ermöglichen zunehmend Kommunikation, Beteiligung und die Entwicklung von Netzwerkstrukturen, während die Bemühungen im Bildungsbereich dahin gehen, informelles Lernen mit E-Learning zu verbinden. Online-Medien eröffnen dabei die ganze Spannbreite von Lernen und Bildung – angefangen bei einfachen Internet-Recherchen, die vorhandene Deutungen bestärken, über virtuelle kooperative Kurse oder Newsgroups, die bisherigen Einsichten eine neue Wendung geben, bis hin zur Interaktion, Partizipation und Kommunikation in virtuellen Welten oder virtuellen Communities. Sowohl Turkle (1997) als auch Marotzki kommen in ihren Analysen zu dem Schluss, dass Online-Medien eine hohe Flexibilität im Umgang mit Selbst- und Weltzuschreibungen ermöglichen und damit letztlich neue Lern- und Bildungsgewohnheiten strukturieren (Marotzki 1997). Für das Lernen und die Bildung eröffnen sich damit ganz neue Möglichkeiten, sowohl für alltagsgebundene Lernkontexte als auch für intentionale Vermittlungsaktivitäten, da nun lernbereite Personen dort erreicht werden können, wo sie sich gerade befinden – zu Hause, bei der Arbeit oder unterwegs.

Insbesondere die Nutzung der Social-Web-Möglichkeiten, also eine dezidierte Beteiligungsorientierung, bei der das Web als Plattform betrachtet wird, bietet gute Chancen für Lernkontexte. Das Web 2.0 ist »zu einer Art Gütesiegel für einen partizipatorischen, aktiv-konstruktiven Ansatz im Umgang mit Medientechnik, medial vermittelten Inhalten und virtueller Kommunikation und Kooperation« (Reinmann 2008: 13) avanciert. Mithilfe der verschiedenen Tools kann eine stärkere Konzentration auf die Lernenden selbst stattfinden, indem mehr Eigenbeteiligung in das Lehr-Lern-Geschehen integriert, eine konstruktive und selbst strukturierte Auseinandersetzung mit Inhalten evoziert und über den Austausch mit Gleichgesinnten eine Ko-Konstruktion von Wissen ermöglicht wird (ebd.: 14).

Erhöhte Beteiligungs- und Aktivitätsformen sowie veränderte Partizipationsstrukturen für den Bildungsbereich lassen sich bisher kaum großflächig beobachten. Bislang ist der Einsatz im Weiterbildungsbereich zumeist noch Zukunftsvision und wird vorwiegend in Zukunftsszenarien abgefragt. Diese weisen jedoch eine eindeutige Tendenz auf.

Laut einer Expertenbefragung des MMB-Instituts aus dem Jahr 2008 werden Lerner-Communities/Social Networks, Wikis und (semantische) Suchmaschinen in den kommenden Jahren eine zentrale Bedeutung erlangen. Vergleichsweise zurückhaltend wird die Bedeutung von Weblogs, Podcasts und virtuellen 3D-Lernwelten eingeschätzt. Als wichtigsten E-Learning-Trend erachten die E-Learning Experten den Bereich der Social-Software und bestätigen damit den Trend zum kollaborativen Lernen (Michel 2008: 2ff.).

So groß die Euphorie der Experten auch ist, die Gefahr einer digitalen Bildungskluft wird offenbar auch durch Online-Medien nicht überwunden. Die empirischen Daten weisen zweifelsfrei nach, dass deutliche Bildungs- aber auch Altersdifferenzen bestehen. So nutzen Volks- bzw. Hauptschulabsolventen das Internet deutlich weniger als Personen, die ein Studium absolviert haben, wobei bei den über 50-Jährigen dieser Unterschied am größten ist (10,5% zu 70%) (Initiative D21 2008: 49). Die Studie belegt aber nicht nur einen unterschiedlichen Zugang zum Medium Internet. Vielmehr korreliert zudem der Lernertrag aus der Nutzung des Internets mit dem Bildungsabschluss. Brödel und Yendell

(2008: 64) weisen in diesem Zusammenhang darauf hin, dass Personen mit Volks- oder Hauptschulabschluss den Lernerfolg durch die Nutzung des Internets als geringer einschätzen und die Lernangebote in einem geringeren Umfang nutzen als Personen mit Hochschulreife.

3. Typologien von E-Learnern

Vonseiten der Lernenden sprechen die empirischen Befunde dafür, dass sich für bestimmte Gruppen von Internetnutzern die Möglichkeitsräume des Lernens so erweitern, dass es zu einer strukturellen Veränderung von Lerngewohnheiten kommt. Die Annahme besteht, dass sich einige Personenkreise in modernen Gesellschaften mithilfe digitaler Medien ohne großen Aufwand zahlreiche Wissensquellen erschließen, um die eigenen Interessengebiete zu erweitern, zu vertiefen und mit anderen zu teilen. Hiernach erhalten bildungsaktive Personen im Lebensverlauf immer wieder neue Impulse für Lernen und Bildung, während für weniger Bildungsaktive die bloßen Angebote noch keine Bildungsimpulse bedeuten. Im Zusammenhang mit einem stärkeren Fokus auf den Lernenden gibt es inzwischen einige Bemühungen, Internetnutzer nicht nur hinsichtlich ihrer Nutzungszeiten und milieubedingten Präferenzen zu untersuchen, sondern auch im Hinblick auf ihre Angebotseinschätzungen und Bildungsaktivitäten zu differenzieren und zu typisieren.

Eine erfahrene Gruppe von bereits praktizierenden E-Learnern untersuchte Ehlers (2004) und analysierte die Qualität von E-Learning-Angeboten aus der Perspektive des lernenden Subjekts. Ehlers befragte die Lernenden nach ihrer subjektiven Einschätzung im Hinblick auf zugrunde gelegte Kriterien zur Beurteilung der Qualität von E-Learning-Angeboten. Auf der Grundlage einer Onlinebefragung, die Teil einer triangulativen Methodenverzahnung war, arbeitete Ehlers zielgruppenspezifische Qualitätspräferenzen heraus, die zur Grundlage genommen werden können, um qualitätsorientierte Lernszenarien zu entwickeln. Seine Differenzierung nach vier Lernergruppen, in *inhaltsorientierte Individualisten, eigenständig Ergebnisorientierte, bedarfsorientierte Pragmatiker* und *interaktionsorientierte Avantgardisten* gibt Hinweise auf Präferenzen bezüglich Nutzungsgewohnheiten und Anhaltpunkte hinsichtlich der Anforderungen an E-Learning-Angebote. Der Typus des *inhaltsorientierten Individualisten* bevorzugt individualisierte Angebote mit didaktischer Strukturierung. Für ihn sind Kommunikation und Interaktion im Lernprozess eher unwichtig. Vergleichsweise wenig Schwierigkeiten bereiten ihm aus diesem Grund auch Lernprogramme mit einem hohen Grad an Selbststeuerung. Der *eigenständig Ergebnisorientierte* zeichnet sich durch eigenständiges und zielgerichtetes Lernen aus, das in den Arbeitsprozess integriert ist. Diese instrumentelle Zweckorientierung stellt das wesentliche Attribut seiner Lernorientierung dar. Währenddessen schätzt der *bedarfsorientierte Pragmatiker* sachorientierte tutorielle Unterstützung im Lernprozess, um seinen Bedürfnissen möglichst schnell und effektiv gerecht zu werden. Für ihn eignen sich insbesondere Lernprogramme, die didaktisch gut strukturiert und wenig individuelle Gestaltungsmöglichkeiten zulassen. Das Cluster des *interaktionsorientierten Avantgardisten* stellt einen Typus dar, der kommunikative und diskursive Prozesse beim E-Learning schätzt, und bei dem auch das Lernen in virtuellen Lerngruppen denkbar ist. Die avantgardistische Medien- und Technikorientierung erleichtert ihm den Zugang zu kooperativen und kollaborativen Webapplikationen (Ehlers 2004: 259ff.). Ehlers' E-Learning-Typologie gibt deutliche Hinweise auf die Notwendigkeit der stärkeren Berücksichtigung von Lernervariablen und bestätigt damit den Paradigmenwechsel von der Technologie- zur Anwenderorientierung. Die Heterogenität der Lerner muss demnach ein zentraler Faktor für die Entwicklung von webbasierten Weiterbildungskonzepten sein.

Wie digitale Medien unter Berücksichtigung von bildungs- und medienbiografischen Erfahrungen in Bildungskontexte integriert werden, ist Gegenstand einer von uns durchgeführten explorativen qualitativen Befragung zur Nachhaltigkeit von E-Learning in Unternehmen (Meister et al. 2007). Um diese Bedingungen benennen zu können, konzentrierten wir uns zunächst auf eine in Internet und E-Learning erfahrene Gruppe, welche eher als die ›Gewinner‹ der Wissenskluft bezeichnet werden können. Unser Interesse galt der Frage, ob eine hohe Technikaffinität beziehungsweise hohe Internetkompetenz der Anwender ausreicht, um E-Learning zum selbstverständlichen Bestandteil der Weiterbildungskultur von Unternehmen werden zu lassen. In unserer Befragung konnten wir drei verschiedene Motivationsformen herausfiltern, die sich für das webbasierte Lernen als relevant erweisen. Die Lerntypen lassen sich in einen vorwiegend *fremdmotivierten Lerner*, einen vorwiegend *eigenmotivierten Lerner* und einen vorwiegend *verwertungsorientierten Lerner* gliedern. Der von uns identifizierte *fremdmotivierte Lerner* zeichnet sich durch defensives Lernen aus, wie es Holzkamp (1993) zur Vermeidung von unangenehmen Konsequenzen beschreibt. In der Praxis bedeutet dies, dass dieser Lerntypus zwar vorgegebene und verpflichtende Weiterbildungsangebote wahrnimmt, jedoch kaum selbst nach geeigneten Lernangeboten sucht. Er lernt lediglich das Nötigste, um im Arbeitsalltag bestehen und den beruflichen Notwendigkeiten entsprechen zu können. Der *fremdmotiviert Lernende* sieht sich durch kurze Produktlebenszyklen dem Druck ausgesetzt, in Bezug auf neues Wissen mit seiner sozialen Umgebung mithalten zu müssen. Es gelingt ihm im Rahmen von Pflichtveranstaltungen nur bedingt, den Lerninhalten positiv zu begegnen und ein Eigeninteresse am Lerngegenstand zu entwickeln, wodurch ein Lernerfolg nur beschränkt erzielt werden kann. Um wirklich erfolgreich und effektiv zu lernen, braucht der *fremdmotiviert Lernende* nicht nur gut strukturierte E-Learning-Angebote, sondern eine soziale Umgebung, die ihn motiviert. Der *eigenmotiviert Lernende* dagegen gewinnt seine Lernmotivation aus sich selbst heraus. Persönliches Interesse am Thema sowie der eigene Ehrgeiz stellen für ihn die Hauptmotivationsfaktoren für Weiterbildungsaktivitäten dar. Er erwirbt sich Wissen hauptsächlich expansiv (Holzkamp 1993), sucht sich also gezielt für ihn interessante Lernangebote heraus, um sein Wissen und seine Handlungsmöglichkeiten in Bezug auf die eigene Arbeit zu erweitern. Für den *eigenmotiviert Lernenden* ist das persönliche Interesse an den Lerninhalten ausschlaggebend. Er ist jeder Art des Lernens gegenüber aufgeschlossen, wenn dadurch sein Wunsch nach Wissen über den ihn interessierenden Gegenstand gewährleistet ist. Einen dritten Typus bildet der *verwertungsorientierte Lerner*. Für ihn spielt die Relevanz der Lerninhalte medialer Angebote für den Arbeitsalltag eine wichtige Rolle. Diese Relevanz erweist sich somit als entscheidende Determinante für die Auswahl entsprechender Lernangebote. Die knappen zeitlichen Ressourcen müssen möglichst produktiv genutzt werden und die wahrgenommenen Lernprogramme somit möglichst anwendungsorientiert sein.

Allen drei Lerntypen gemeinsam ist die Einschätzung, dass ein Lernen ausschließlich mit E-Learning-Programmen weniger erfolgreich ist als Lernprozesse in Präsenzveranstaltungen. Auch die besonders für den verwertungsorientierten Lerner bedeutsame Alltagsrelevanz der Lerninhalte spielt in Bezug auf den erwarteten Lernerfolg eine wichtige Rolle: Je mehr die elektronisch zu lernenden Inhalte mit dem Arbeitsalltag korrespondieren, desto höher wird der Lernerfolg eingeschätzt – über alle Lerntypen hinweg. Die Lernmotivation und die Fähigkeit, sich autonom und selbstständig eines neuen Themas anzunehmen, bestimmen also letztlich auch, wie effizient webbasiertes Lernen für die Beteiligten ist.

Die Untersuchungen zeigen, dass selbstgesteuertes, eigenständiges Lernen auch für die vermeintlichen ›Gewinner‹ nicht selbstverständlich ist, sondern für die Lernenden eine Herausforderung darstellt. Auch diese Nutzergruppe ist auf Unterstützung im Sinne von Struktur und Orientierungsmöglichkeiten angewiesen. Bildungs- und medienbiografische Faktoren sowie Lernmotivation und Rahmenbedingungen vonseiten der Organisationen scheinen mögliche Einflussfaktoren zu sein. Webbasierte Lernangebote in ihrer Vielfältigkeit sind nicht per se für jeden Lerner hilfreich, sondern sind nur dann erfolgversprechend, wenn sie auf die Präferenzen und Bedürfnisse der Anwender zugeschnitten sind. Insofern scheint es bedeutsam zu sein, integrative Prozesse genauer in den Blick zu nehmen.

4. Perspektiven der digitalen Lernwelten

Das Weiterbildungssystem wird sich in Zukunft weiter ausdifferenzieren und sich mit Lernorten am Arbeitsplatz und in der Freizeit weiter verknüpfen. So kommt es zunehmend zu einer Durchmischung von Erwerbs-, Freizeit- und Lernzeiten, sodass sich die Trennung zwischen betrieblicher und außerbetrieblicher Sphäre in Bezug auf Lernen und Weiterbildung immer mehr auflösen wird (Brödel/Yendell 2008: 69).

Durch die Entwicklung von mobilen Endgeräten – Laptops mit W-Lan-Anschluss, Handys oder PDAs –, mit denen es immer einfacher wird, an jedem Ort und zu jeder Zeit Zugang zum Internet zu erhalten, entsteht eine zeitliche und örtliche Unabhängigkeit des Lernens. Für die Lernenden der Zukunft besteht daher die Chance, sich ähnlich wie Nomaden auf (Bildungs-)Wanderschaft zu begeben, um an sehr unterschiedlichen Stationen das für sie bedeutsame Wissen ›abzugrasen‹ (Alexander 2004). Weiterbildungsangebote können hier Hilfestellungen bieten, indem sie den Lernenden Oasen oder Ankerpunkte auf ihren Bildungswegen bereitstellen, und so Orientierung und Struktur weiterhin gewährleisten. Die Lernenden der Zukunft benötigen wahrscheinlich sogar noch mehr als früher Hilfen und Strukturen, um sich in der Wissensgesellschaft zurechtzufinden. Dies gilt besonders für die Personengruppen, die zu den vermeintlichen ›Verlierern‹ der Entwicklung digitaler Lernwelten gehören. Sie benötigen Unterstützung, um sich in den virtuellen Netzwerken zu bewegen und die passenden Bildungsangebote nutzen zu können. Diese ›Wanderschaft‹ darf also nicht orientierungslos im Sinne eines ›lost in hyperspace‹ stattfinden, sondern verlangt feste ›Wanderwege‹, auf denen sich die ›digitalen Nomaden‹ in Gruppen und in einem ganz bestimmten Rhythmus bewegen können. Hierbei kann die Erwachsenen- und Weiterbildung unterstützend tätig werden, wenn sie ihre Klientel – die Lernenden in all ihren Lernwelten – ernst nimmt und vor allem dafür sorgt, dass die Lernprozesse sozial eingebettet sind.

Literatur

Alexander, Bryan (2004): Going Nomadic: Mobile Learning in Higher Education. EDUCAUSE Review, vol. 39, no. 5 (September/October 2004), S. 28-35 (Online: http://net.educause.edu/ir/library/pdf/ERM0451.pdf, letzter Zugriff: 20.1. 2009).

Autorengruppe Bildungsberichterstattung (2008): Bildung in Deutschland 2008. Ein indikatorengestützter Bericht mit einer Analyse zu Übergängen im Anschluss an den Sekundarbereich I: Bielefeld: Bertelsmann.

Back, Andrea/Bendel, Oliver/Stoller-Schai, Daniel (2001): E-Learning im Unternehmen. Grundlagen, Strategien, Methoden, Technologien. Zürich: Orell Füssli.

Brödel, Rainer/Kreimeyer, Julia (Hg.) (2004): Lebensbegleitendes Lernen als Kompetenzentwicklung. Analysen – Konzeptionen – Handlungsfelder. Bielefeld: Bertelsmann.

Brödel, Rainer/Yendell, Alexander (2008): Weiterbildungsverhalten und Eigenressourcen. NRW-Studie über Geld, Zeit und Erträge beim lebenslangen Lernen. Bielefeld: Bertelsmann.

Bürg, Oliver (2005): Akzeptanz von E-Learning in Unternehmen. Die Bedeutung von institutionellen Rahmenbedingungen, Merkmalen des Individuums und Merkmalen der Lernumgebung für die Akzeptanz von E-Learning. Berlin: Logos.

Dowling, Michael/Eberspächer, Jörg/Picot, Arnold (Hg.) (2003): eLearning in Unternehmen. Neue Wege für Training und Weiterbildung. Berlin: Springer.

Ehlers, Ulf-Daniel (2004): Qualität im E-Learning aus Lernersicht. Grundlagen, Empirie und Modellkonzeption subjektiver Qualität. Wiesbaden: VS.

Grotlüschen, Anke (2003): Widerständiges Lernen im Web – virtuell selbstbestimmt. Eine qualitative Studie über E-Learning in der beruflichen Erwachsenenbildung. Münster: Waxmann.

Gross, Friederike von/Marotzki, Winfried/Sander, Uwe (Hg.) (2008): Internet – Bildung – Gemeinschaft. Wiesbaden: VS.

Henning, Peter A./Hoyer, Helmut (Hg.) (2006): eLearning in Deutschland. Berlin: Uni-Edition.

Hinze, Udo (2008): Computerbasiertes kooperatives Lernen (CSCL) als technische und pädagogische Herausforderung. In: Gross, Friederike von/Marotzki, Winfried/Sander, Uwe (2008): S. 241-261.

Holzkamp, Klaus (1993): Lernen. Subjektwissenschaftliche Grundlegung. Frankfurt a.M.: Campus.

Initiative D21 (Hg.) (2008): (N)Onliner Atlas 2008. Online: www. initiatived21.de/fileadmin/files/08_NOA/NONLINER2008.pdf (letzter Zugriff: 12.01. 2008).

Issing, Ludwig J./Klimsa, Paul (Hg.) (2002): Information und Lernen mit Multimedia und Internet. Lehrbuch für Studium und Praxis. 3., vollst. überarb. Aufl. Weinheim: Beltz.

Kirchhöfer, Dieter (2004): Entgrenzung des Lernens – das soziale Umfeld als neues Lernfeld. In: Brödel, Rainer/Kreimeyer, Julia (2004), S. 103-122.

Kremer, H.-Hugo/Sloane, Peter F.E. (Hg.) (2007): Paderborner Forschungs- und Entwicklungswerkstatt. Forschungsfragen und -konzepte der beruflichen Bildung. Paderborn: Eusl.

Lenzen, Dieter/Luhmann, Niklas (Hg.) (1997): Bildung und Weiterbildung im Erziehungssystem. Lebenslauf und Humanontogenese als Medium und Form. Frankfurt a.M.: Suhrkamp.

Marotzki, Winfried (1997): Digitalisierte Biographien? Sozialisations- und bildungstheoretische Perspektiven virtueller Welten. In: Lenzen, Dieter/Luhmann, Niklas (1997): 175–198.

Meister, Dorothee M. (Hg.) (2004a): Online-Lernen und Weiterbildung. Wiesbaden: VS.

Meister, Dorothee M. (2004b): Online-Lernen und Weiterbildung. In: Meister, Dorothee M. (2004a), S. 7-26.

Meister, Dorothee M./Hochholdinger, Sabine/Meißner, Janine (2007): Lernstrategien beim E-Learning in betrieblichen Kontexten – ein qualitativ-rekonstruktiver Forschungszugang. In: Kremer, H.-Hugo/Sloane, Peter F.E. (2007): 203–221.
Michel, Lutz P. (2006): Trendstudie: E-Learning in Deutschland 2006/2007. In: Trendbook E-Learning, S. 6-9.
Michel, Lutz P. (2008): MMB-Trendmonitor I/2008. Learning Delphi 2008 – Weiterbildung und digitales Lernen heute und in drei Jahren. Online: www.mmb-institut.de/2004/pages/trendmonitor/Trendmonitor-Downloads/Trendmonitor_I_2008.pdf (letzter Zugriff: 12.01.2009).
Miller, Damian (Hg.) (2005): E-Learning. Eine multiperspektivische Standortbestimmung. Wien: Haupt.
Reinmann, Gabi (2008): Lernen und Lehren im Zeitalter des Web 2.0. Ein Streifzug durch den aktuellen Stand beim E-Learning in verschiedenen Bildungskontexten. In: medien + erziehung, Jg. 52, H. 2, S. 13-20.
Reinmann-Rothmeier, Gabi/Vohle, Frank (2003): Didaktische Innovation durch Blended Learning. Leitlinien anhand eines Beispiels aus der Hochschule. Bern: Huber.
Rosenbladt, Bernhard von/Bilger, Frauke (2008): Weiterbildungsbeteiligung in Deutschland. Herausgegeben von Bundesministerium für Bildung und Forschung. Online: www.bmbf.de/pub/weiterbildungsbeteiligung_in_deutschland.pdf (letzter Zugriff: 13.01.2009).
Turkle, Sherry (1997): Life on the Screen. Identity in the Age of the Internet. New York: Touchstone.

Digitale Lernwelten in der Hochschule

Michael Kerres, Jörg Stratmann, Nadine Ojstersek und Annabell Preußler

Mit digitalen Lernwelten in der Hochschule sind unterschiedliche Erwartungen verbunden. Trotz vielfältiger Bemühungen erweist sich jedoch die Hoffnung, E-Learning würde zu einer wesentlichen Verbesserung der Lehre in der Breite führen, als trügerisch. Im Folgenden wird deswegen zum einen die Frage aufgegriffen, wie die nachhaltige Verankerung einer innovativen Lehrpraxis mit E-Learning erreicht werden kann. Zum anderen geht es um die Frage, welche Anforderungen an digitale Lernwelten zu stellen wären, um eine solche innovative Lehrpraxis zu unterstützen.

1. Nachhaltigkeit von E-Learning

In der Diskussion im Hochschulbereich wird E-Learning regelmäßig als Motor für Veränderungen in der Lehre gesehen. So verweist etwa Schulmeister (2001, 2006) auf die Chancen von E-Learning für eine »bessere« Lehre: eine Lehre, die stärker auf Aktivitäten der Lernenden – statt des Lehrers – setzt, die selbstgesteuertes wie auch kooperatives Lernen, das sich auf Fallmaterialien, komplexe Probleme oder Projektarbeiten stützt und hochschulübergreifende Zusammenarbeit in der Lehre – auch international – fördert.

Durch verschiedene Förderprogramme – initiiert insbesondere in den Jahren 1995 bis 2005 auf unterschiedlichen Ebenen der Politik – sind vielfältige Varianten eines innovativen Computereinsatzes im Hochschulbereich sichtbar geworden (Kerres/Nübel 2005). Doch selbst massive Mittelzuwendungen haben den erhofften Durchbruch nicht mit sich gebracht. Vielerorts ist E-Learning ein Randthema geblieben, das die Aufmerksamkeit nur weniger auf sich zieht: Die initiierten Projekte können oftmals nicht genügend Nachhaltigkeit erzielen.

Kerres (2001) weist auf die »Inkompatibilität« zwischen Erfordernissen mediengestützter Lehre (etwa der arbeitsteiligen Umsetzung) und den Rahmenbedingungen an Hochschulen hin und benennt Erfolgsfaktoren für die dauerhafte Implementation von E-Learning. Insbesondere die Studie von Euler und Seufert

(2005) arbeitet die Faktoren genauer heraus, die beeinflussen, ob Innovationen durch die Einführung von E-Learning in Organisationen über die Dauer erfolgreich sind und sich verstetigen. Ein wesentlicher Faktor sind dabei die Lehrenden: Sie können als *gate keeper* betrachtet werden, von denen es abhängt, ob E-Learning an einer Hochschule langfristig erfolgreich genutzt wird: Den Lehrenden, ihrer Kompetenz und Motivation, kommt eine Schlüsselrolle zu, um E-Learning zu verankern und eine innovative Lehr-Lern-Kultur zu etablieren.

Lange Zeit stand die Produktion und Erprobung von Lernmaterialien im Mittelpunkt der Aufmerksamkeit eines »E-Learning Projektes«. Es ging um die Entwicklung und Implementation digitaler Lehr-Lernmedien und -szenarien zu bestimmten Themengebieten. Die Implikationen und Konsequenzen für eine grundlegende Überarbeitung von Curricula sowie didaktische Reformen standen selten im Mittelpunkt der Diskussion. Die Aufgabe der Gewinnung einer »breiten Masse« (oder auch der »zweiten Welle«) von Lehrenden für E-Learning Innovationen macht ein Umdenken erforderlich. Es wird ein *faculty engagement* (Hagner/Schneebeck 2001) notwendig und damit Maßnahmen, die an den Bedingungen dieser Zielgruppe ansetzen.

2. Kompetenzentwicklung für E-Learning

Kompetenzentwicklung wird zunehmend als wesentliche Bedingung für die nachhaltige Verankerung neuer Lernformen und -medien in der Hochschule erkannt. Diese bezieht sich in diesem Fall zunächst auf Kenntnisse, Fertigkeiten und Einstellungen von Lehrenden zur Entwicklung, Einführung und Nutzung innovativer Formen von E-Learning in der Lehre. Darüber hinaus beinhaltet Kompetenzentwicklung auch eine institutionelle Ebene; sie betrifft nämlich auch die Kompetenz einer Organisation als Ganzes, bestimmte Leistungen zu erbringen (s.a. die Diskussion im Kontext von Wissensmanagement Probst/Raub/Romhardt 2006).

Diese Chancen lassen sich nur einlösen, wenn sie in der Kompetenz der Einzelnen und der Organisation als Ganzes eine Basis finden. An vielen Hochschulen sind deswegen verstärkte Bemühungen erkennbar, Lehrende zu E-Learning Innovationen zu motivieren sowie Prozesse und Strukturen der Supporteinrichtungen zu reorganisieren bzw. neu aufzusetzen, um diese Kompetenz auf individueller und organisationaler Ebene aufzubauen (s. Beispiele in Labhrainn/Legg/Schneckenberg/Wildt 2006).

Computerkenntnisse stellen dabei nur einen kleineren Teil der »E-Lehrkompetenz« dar. In Kerres et al. (2005) sind die Kompetenzanforderungen für unterschiedliche mediengestützte Lehr-Lernszenarien genauer ausgearbeitet. Dabei wird deutlich, dass sich Kompetenzen nur dann konkret bestimmen lassen, wenn an der

Hochschule ein Zielrahmen besteht, der die Szenarien benennt, deren Umsetzung angestrebt wird. So ergeben sich beispielsweise andere Kompetenzanforderungen, wenn angestrebt wird, Online-Studiengänge zu vermarkten, als in einem »Anreicherungsszenario«, nach dem die Studierenden im Wesentlichen im Präsenzformat betreut werden und nur zusätzliche Materialien im Internet angeboten werden.

Wie können diese Kompetenzen nun in der Hochschule aufgebaut werden? Im Kontext etwa der Kompetenzforschung (Erpenbeck/Sauer 2000) und der betrieblichen Bildungsarbeit (Euler/Hahn 2004) werden traditionelle Schulungskonzepte kritisch hinterfragt, weil sie oft nicht hinreichend Transfer auf den Anwendungskontext entfalten. Hier werden verstärkt arbeitsplatznahe oder -integrierte Formen des Lernens einerseits sowie auf informeller Kommunikation und dem Austausch in sozialen Netzen basierendes Lernen vorgeschlagen, wobei zugleich sicherzustellen ist, dass diese über ein schlichtes *Learning on the Job* hinausgehen.

Kerres et al. (2005) untersuchten Maßnahmen an Hochschulen zur Kompetenzentwicklung im Bereich E-Learning. Diese konnten acht Bereichen zugeordnet werden:

1. Information bereitstellen:
   Alle Maßnahmen, die dazu beitragen, dass relevante Informationen über E-Learning in der Breite bekannt werden (Infos über Print- oder Internet, Newsletter, Broschüren).
2. Einstellungen vermitteln:
   Maßnahmen, die die Einstellungsebene betreffen und dazu führen, dass Lehrende dem Thema E-Learning mehr Interesse, Neugier, Aufgeschlossenheit entgegenbringen (im Rahmen einer Kommunikationsstrategie: z.B. Werbung, Events, Gewinnspiele …).
3. Handlungsbereitschaft erhöhen:
   Dies betrifft vor allem Anreize, die dazu beitragen, dass Lehrende sich verstärkt im E-Learning Bereich engagieren (E-Learning Projekte ausschreiben, Prämien ausloben für gute Projekte / oder Projekteinwerbungen …).
4. Bildungsangebote organisieren:
   Hierunter fallen alle Formen von organisierten Maßnahmen, die Kenntnisse und Fertigkeiten vermitteln, unabhängig von ihrem Format und ihrer Intensität, wie z.B. Kurse, Workshops, Präsentationen …
5. Qualitätsentwicklung lernförderlich gestalten:
   Den Kompetenzerwerb unterstützen im Rahmen von Zertifizierung, Akkreditierung und anderen Maßnahmen der Qualitätsprüfung, -sicherung und -entwicklung.
6. beratende Unterstützung anbieten:
   Maßnahmen, durch die Lehrende bei Planung, Entwicklung und Einsatz von E-Learning unterstützt werden, damit diese Kompetenz aufbauen.

7. Austausch fördern:
   Alle Maßnahmen, die die Kommunikation unter Lehrenden zu neuen Formen des Medieneinsatzes in der Lehre unterstützen, also Treffen zwischen Kollegen anregen, Arbeitsgruppen arrangieren …
8. Innovationen verbindlich machen:
   Maßnahmen, die dazu beitragen, dass Beteiligte eingebunden werden und Verantwortung übernehmen (»Prozess-Ownership«).

Gerade an Hochschulen ist es notwendig, Maßnahmen der Kompetenzentwicklung breit anzulegen und nicht auf Schulungen zu fokussieren, die zu wenig Nachhaltigkeit und Wirkungsgrad in der Breite erzielen. Die Maßnahmen sind zugleich einzubetten in explizit ausgearbeitete Vorstellungen darüber, welche didaktischen Leitprinzipien eine Hochschule (oder Fakultät) ihren Studienangeboten zugrunde legen möchte und welche Rolle der Medieneinsatz hierbei spielen soll. Hierzu hilft es, eine E-Learning Strategie zu formulieren und von den zuständigen Gremien zu beschließen. An der Universität St. Gallen (vgl. Wirth 2005) ist bspw. ein solches innovatives Leitbild für die Lehre entwickelt worden, das dann systematisch in der Studiengangskonzeption umgesetzt wurde.

3. Infrastruktur für E-Learning

Die technische Basis für digitale Lernwelten an Hochschulen bieten in der Regel Learning Management Systeme (LMS), die Lehr-Lernprozesse unterstützen, sei es für Online- oder Präsenzangebote. Vor einigen Jahren stand die Frage der Auswahl von Lernplattformen an vielen Hochschulen hoch auf der Agenda. Es existiert eine Vielzahl von Lösungen und es wurden anspruchsvolle Verfahren für eine systematische und methodisch begründete Auswahl entwickelt (Baumgartner/Häfele/Maier-Häfele 2002; Schulmeister 2001). Das Thema hat an den meisten Hochschulen an Brisanz verloren. Zum einen, weil entsprechende Lösungen vielerorts eingeführt sind und sich zum anderen der Markt der Anbieter deutlich verkleinert hat.

In Großbritannien führt das Joint Information Systems Committee (JISC) regelmäßig Erhebungen durch zur Untersuchung der Verbreitung von E-Learning Plattformen an Hochschulen. 2008 finden sich mit Moodle und Blackboard nurmehr zwei Produkte, die in 88% der britischen Hochschulen Einsatz finden.[1] Für den deutschsprachigen Bereich liegen hierzu keine umfassenden und aktuellen Zahlen vor; dennoch kann beobachtet werden, dass hier OpenSource-

1 www.jisc.ac.uk/media/documents/programmes/jos/sharedservicesreport2.pdf.

Lösungen, wie Moodle und – die in Deutschland entwickelten Lösungen – ILIAS (auch mit: StudIP) besonders verbreitet sind.

LMS werden u.a. genutzt, um Studierenden Materialien zur Verfügung zu stellen. Sie leiten zu Lernaktivitäten an, die alleine oder gemeinsam zu bearbeiten sind. Hierzu bieten die Plattformen in der Regel Werkzeuge an, wie z.B. Foren, Wikis oder Chats. Genau betrachtet sind LMS jedoch »Lehrplattformen«, auf denen Lehrende die Aktivitäten von Lernenden organisieren. Häufig entsteht auf diesen Plattformen eher wenig Aktivität, wenig lebendiger Austausch, Kommunikation und Diskussion zwischen Studierenden (und Lehrenden) kommen nur schleppend in Gang. Sind diese Plattformen also tatsächlich »Lernplattformen«? Oder spielen sich die Kommunikation und der Austausch zwischen Lernenden nicht einfach an anderen Orten im Internet ab?

Aktuelle Anwendungen im Internet, die mit dem Label Web 2.0 versehen sind, haben eine hohe Anziehungskraft. Die universitär betriebenen LMS tun sich dagegen vielfach schwer, eine solche Begeisterung auszulösen und es bleibt die Frage, wie auf diese Herausforderung eingegangen werden kann. Kerres (2006) stellt dar, dass mit Web 2.0 weniger eine technische Innovation verbunden ist, sondern es sich vor allem um eine neue Art der Wahrnehmung und Nutzung des Internets handelt. Ein traditionelles LMS versucht, Dokumente und Werkzeuge *an einem Ort* – wie auf einer Insel im Internet – zur Verfügung zu stellen. Im Lichte von Web 2.0 könnte sich ein LMS dagegen eher zu einem *Lernportal* entwickeln – mit einer höheren Durchlässigkeit zum Internet, zu anderen Informationssystemen der Hochschule und der persönlichen Lernumgebung der Studierenden.

LMS haben sich, vielfach durch Initiativen aus dem Wissenschaftsbereich, relativ unabhängig von der bestehenden Software-Infrastruktur an Hochschulen entwickelt. Dadurch sind sie zum Teil wenig vernetzt mit Verwaltungsanwendungen im »Geschäftsprozess Studium und Lehre«. Ein perspektivisch denkbares Zusammenwirken zwischen Verwaltungsanwendungen, einem LMS und dem PLE (personal learning environment) wird in Abbildung 1 (S. 146) skizziert: Das LMS arbeitet mit zentralen Informationssystemen der Hochschule zusammen, es aggregiert Informationen aus externen Quellen und führt diese so zusammen, dass Studierende mit diesen Materialien in ihrer persönlichen Lernumgebung arbeiten können. Werkzeuge werden so vorgehalten, dass diese in der persönlichen Lernumgebung – auch für gemeinsames Arbeiten – genutzt werden können. Dabei wird insbesondere auch der gesamte Prozess des Prüfens und Dokumentierens von Lernprozessen und -ergebnissen genauer zu integrieren sein.

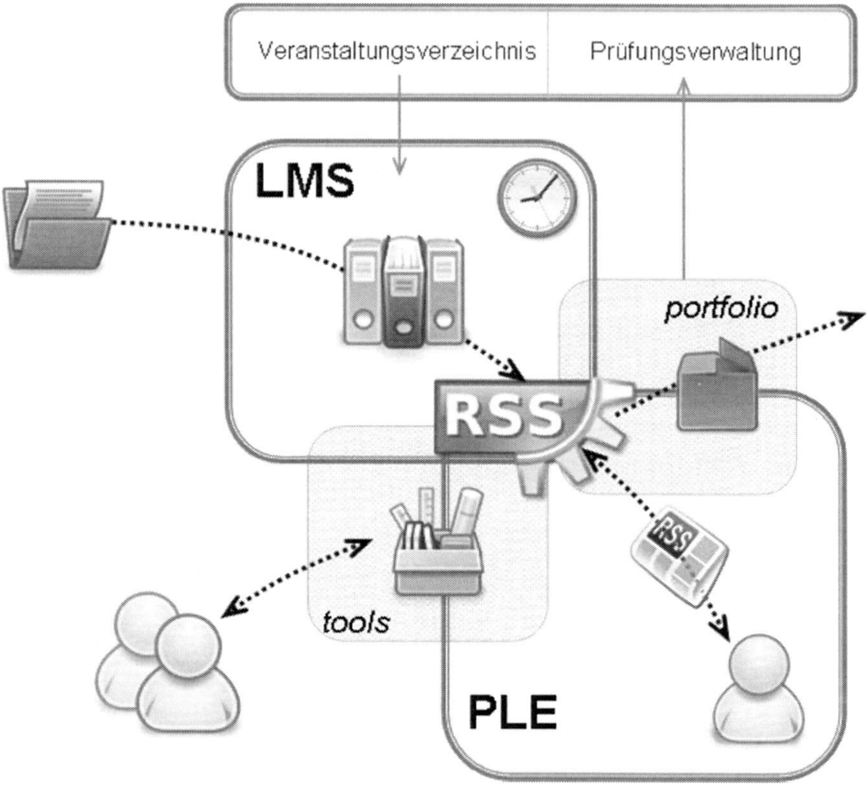

Abbildung 1: Struktur eines LMS

4. Anforderungen an digitale Lernwelten

Im Zuge der skizzierten Entwicklungen im Zusammenhang mit Web 2.0 ist zu hinterfragen, welche Anforderungen sich an digitale Lernwelten stellen, die das Lehren und Lernen an Hochschulen künftig organisieren. Zentrale Lehrplattformen für Hochschulen werden dabei künftig nicht obsolet; sie werden sich jedoch in ihrer Funktionalität neu ausrichten (müssen). Im Folgenden wird versucht, fünf zentrale Funktionen einer »Lehrplattform« im Licht dieser Entwicklungen zu re-formulieren.[2]

2 Siehe hierzu auch die Diskussion im Themenheft »Next Generation Learning/Course Management Systems« des Journal of Online Learning and Teaching«, hg. von MERLOT: jolt.merlot.org/Vol4_No2.htm.

4.1 Rollen und Rechte in einer sozialen Inszenierung zuweisen

Eine Lehrveranstaltung kann als eine soziale Inszenierung verstanden werden, in der Menschen bestimmte Rollen einnehmen. Soziale Rollen definieren Erwartungen, die an das Verhalten einer Person in einer bestimmten sozialen Situation gestellt werden, wobei die Person diese Erwartungen mehr oder wenig gut erfüllen kann. Die technische Umsetzung des Rollenbegriffs in LMS weist einer Rolle bestimmte Rechte im System zu, die sich auf Aktionen beziehen, die etwa mit Dokumenten(-typen) in Verzeichnissen verbunden sind: Lehrende dürfen etwa Dateien für Kurse einstellen, bearbeiten und löschen. Studierende dürfen diese nur lesen; Dokumente hochladen dürfen sie für ihre Arbeitsgruppe, aber sie dürfen diese nicht für den Kurs öffentlich machen usw. Insofern ist die Zuweisung von Rollen zu Personen in einem LMS eine ganz zentrale und vielleicht nicht immer hinreichend reflektierte Funktion. Durch die Zuweisung solcher »Rechte« wird der Rahmen für die »soziale Inszenierung« abgesteckt.

4.2 Aktivitäten von Akteuren organisieren

Bildungseinrichtungen strukturieren ihr Angebot an die Lernenden als eine bestimmte *zeitliche Folge* von Lernaktivitäten, die vorgeschlagen oder auch vorgeschrieben werden. Die pädagogische Expertise einer Einrichtung zeigt sich letztlich (auch) darin, dass – auf der Grundlage der Erfahrung mit dem Sachgegenstand und den Lernprozessen einer bestimmten Zielgruppe – ein Wissen darüber vorliegt, welche Lernprozesse notwendig sind, um ein bestimmtes Lehrziel zu erreichen. Dabei spielt die richtige Folge von Lernaktivitäten (»Taktung«) eine Rolle.

Das LMS ist nun ein solches Mittel, um (die Folge von) Lernaktivitäten mit unterschiedlichen Graden der Verbindlichkeit zu benennen, sei es als Vorschläge oder als Vorgaben. Zugleich ist das LMS damit ein guter Ort, um diese Folge der Lernaktivitäten und auch den individuellen Status bzw. Fortschritt auf dieser Zeitachse nachvollziehbar und sichtbar zu machen: Ein Student kann erkennen, was zu tun ist bzw. welche Lernaktivitäten vorgeschlagen werden, wie weit er fortgeschritten ist, wo er möglicherweise Defizite hat und welche weiteren Schritte vor ihm liegen.

Bei traditionellen didaktischen Ansätzen wird das LMS ein eher einfaches zeitliches Korsett liefern, in dem Termine vorgegeben sind, zu denen bestimmte Lernaktivitäten ausgeführt sein sollen und Lernaufgaben (»assignments«) einzureichen sind. Eine einfache Unterstützung besteht darin, dass Lernende z.B. sehen, welche Aktivitäten bis wann auszuführen sind, und sie sich ggf. auch warnen lassen können, wenn Termine überschritten werden.

Bei innovativen didaktischen Ansätzen wie dem problem- oder projektorientierten Lernen organisieren die Lernenden – in der Regel in Gruppen – ihre Lernaktivitäten in stärkerem Ausmaß selbst und müssen sich untereinander über den Fortgang der Arbeitsschritte austauschen. Die Lehrperson steht hierbei als betreuende Person zur Seite und hat etwa die Aufgabe, den Planungsprozess zu begleiten bzw. bestimmte Meilensteine abzunehmen.

Folglich sollte ein LMS Funktionalitäten für die Unterstützung von Planungs- und Entscheidungsprozessen sowie zur Zusammenarbeit von Lehrenden und Lernenden mit sich bringen.

4.3 Lernmaterialien verknüpfen

Als eine zentrale Funktion von LMS wird üblicherweise das Einstellen und Verwalten von Lehr- und Arbeitsmaterialien (»Contents«) gesehen. Eine Vielzahl der Lehrenden setzt ein LMS für das Bereitstellen von Dokumenten für Teilnehmende einer Lehrveranstaltung ein. Je nach Implementation stehen Lehrende hierbei vor der Entscheidung, ob sie für eine wiederholt stattfindende Veranstaltung einen Kursraum einrichten und dort Materialien einstellen oder ob sie für eine sich wiederholende Veranstaltung in unterschiedlichen Semestern jeweils einen neuen Kursraum einrichten. Bei Nutzung des LMS für diskursive Lernaufgaben in Foren etc. wird die Lehrperson etwa letztere Variante wählen, nicht zuletzt, um Studierenden auch nach Ablauf der Veranstaltung »ihren« Kursraum zu überlassen.

Eigene Dokumente – und nicht Verweise darauf – werden in der Regel in das LMS kopiert. Damit entsteht insbesondere bei der Variante einer semesterweisen Einrichtung neuer Kursräume jedoch erneut das Problem, dass Veränderungen der Dokumente bzw. des Dokumentenpools nicht in den »alten« Kursräumen zugänglich werden.

Bei »fremden« Dokumenten wächst das Bewusstsein, dass die rechtlichen Rahmenbedingungen für das Einstellen solcher Materialien zunehmend enger werdende Grenzen definieren: Das Kopieren von Dokumenten in das LMS, an denen man keine eigenen bzw. keine genau definierten Rechte besitzt, wird zunehmend als problematisch erkannt.

Die softwaretechnisch naheliegende Lösung, um auf solche Dokumente zuzugreifen, ist die Nutzung eines Repositoriums, d.h. die Inhalte werden nicht in der Lernplattform selbst vorgehalten, sondern durch Verweise auf eine Datenbank, in der die Ressourcen verzeichnet sind. Auf diese Weise lassen sich insbesondere Contents, die mehrfach eingesetzt werden, leichter verwalten, und es lassen sich auch die Aufrufe, die Verwertungsgesellschaften zu melden sind, registrieren.

Seit Jahrzehnten wird die Forderung nach »Wiederverwertbarkeit« (»Reusability«) von Lerninhalten diskutiert, insbesondere um einen Weg zu finden, um einmal produzierte Contents möglichst effizient nutzen und einsetzen zu können (Baumgartner/Kalz 2005). Im Mittelpunkt dieser Diskussion stand lange Zeit die Frage, ob und wie sich Inhalte als „Lernobjekte“ zwischen Plattformen austauschen lassen. Hierfür liegt insbesondere mit dem SCORM-Standard ein Protokoll vor, mit dem sich Inhalte von einem LMS exportieren und in das System etwa eines anderen Herstellers importieren lassen.

Die Wiederverwertung *innerhalb* einer Lernplattform ist dagegen überraschend wenig diskutiert: Gemeint ist die Möglichkeit, Inhalte so in einer Lernplattform zu organisieren, dass sie in geeigneter Weise in mehreren Kursen genutzt werden können. Zwar bieten LMS typischerweise die Möglichkeit, Dokumente über Kurse hinweg einzustellen und z.B. in einen Kurs zu kopieren. Jedoch werden für Kurse oft vorgefertigte »Sets« von Materialien benötigt, die in bestimmter Weise in der Plattform freigegeben werden sollen, um sie in konkreten Kursen einzusetzen. Möglichkeiten, mit solchen »Meta-Kursen« innerhalb eines LMS die Wiederverwertung von Kursteilen zu unterstützen, sind bis heute kaum ausgearbeitet.

Durch Web 2.0 kommt jedoch noch ein anderer Aspekt zum Tragen: Lern- und Arbeitsmaterialien werden von Lernenden und Lehrenden zunehmend auf unterschiedlichen Plattformen, wie z.B. YouTube, eingestellt. So reicht ein kleines Skript in der HTML-Seite des LMS, um das Video auf der eigenen Seite einzubinden, obwohl es physikalisch von dem Server eines anderen Systems abgerufen wird.

Für Lehrende stellt sich dabei zunehmend die Frage, wo sie bestimmte Materialien künftig einstellen werden. Zumindest internetaffine Lehrpersonen sind es vermutlich in ihrem Alltag zunehmend gewohnt, zum Beispiel private Bilder auf einen oftmals kostenfreien Server für Bilder einzustellen und ggf. Freunden und Familienmitgliedern zur Einsicht zur Verfügung zu stellen. Das Gleiche gilt für Videos, für Präsentationen, größere Dokumente, Kalender oder Ähnliches. Hier sind im Internet leistungsfähige, dezidierte Services verfügbar, die oftmals für Privatkunden kostenfrei angeboten werden und sich u.a. über Werbeeinnahmen finanzieren. Diese Dienste eignen sich selbstverständlich auch für das Einstellen und Abrufen von Lernmaterialien, die damit physikalisch nicht mehr auf dem Server der Hochschule, etwa dem LMS, eingestellt werden; im LMS wird dann nur noch eine Referenz auf das externe Dokument benötigt.

Für LMS impliziert dies, dass ihre Bedeutung alleine als Plattform für den Vertrieb von Lernmaterialien vermutlich sinken wird. Materialien werden zunehmend auf Online-Plattformen kommerzieller Anbieter oder auf spezifischen wissenschaftlichen Servern eingestellt, die hochschulübergreifend oder hochschulintern betrieben werden. Dies bedeutet ebenso, dass die LMS-Mechanismen entwickeln werden, um mit solchen Diensten besser zu interagieren. Auch ist zu bedenken, dass für das Aufsetzen konkreter Kurse der Verweis auf einzelne Dokumente nicht hinreichend ist, um eine Wiederverwertung sicherzustellen. In der Regel existiert ein Set an (Verweisen auf) Materialien, die ich in einer neuen Veranstaltung heranziehen möchte. Das Anlegen und Verwalten solcher Meta-Kurse, einschließlich der Installation konkreter Kurse, sollte das LMS entsprechend komfortabel unterstützen.

4.4 Meta-Informationen für das Lernen bereitstellen

Die Lehrplattform muss Meta-Informationen zu einem Lernangebot bzw. einer bestimmten Lehrveranstaltung / einem Kurs bereitstellen. Dies betrifft insbesondere

- *organisatorische Informationen* zu der spezifischen Veranstaltung (Zeit, Raum, beteiligte Personen, Bezug zu einem Verzeichnis »konkreter« Veranstaltungen) sowie
- *didaktische Informationen* zu Lehrzielen, Zielgruppen und Voraussetzungen einschließlich der Zuordnung zu Curricula, d.h. in welchen Studiengängen Lernleistungen in welchem Umfang zugeordnet werden können (Bezug zu einem Modulhandbuch mit Beschreibung eines Lehrgangs / Studiengangs einschließlich des Aufbaus und den Inhalten von »abstrakten« Veranstaltungen).

In traditionellen Lernplattformen werden derartige Informationen in der Lernplattform selbst gespeichert mit der Folge, dass sie oftmals nicht konsistent und identisch sind mit den Informationen, wie sie in anderen Verzeichnissen, etwa dem (Online-)Vorlesungsverzeichnis einer Hochschule vorgehalten werden. Eine Kopplung von Lernmanagement-Systemen und Verwaltungssystemen war so lange kein Thema, wie E-Learning an Hochschulen nur einige Spezialist/innen interessierte. Wenn E-Learning jedoch ein selbstverständlicher Bestandteil von Hochschule ist oder sein soll, dann muss diese Plattform eng verzahnt sein mit anderen Informationssystemen im Geschäftsprozess »Studium und Lehre« einschließlich der Informationssysteme des Prüfungswesens. Meta-Informationen über und zu Lerninhalten sollten dann aus anderen Informationssystemen einer Einrichtung bezogen werden, da diese üblicherweise bereits in anderen Verwaltungsanwendungen vorgehalten werden (müssen). Nur so lassen sich entsprechende Daten konsistent halten.

In der Praxis besteht weiterhin das Problem, zwischen Meta-Informationen zu »abstrakten« Veranstaltungen und zu »konkreten« Instanzen einer entsprechenden Veranstaltung zu unterscheiden bzw. diese datentechnisch getrennt vorzuhalten und zu organisieren. So gibt es zum einen (relativ) überdauernde, beschreibende Informationen zu der Vorlesung »Grundlagen der Mediendidaktik«, wie z.B. die Lehrziele und Lehrinhalte, wie sie im Wesentlichen etwa in einer Studiengangsbeschreibung (»Modulhandbuch«) hinterlegt sind. Hieraus lässt sich für Studierende insbesondere entnehmen, ob eine bestimmte Veranstaltung für sie geeignet ist, d.h., ob ich sie überhaupt belegen soll. Davon zu unterscheiden sind beschreibende Informationen zu der Vorlesung »Grundlagen der Mediendidaktik«, die z.B. im Sommersemester 2010 jeweils montags um 12:15 Uhr in einem bestimmten (physikalischen oder virtuellen) Raum stattfindet.

Aus datentechnischer Sicht wäre es naheliegend, diese Informationen getrennt vorzuhalten und bei Anlage (»Instanziierung«) einer konkreten Veranstaltung für ein bestimmtes Semester lediglich einen Verweis auf die getrennt abgelegten, überdauernden Informationen vorzunehmen. In der Praxis werden allerdings oftmals Semester für Semester bestimmte überdauernde Informationen zu Lehrveranstaltungen in eine neue Instanz kopiert und es werden regelmäßig auch Anpassungen vorgenommen, z.B. weil ein Semester weniger Veranstaltungstage hat, weil bestimmte inhaltliche Anpassungen notwendig sind. Natürlich könnte man nun die abstrakte Beschreibung modifizieren.

Die Sache wird aber dann kompliziert, wenn man die Informationen, wie sie im spezifischen Semester vorliegen, auch zu einem späteren Zeitpunkt abrufbar machen möchte oder ggf. – aus rechtlichen Gründen – sogar rekonstruieren muss, z.B. um nachträglich festzustellen, welche Inhalte eine konkrete Veranstaltung in einem bestimmten Semester hatte. Diese Veranstaltung hat sich möglicherweise noch auf eine ältere Prüfungsordnung bezogen und hat damit Verweise auf eine Studiengangsbeschreibung bzw. ein Modulhandbuch, das zum heutigen Zeitpunkt also möglicherweise bereits längst fortgeschrieben ist. Damit ist auch deutlich, dass es nicht ausreicht, wenn Dozierende in einem LMS Informationen zu ihren Lehrveranstaltungen einstellen und sie regelmäßig pflegen. Vielmehr ist eine Ankopplung mit anderen, zentral gehaltenen Informationssystemen der Hochschule zu realisieren und die Frage der notwendigen Persistenz von Informationen zu klären, auch unter rechtlichen Aspekten.

4.5 Lernprozesse und -ergebnisse dokumentieren

Lernaktivitäten führen zu bestimmten Ergebnissen, die auf einer Lernplattform in der Regel in Form von Artefakten sichtbar werden. Dies können Dokumente sein, die Einzelne oder Gruppen angefertigt haben, z.B. ein Textdokument oder eine Präsentation. Dies können auch Weblog- oder Foren-Einträge sein oder es handelt sich um Leistungen im Rahmen der Teilnahme an Prüfungen wie z.B. PC-gestützte Klausuren. Das Lernen hinterlässt eine »Spur«, die in einer geeigneten Form registriert, dokumentiert und ggf. kreditiert, d.h. in anrechenbare Leistungspunkte für Studiengänge umgemünzt, werden sollte.

In der Praxis liegt heute vielfach eine klare Trennung vor zwischen E-Learning-Plattform und Prüfungssystem, in dem Prüfungsleistungen gespeichert werden. Lernen findet an der Hochschule – möglicherweise – auf oder mit einem LMS statt. Ergebnisse von Prüfungen werden in einem davon unabhängigen Softwaresystem gespeichert. Diese Form der Dokumentation von Lernprozessen und -ergebnissen erscheint nicht mehr angemessen. Sie widerspricht insbesondere den Überlegungen, die der Reform der Studiengänge im Bologna-Prozess zugrunde liegen. Danach geht es bei der Kreditierung von Leistungen auch um den Nachweis von Lernzeiten und -aktivitäten, nicht nur um Leistungen und Leistungsniveaus, die in Prüfungen erfasst werden.

Traditionell stehen die zu absolvierenden Prüfungsleistungen im Mittelpunkt der Studiengangsplanung. Heute geht es ganz wesentlich um die Frage der investierten Lernzeit, die mit Leistungspunkten (»Credits«) versehen werden. Dieses Umdenken hat in der Praxis noch nicht überall stattgefunden, und so werden Lernaktivitäten regelmäßig mit Prüfungen »abgeschlossen«, statt die Lernaktivität als solche zu kreditieren. Genau dies ist die Chance einer Lernplattform: Auf ihr wird der Lernprozess selbst sichtbar, und genau dieser Lernprozess kann damit auch als Leistung dokumentiert und honoriert werden.

Aus dieser Überlegung ergibt sich, dass das LMS über eine Schnittstelle zu einer Prüfungssoftware verfügen sollte, in der ein/e Dozent/in nachweisbare Lernaktivitäten kreditieren kann. Darüber hinaus wäre noch eine Schnittstelle zu diskutieren: Die Artefakte, die im Zuge des Lernprozesses entstehen, sollten nämlich nicht nur anrechenbar sein als Leistung in einem Studiengang, sondern auch als Bestandteile in ein digitales Portfolio des Studierenden eingehen (s.a. Brahm/Seufert 2007), das diese Person – auch unabhängig von der Hochschule – etwa für Bewerbungen nutzen kann.

5. Lehrumgebung vs. Lernumgebung

Die persönliche Lernumgebung, in der sich Studierende bewegen und ihre Lernaktivitäten durchführen, ist nicht deckungsgleich mit der Lehrplattform (LMS), die die beschriebenen Funktionen vorhält (s.a. Attwell 2007; Schaffert/Hilzensauer 2008, aber auch Mandl/Reinmann-Rothmeier 2000). Lehrplattformen werden durch Feed-Mechanismen durchlässiger: Inhalte werden nicht mehr zwingend auf der Plattform eingestellt, sondern aus Repositorien und Feeds ausgelesen bzw. entsprechend verlinkt. Sie werden im LMS zusammengeführt und in der persönlichen Arbeitsumgebung der Studentin eingelesen. Die Oberfläche, mit der Studierende auf die Materialien zugreifen, kann z.B. ein RSS-Reader sein, der die verschiedenen Feeds aggregiert, oder ein Portal, das verschiedene Inhalte und Werkzeuge zusammenführt (Stratmann/Kerres 2007).

Werkzeuge zur Bearbeitung von Materialien können *in* dem LMS implementiert sein; sie können jedoch auch, z.B. als Widget, Webpart, Plugin, Applet o.ä., in die Arbeitsumgebung des Lernenden integriert sein. Im Prinzip erscheint es unerheblich, mit welchem Werkzeug Studierende ihre Dokumente erstellen bzw. bearbeiten. Bei Aufgaben, die gemeinsam mit Anderen (auch etwa einem Tutor oder einer Tutorin) bearbeitet werden, sollte jedoch ein gemeinsam genutztes Werkzeug vorliegen, das wiederum universell genug ist, dass es in unterschiedlichen Umgebungen (gut) verwendbar ist.

Für die Konzeption des Lernarrangements wichtig ist dabei auch, wie und wo die Ergebnisse von Lernaufgaben zur Verfügung gestellt werden. Sie können z.B. per E-Mail an Tutor/innen eingesendet oder auf das LMS kopiert werden. Eine Alternative besteht darin, die Ergebnisse auf einer separaten Plattform bereitzustellen und das LMS (und damit die Lehrperson) per RSS-Feed zu informieren, wenn ein neuer Beitrag von der Person eingestellt wurde. So könnten z.B. Studierende Einträge in ihrem eigenen Blog – etwa unter einer bestimmten Kategorie (»Tag«) – vornehmen, die dann an das LMS gemeldet werden. Auch Präsentationen oder Texte könnten etwa in dem eigenen E-Portfolio des Studierenden angelegt, und – bei Fertigstellung – mit einem Tag versehen werden, das eine Meldung an das LMS auslöst.

Das LMS entwickelt in einem solchen Szenario eine andere – allerdings nicht minder wichtige – Funktion für den Lehr-Lernprozess: Von einem Server, der vor allem dazu dient, einer Gruppe von Studierenden Dokumente zur Verfügung zu stellen, wird das LMS eine Art didaktische »Schaltstelle«, die die Organisation von Lehr-Lernaktivitäten unterstützt. Andere Funktionen rücken damit in den Vordergrund: Das LMS greift auf Dokumente ganz unterschiedlicher Art zu und stellt diese aggregiert zur Verfügung. Es koordiniert die Aktivitäten und

Kommunikation der Akteure und stellt Werkzeuge für die gemeinsame Bearbeitung von Dokumenten zur Verfügung, die in der persönlichen Lernumgebung der Studierenden übernommen werden können. Zugleich dokumentiert es Lernprozesse und -fortschritte und arbeitet dazu mit zentralen Prüfungssystemen wie auch dem individuellen E-Portfolio des Studierenden zusammen.

6. Fazit

Die Auswahl eines LMS schafft einen Rahmen für Lehr- und Lernaktivitäten an einer Hochschule. Mit Greeno können wir davon sprechen, dass LMS »affordances« und »constraints« der Umwelt definieren: Sie fordern zu einem bestimmten Verhalten auf und wirken durch ihre Beschaffenheit einschränkend auf andere (Greeno 1994; s.a. Kennewell 2001). Einem LMS ist immer eine bestimmte implizite Theorie des Lernens »eingeschrieben«, und es fordert somit durchaus zu einer bestimmten Art des Lehrens und Lernens auf. Unterrichtsräume etwa fordern Menschen, alleine durch ihre Möblierung, zu einer bestimmten Nutzung auf. Bereits die Anordnung von Stuhlreihen beeinflusst beispielsweise, wie in einer Lehrveranstaltung interagiert wird.

Doch es bleibt die Frage, wie stark LMS, die sich in ihren Funktionalitäten im Übrigen zunehmend annähern, prägend auf das Handeln der Lehrenden und Lernenden wirken. Es ist die Frage, ob ein LMS nicht eher so genutzt wird, dass es der impliziten Theorie *des Lehrenden* entspricht und nicht umgekehrt, die Lehrperson sich der impliziten Theorie des LMS anpasst. So lässt sich etwa beobachten, dass Lehrende auch ein didaktisch anspruchsvolles LMS, das vielseitige Möglichkeiten für z.B. kooperative Lernaktivitäten vorsieht, etwa dazu nutzen, um Dokumente zum Download bereitzustellen. Lehrende werden ein LMS nämlich vermutlich schlicht ignorieren, das nicht zur Praxis ihres Lehrens und ihren Erwartungen passt. Sie werden entweder alternative Lösungen finden oder die an der Hochschule vorhandenen Werkzeuge in einer Weise nutzen, dass sie zu ihrer Praxis passen.

Insofern bleibt Skepsis an der These, dass Computer die Hochschullehre in eine bestimmte Richtung verändern werden. Die reine Verfügbarkeit von Technik verändert die didaktische Praxis von Lehrenden kaum. Vielmehr werden bisherige Verhaltensmuster auf neue Techniken angewendet, und die neue Technik wird eher dazu genutzt, um bisherige Verhaltensmuster zu optimieren. An vielen Hochschulen lässt sich beobachten, dass sich die überwiegende Nutzung von E-Learning-Plattformen weiterhin auf die Verteilung von Dokumenten bezieht. Lehrende, die bewusst problembasiertes oder kooperatives Lernen anstreben, suchen und nutzen dagegen die entsprechenden Werkzeuge wie Foren, Wikis oder Blogs, für Kooperation und Diskussion.

Diese Beobachtungen sind der Grund, warum die Diskussion über »Change Management« bei der Einführung von E-Learning Innovationen eine zentrale Bedeutung erhalten hat: Es ist notwendig, eine angestrebte didaktische Innovation explizit – und ganz unabhängig von E-Learning – zu explizieren, den Beitrag von E-Learning in diesem Rahmen herauszuarbeiten und die zur Umsetzung erforderlichen Maßnahmen festzulegen. Die Hoffnung, dass sich durch die Einführung von E-Learning alleine alternative didaktische Ansätze im Studium etablieren könnten, erweist sich als wenig begründet. Eine solche Veränderung muss an grundsätzlichen Überlegungen zur Lehrpraxis in der Hochschule ansetzen: Innerhalb eines solchen explizit formulierten Zielrahmens, allerdings, können und werden digitale Lernwelten eine wichtige Rolle spielen, um solche Veränderungen mit einem höheren Wirkungsgrad zu implementieren. Es geht damit um die Frage, wie digitale Lernwelten bestimmte Zielvorstellungen einer innovativen Lehr- und Lernpraxis an Hochschulen unterstützen können. Naive Vorstellungen über die »Revolution«, die Computer in der Lehre auszulösen vermögen, sind ausgeträumt, und zugleich bleiben die Chancen, mit digitalen Lernwelten zu einer veränderten Praxis des Lehrens und Lernens an Hochschulen beizutragen.

Literatur

Attwell, G. (2007): The Personal Learning Environments – the future of eLearning? eLearning Papers, 2(1).

Baumgartner, P./Häfele, H./Maier-Häfele, K. (2002): E-Learning Praxishandbuch. Auswahl von Lernplattformen: Marktübersicht – Funktionen – Fachbegriffe. Innsbruck: Studien Verlag.

Baumgartner, P./Kalz, M. (2005): Wiederverwendung von Lernobjekten aus didaktischer Sicht. In D. Tavangarian/K. Nölting (Hg.), Auf zu neuen Ufern! E-Learning heute und morgen, Medien in der Wissenschaft (Bd. 34, S. 97-106). Münster: Waxmann.

Brahm, T./Seufert (Hg.) (2007): Ne(x)t Generation Learning: E-Assessment und E-Portfolio: halten sie, was sie versprechen? SCIL-Arbeitsberichte. St. Gallen. Abgerufen von http://www.scil.ch/fileadmin/Container/Leistungen/Veroeffentlichungen/2007-03-brahm-seufert-next-generation-learning.pdf.

Erpenbeck, J./Sauer, J. (2000): Das Forschungs- und Entwicklungsprogramm »Lernkultur Kompetenzentwicklung«. In: Arbeitsgemeinschaft QUEM (Hg.): Kompetenzentwicklung 2000. Lernen im Wandel – Wandel durch Lernen. Münster u.a.

Euler, D./Hahn, A. (2004): Wirtschaftsdidaktik. Bern: Haupt.

Euler, D./Seufert, S. (2005): Nachhaltigkeit von eLearning-Innovationen: Fallstudien zu Implementierungsstrategien von eLearning als Innovationen an Hochschulen. SCIL Arbeitsbericht 4. Universität St. Gallen.

Greeno, J. G. (1994): Gibsons's Affordances. Psychological Review, 101(2), 336-342.

Hagner, P./Schneebeck, C. (2001): Engaging the Faculty. In: Technology Enhanced Teaching and Learning: Leading and Supporting the Transformation on Your Campus, Educause Leadership Strategies. San Francisco: Jossey-Bass.

Kennewell, S. (2001): Using affordances and constraints to evaluate the use of information and communications technology in teaching and learning. Technology, Pedagogy and Education, 10(1), 101-116.

Kerres, Michael (2001): Zur (In-)Kompatibilität von mediengestützter Lehre und Hochschulstrukturen. In: Virtueller Campus. Szenarien – Strategien – Studium, Medien in der Wissenschaft (Bd. 13). Münster: Waxmann, S. 293-302.

Kerres, Michael (2006): Potenziale von Web 2.0 nutzen. In K. Wilbers & A. Hohenstein (Hg.), Handbuch E-Learning. München: DWD-Verlag.

Kerres, Michael/Euler, D./Seufert, S./Hasanbegovic, J./Voß, B. (2005): Lehrkompetenz für eLearning-Innovationen in der Hochschule. Ergebnisse einer explorativen Studie zu Massnahmen der Entwicklung von eLehrkompetenz.

Kerres, Michael/Nübel, I. (2005): The Status of E-Learning at German Higher Education Institutions. In: E-Learning in Europe – Learning Europe. How have new media contributed to the development of higher education? (Bd. 36, S. 29-50). Münster: Waxmann.

Labhrainn, I./Legg, C./Schneckenberg, D./Wildt, J. (2006): The Challenge of eCompetence Development in Academic Staff Development. Galway: CELT, NUI.

Mandl, H./Reinmann-Rothmeier, G. (2000): Wissensmanagement. München: Oldenbourg.

Probst, G./Raub, S./Romhardt, K. (2006): Wissen managen. Wie Unternehmen ihre wertvollste Ressource optimal nutzen. Wiesbaden: Gabler.

Schaffert, S./Hilzensauer, W. (2008): On the way towards Personal Learning Environments: Seven crucial aspects. eLearning, 9.

Schulmeister, R. (2001): Virtuelle Universität. Virtuelles Lernen. München: Oldenbourg.

Schulmeister, R. (2006): eLearning: Einsichten und Aussichten. München: Oldenbourg.

Stratmann, Jörg/Kerres, Michael (2007): Das Studienportal der Universität Duisburg-Essen. In: B. Gaier/F. Hesse/M. Lütke-Entrup (Hg.): Bildungsportale – Potenziale und Perspektiven netzbasierter Bildungsressourcen. München: Oldenbourg.

Wirth, M. (2005): Gestaltung transparenter Prozessdefinitionen zur nachhaltigen Implementierung von E-Learning: Erfahrungen an der Universität St. Gallen. In: D. Euler/B. Rüger (Hg.): E-learning in Hochschulen und Bildungszentren. München: Oldenbourg, S. 149-164.

Orientierung im virtuellen Raum – Mentale Modelle internetgestützter Lernumgebungen im Studium der Sozialen Arbeit

Roland Bader

Abstract

Die Integration von Web 2.0-Techniken in die Hochschule bietet neue Chancen für selbstständiges, sozial verankertes und berufsrelevantes Lernen. Sie wirft aber auch Fragen auf, etwa nach der Einbindung in die standardisierten Studien- und Prüfungsstrukturen der Hochschule und nach der Orientierung von Studierenden in unterschiedlichen virtuellen Lernräumen. Nach einem kurzen Überblick über die Erfahrungen in exemplarisch ausgewählten Blended Learning Lehrveranstaltungen des Projekts medialeproduktion.de geht dieser Beitrag ausführlich auf eine eigene Studie ein. In der Studie wurden mentale Modelle virtueller Lernräume von Studierenden erfasst und analysiert. Die Ergebnisse geben Aufschluss über Orientierung und Wahrnehmung der Grenzen sowie zum Verhältnis der Lernplattformen und Web 2.0-Techniken aus Sicht der Studierenden. Die Ergebnisse zeigen, dass unterschiedliche mentale Modelle von ein und demselben Seminar nebeneinander existieren und dass es aus Sicht der Hochschule sinnvoll ist, das Engagement der Studierenden im Web 2.0 durch geeignete internetgestützte Maßnahmen zu unterstützen und durch Strukturierungsangebote zu begleiten.

1. Web 2.0 als sozialer Lernraum im Kontext der Hochschule

Die meisten Studierenden nutzen eine Vielzahl von Web 2.0-Techniken selbstverständlich und alltäglich. Viele sind in Studi.VZ aktiv vernetzt, die Wikipedia ist ein oft genutztes Nachschlagewerk, YouTube wird zur Unterhaltung und Recherche gebraucht. Es bietet sich für die Hochschule an, den Studierenden in der Lehre und im Studium Web 2.0-Techniken wie Wikis, Blogs, Podcast, Content Management Systeme oder Community Software bereitzustellen, um ihnen Möglichkeiten zu bieten, ihre Kompetenzen in fachlich-wissenschaftlichen Diskursen und in der Vernetzung in professionellen Communities anzuwenden und auszubauen. Das ist – neben der Qualitätsverbesserung und der Flexibilisierung des Studierens – eines der Leitziele des Projekts medialeproduktion.de.[1]

Das Neue am Web 2.0 im Kontext der Hochschule ist die Vielfalt an Formen, in denen der Aufbau von Wissen und der Erwerb von Kompetenzen möglich sind. So kann man sich in einer professionellen Community mit regelmäßigen Beiträgen engagieren, einen Blog zu einem fachlichen Thema führen, sich hochschulübergreifend an einem Wiki beteiligen und vieles mehr. In solchen Formen des Engagements können berufsrelevante Kompetenzen ausgebildet werden wie etwa Eigeninitiative, Organisationsfähigkeit, selbstständiges Lernen (zum Kompetenzerwerb im Kontext ehrenamtlichen Engagements vgl. Sasse 2008). Solche in informellen Kontexten erworbenen Selbst-, Organisations- und Medienkompetenzen können von den Hochschulen als studienrelevant anerkannt und zertifiziert werden (BMBF 2008). Während es für die Hochschulen erstrebenswert ist, sich stärker gegenüber der Gesellschaft, dem Wettbewerb und der Wirtschaft zu öffnen und starre institutionelle Formen zu flexibilisieren, ist es zugleich notwendig, den traditionellen Aufgaben einer guten Lehre zur Vermittlung relevanter grundlegender beruflicher Kompetenzen nachzukommen.

Aus den vielfältigen Erfahrungen von Studierenden im Internet kann noch nicht darauf geschlossen werden, dass die aktive internetgestützte Partizipation im Kontext eines wissenschaftlichen Studiums oder fachlichen Engagements dadurch erleichtert und ebenso selbstverständlich wie die Vernetzung in Studi.VZ wird. Zudem ist die Hochschule ein anderer organisatorischer Kontext als das Web 2.0. Während das Wissen und Lernen an der Hochschule von Autoritäten verwaltet und das Hochschulstudium durch Rahmenvorgaben, Standardisierung, Modulhandbücher, Vergleich- und Prüfbarkeit geprägt ist, entsteht das Wissen im Web 2.0 in der sozialen Interaktion und Organisation, oft aktuell, spontan und nicht redaktionell geprüft. Das Lernen an der Hochschule ist formalisiert, das Engagement im Web 2.0 ist informell und sozial organisiert.

Wer sich aktiv im Internet engagiert, tut dies mit der Aussicht darauf, für seine Beiträge Aufmerksamkeit und Anerkennung zu finden und sich zu vernetzen. Dies ist unabhängig von Form und Ort und trifft ebenso für ein persönliches Profil bei Studi.VZ zu wie für ein anspruchsvolles täglich aktualisiertes Blog. Wer substanzielle Kommunikationsbeiträge leistet, hat die Chance, wahrgenommen zu werden und soziales Kapital aufzubauen, das sich in einem weit ver-

1 Vgl. www.medialeproduktion.de. Das Projekt wurde im Rahmen von ELAN III (Elearning Academic Network Niedersachsen) von 2007 bis 2009 gefördert und hatte das Ziel, in einem Verbund von vier niedersächsischen Hochschulen Blended Learning-Studienmodule im Umfang von 12 ECTS (360 Stunden Workload) zu Themen von Medienkompetenz/Medienbildung zu entwickeln.

zweigten Netzwerk, einem Informationsvorsprung, mehr Gelegenheiten zu Begegnung und verbesserten beruflichen Chancen äußert. Für Beiträge im Rahmen eines Hochschulstudiums hingegen ist weniger der Umfang der Kontakte als vielmehr die Qualität des fachlichen Niveaus der Maßstab.

2. Exemplarische Erfahrungen in Blended Learning Seminaren

Vor dem Hintergrund dieser Überlegungen erschien es lohnenswert und zugleich anspruchsvoll, im Studiengang Soziale Arbeit der HAWK[2] in Holzminden Web 2.0-Systeme für die aktive Bearbeitung von Studien- und Prüfungsleistungen zu nutzen. Dies geschah im Kontext von Blended Learning-Seminaren, in denen Selbststudiumsmaterialien in Form von Wikis, Onlinevideos und Podcasts bereitgestellt und die Seminarkommunikation fast ausschließlich auf der Lernplattform Moodle gestaltet wurde. Präsenztermine waren reduziert, um statt im Seminarraum im Internet lernen und arbeiten zu können.

Im Kontext eines handlungsorientierten didaktischen Modells wollten wir Erfahrungen mit verschiedenen methodischen Formen der Blended Learning-Lehre sammeln, um den Studierenden neue Möglichkeiten zur Erschließung fachlich-professionellen Wissens, zur beruflichen Vernetzung, zur Kollaboration im Internet sowie zu Aktivität und Eigeninitiative zu bieten. Insgesamt wurden zwölf Blended Learning-Lehrveranstaltungen, zum Teil mehrfach, an der HAWK und den Partnerhochschulen durchgeführt.

Der didaktische Rahmen der Lehrveranstaltungen war das Modell der »aufgabenorientierten Entwicklung didaktischer Szenarien« (Arnold et al. 2004): An einer zentralen »Aufgabe« orientieren sich Ablauf, Kommunikation, Medien und Materialien der Blended Learning-Lehrveranstaltung. Im Zentrum jeder Lehrveranstaltung stand eine Medienproduktion im Web 2.0, etwa ein regelmäßig geführtes Blog, ein Onlinevideo oder ein gemeinsames Seminarwiki. Beispiele für zentrale Seminaraufgaben sind:

- im Seminar »Medien und Identität« die Erarbeitung eines Themas in Kleingruppen im gruppeninternen Moodle-Forum und die Publikation eines abschließenden Beitrags als Hypertext oder Podcast auf der Website zum Seminar (vgl. Bader, im Druck),
- im Seminar »ePortfolio« die Erstellung eines eigenen E-Portfolios sowie die Auseinandersetzung mit verschiedenen Formen von E-Portfolios und den

2 Hochschule für Angewandte Wissenschaft und Kunst, Fachhochschule Hildesheim Holzminden Göttingen.

Möglichkeiten des ePortfolio-Systems Mahara (vgl. Kittel und Bader, in Vorbereitung);
- im Seminar »Soziale Arbeit im Internet« die Recherche zu Quellen eines Handlungsfeldes im Internet, die aktive Partizipation in Internetcommunitys der Sozialen Arbeit und die Ausarbeitung einer Wikiseite zu einem Handlungsfeld in Kleingruppen.

Andere Lehrveranstaltungen hatten die Erstellung eines Podcasts, den Aufbau einer Website oder die Analyse eines Films als Gruppenarbeit im Blog (vgl. Greßhöner/Schmidt/Thelen 2008) zur Aufgabe.

Die Evaluation aller Blended Learning-Lehrveranstaltungen zeigte eine sehr hohe bis hohe Zufriedenheit mit dem Angebot in allen abgefragten Bereichen. Trotz zusätzlichen Aufwands wurden Blended Learning-Seminare als moderne und angemessene methodische Bereicherung geschätzt.

Darüber hinaus waren die Erfahrungen in den unterschiedlichen Seminaren heterogen. In der Veranstaltung »Medien und Identität« gab es tiefe und umfangreiche Diskussionen auf der Moodle-Plattform, die in wenigen Fällen zu sehr anspruchsvollen multimedialen Veröffentlichungen auf der Seminarwebsite führten (vgl. Bader, im Druck). In der ePortfolio-Veranstaltung erwarben die Studierenden didaktisches und technisches Wissen und gestalteten ihre E-Portfolios – zum größten Teil aber mit fiktiven Identitäten. In der Veranstaltung »Soziale Arbeit im Internet« wurden in Kleingruppen anspruchsvolle Wiki-Seiten erarbeitet. Obwohl ein externer Experte mit langjähriger Erfahrung über das Internet an der Veranstaltung teilnahm, konnten seine Erfahrungen doch nur in geringem Ausmaß produktiv genutzt werden. Insgesamt schien es mir oft, als würden die verfügbaren Web 2.0-Techniken eher zögerlich genutzt, und eher als Äquivalent zu einer Hausarbeit als im Hinblick auf ihre Potenziale zu ganz neuen Formen der Vernetzung der Studierenden im Web 2.0. Im Vergleich verschiedener Veranstaltungen, Kleingruppen und Techniken erschien es mir, als etablierten sich mit unterschiedlichen Techniken, variierenden Kleingruppendynamiken und anderen Seminaraufgaben auch verschiedene Kommunikationskulturen. Für manche Studierende oder Kleingruppen schien die Kommunikation im Internet leichter, für andere zäher und schwieriger zu sein.

Ein Ergebnis aus der systematischen und multiperspektivischen Zwischenauswertung nach der Durchführung der ersten sechs Blended Learning-Veranstaltungen war der Hinweis auf die hohe Bedeutung einer gemeinsam geschaffenen internetgestützten Kommunikations- und Studienkultur für den selbstverständlichen Umgang Studierender. So ist es – neben dem Engagement von

Lehrenden und einer stimmigen technischen Infrastruktur – für die Akzeptanz des Blended Learnings in einem Studiengang wichtig, dass eine kritische Masse von Studierenden Erfahrungen in entsprechenden Seminaren gesammelt hat und diese Erfahrungen auch an nachfolgende Kohorten weitergibt.

Doch wie kann eine solche Blended Learning-Kommunikationskultur aussehen? Wie sehen virtuelle Lernräume aus Sicht der Studierenden aus? Welche der Aufgaben, Materialien und Möglichkeiten werden angenommen, welche verworfen? Wie leicht oder schwer fällt den Studierenden die Orientierung in den verschiedenen technischen Systemen? Übertragen sie ihr Engagement aus dem Web 2.0 auf den Hochschulkontext? Welche Unterstützungsangebote sind notwendig?

Um die bei den Studierenden wahrgenommene Varianz im Umgang mit virtuellen Lernräumen besser zu verstehen, wurde eine Untersuchung zur Wahrnehmung virtueller Lernräume durchgeführt.

3. Orientierung der Studierenden im virtuellen Raum: Fragestellung

Die Studie hatte das Ziel, die mentalen Modelle der virtuellen Räume von Studierenden zu beschreiben, um besser verstehen zu können, wie sie sich in den geschützten Bereichen der Hochschul-Lernplattformen und den offenen Bereichen des Web 2.0 orientieren. Dahinter stand die Frage, wie sich die unterschiedlichen formalen Anforderungen der Hochschule und die informellen Räume des Web 2.0 in der Wahrnehmung der Studierenden abbilden.

4. Methode

Befragt wurden im Juni 2008 Studierende der drei oben erwähnten Blended Learning-Seminare, die von Thomas Kittel und mir im Studiengang Soziale Arbeit an der HAWK in Holzminden durchgeführt worden waren. Eingesetzt worden waren neben Moodle als Kursplattform Wikis, Mahara (E-Portfoliosystem mit integrierten Blogs), Podcasts, ein Content Management System sowie del.icio.us.

Die Methode der mentalen Modelle wurde gewählt, weil kognitive Repräsentationen subjektive Bedeutungen und Relationen abbilden können, die aus Sicht der Studierenden relevant sind. Diese sollten im Zentrum der Studie stehen. In mentalen Modellen können kognitive, soziale und emotionale Aspekte gleichermaßen enthalten sein. Ein mentales Modell des virtuellen Raums kann auch Hinweise auf (nicht) wahrgenommene Ressourcen, Anforderungen und eigene Handlungsoptionen geben.

In der letzten Präsenzsitzung wurden die Teilnehmenden gebeten, in einer Zeichnung das Seminar als »virtuellen Raum« zu visualisieren. Die Instruktion war offen gehalten und ließ für viele Metaphern Raum. Im Anschluss wurden die Studierenden eingeladen, in Einzelinterviews auf freiwilliger Basis ihre Zeichnungen zu erläutern. Leitorientierung der Interviews war es, die Studierenden ihre Zeichnung als ganze und die einzelnen Elemente und ihre Beziehungen erläutern zu lassen. Die Interviews waren zwischen fünf und 15 Minuten lang und wurden aufgezeichnet. Die Aussagen wurden transkribiert und mit einer Software zur Auswertung qualitativer Daten codiert und ausgewertet. Auf der Grundlage der Aussagen der Studierenden wurden induktiv Kategorien gebildet, angelehnt an die Methode der Grounded Theory (Glaser/Strauss 1998).

Aufgrund der Freiwilligkeit liegen nicht zu allen Zeichnungen Interviews vor. Zeichnungen ohne erläuternde Kommentare wurden nicht ausgewertet. Insgesamt liegen zu zwanzig Zeichnungen Interviews vor.

Die Studierenden bieten in ihren Zeichnungen ein heterogenes Spektrum an Metaphern für die Blended Learning-Seminare. Die Codierung der Aussagen und Zeichnungen führte zu Kategorien, mit denen die folgenden Abschnitte überschrieben sind. Um der Lesbarkeit willen wurde die Darstellung in eine strukturierende Ordnung gebracht.

5. Ergebnisse

5.1 Verwirrung und Verlust der Kohärenz

In drei Zeichnungen dominieren unangenehme Eindrücke wie Verwirrung, Verlust des Halts und Bröckeln fester Strukturen. Verwirrung entsteht aus der Vielfalt der Forenbeiträge auf der Moodle-Plattform und hat neben der inhaltlichen Seite des Verlusts von Zusammenhang auch die soziale Seite, sich aus den Diskussionen der Anderen ausgeschlossen zu fühlen. Neue Erfahrungen in der Onlinekommunikation stellen die von Präsenzseminaren vertrauten Routinen der Hochschulkommunikation infrage. Gewohnte Konzepte erweisen sich als nicht mehr tauglich, um die neuen kommunikativen Anforderungen zu bewältigen.

Zeichnung 04 zeigt im Zentrum ein verworrenes Knäuel aus kleinen Kästchen. Zwei kleine Figuren am Rand des Bilds symbolisieren Moodle und den Seminar-Podcast. Das Knäuel stellt die Forendiskussion dar, die »durcheinander war« (04).

> »Ich fand es eh schon kompliziert und dadurch, dass jeder irgendwo was hingeschrieben hat, war es noch komplizierter. Eigentlich ist es ja wie ein Kreis lauf, weil das eine ohne das andere nicht sein kann, also alles ist ja wichtig, aber es zieht mich trotzdem in so einen Sog mit rein, mit dem ich nicht klarkomme« (04).

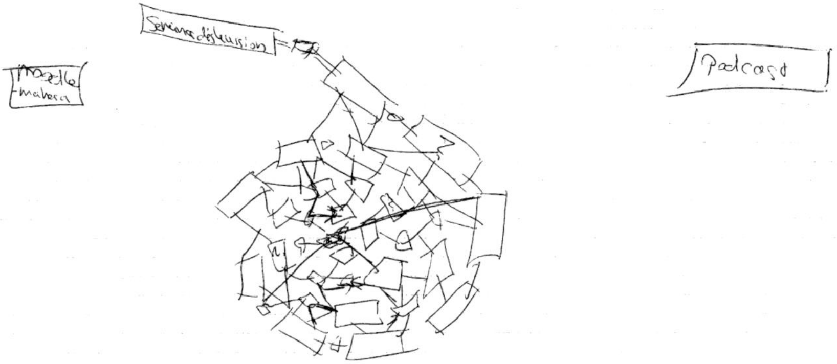

Abbildung 1: Zeichnung 04: Sog

In einer anderen Zeichnung (01) brechen die Wände eines Würfels aus Backsteinen zusammen. Die Wände stehen für die Kohärenz der Seminardiskussion, aber auch für die Grenzen des Seminars zum Internet hin. Aufgrund eines erschwerten Einstiegs hat der Student von Anfang an den Anschluss an die Themen der Kursgruppe nicht gefunden.

5.2 Orientierungsstrategien

Das aktive Bemühen um neue Orientierungsstrategien ist im Onlinesetting von zentraler Bedeutung, um die eigene Handlungs- und Kommunikationsfähigkeit im Internet-Kontext zurückzugewinnen.

Mehrere Studierende berichten davon, wie sie sich selbst zeitliche Grenzen oder ritualisierte Arbeitsabläufe für ihre Arbeit im Seminar vorgeben.

> »Ich habe mir so eine Struktur gemacht, wie ich vorgehe, also erst die Aufgaben durchlesen in Moodle, dann die Podcasts angehört, dann Zeit genommen für eigene Ideen, dann kommt das Forum und ganz zum Schluss Mahara« (02).
>
> »Auf dem Desktop habe ich so einen Zettel, da schreibe ich mir auf, was ich machen muss. Mit einer klaren Frage oben drüber, damit ich gucken kann, ob ich abgeschweift bin. Aber ich schweife trotzdem oft ab« (18).

Weil Selbst- und Lernorganisation eine aktive individuelle Leistung ist, kann es auch nur bedingt standardisierte Unterstützungsangebote geben. Experimentiert wurde in den Seminaren mit wöchentlichen stichwortartigen Arbeitsprotokollen, in denen die Studierenden ihren Arbeitsaufwand und ihre Tätigkeiten festhielten.

Neben der Lernorganisation besteht auch die Anforderung, sich in der Vielfalt neuer Kommunikationsformen zu orientieren. Bei der Übertragung von Kommunikationserwartungen und -anforderungen aus dem Kontext von Präsenzseminaren ins Internet ist es notwendig, eigene Entscheidungen über Art und Umfang von Beiträgen zu treffen.

> »Da hat man ja die Forenthemen, aber manchmal war ich überfordert. Schreibe ich jetzt zu allen Themen irgendwas oder nur zu einem, aber dann was wissenschaftlich gut Recherchiertes? Ich hätte natürlich zu allem meinen Senf dazugeben können, aber das wäre nicht wissenschaftlich fundiert gewesen« (19).

Es gibt keine zentrale Vorgabe zu dieser Frage, denn in beiden Formen lässt sich im Internet erfolgreich Kommunikation realisieren. Analog zur Unterscheidung zwischen Seminardiskussion und Hausarbeit wählt der zitierte Student für seine Prüfungsleistung das anspruchsvollere Format, für die Seminardiskussion entscheidet er sich für eine willkürliche Auswahl.

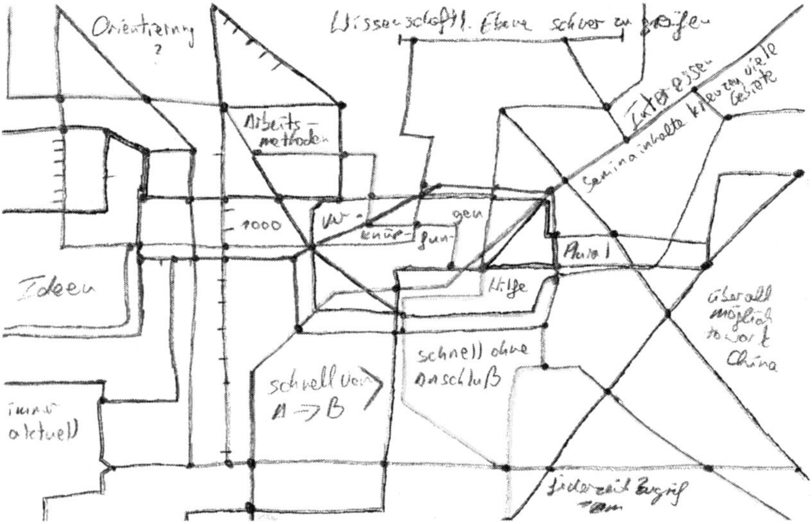

Abbildung 2: Zeichnung 19: U-Bahn-Netz. Das Bild vom Seminar ist der Plan des Londoner U-Bahn-Netzes. Die gezeichneten Verbindungen stellen eigene Interessen dar, die sich weiterentwickeln und über das Blatt hinausgehen

> »Ich habe nicht alle Forenthemen auf dem Schirm. Was mich nicht interessiert, das lese ich dann nicht. Zu Anfang hatte ich aber den Druck, alles zu lesen und auf dem aktuellen Stand zu sein« (19).

Vorbilder für erfolgreiche Kommunikation im Internet werden für die eigene Orientierung kaum genutzt. Auch Feedbacks durch andere Studierende oder den Dozenten werden nicht genannt, wenn es darum geht, Maßstäbe für die eigene Lern- und Kommunikationsstrategie im Forum, im Wiki oder im E-Portfolio zu finden.

5.3 Soziotechnische Systeme: Das Ganze und seine Teile

In Zeichnung 05 (Abb. 3, S. 165) hat die Studentin das Seminar als Gebäude mit verschiedenen Gängen, Räumen und einem Außenbereich dargestellt. Zu jedem Raum in diesem System nennt sie eine entsprechende Internettechnik: Im Cafébereich symbolisieren Tische die einzelnen Foren, an denen sich Interessierte temporär um ein Thema gruppieren können. Im Garten lädt der Podcast als Hängematte zur Entspannung ein. Die Website des Seminars ist eine Bibliothek, ein Labyrinth führt zum Portfolio.

> »Ein recht offener Raum, von vorne kann jeder rein. Recht freundlich gestaltet, eigentlich müssen Sie da sitzen und zum Gespräch einladen. Und dann sind da so Gänge, wo man nicht weiß, wo die hingehen«. Die Umgebung »ist ein Hof, viele sind halt auch draußen, manche lassen sich nicht so häufig blicken« (05).

Abbildung 3: Zeichnung 05: Ein Häuschen im Grünen

In einem anderen Bild (14) ist das Blended Learning-Seminar als Klinikum dargestellt. Die Studentin stellt das Klinikum als hochdifferenziertes technisches Gefüge dar, in dem alle einzelnen Elemente für das Funktionieren des Ganzen notwendig sind. Das Klinikum stellt – ähnlich wie die virtuellen Räume des Seminars – Strukturen für die Versorgung, Durchgänge, geschützte Bereiche für verschiedene Tätigkeiten und die Kommunikation bereit. Die technische Infrastruktur gibt zugleich soziale Rollen und Aufgaben vor; je nach Status und Rolle haben die Akteure in diesem System unterschiedliche Privilegien und Zugänge.

> »Auf der Vorsorgungsebene ist das die Ebene der Dozenten, und über die Etagen kann man mit dem Fahrstuhl fahren oder die Treppe nehmen. Es gibt unzählige Stationen, das könnten die Wikis sein und auf den Stationen gibt es Räume, das könnten die Foren sein« (14).

Sechs der Zeichnungen sind bestimmt von ähnlichen Arrangements aus Einzelelementen, die zusammen ein funktionierendes Ganzes geben und in Funktionsbeziehungen zueinander stehen. Manchmal sind es Zimmer, in denen es erkennbar einzelne Funktionsbereiche gibt. Oft sind es Gebäude, die entweder intern in unterschiedliche Etagen oder Funktionsräume differenziert sind. Gebäude sind manchmal umgeben von Anbauten. Da besteht etwa das Seminar aus einem Informationszentrum Rathaus (Zeichnung 16), an das in Form von Garagen Wikis angebaut sind.

Mit solchen Systematiken gelingt es den befragten Studierenden, ein mentales Modell vom Gesamtkonzept des jeweiligen Blended Learning-Seminars herzustellen, in dem die einzelnen Techniken als funktional differenziert wahrgenommen werden und sozial auch unterschiedliche Optionen für die Formate und die Unterstützung der Kommunikation bieten.

5.4 Sozialraum Moodle

In vier der Zeichnungen bildet sich die Hochschule virtuell in der Lernplattform Moodle ab. In diesen soziotechnischen Arrangements erfüllt Moodle Portalfunktionen. Die Plattform ist Informationszentrum und zugleich gemeinsame Anlaufstelle für die gesamte Seminargruppe. In Moodle werden wöchentlich neue Materialien, Aufgaben, Hinweise, Termine kommuniziert, Feedback gegeben, Kleingruppenaufgaben und -foren organisiert.

Moodle ist derjenige Raum, in dem es den Studierenden am ehesten gelingt, die sozialen Anforderungen an die Kommunikation aus dem Hochschulkontext in die Internetumgebung zu transferieren.

»Moodle ist so eine Sache der Gruppe, da, wo alle ihre Recherchen zusammentragen. Aber Recherche in Moodle, das kann ich mir nicht vorstellen. Alle suchen woanders und treffen sich wieder in Moodle« (20).

Dass die kommunikativen Anforderungen gegenüber Präsenzseminaren erhöht sind, wird am Vergleich mit Stud.IP deutlich. Unterschiede zwischen Stud.IP und Moodle werden in Bild 09 (Abb. 4) als Unterschied zwischen Kommode und Vitrine visualisiert. Stud.IP ist geschlossener, stellt keine kommunikativen Erfordernisse und ist in seiner Funktionalität auf Koordination und Administration reduziert.

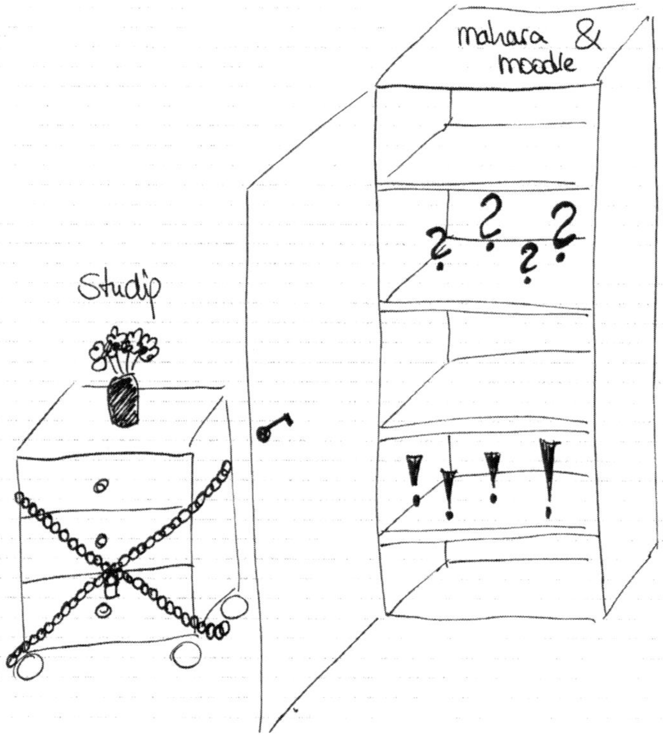

Abbildung 4: Zeichnung 09: Kommode und Vitrine

»Man arbeitet da [gemeint ist Stud.IP] mehr als Student, muss da meine Veranstaltungen eintragen. Stud.IP ist wichtiger und hilfreicher, weil es alles verwaltet. Mahara und Moodle würde ich nicht freiwillig machen (...). Das sind ja zwei Möbelstücke, die haben ja einen Charakter« (09).

Wie im Präsenzseminar sind in Moodle verschiedene Methoden für die Plenums- und Kleingruppenkommunikation, für die soziale Wahrnehmung, für Rückmeldung und die Arbeit an Aufgaben und mit Materialien möglich. Der moodlezentrierte Raum wird deutlich von der Hochschulkommunikation geprägt, was sich z.B. in Fragen nach Anforderungen an Studien- und Prüfungsleistungen sowie Fragen zu Kommunikationsformaten manifestiert (vgl. Abschnitt 5.2, S. 163ff.). Deutlich wird dies auch im Vergleich von Moodle mit anderen kommunikativen Möglichkeiten des Internets.

> »Der Schreibstil ist ganz anders je nachdem, wo ich schreibe. Also in Moodle überlege ich schon, wie ich das formuliere, weil das ja an der FH ist. In anderen Foren schreibt man mehr von der Leber weg« (20).

Mitsamt ihren Regeln, Rollen, Aufgaben und kommunikativen Anforderungen wird die Hochschule als sozialer Raum wahrgenommen, und ein entscheidender Vorzug von Moodle liegt darin, dass es als technisches System vielfältige Optionen bietet, um unterschiedliche soziale Prozesse abzubilden, zu initiieren und zu steuern.

5.5 Das Internet als Schaufenster: Kontrolle, Zugänge und Grenzen

Eine Metapher für die Öffentlichkeit des Internets, die viermal genannt wird, ist das Bild des Schaufensters, der Galerie oder einer Vitrine (Abb. 5, S. 169). Nimmt man als weitere Metapher den Raum hinzu, der in eine private und eine andere Zone geteilt ist, kommt man auf acht Aussagen, die verschiedene Sphären von Privatheit und Öffentlichkeit im Zusammenhang mit verschiedenen Zugriffsrechten unterscheiden. Eine Ansicht der eigenen Produktion ist für die Öffentlichkeit, während der privilegierte Zugang zum Backend die Veränderung der Inhalte und die Verteilung von Rechten für die Vorderansicht erlaubt.

Die Zweiteilung in ein Frontend und ein Backend ist für fast alle Web 2.0-Anwendungen in unseren Seminaren charakteristisch und immer mit privilegierten Zugriffs-(Schreib-)rechten für die Studierenden verbunden.

> »Den Hinterraum des Schaufensters gibt es auch. In das Schaufenster kann ich halt verschiedene Sachen packen, sei ein Blog, Projekte, Lebenslauf und so (...). Ich hab' im Regal vorne meine Sachen stehen, das kann ich wechseln« (13).

Explizit taucht das Thema der eigenen Kontrolle über die Sichtbarkeit der eigenen Beiträge in der Öffentlichkeit nur in der Auseinandersetzung mit dem E-Portfoliosystem Mahara, nicht aber bei der Arbeit mit Wikis, Blogs oder dem CMS auf. So ist in einer Zeichnung eine doppelte Linie um eine Trias aus Moodle, Mahara und dem Präsenzseminar gezogen. Mahara, so der Autor, sei

> »einfach angenehmer, weil ich entscheiden kann, wer was sehen kann. Die doppelte Mauer ist mehr Schutz für mich« (17).

Abbildung 5: Zeichnung 13: Schaufenster

Mahara macht durch die Benutzerführung schon dem Anfänger deutlich, dass die hinterlegten Artefakte und Beiträge zunächst für niemanden sichtbar sind. Erst müssen so genannte »Ansichten« generiert werden, deren URL man interessierten Nutzern zur Verfügung stellt. Deutlich wird den Studierenden hier also der hohe Schutz ihrer Daten vor Augen geführt, was die häufigen Bezüge auf private und öffentliche Sphäre erklärt.

Erklärungsbedürftig angesichts des hohen wahrgenommenen Schutzes der eigenen Daten bleibt allerdings die Tatsache, dass ein großer Teil der Studierenden ihre Portfolios mit fiktiven Daten angelegt hat. Verständlich wird dies aus dem Konzept von Internetöffentlichkeit als ungeschütztem Raum, das die Aussagen der Studierenden prägt.

5.6 Internetöffentlichkeit als ungeschützter Raum

Moodle steht nicht allein für verschiedene – kurszentrierte und dozentengesteuerte – Möglichkeiten zur Abbildung sozialer Hochschulstrukturen in einem informationstechnischen System. Die Hochschulplattform Moodle ist ja auch Teil des Internets und bildet in seinen Modulen konventionelle Kommunikationsformate des Internets ab: Man kann dort eine persönliche Seite gestalten, gemeinsam an einem Wiki arbeiten, ein Blog führen, in Foren diskutieren etc. Alle diese Möglichkeiten sind in Moodle nur kursintern zugänglich und somit sind die Darstellungen und Artefakte vor unbefugtem Zugriff geschützt. Das ist der große Unterschied zur Kommunikation im Web 2.0, die per se auf Öffentlichkeit angelegt ist.

Wie verhalten sich nun in der Wahrnehmung der befragten Studierenden die nicht-öffentlichen zu den öffentlichen Kommunikationsformaten? Brauchen oder schätzen die Studierenden den besonderen Schutz, den die geschlossenen Kursräume in Moodle bieten?

Entgegen unseren Erwartungen wird dieser Schutz von den Studierenden praktisch überhaupt nicht realisiert. Ob öffentlich im Web 2.0 oder in einem geschlossenen Moodle-Forum geschrieben wird, macht in den Aussagen der Studierenden keinen Unterschied.

> »Ich habe mir meine Texte zigmal durchgelesen. Weil im Internet ist das ja anders. Wenn man im Seminar mal was Blödes gesagt hat, dann gucken halt alle. Aber wenn man das im Internet schreibt, dann steht das halt da und alle können es lange lesen« (18).

In dieser wie in vier ähnlichen Aussagen ist es bedeutungslos, ob die Öffentlichkeit nur seminarintern oder internetweit ist. Sie wird als Öffentlichkeit wahrgenommen, die sorgfältige redaktionelle Arbeit verlangt, insbesondere weil die eingestellten Beiträge für lange Zeit nachlesbar bleiben.

Manchmal geschieht dies aus Unkenntnis und Desinteresse. Aber auch erfahrene Internetnutzer äußern Skepsis über einen möglichen unbefugten Zugang.

> »Im Internet braucht man ein gewisses Grundvertrauen, sicher ist man ja nie. Ich stell' mir Moodle nicht als geschützten Raum vor. Ich denke, wer da unbedingt drauf will, kommt da auch hin. Ich glaube, es gibt keinen geschützten Raum im Internet« (20).

Dieses Unwohlsein beim eigenen Publizieren im Internet hat nichts mit einem Misstrauen der Hochschule gegenüber zu tun. Der Hochschule wird großes Vertrauen entgegengebracht, doch die Möglichkeit eines Missbrauchs mag niemand grundsätzlich ausschließen.

> »Sie sagen zwar, dass niemand das lesen kann, ich glaube das ja auch, aber irgendwie bleibt trotzdem ein ungutes Gefühl, weil es so undurchsichtig ist. Was man nicht anfassen kann, da ist das so« (18).

5.7 Soziale Kristallisationspunkte im Web 2.0

Nicht nur Moodle kann als sozialer Raum fungieren. In drei der Zeichnungen wird Mahara ins Zentrum gestellt, wo Fäden zu anderen Techniken und Lebensbereichen zusammenlaufen. Wie kann ein Portfolio einen übergreifenden Kontext bilden, der die Hochschule, die Internetöffentlichkeit, die Seminargruppe und sogar den eigenen Arbeitsplatz zu Hause in eine organisierende Struktur bringt? Indem, wie in Zeichnung 06 (Abb. 6, S. 172), das eigene E-Portfolio als Haus funktioniert, in das Menschen eingeladen werden.

> »Als Teil vom Haus wurden dann noch Gruppen und Teilnehmer von Mahara mit einbezogen, und dann wurde halt von zu Hause an Mahara gearbeitet oder hier von der Hochschule« (06).

Die administrativen Rechte, im eigenen E-Portfolio beliebige Ansichten für andere bereitzustellen, erlaubt die Abbildung verschiedener Rollen und die Steuerung verschiedener Grade von Nähe oder Intimität in verschiedenen Gruppen. Diese soziale Perspektive geht über die Schaufenstermetapher (vgl. Abschnitt 5.5, S. 168ff.) hinaus. Hier zeigen sich die charakteristischen Optionen des Web 2.0, sich mithilfe einer Selbstpräsentation zu vernetzen. Die Selbstpräsentation eröffnet Möglichkeiten zur Gestaltung eigener sozialer Räume und zur Nutzung des Portfolios als sozialen Kristallisationspunkt. Hier hat – und dies könnte sogar ein entscheidender Punkt sein – nicht einmal der Dozent Zugang zu den Artefakten, wenn die Studentin das nicht möchte. So kann die Arbeit an einer fiktiven Identität durchaus als Probelauf im Rahmen des Seminars verstanden werden, um später bei Bedarf ein authentisches Portfolio nachzuschieben.

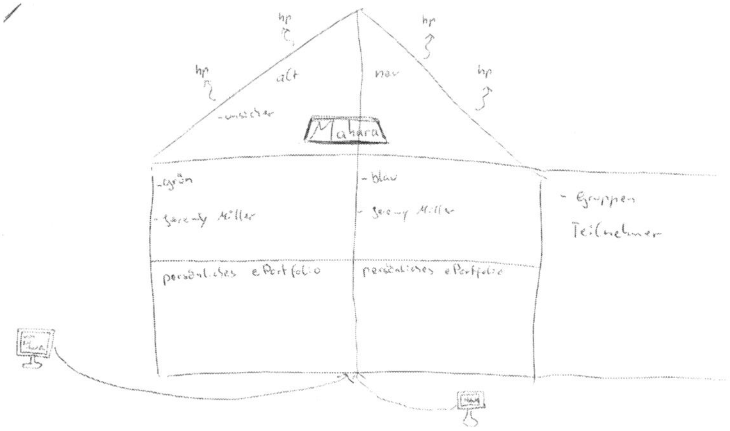

Abbildung 6: Zeichnung 06: Portfolio als Haus

Die Arbeit mit Wikis und Podcast, mit dem Content Management System und mit del.icio.us taucht in den Interviews, wenn überhaupt, nur in der rezeptiven Form auf. Das ist bedauerlich, denn die geringe Anzahl der Nennungen lässt kaum Schlüsse über die Wahrnehmung aus der aktiven Web 2.0-Nutzung zu. Die tatsächliche Nutzung entspricht nicht diesem Bild. Im Gegensatz dazu, dass diese Techniken in den mentalen Modellen wenig genannt werden, wurden sie im letzten halben Jahr von Studierenden verstärkt nachgefragt und in eigenen Projekten, Prüfungsleistungen und BA-Arbeiten eingesetzt. Dies kann als Hinweis darauf interpretiert werden, dass in den Seminaren Grundkenntnisse und mentale Konzepte aufgebaut wurden, um Erfolg versprechende eigene Projekte zu verwirklichen.

6. Schlussfolgerungen und Diskussion

Die Studie zur Orientierung von Studierenden in virtuellen Seminarräumen und im Web 2.0 erbrachte mentale Modelle, die hilfreich sind zum Verständnis der Orientierungsleistungen, die in Blended Learning Seminaren mit Web 2.0-Einsatz von den Studierenden erbracht werden. Deutlich spiegeln sich in der Wahrnehmung der Studierenden die beiden unterschiedlichen Ebenen der Seminare wider.

Zum einen handelt es sich um internetgestützte Formen in der Durchführung. Das bedeutet, dass Kommunikations- und Koordinationsabläufe aus Präsenzveranstaltungen hinaus und ins Internet hinein verlagert wurden. Diese Verlagerung macht es notwendig, die Kommunikationskultur des Studiengangs Soziale Arbeit und die sozialen Regeln und Anforderungen aus Präsenzseminaren im Internet abzubilden. Dies wird in den meisten Blended Learning-Seminaren in Form von Moodle-Kursen umgesetzt. Mit einem Moodle-Kurs hat eine feste Seminargruppe ein geschlossenes, ständig verfügbares Seminarportal, in dem von Lehrenden die thematische und soziale Kohärenz des Seminars sichergestellt werden kann. Entsprechend taucht Moodle in etlichen Zeichnungen der Studierenden als zentrale Struktur, etwa als Gebäude auf, das die Hochschule oder das Seminar als Organisations- und Kommunikationszusammenhang repräsentiert. Die besonderen Qualitäten von Moodle liegen in der Breite und Flexibilität, mit der Kommunikations- und Organisationsformen nach Bedarf gestaltet und in der Seminargruppe praktiziert werden können.

Was das Lernziel einer partizipativen Nutzung von Web 2.0-Techniken – die zweite Ebene der Lehrveranstaltungen – angeht, so ist die Kurs- und Dozentenzentrierung von Moodle hier mit Einschränkungen verbunden. Diesbezüglich zeigt sich eine zweite und völlig anders gelagerte Anforderung an die Studierenden. Sie besteht darin, aktiv mit Web 2.0-Techniken zu arbeiten, d.h. mithilfe von Wikis, Podcasts und E-Portfolios so zu kommunizieren, dass unvorhersehbare neue Kommunikationszusammenhänge im Internet entstehen. In einem Bild wird dies charakterisiert als Ausbau eines Hauses, in das verschiedene Gruppen von Menschen eingeladen werden können. Das Portfolio steht hier exemplarisch für weiter gehende Web 2.0-Techniken.

Nun ist es für die Studierenden ein großer Unterschied, in ein von der Hochschule und dem Dozenten bereitgestelltes Haus – einen Moodle-Kurs – eingeladen zu werden und es gemäß der vordefinierten Regeln zu nutzen, oder aber selbst ein Wiki, ein Blog oder ein E-Portfolio so einzurichten, dass andere Nutzer angezogen werden. Mit anderen Worten: Die aktive Nutzung von Web 2.0-Techniken stellt nicht nur höhere Anforderungen an Eigeninitiative, langfristiges Engagement und Medienkompetenz als ein Blended Learning-Seminar. Zusätzlich entsteht hier auch die Anforderung, Kohärenz in schwer durchschaubaren und flüchtigen Web 2.0-Zusammenhängen herzustellen. Dies erfordert ein mentales Modell davon, wie produktive Tätigkeiten in eine soziale Perspektive integriert werden können. Diese Verschränkung wurde in den Interviews nur ein einziges Mal expliziert.

Die analysierten mentalen Modelle sind Abbilder des didaktischen Konzepts der durchgeführten Seminare und als solche nicht auf andere Studiengangskulturen und entsprechende didaktische Designs übertragbar. Andere didaktische Designs würden andere mentale Modelle evozieren. Wenn die Studierenden in einem Studiengang – wie im hier beschriebenen – eine gute und beziehungsorientierte Diskussions- und Kommunikationskultur gewohnt sind, sollte diese auch in internetgestützten Studienformen abgebildet werden. Dies erfordert im Design einen besonderen Kommunikationsaufwand. Diese Bemühungen sind in einem anderen Kontext möglicherweise verzichtbar.

Ähnlich verhält es sich mit dem Einsatz von Web 2.0-Techniken. Wikis, Blogs und Podcasts können als Gegenstand der Recherche oder als Medien für die dozentenzentrierte Kommunikation genutzt werden. In diesen Formen stellen sie geringere Anforderungen an die Studierenden als im dargestellten Design. Will man allerdings für und mit den Studierenden neue Lernräume im Internet erschließen und neue Formen für das kommunikative und selbstbestimmte Studieren bereitstellen, führt mittelfristig kein Weg daran vorbei, das Web 2.0 partizipativ zu nutzen.

Literatur

Arnold, Patricia/Kilian, Lars/Thillosen, Anne/Zimmer, Gerhard (2004): E-Learning. Handbuch für Hochschulen und Bildungszentren. Didaktik, Organisation, Qualität. Nürnberg: BW Verlag Bildung und Wissen.

Bader, Roland (2009): Medienbildung als Schlüsselkompetenz. Das didaktische Design des Blended-Learning-Projekts medialeproduktion.de. In: Appelrath, Hans-Jürgen/Schulze, Leonore (Hg.): Auf dem Weg zu exzellentem E-Learning – Vernetzung und Kooperation der Hochschullehre in Niedersachsen. Münster: Waxmann, S. 78-89.

BMBF (Hg.) (2008): Stand der Anerkennung non-formalen und informellen Lernens in Deutschland im Rahmen der OECD Aktivität »Recognition of non-formal and informal Learning. Bonn und Berlin. www.bmbf.de/pub/non-formales_u_informelles_lernen_ind_deutschland.pdf (letzter Zugriff: 16.02.2009).

Glaser, Barney G./Strauss, Anselm L. (1998): Grounded Theory. Strategien qualitativer Forschung. Bern: Huber.

Greßhöner, Kristine/Schmidt, Tim/Thelen, Tobias (2008): Praxisbericht: Uniblogs – Die Blogfarm der Universität Osnabrück. Online: www.e-teaching.org/materialien/praxisberichte/08-10-24_Praxisbericht_Uniblogs.pdf (letzter Zugriff: 20.02.2009).

Kittel, Thomas/Bader, Roland (in Vorbereitung): ePorfolios an Hochschulen. In: Dokumentation des Forums Kommunikationskultur der GMK in Rostock 2008. Bielefeld: GMK.

Sass, Erich (2008): Kompetenzerwerb im freiwilligen Engagement. Befunde aus dem Forschungsprojekt Informelle Lernprozesse im Jugendalter in Settings des freiwilligen Engagements Hamburg, 04.11.2008. Online: www.bagfa.de/fileadmin/Materialien/Vortrag_sass__bagfa_08.pdf (letzter Zugriff: 20.02.2009).

III. Best Practice-Beispiele digitaler Lernwelten

Digitale Lernwelten in der Beruflichen Bildung. Die Praxis entwickelt sich langsam, aber sie tut es!

Klaus Schirra und Roger Schlag-Schöffel

Einführung

Nach einer Umfrage des *Swiss Centre for Innovations in Learning* wollen Bildungsmanager in Unternehmen derzeit wenig Energie in Bildungstechnologie investieren. Über den bereits geläufigen Einsatz elektronischer Lernprogramme hinaus ist ein personalisierter Zugang zu Lernressourcen für die Mitarbeiter zwar noch vorstellbar, jedoch wird der Einsatz von Pod-/Videocasts, Open Educational Resources, Wikis und Virtual Classrooms kaum erwogen. Auf dem allerletzten Platz landen virtuelle Realitäten. Die Experten begründen die geringe Bedeutung der Web 2.0-Themen damit, dass die Zeit für derartige Technologien noch nicht reif sei oder E-Learning keine Akzeptanz fände (Euler/Seufert 2007). Für private Träger in der beruflichen Bildung (z.B. nach SGB III) kann prinzipiell von einer noch geringeren Akzeptanz ausgegangen werden.

Dieser Beitrag beschreibt Entwicklungen bei einem Bildungsträger, der hauptsächlich im Bereich SGB III-geförderter Maßnahmen und als private Berufsfachschule agiert. In den letzten fünf Jahren haben sich dort Entwicklungen hin zu selbstgesteuertem Lernen vollzogen, die schließlich auch das Interesse am Einsatz webbasierter Lernumgebungen weckten. Langsam realisiert sich dieses Interesse im Einsatz von E-Learning-Umgebungen, ganz konkret dem Einsatz von Moodle.

Die Ausgangssituation

Bildungsträger sehen sich zunehmend Anforderungen zur Flexibilisierung und Individualisierung ihres Angebotes gegenüber. Mit der Aufforderung zum lebenslangen Lernen wird als grundlegendes Prinzip zur Gestaltung der Lernprozesse die Eigenverantwortung des Lerners für seinen Kenntnisstand neu bestimmt. Auch kleine Gruppen sollen effizient betreut werden oder es werden besondere Angebote für einzelne Teilnehmerinnen und Teilnehmer verlangt, die auf vorhandenem Vorwissen aufbauen.

Unternehmen möchten schnell neue Angebote für spezielle, oft kleine Zielgruppen oder sogar einzelne Teilnehmerinnen und Teilnehmer zu individuellen Themen finden, wie es zuletzt bei der begleitenden Qualifizierung zur Kurzarbeit verlangt wurde. Immer stärker fordern aber auch die Teilnehmerinnen und Teilnehmer selbst individuelle Angebote und erwachsenengerechte (Selbst-)Lernarrangements. Sie möchten nicht mit Themen Zeit verlieren, die sie schon beherrschen oder die für sie nicht relevant sind. So wird die Individualisierung zum Thema des Marketings von Bildungsorganisationen. In der klassischen Kursstruktur ist es nicht leicht, flexible und individualisierte Angebote zu schaffen. Die Hinwendung zum selbstgesteuerten Lernen kann die gewünschte Individualität sowie Flexibilität herstellen und gleichzeitig die pädagogische Qualität des Angebots sichern.

Dabei profitiert der Lernende auch von der Organisationsform des neuen Lernens. Im Gegensatz zu einem Schulalltag mit Unterrichtsstunden im 45-Minuten-Takt wird bei Bildungsträgern hier meist in Modulen (z.B. in Wochenblöcken) gearbeitet. Spezielle Themen können dabei auch mehrere Wochen in Anspruch nehmen. Diese modulare Grundstruktur ist für das selbstgesteuerte Lernen gut geeignet.

Die Gesellschaft für Personalentwicklung und Bildung mbH (GPB) in Berlin hat vor einigen Jahren auf diese Marktsituation mit der Einführung von modular aufgebauten individuellen Lernzentren reagiert. Sie werden unter dem Namen inTrain (Individuelles Trainingszentrum) vermarktet.

In inTrain können Teilnehmerinnen und Teilnehmer ihre beruflichen Kenntnisse und Fertigkeiten sowie ihr berufliches Wissen zeitnah aktualisieren und erweitern. Sie finden eine auf sie zugeschnittene Weiterbildungskonzeption, die aus ca. 200 fertigen Modulen individuell zusammengestellt werden kann. Dazu ist ein persönliches Beratungsgespräch mit erfahrenen Beratern über berufliche und fachliche Ziele sowie den Arbeits- und Bildungsmarkt notwendig, in welchem ein individueller Qualifizierungsplan erstellt wird. Teilnehmerinnen und Teilnehmer haben bei GPB die Möglichkeit, inTrain einen Tag kostenlos kennen zu lernen und zu prüfen, ob sie mit der selbstgesteuerten Lernform zurecht kommen. InTrain arbeitet derzeit vorwiegend mit Lernarrangements, die überwiegend auf aktuelle Lern-CDs, Aufgaben- und Lernmaterialzusammenstellungen sowie Fachbücher zurückgreifen.

Die individuellen Lernangebote werden meist durch die Bundesagentur für Arbeit, Jobcenter, Rentenversicherungsträger, Berufsgenossenschaften sowie den

Berufsförderungsdienst der Bundeswehr bei Vorliegen der individuellen Voraussetzungen gefördert. Zunehmend werden die Lernmodule auch direkt von Unternehmen bzw. von Arbeitnehmer/innen gebucht. Die inTrain-Module können darüber hinaus auch den individuellen zeitlichen Anforderungen der Lernenden angepasst werden (z.B. berufsbegleitend bzw. in Teilzeit). Für die Teilnehmerinnen und Teilnehmer bietet inTrain viele Vorteile gegenüber klassischen Kursen:

- Der Starttermin sowie der Lehrgangsablauf sind individuell bestimmbar.
- Die Qualifizierungsthemen werden auf den Teilnehmer zugeschnitten.
- Das Lerntempo kann dem persönlichen Lernstil angepasst werden.
- Es wird überwiegend individuell, es kann aber auch in einer Gruppe gelernt werden; kooperatives Lernen ist möglich, aber nicht vorgeschrieben.
- Es stehen Arbeitsmaterialien mit einer Lernnavigation sowie Lern-CDs, Lehrbücher bzw. Skripte und integrierte Übungsaufgaben incl. Lösungen zur Verfügung.
- Erfahrene Lernberater stehen für Fragen zur Seite.
- Die Module schließen meist mit einem Zeugnis/Zertifikat (z.B. ECDL, MOS, MCP, LCCI etc.).
- Vermittlungscoaches unterstützten beim Wiedereinstieg in das Berufsleben.

Konsequenzen für die Organisation bei GPB

In inTrain wurde selbstgesteuertes Lernen als vorrangige Lernform eingeführt, es wurden Lernmittel, -methoden und -räume angepasst und die Modularisierung der Weiterbildungsinhalte vorangetrieben. Die Lernbegleiter mussten ihre Rolle als Dozenten neu definieren, Gruppen- und Kommunikationsstrukturen in neuer Form nutzen und ein vertrauensvolles und angenehmes Lernklima schaffen. In der Lernentwicklungsberatung unterstützten sie den individuellen Lernprozess durch die Arbeit an Zielen, Strategien, Erfahrungen und Ergebnissen im Lernhandeln.

Auch die Lehrgangsverwaltung ist beteiligt. Sie wurde deshalb auf inTrain abgestimmt und durch neue Tools unterstützt, da die kursorientierten Verwaltungstools den Anforderungen individualisierter Lernprozesse nicht entsprachen. Die Veränderungen in der Verwaltung waren auch deshalb nötig, weil bei dieser neuen (Lern-) Kultur *alle* mitmachen müssen.

Die Etablierung selbstgesteuerten Lernens macht einen Wandel in der gesamten Lernkultur der Bildungsorganisation notwendig. In der Pilotphase hat GPB inTrain zunächst als räumlich und organisatorisch eigenständigen Bereich aufgebaut. Die Einführung der neuen Lernformen konnte so in einem geschützten

Raum stattfinden, ohne dass eine grundlegende Veränderung der Lernkultur des Gesamtunternehmens notwendig wurde. Immer mehr Dozenten machten dann Erfahrungen als Lernberater im Selbstlernzentrum. So gingen von inTrain Impulse für die Gestaltung der didaktischen Konzepte aller Bildungsmaßnahmen aus, in die immer mehr selbstgesteuerte Lernphasen integriert werden.

Diese Entwicklungen führten schließlich zur Einführung eines neuen, auf Berufsfamilien basierten Systems in der Erstausbildung und den Umschulungskursen. IT-, Medien-, Dienstleistungs- und kaufmännische Ausbildungen werden thematisch zu Gruppen zusammengefasst. Bei den IT- und Dienstleistungsberufen geben dies auch schon die Ausbildungsrahmenpläne vor. In diesen Berufsfamilien gibt es eine gemeinsame Kernqualifikation und dann eine berufsspezifische Fachqualifikation, die als selbstgesteuerte Lernphase konzipiert ist. Organisatorisch ist dieses Vorgehen sinnvoll, weil für das Angebot der Ausbildung in den Einzelberufen nicht zwingend eine komplette Ausbildungsgruppe im entsprechenden Beruf benötigt wird und Schwankungen in der Nachfrage durch die so entstehende Flexibilität leichter aufgefangen werden können. Deshalb kann GPB eine Startgarantie für diese Angebote geben.

Die Flexibilisierung des Angebots hat auch die Durchlässigkeit zwischen inTrain und den »normalen« Ausbildungen verbessert. So können etwa besonders leistungsstarke und motivierte Teilnehmer (z.B. in Umschulungsmaßnahmen) in den Selbstlernphasen schneller vorankommen und in inTrain zusätzlich ihr Wissen vertiefen oder erweitern. Ebenso kann es sein, dass ein Teilnehmer eines individuellen Lernprogrammes für eine Woche am Lernprozess einer Umschulungsgruppe teilnimmt. Das hat Folgen! Sowohl für die Dozentinnen und Dozenten als auch für die Teilnehmerinnen und Teilnehmer wird Lernen damit in einen neuen Kontext gestellt. Es geht weniger um die »Unterrichtsklasse« im schulischen Sinne, die oft auch zu regredierendem Verhalten animiert, sondern vielmehr darum, dass das Ausbildungsziel und die Inhalte das Lernen im Wesentlichen strukturieren sollten.

Diese Entwicklungen laufen jedoch nicht ohne Brüche ab. Die Rolle der Dozentinnen und Dozenten verändert sich. Sie sind nicht mehr die Hauptinformationsquelle für die Lernenden; vielmehr werden sie zu Organisatoren, Lernberatern, Moderatoren und Informatoren. Das Hauptgewicht ihrer Arbeit liegt nun auf der Bereitstellung von Lernmaterialien sowie der Begleitung und Unterstützung der Lernenden. Der Erfolg selbstgesteuerten Lernens hängt nicht zuletzt davon ab, dass der Lernende professionelle Beratung und Unterstützung bei der Planung, Gestaltung und Umsetzung des Lernprozesses erhält. Die Rolle des Lernberaters und Lernprozessbegleiters bekommt damit besonderes Gewicht.

Die Lehrenden reagieren anfänglich auf die Hinwendung zum selbstgesteuerten Lernen mit Skepsis. Zum einen wollen sie in ihrem bisherigen Lehrstil weiterarbeiten, zum anderen fürchten sie um ihre angestammte Professionalität und sehen erhebliche Mehrarbeit auf sich zukommen. Ihr Verständnis als Fachdozent, der die Lernenden »am Ende erfolgreich durch eine Prüfung bringen muss«, die der Lernform keine Rechnung trägt, stellt das Fachwissen in der Regel ganz nach oben. Der Rollenwechsel vollzieht sich deshalb langsam. Er wird gestützt durch positive Erfahrungen mit selbstgesteuertem Lernen, die die Stärken individueller Betreuung verdeutlichen – wenn z.B. leistungsstarke Teilnehmerinnen und Teilnehmer besondere Herausforderungen erhalten und schwächere individueller betreut werden können. Diese positiven Entwicklungen sind auch anhand von scheinbar nebensächlichen Aspekten zu sehen. So sitzen z.B. Dozentinnen und Dozenten in kleinen Gruppenräumen oder auch im Loungebereich mit Einzelpersonen oder kleinen Gruppen und sind in intensive Diskussionen verstrickt.

Die Anforderungen an die räumliche Infrastruktur haben sich deshalb auch gewandelt. Zusätzlich zu den normalen größeren Schulungsräumen ist nun eine Reihe von kleineren Lernräumen notwendig, in denen individuell oder in Kleingruppen gearbeitet werden kann.

Hilfreich war letztlich auch, dass trotz gegenläufiger Befürchtungen der Lehrenden die Erfolgsquote in den IHK-Prüfungen gestiegen ist. Zudem nahmen die Dozentinnen und Dozenten auch wahr, dass inTrain ohne die Lernberatung, in der mit den Lernenden ihre inhaltlichen Ergebnisse, ihre Lernwege und -strategien besprochen sowie Vereinbarungen zur weiteren Arbeit getroffen werden, nicht erfolgreich wäre. Auch die sehr positiven Rückmeldungen der Lernenden in inTrain blieben nicht verborgen. So gibt es ein Modell im eigenen Haus, das den Wert des selbstgesteuerten Lernens und die Notwendigkeiten seiner Unterstützung verdeutlicht und das durch die Ermutigung der individuell Lernenden zur Kooperation mit anderen auch zeigt, wie Individualisierungsprozesse mit sozialen Erfahrungen verknüpft werden können.

Webbasiertes Lernen

Diese Entwicklung hat letztlich auch das Interesse an webbasiertem Lernen geweckt. Die konsequente Weiterentwicklung des bisherigen Wegs wäre zum einen die Entwicklung von Online-Kursen und auf der anderen Seite der Ausbau von Blended Learning-Angeboten. Aus diesen Überlegungen entspann sich eine Diskussion über die Qualität des Lernens, der Selbstlern-Materialien und der Lernarrangements. Ergebnis waren drei Zielbereiche:

1. Da beim Online-Lernen die (körperliche) Präsenz des Lernberaters geringer ist, müssen die Lernarrangements Lernstrategien, soziales Umfeld und Lernberatung stärker einbeziehen. Das Ziel dabei ist, dass alle diese Ebenen für die Lernenden wie selbstverständlich zum Lernkontext gehören. Solche Lernsysteme geben sowohl den Lehrenden als auch den Lernenden Halt. Für die Lehrenden sind sie vorweggenommenes Handeln, für die Lernenden geben sie Orientierung, damit sie sich auf die Selbstverantwortung einlassen können. So entstand die Idee, *Moodle* einzuführen und die Qualitätsverbesserung der derzeit im Präsenzlernen eingesetzten Materialien mit der Umsetzung als Moodle-Kurse zu verbinden.
2. Mit Blick auf den insgesamt mäßigen Erfolg der bisherigen E-Learning-Angebote wurde des Weiteren überlegt, wie sich die Qualität des Online-Lernens verbessern lässt und wie der Kontakt zu den Lehrenden sowie innerhalb einer Lerngruppe besser unterstützt werden kann. Ergebnis ist die Entwicklung einer virtuellen Lernplattform im *Second Life*.
3. Der Aufwand zur Erstellung der Lernarrangements wächst, wenn man deren Qualität verbessern will. Aus diesem Grund arbeitet die GPB mit mehreren Bildungsträgern aus Norddeutschland in einem Bildungsverbund zusammen. Geplant ist, die Materialien als (teil-)*offene Lernressourcen* gemeinsam zu entwickeln und zu nutzen. Auch die trägerübergreifende Kooperation von Lernberatern und Lerngruppen der Bildungseinrichtungen in Moodle und Second Life ist geplant.

Der Einsatz von Moodle

Seit der Einführung von inTrain war auch immer wieder von Lernplattformen wie z.B. Moodle, Ilias oder Fronter die Rede. Der geplante Einsatz von IT- gestützten Lernplattformen aktivierte jedoch ähnliche Vorbehalte bei den Lehrenden, die es auch schon anlässlich der Einführung von inTrain gab.

Nun werden die ersten Schritte gemacht. Als technische Plattform wurde ein GPB-Moodle konfiguriert. Dies kommt mittlerweile sowohl im inTrain als auch in Umschulung und Erstausbildung der privaten Berufsfachschule zum Einsatz. Gestartet wurde mit einem Angebot im Rahmen der Praktikumsbegleitung. Das ist zunächst auch logisch, weil dort Moodle seine Stärken als Online-Tool ausspielen kann und direkt deutlich wird, dass sich die Kommunikation und Organisation während dieser Ausbildungsphase deutlich verbessern lässt.

Moodle war zunächst als Dateiablage in Gebrauch. So fangen offensichtlich sehr viele Projekte an, die mit Moodle arbeiten. Hinzu kamen dann erste Lernmaterialien auf der Basis webbasierter Tools, z.B. Pod- und Videocasts oder

RSS-Feeds, um den Lernenden ganz verschiedene Lernmaterialien und -formen bereitzustellen. Des Weiteren wurden Zusatzaufgaben für die besonders aktiven Teilnehmerinnen und Teilnehmer in Moodle eingestellt; zum Teil wurden diese auch direkt aus inTrain übernommen.

Sehr schnell entwickelte sich das Interesse der Lehrenden an der Testerstellung und -auswertung in Moodle. Als Übungen für die Teilnehmerinnen und Teilnehmer, als Vorbereitung auf Klausuren und die Abschlussprüfung sind sie mittlerweile in den ersten Berufen eingeführt. Auch die normalen Modulklausuren sowie die Bewertung der Module werden zunehmend über Moodle (in einer besonderen Klausur-Umgebung) durchgeführt. Den Dozenten erspart dies Zeit (z.B. für die Auswertung), und gleichzeitig werden die Verwaltungsabläufe optimiert (z.B. werden die Ergebnisse aus Moodle quasi per Tastendruck in das hausinterne Verwaltungssystem übernommen). Neuerdings sind auch die Eignungstests für Bewerber und Interessenten in Moodle verfügbar.

Doch was kann Moodle nun zur Verbesserung der Präsenzphasen beitragen? Das wird erst deutlich, wenn man sich darauf einlässt, dass Moodle auf einem konstruktivistischen Lernkonzept basiert und die aktive Auseinandersetzung des Lernenden mit dem Lernstoff unterstützt, sei es in Einzelarbeit oder in Form von Gruppenarbeit. So gedacht, bietet Moodle eine Vielzahl neuer Chancen.

Moodle in Präsenzlernphasen

In der Einführungsphase hat Moodle auch einen symbolischen Wert als modernes, innovatives Lerninstrument, das die Einführung neuer Methoden begründet. Da die Lernenden in Zukunft mit Sicherheit an ihrem Arbeitsplatz eine Umgebung vorfinden werden, die in vielerlei Weise an Struktur und Inhalte von E-Learning anschlussfähig ist, lässt sich auch daraus der Einsatz von Moodle begründen.

Die Arbeit in Moodle verlangt fast immer schriftliche Formulierung. Das übt im Erstellen von Berichten, verbessert die Qualität der Beiträge und ermöglicht, Beiträge gemeinsam zu analysieren und (nach) zu bearbeiten; selbst nach mehreren Wochen. Hinzu kommen ganz praktische Vorteile wie die:

- Zeit- und ortsunabhängige Verfügbarkeit der Inhalte,
- Kontrolle der individuellen Lernaktivitäten,
- Möglichkeit zum Termin- und Dokumentenmanagement,
- schnelle und einfache Verteilung organisatorischer Informationen,
- Begleitung längerfristiger Aufgaben mit mehreren Lehrenden sowie
- Einheitlichkeit der Lernumgebung.

In den IT-Berufen wird die Nutzung von Foren und Wikis interessant, wenn man daran denkt, dass sie im späteren Berufsalltag sehr wichtig sind. Weiterhin können Lernarrangements geschaffen werden, die der realen Situation im Beruf nahe kommen. Eine Situation wäre etwa das »Pair Programming«, bei dem zwei Lernende zusammenarbeiten. Einer programmiert, ein zweiter überprüft Ansatz, Strategie und Fehlerfreiheit. Alles wird in Moodle dokumentiert, auch Fehler und Sackgassen in der Programmierung. So entstehen Informationen über Fallen und Lösungen, die – z.B. im Moodle Wiki – für Andere zur Verfügung stehen. Das bereitet die Teilnehmer auf die zukünftigen Herausforderungen von IT-gestützten betrieblichen Wissensmanagementsystemen vor.

Moodle in Online-Situationen

Beim Einsatz von Moodle in der Praktikumsphase (bei GPB in der Regel 6-18 Monate) werden von den Teilnehmerinnen und Teilnehmern Praktikumsberichte gepflegt, Foren genutzt, Coaching-Termine abgestimmt sowie Aufgaben bereitgestellt und bewertet. Über »Frag den Dozenten« können auch direkt Fragen an die Dozenten hinterlegt werden. Für die IT-Berufe, bei welchen ein betriebliches Projekt Bestandteil der Prüfung ist, wurde eigens eine Kursstruktur entwickelt, die in der Ausbildung zum Umsetzen von Übungsprojekten genutzt wird, dann aber auch in der Praktikumsphase die Erstellung des betrieblichen Projekts unterstützt. Dabei ist es für die Lehrenden nun viel einfacher, den Stand der jeweiligen Projektarbeit zu beobachten sowie gezielte Rückmeldungen und Anregungen zu geben. Weitere Chancen von Moodle im Rahmen der Ausbildung bei GPB sind:

- die Betreuung abwesender (z.B. kranker) Teilnehmerinnen und Teilnehmer,
- die Bereitstellung von Informationen/Übungsaufgaben im Netz für individuelles Lernen in Ergänzung zur Präsenzlehre,
- Online-Klausuren-Rückgabe (derzeit kommt der Dozent nochmals vorbei),
- fächer- und klassenübergreifende Projekte sowie
- Kooperationen mit anderen Bildungseinrichtungen im In- und Ausland.

GPB ist in einen Verbund von fünf Bildungsträgern aus dem Norden Deutschlands engagiert. In diesem Verbund gibt es Überlegungen, ob im Rahmen der Begleitung der Praktika von allen fünf Partnern inhaltliche Angebote gemacht werden, die für die Teilnehmerinnen und Teilnehmer aller Träger zugänglich sind. So haben die Lernenden die Möglichkeit, auf ein breiteres Spektrum von Angeboten und Fachkompetenz zuzugreifen.

Organisationsform

Der erfolgreiche Einsatz von Moodle verlangt die Kenntnis der Technik sowie Wissen darüber, welche angebotenen Lernformen (Aktivitäten) einen angestrebten Lernprozess angemessen begleiten. Deshalb wurde damit begonnen, den Dozentinnen und Dozenten Weiterbildung zu Moodle zu ermöglichen. Mittlerweile gibt es mehrere Ansprechpartner, die als interne Experten bei Problemen helfen, KollegInnen unterstützen und die Weiterentwicklung des GPB Moodle vorantreiben.

Um mit Moodle wirklich erfolgreich zu arbeiten, muss man sich in die Technik, die Lernformen und Gestaltungsstrukturen des Systems intensiv einarbeiten. So kann das Wiki für alle möglichen Zwecke, z.B. für Präsentationen, genutzt werden, die Datenbank lässt z.B. gegenseitige Bewertungen von Kleingruppen zu usw. Es ist auch sinnvoll, sich die schon existierenden Zusatzkomponenten (mehr als 500 Plugins) zu erschließen, mit welchen Moodle für bestimmte Lernsituationen erweitert werden kann.

Es gab aber auch andere Gründe, über die Organisationsform bei der Erstellung von Moodle-Kursen nachzudenken. Anlass war die oben genannte Sicherung von Standards in den Lernmaterialien (S. 178). Um diese in einer heterogenen Mitarbeiterschaft zu sichern, ist es sinnvoll, grundlegende Standards bei der Erstellung der Materialien zu definieren und den Dozentinnen und Dozenten bei der Kursentwicklung Unterstützung anzubieten. So können auch Dozenten eingebunden werden, denen der Aufwand zu hoch erscheint, sich intensiv in Moodle einzuarbeiten. Dies kann etwa der Fall sein, wenn sie bestimmte Themen nur drei bis fünf Mal im Jahr unterrichten. Deshalb wurde eine Redaktionsgruppe von interessierten Dozentinnen und Dozenten ins Leben gerufen, die diese Aufgabe übernimmt; diese konzentrieren sich auf die Kursstruktur und überlassen die »Handarbeit«, z.B. das Überführen von Materialien und Klausuren in Moodle-Elemente (Skripte, Tests), einer zusätzlichen Hilfskraft. Die Redaktionsgruppe kümmert sich auch um die Aktualisierung und Weiterentwicklung der Lernmaterialien, z.B. darum, dass mehrere Lernwege für die Nutzer möglich sind.

Schnell stellte sich im Einsatz von Moodle heraus, dass die Wiederverwertbarkeit vorhandener Kurselemente in neuen Kursen bedacht werden muss. Die Redaktionsgruppe kann nicht nur die pädagogische Qualität sichern, sie kann auch ein Ablagesystem pflegen, das auf Basis einer Datenbank alle erstellten Einzelmaterialien katalogisiert und einfach zugänglich macht. Zu diesem Zweck wurde Moodle so erweitert, dass eine zentrale Dateiablage zur Verfügung steht, deren Inhalt in einer Datenbank verschlagwortet und damit leicht recherchierbar ist.

Ziel ist dabei auch, die unterschiedlichen Kompetenzen, Fähigkeiten sowie Begabungen und Erfahrungen der Lehrenden zu nutzen. Werden viele Materialien im zentralen Ablagesystem zur Verfügung gestellt, kann der Austausch von und über Materialien unterstützt werden. Das kann dann auch selbst wieder mit Moodle passieren. Wenn etwa vier Dozentinnen und Dozenten, die das gleiche Thema bearbeiten, ihre Klausurfragen zentral verfügbar machen, dann können aus diesem Pool die besten Fragen ausgewählt und mit den Lernzielen des Moduls abgeglichen werden.

Das kann aber nicht verordnet werden. Deshalb kann jede Dozentin und jeder Dozent selbst bestimmen, ob ihre/seine Materialien in den zentralen Pool einfließen oder nicht. Wer Zugriff auf die Materialien hat, ist auch noch nicht abschließend geklärt.

Second Life

Second Life ist als virtuelle (Lern-)Welt, in der sich (Lern-)Avatare als Vertreter realer Menschen via Computer und Internet begegnen, gemeinsam arbeiten und bewegen können, für GPB interessant. Die (Lern-)Avatare können über den Computer miteinander »sprechen« oder per Chat schriftlich kommunizieren. Sie können sich, egal wo sie sich gerade befinden, im gleichen virtuellen (Lern-) Raum treffen, wo sie das Gleiche hören und sehen. Mehr als 15 Millionen Nutzer »bevölkern« diese »zweite Welt«.

Bei den Benutzern stellt sich nach kurzer Zeit das Gefühl ein, dass sie sich tatsächlich in den virtuellen Räumen begegnen. Dieser *Immersion* genannte Effekt beschreibt, dass das menschliche Hirn keinen großen Unterschied zwischen realer und computergenerierter Welt macht. Bezogen auf das Lernen erlaubt Second Life, Repräsentationen von Lernumgebungen zu schaffen, in welchen Lernende und ihre Unterstützer *synchron* interagieren und wo realitätsnahe, emotionalisierte, soziale Prozesse ablaufen können. So unterstützen diese Technologien praktisch und symbolisch eine lernerzentrierte Lernkultur (Marotzki 2003; Pätzold 2007). Auf dieser Basis können qualitativ hochwertige Lernarrangements entwickelt werden, die Lern- und Kommunikationsnetzwerke unterstützen. Multimediadateien oder Präsentationen können in Second Life auf einfache Weise eingebunden werden und sind dort z.B. auf Präsentationswänden für alle Anwesenden sichtbar. Virtuelle Veranstaltungen können aufgezeichnet werden und stehen als Videos zur Verfügung, die dezentral und asynchron genutzt werden können.

Insbesondere Hochschulen sind im Second Life aktiv und führen z.B. – ohne Reisekosten – Ringvorlesungen mit internationalen Gästen durch. Erfahrungen zeigen, dass Studierende nach einer Eingewöhnungszeit sogar aktiver und diskussionsfreudiger sind als in realen Veranstaltungen.

Second Life ist noch nicht ganz sicher, es kommt hin und wieder zu Abbrüchen und Abstürzen. Trotzdem zeigt sich hier, wie eine ganz andere Lernwelt mit kommunikativem Charakter entsteht, die der mit einem Café und anderen sozialen Tools ausgestattete Lerncampus des traditionellen E-Learning nicht erreichen konnte. Die Bestrebungen von über 20 Firmen, eine Standardisierung des 3-D-Internets voranzutreiben, zeigen die Richtung der Entwicklung.

Hier versucht die GPB, sich ein Alleinstellungsmerkmal zu erarbeiten, indem sie heute schon investiert und Kompetenz aufbaut. Die GPB hat deshalb eine umfangreiche Repräsentanz in Second Life aufgebaut (»secondlife://European %20Science/178/35/23«), die auch den oben genannten Partnern im Verbund zur Verfügung steht. Hier werden derzeit erste Erfahrungen mit dem Einsatz virtueller Konferenz- und Lernräume gemacht, die dann auch in der Ausbildung, z.B. während der Praktikumsphase, für das Gruppencoaching genutzt werden sollen.

Derzeit wird Second Life genutzt, um Konferenzen mit den Projektpartnern durchzuführen. Dort werden spezielle Lernmaterialien und -formen vorgestellt und diskutiert, und man versucht, sich ein »Gefühl« für diese Lernwelten zu schaffen.

Bei der Erstellung eines Moodle-Kurses im Rahmen der Ausbildung für Groß- und Außenhandelskaufleute musste das Thema Verkaufsgespräch umgesetzt werden. In Moodle wurde das mit einem Chat gelöst; auch die Einbindung von Skype für die Telefonakquise oder -beratung wurde diskutiert. In beiden Formen kann eine Aufzeichnung des Gesprächs erfolgen, ohne dass ein besonderes Equipment notwendig ist, und außerdem können mehrere Lernteams gleichzeitig agieren, was vor der Videokamera nicht möglich war. Jetzt wird gerade geprüft, wie man die Verkaufsgespräche ins Second Life übertragen kann. Dort soll eine Umgebung geschaffen werden, die die Interaktion im Gespräch und dessen Aufzeichnung für die spätere Auswertung erlaubt. Weiterer Vorteil ist, dass der Avatar immer eine bestimmte Distanz zum Original hat. Es können auch Entwicklungsprozesse in Gruppen verdeutlicht und in einfacher Form Spielszenarien implementiert werden.

Den Umgang mit den Instrumenten lernen

Der Umgang mit Moodle und Second Life ist eine Herausforderung für die Lernenden. Diese ergibt sich einerseits dadurch, dass das selbstgesteuerte Lernen seinerseits gelernt werden muss. Aber auch an die Bedienung der Plattformen muss langsam herangeführt werden, damit keine Frustration dadurch erzeugt wird, dass man mit dem Werkzeug nicht zurecht kommt. Das ist bei Second Life sicherlich noch schwieriger als bei Moodle, aber auch in der Lernumgebung können die Lernenden, die ja eigenständig arbeiten sollen, sich vielfältig in Nebenschauplätzen verlieren, wenn sie z.B. Texte recherchieren, die über die bereitgestellten hinausgehen, nach Lösungen von Aufgaben im Netz suchen und so die Zeit für eigenständige Arbeit verlieren. Auch hier muss also immer wieder die Lernstrategie beobachtet und diskutiert werden.

Auf der anderen Seite muss auch die *Selbstständigkeit im Lernen* gelernt werden. Das bedeutet, den Lernenden viel mehr zuzumuten, als es bisher vielleicht der Fall war, und sie mit Teilinformationen in komplexe Lernaufgaben zu schicken, die sie sich selbst strukturieren müssen.

Nutzen für das Marketing

Für Marketingzwecke wird der Einsatz von Moodle derzeit ebenfalls diskutiert. Klassisch sollen Beispielkurse öffentlich zugänglich gemacht werden, in welchen die Gäste bestimmte Themen bearbeiten können. Aber auch zur Unterstützung bei der Berufswahl und der Kundenbindung von Interessenten soll Moodle zum Einsatz kommen. Damit gibt sich die GPB ein modernes Image. Videosequenzen aus Second Life-Veranstaltungen und Beratungsangebote in der virtuellen GPB-Repräsentanz werden diesen Auftritt ergänzen, auch wenn man nicht davon ausgehen kann, dass viele Nutzer sich in Second Life bewegen.

Wie geht es weiter?

Drei wesentliche Entwicklungselemente auf dem eingeschlagenen Weg lassen sich herausstellen:

1. Die Verbesserung der Lernmaterialien,
2. die Qualitätssicherung und
3. die Adaption neuer Erkenntnisse über die Wissensproduktion.

Die Verbesserung der Lernmaterialien

Bei der Verbesserung geht es um weit mehr als eine ansprechendere Gestaltung oder dergleichen. Für die Entwicklung von Lernmaterialien sind die alten Diskussionen über die Leittexte sehr hilfreich. Ein Kernpunkt dabei ist, dass konkrete Aufgabenstellungen aus der Praxis genutzt werden. Der Lernstoff wird in einen Zusammenhang gestellt, der zu bewältigenden Aufgaben im beruflichen Umfeld sehr nahe kommt. Es gilt zu beachten, dass die Lernenden Zusammenhänge verstehen sollen. Deshalb ist es wichtig, dass sie an komplexen Aufgaben arbeiten und sich den beruflichen Kontext dieser Aufgabe vorstellen können. Es geht also weniger um das Anhäufen von Einzelelementen, zentral ist vielmehr der Aufbau »kognitiver Landkarten«, die die Struktur des Wissens verdeutlichen. Das gilt für die Zusammenhänge innerhalb einzelner Module im Kurs wie auch für die Struktur der Module selbst. Hier können auch visuelle Hilfsmittel wie Mindmaps helfen, Strukturen bei den Lernenden zu verankern.

Damit Lernmaterialien ihre Funktion erfüllen, müssen sie mehrere Aspekte des Lernens abdecken. Auf jeden Fall muss Fachwissen bereitgestellt werden. Darüber hinaus sollen sie aber auch das »Lernen lernen« – das Lernen von Methoden, das Entwickeln von Lernstrategien – unterstützen. Den Lernenden werden im Material Anregungen gegeben, sich mit ihrem bisherigen Lernweg auseinanderzusetzen.

Der Einsatz der Lernmaterialien erfolgt meist in einem Gruppenkontext (dazu zählt auch eine Gruppe in einem Selbstlernzentrum). Diese Gruppe ist für das individuelle Lernen nützlich. Eine Atmosphäre gegenseitiger Unterstützung verbessert das Lernen der Individuen. Hier werden soziale Kompetenzen erworben, die im realen beruflichen Kontext wichtig sind. Auch dort kann man sich die Kolleginnen und Kollegen nicht unbedingt aussuchen und trotzdem ist eine kooperative Zusammenarbeit für alle sinnvoll. Die Aufforderung zur Kooperation kann auch in den Lernmaterialien verankert werden, indem dort Aufgaben formuliert werden wie etwa: »Bevor Sie nun als Gruppe mit der Lösung der Aufgabe beginnen, erstellen Sie bitte einen gemeinsamen schriftlichen Arbeitsplan. Welches sind sinnvolle Schritte, um die Aufgabe zu lösen? Wie wollen Sie die Arbeit zwischen den Gruppenmitgliedern aufteilen? Wer bringt welche Kompetenzen mit, die hier hilfreich sein können?« Die Aufgabe kann sich auch auf das Feedback eines anderen Teilnehmers oder die gemeinsame Auswertung von Aufgaben beziehen.

Schließlich kann auch die Lernentwicklungsberatung in die Materialien mit aufgenommen werden. Beispiel: »Bevor Sie weiter arbeiten, suchen Sie bitte die Lernberatung auf. Diskutieren Sie dort, mit welchen der folgenden Aufgaben Sie weiter arbeiten sollten«.

Warum ist das nun so wichtig? Die Lernmaterialien sind das, womit sich die Teilnehmerinnen und Teilnehmer zunächst auseinandersetzen. Für die Dozentinnen und Dozenten sind sie vorweggenommenes Handeln. Decken die Lernmaterialien alle Bereiche des selbstgesteuerten Lernens ab (Fachwissen, sozialer Kontext, Lernen lernen, Lernentwicklungsberatung), so sind diese auf eine gleiche Stufe gestellt. Es steht nicht mehr Fachwissen vor Lernstrategien.

Die Qualitätssicherung

Die Qualität der Lernmaterialien, die z.B. in Moodle eingestellt sind, lässt sich leichter überprüfen, da sie öffentlich zugänglich sind. Auch der Einsatz des Redaktionsteams wird die Sicherung der Qualität die Materialien verbessern. Zu klären bleibt aber noch, welche Qualitätskriterien an die Materialien angelegt werden, wie eingeschätzt werden kann, ob sie das selbstgesteuerte Lernen mehr oder weniger unterstützen. Zwar kann man prüfen, ob die Materialien Fachwissen, sozialen Kontext, Lernen lernen und Lernentwicklungsberatung beinhalten und welche Methoden zum Einsatz kommen. Aber wie wird die Qualität eingeschätzt? Hier wird noch ein Abstimmungsprozess notwendig sein, der einige Zeit in Anspruch nehmen wird. Begonnen werden soll mit der Frage, wie die bisherige Evaluation der Kursmodule gezielter auf das selbstgesteuerte Lernen fokussiert werden kann. An dieser Stelle ist positiv zu vermerken, dass Moodle die Auswertung der Evaluation sehr erleichtert.

Die Adaption neuer Erkenntnisse über die Wissensproduktion

Der Umgang mit Wissen wandelt sich und damit auch der Prozess seiner Entstehung und Verarbeitung. Bei der Wissensproduktion fallen zunehmend Hierarchien sowie Inhalts- und Aufgabenhoheit weg. Eher chaotisch verteiltes Wissen wird in Unternehmen und auch in Communities als Gemeinschaftsleistung im laufenden Prozess generiert, verifiziert und rezipiert. Der Zugriff auf den gemeinsamen Wissenspool erfolgt situativ, es wird nicht Wissen angehäuft und vorgehalten.

Experten und »Laien« sind kooperative Erzeuger von Wissen, objekt- und beziehungsorientierte Entscheidungsprozesse ergänzen sich, damit aus der Fülle von Informationen ausgewählt werden kann – oft aus personalisierten Wissens-Knoten. Mehrdeutigkeit und Ungewissheit sind dabei normal (Siemens 2006). Web-Technologien unterstützen diese Prozesse und werden sowohl privat als auch beruflich genutzt.

In Anbetracht dieser Entwicklung wird die Vermittlung fest gefügten Wissens in Kursen immer fragwürdiger. Die Lernenden müssen an diese neuen Formen der Wissensproduktion herangeführt werden, sie müssen selbst Communities bilden und in diesen ganz selbstverständlich agieren. Immer mehr Lernende bringen schon Erfahrungen aus der Mitgliedschaft in Web-Communities mit. Es gilt, hierauf aufzubauen und diese Ressource für die berufliche und persönliche Weiterentwicklung zu nutzen.

Literatur

Baumgartner, Peter (2006): E-Learning Szenarien – Vorarbeiten zu einer didaktischen Taxonomie. In: Seiler Schiedt, Eva/Kälin, Siglinde/Sengstag, Christian (Hg.): E-Learning – alltagstaugliche Innovation? Münster: Waxmann.

Euler, Dieter/Seufert, Sabine (2007): Trendstudie 2008 – Herausforderungen für das Bildungsmanagement in Unternehmen. St.Gallen: scil-Arbeitsbericht 16.

Gloor, Peter A. (1990): Hypermedia – Anwendungsentwicklung. Stuttgart.

Kerres, Michael (2006): Potenziale von Web 2.0 nutzen. In: Hohenstein, Andreas/Wilbers, Karl (Hg.): Handbuch E-Learning. München: Deutscher Wirtchaftsdienst.

Kirsch, Werner (1984): Wissenschaftliche Unternehmensführung oder Freiheit vor der Wissenschaft. Bd. 2, München.

Marotzki, Winfried (2003): Online-Ethnographie – Wege und Ergebnisse zur Forschung im Kulturraum Internet. In: Jahrbuch Medienpädagogik 3: Opladen: Leske + Budrich.

Pätzold, Henning (2007): E-Learning 3-D – welches Potenzial haben virtuelle 3-D-Umgebungen für das Lernen mit neuen Medien? Zeitschrift für Theorie und Praxis der Medienbildung.

Schaffert, Sandra/Vuorikari, Riina/Carneiro, Roberto (2008): Offene Bildungsressourcen. In: eLearning Papers Nr. 10, September 2008 (www.elearningpapers.eu).

Schildhauer, Thomas/Busch, Carsten u.a. (2005): Business Innovation Management. Göttingen:

Siemens, George (2006): Knowing Knowledge. www.knowingknowledge.com.

Spitzer, Manfred (2007): Lernen. Gehirnforschung und die Schule des Lebens. Heidelberg: Spektrum.

Wittwer, Wolfgang/Staack, Yvonne (2007): Entwicklung von Veränderungskompetenz in der Ausbildung fördern – Geschlechtsspezifische Strategien. In: BWP, H. 6.

Mobiles Lernen

Theo Hug

Mobiles Lernen wird im vorliegenden Beitrag zunächst als Konzept vorgestellt, das in verschiedenen Diskursen des Alltags, der Politik, der Technologie, der Wirtschaft und der Wissenschaft figuriert. Dabei zeigt sich, dass ein Verständnis des Konzepts im Sinne von ›Lernen mit mobilen Endgeräten und Softwareanwendungen‹ nur begrenzt brauchbar ist. Bei näherer Betrachtung erweisen sich neben den physischen Aspekten der Mobilität auch Aspekte psychischer, kognitiver und sozialer Mobilität als bedeutsam. Im Hinblick auf eine differenzierte wissenschaftliche Auseinandersetzung mit der Thematik des mobilen Lernens werden Erweiterungen einer pädagogischen Theorie des Lernens vorgeschlagen und ausgewählte Aspekte einer mobilen Kommunikationskultur sowie des Mikrolernens zur Diskussion gestellt. Anhand einer Auswahl von Anwendungsbeispielen wird darüber hinaus verdeutlicht, wie individuelle und soziale Formen des Wissensaufbaus unterstützt werden können. Im abschließenden Fazit bleibt offen, inwieweit differenzierte Konzeptionen des mobilen Lernens auch zu innovativen pädagogischen Praxen beitragen werden.

1. Einleitung

Der Ausdruck ›mobiles Lernen‹ wird im deutschen Sprachraum seit einigen Jahren, meist im Sinne von ›Lernen mit mobilen Endgeräten und Softwareanwendungen‹ und synonym mit ›M-Learning‹ oder ›Mobile Learning‹ verwendet. Ähnlich wie bei E-Learning überwiegen auch bei M-Learning technologiegetriebene Verständnisse. So beantwortet etwa Agnes Kukulska-Hulme (2005) die Frage »What is mobile learning?« mit Fokus auf physische Mobilität und mobile Technologien:

> »What is new in ›mobile learning‹ comes from the possibilities opened up by portable, lightweight devices that are sometimes small enough to fit in a pocket or in the palm of the one's hand. Typical examples are mobile phones [...], smartphones, palmtops and handheld

> computers […]; Tablet PC's, laptop computers and personal media players can also fall within its scope« (Kukulska-Hulme 2005: 1).

Ohne Zweifel spielen die Multifunktionalität und Leistungsfähigkeit mobiler Technologien und insbesondere auch die Konvergenz und zunehmende Verfügbarkeit von Diensten eine wichtige Rolle. Angesichts der vielen anderen relevanten Dimensionen erscheint jedoch eine erweiterte Perspektive angezeigt, die die Gestaltungs- und Nutzungszusammenhänge und nicht alleine oder in erster Linie die technischen Aspekte derselben in den Blick bekommt.

Mobiles Lernen wird grosso modo eher als Teilbereich von E-Learning oder E-Education und weniger als Bereich der pädagogischen Lerntheorie oder der Medienkommunikationstheorie verstanden. Der Mainstream der einschlägigen Diskurse ist techniklastig und primär anwendungsorientiert. Sie zeichnen sich – etwas überspitzt formuliert – durch eine dreifache Nähe zu Alltag, Technik und Politik aus: (1) Der alltagstheoretische Gebrauch von Ausdrücken, die auch in den Theorien und Modellen des Lernens und der Didaktik Verwendung finden, wird gerne als selbstverständlich angenommen und nicht weiter hinterfragt. Einerseits kann die Kombination aus technischem Basiswissen und didaktischem Halbwissen zumindest aus erziehungswissenschaftlicher Perspektive leicht zu problematischen Ergebnissen führen, andererseits kann das Anknüpfen an Alltagserfahrungen auch pädagogische Ansprüche der Alltagstauglichkeit befördern. Was (2) die Nähe zur Technik betrifft, so zeigt sich diese in den Modalitäten der Auswahl und Darstellung von Themen, wenn sie sich mehr oder weniger am aktuellen Stand der industriellen Entwicklungen mobiler Geräte, Apparate und einschlägiger Technologien orientieren. Dabei kommt es häufig zu Verkürzungen und Einseitigkeiten, wie sie aus den E-Learning-Diskursen bekannt sind. Wer unter ›(mobiler) Lernplattform‹ eine installierte Software und nicht einen Kultur- oder Interaktionsraum für Lehr-/Lernzwecke versteht, argumentiert in einem technischen Diskurs. Das ist per se nicht weiter problematisch, zumal die Sehnsucht nach nützlichen und zuverlässig funktionierenden Softwareanwendungen groß ist. Problematisch sind allerdings jene Vermischungen und Verwechslungen, die auf fehlende Differenzierungsleistungen und die Verkennung der Eigenwerte von Phänomenbereichen der Didaktik, der Lernkultur, der Vergesellschaftung oder der Subjektivierung hinauslaufen. Softwareanwendungen können bei der Lösung didaktischer Probleme nützlich und hilfreich sein. Die Rede von einer lerntechnologischen Anwendung sollte allerdings nicht darüber hinweg täuschen, dass eine solide Programmierleistung, der adäquate Einsatz einer Anwendung und die didaktisch motivierte Modellierung von Lernprozessen verschiedene Bereiche betreffen und entsprechende Beiträge eigene Kompetenzen erfordern und eigens zu würdigen sind. Die Nähe (3) zur Politik ergibt sich angesichts der dort verbreiteten marktwirtschaftlichen Orientierungen, instrumentellen Lernauffassungen, Fiktionen der Berechenbarkeit von Lernergebnissen und Bildungserfolgen und nicht zuletzt der Akzentsetzungen bei den Fördermaßnahmen für IKT-Programme aller Art, in denen sich die Aufwendungen für lern- und bildungsorientierte Aktivitäten im Zinsenbereich der Gesamtausgaben bewegen. Selbst in den explizit bildungspolitisch ausgerichteten Maßnahmen und Kampagnen wird das Gros der Mittel für Industrieförderung und nicht zur Förderung didaktisch versierter Fachkräfte und pädagogisch ausgerichteter Programme verwendet.

Der Ausdruck ›mobiles Lernen‹ regt insofern zum Innehalten und Nachdenken an, als er nicht so ohne Weiteres in Parallelität etwa zum informellen, ästhetischen, instrumentellen, sozialen, organisationalen oder gesellschaftlichen Lernen entwickelt werden kann. Die international gängige Unterscheidung von Lernen in formellen, nicht formellen und informellen Kontexten ist in vielerlei Hinsicht brauchbar, wobei die Grundsätze zu deren Validierung und das Leistungspunktesystem, das die Europäische Kommission (2004) vorgelegt hat, durchaus kritisch zu diskutieren sind. Eine ähnliche Unterscheidung aber beispielsweise von mobilem, nicht mobilem und immobilem Lernen wäre hingegen kaum sinnvoll. Selbst wenn dabei konträre und kontradiktorische Momente der Beweglichkeit bzw. der Erstarrung in kreativer Weise angewendet würden, stieße eine entsprechende Differenzierung im Sinne von ›Lernen mit mobilen Endgeräten‹, ›Lernen ohne mobile Endgeräte‹ und ›Lernen mit mobilen Endgeräten ohne funktionierendes Mobilfunknetz‹ kaum auf breite Akzeptanz.

Wir sehen hier bereits zweierlei: *Erstens* liegen Fragen des mobilen Lernens insofern quer zu anderen Fragen des individuellen, sozialen, organisationalen oder gesellschaftlichen Lernens, als sie jeweils spezifische Teilaspekte der unterschiedlichen Lernformen betreffen. Das lässt sich leicht verdeutlichen, wenn wir an adaptive Lernsysteme denken, die den individuellen Lernfortschritt einzelner auf dem mobilen Gerät symbolisch darstellen, oder etwa an die Qualität und Quantität informeller Lernprozesse im Umgang mit Mobiltelefonen und deren Relevanz für das gesellschaftliche Lernen. Mobiles Lernen kann weiters im Kontext reflexiver oder instrumenteller Lernformen eine Rolle spielen. Analoges gilt für die Relation zum Lernen in formellen, nicht formellen und informellen Kontexten.

Zweitens sehen wir damit auch, dass die Auffassung von mobilem Lernen im Sinne von ›Lernen mit mobilen Endgeräten und Softwareanwendungen‹ allenfalls als erste Annäherung brauchbar ist. Genauer betrachtet greift eine solche Charakterisierung zu kurz. Sie fokussiert die Verwendung mobiler Geräte und Apparate für spezifische Lernzwecke, wobei andere relevante Aspekte unterbelichtet bleiben. Es geht beim mobilen Lernen aber nicht nur um den Wissens- oder Kompetenzerwerb mit mobilen Geräten. Es geht dabei auch um anthropologische Dimensionen der Mobilität (vgl. Hierdeis/Bickel 1998) und um das Wissen, das im Umgang mit den Geräten und den eigenen Zielsetzungen bei der Aneignung von Alltagsästhetiken aufgebaut wird. Und es geht weiters um Fragen nach der Beweglichkeit in der Gestaltung von Lernprozessen, der Relation des mobilen Lernens zu organisationalen Entwicklungsdynamiken und der Flexibilität bei medienaktivistischen Unternehmungen in künstlerischer oder demokratiepolitischer Absicht. Die Fokussierung auf die Verwendung mobiler Geräte greift also auch insofern zu kurz, als sie lediglich bestimmte physische Aspekte der Mobilität ins Auge fasst und Aspekte psychischer, kognitiver und sozialer Mobilität nicht beachtet. Mobiles Lernen hat aber auch zu tun mit der Gestaltung von Beziehungsökologien sowie Nähe-Distanz-Verhältnissen, gesellschaftlichen Differenzverhältnissen, affektiven und kognitiven Beweglichkeiten im Umgang mit pluralen Lebenslagen, Fragen nach dem Zusammenhang von Prozessen der Medialisierung und Migration sowie mit ökonomisch oder politisch motivierten Formen der Mobilisierung.

Ein erstes Fazit lautet also: Mobiles Lernen kann in einem engen Verständnis als jener Teilbereich von E-Learning verstanden werden, bei dem mobile Endgeräte und einschlägige Softwareanwendungen im Vordergrund stehen. In einem weiteren Sinne jedoch bezieht sich der Ausdruck auf ein breites Spektrum jener Zustandsveränderungen im Spannungsfeld von Medialisierung und physischer, psychischer und sozialer Mobilität, die wir »Lernen« nennen.

2. Theoretisch motivierte Annäherungen

2.1 Desiderate einer pädagogischen Theorie des Lernens

Mobiles Lernen ist auch in pädagogischen Diskurszusammenhängen zum Thema geworden. In der (allgemeinen) pädagogischen Theorie des Lernens scheint mobiles Lernen jedoch bislang ein Desiderat zu sein (vgl. Göhlich et al. 2007; Göhlich/Zirfas 2007; Meyer-Drawe 2008). Dies ist insofern erstaunlich, als den Medien generell und insbesondere den mobilen Kommunikationstechnologien in aller Regel zugestanden wird, dass sie in den Prozessen des Aufwachsens und Lernens, der Entwicklung von Identitäten, Wertorientierungen und Alltagsästhetiken sowie bei der Gestaltung von Selbst- und Weltbezügen eine bedenkenswerte Rolle spielen. In dieser Situation ist eine zweifache Weiterung der pädagogischen Theorie des Lernens möglich und angezeigt.

Göhlich und Zirfas (2007) unterscheiden in ihrer pädagogischen Theorie des Lernens vier Dimensionen des Lernens: Wissen-Lernen, Können-Lernen, Leben-

Lernen und Lernen-Lernen (ebd.: 181). Erstens können die Bedeutungshorizonte aller vier Dimensionen im Zusammenhang von Fragen des mobilen Lernens konkretisiert und ausbuchstabiert werden. Mobiles Wissen-Lernen kann sich beispielsweise auf curriculare Dimensionen und kanonisiertes Wissen beziehen, dessen Aneignungsprozesse mittels mobiler Endgeräte unterstützt werden. Mobiles Können-Lernen kann sich auf den Umgang mit diesen Geräten selbst, das Spielen von Spielen oder die Verfeinerung klassischer Kulturtechniken beziehen. Mobiles Leben-Lernen kann im Sinne einer Erweiterung kognitiver und affektiver Flexibilität oder als Gestaltung sozialer Orientierungen, Bindungen und Beziehungen konkretisiert werden. Mobiles Lernen-Lernen kann auf Momente der Selbstreflexion und Selbststeuerung abheben usw. Auch die von den Autoren differenzierten Modalitäten des Lernens – erfahrungsbezogen, dialogisch, sinnvoll und ganzheitlich (ebd.: 180) – lassen sich problemlos im Zusammenhang des mobilen Lernens konkretisieren. Dabei kommen auch Weiterungsmöglichkeiten im Hinblick auf polylogische, bricolierende oder selbstreflexive Modalitäten in Betracht.

Zweitens ist aber auch eine Weiterung ihrer pädagogischen Theorie des Lernens in dem Sinne möglich, dass sie im Lichte von Konzepten der Mobilität und Medialität einer Reformulierung und Neurahmung unterzogen wird. Dass Medien an der Schaffung von Wirklichkeiten und an der Gestaltung von Lern- und Kommunikationsprozessen beteiligt sind, steht zwar außer Zweifel. In diesem allgemeinen Sinne werden ihnen durchaus konstruktive Züge zugestanden, und zwar auch und gerade dann, wenn die medialen Einflüsse und Wirkungen als destruktiv beurteilt werden. Wenn es aber darum geht, wie die Medieneinflüsse und -wirkungen zu modellieren und zu gewichten und im Zusammenhang von Fragen des Lernens und der Bildung sie zu spezifizieren sind, dann scheiden sich die Geister. Nicht nur in konzeptioneller Hinsicht oder im Hinblick auf Reichweiten und Charakteristika von Konstruktivität, Mobilität und Medialität sind höchst unterschiedliche Auffassungen anzutreffen. Exemplarisch sei hier auf Sybille Krämer verwiesen, die in pointierter Weise schreibt: »Alles, was wir über die Welt sagen, erkennen und wissen können, das wird mit Hilfe von Medien gesagt, erkannt und gewusst« (Krämer 1998: 73).

Wenn dies aber zutrifft, dann ist eine grundsätzliche Reformulierung der pädagogischen Lerntheorie im Lichte des *mediatic turn* angezeigt. Wenn weiters zutrifft, dass beim mobilen Lernen nicht nur die Portabilität der Apparaturen und die ständige Verfügbarkeit von Geräten von Bedeutung sind, sondern darüber hinaus auch viele anthropologische, gesellschaftliche, soziale und psychische

Aspekte der Mobilität, dann sollte eine pädagogische Lerntheorie den entsprechenden Herausforderungen auch konsequent Rechnung tragen.

Darüber hinaus müssten im Rahmen einer pädagogischen Lerntheorie auch die Reichweiten und Besonderheiten digitaler Lernwelten charakterisiert werden, sodass eine diesbezügliche Verortung mobiler Lerndimensionen möglich wird. Der metaphorische Gebrauch des Ausdrucks ›digitale Lernwelten‹ ist zwar auch im Sinne der skizzierten dreifachen Nähe zu Alltag, Technik und Politik und nicht zuletzt im Zusammenhang der Einreichung anwendungsorientierter F&E-Projekte durchaus brauchbar. Wenn es aber darum geht, die Relation digitaler, personaler, sozialer und materialer Lernwelten zu klären, sind doch einige begriffliche Klärungen erforderlich. Anknüpfungspunkte hierfür sind beispielsweise in den »Weisen der Welterzeugung« (Goodman 1995), in der »Raumtheorie« (Dünne/Günzel 2006) und den Konzepten der »Raumwissenschaften« (Günzel 2009) sowie auch der pädagogischen Sozialraumforschung (Kessl/ Reutlinger 2007) vorhanden. Dabei sind auch hier – ähnlich wie im Beispiel der pädagogischen Theorie des Lernens – einige theoretische Entwicklungs- und Adaptierungsleistungen erforderlich. Das Konzept ›digitale Lernwelten‹ lässt sich ungeachtet der mobilen Ausprägungsgrade nicht ohne Weiteres in bekannte Welt-Theorien eingemeinden. Wenn wir etwa an die Drei-Welten-Theorie von Karl R. Popper (1973) denken, dann ist leicht einsichtig zu machen, dass digitale Lernwelten weder der materiellen Welt (1) noch der zwischen Welt (1) und (3) vermittelnden Welt (2) der Gedanken und Empfindungen und auch nicht der Welt (3) der objektiven Erkenntnis umstandslos oder eindeutig zugeordnet werden können. Oder wenn wir zum Beispiel versuchen, die digitalen Lernwelten in sozialphänomenologischer Weise als eigene Sinngebiete sensu Alfred Schütz auszuflaggen, so wäre auch das problematisch, weil schon die Modellierung des alltäglichen Lebens, der Traumwelt, der Welt der Wissenschaft und der Welt religiöser Erfahrung als geschlossene Sinngebiete (vgl. Schütz/Luckmann 1979: 49) diskussionswürdig ist und weil die Verwobenheit digitaler Lernwelten mit personalen, sozialen und materialen Lernwelten eine differenziertere Modellbildung nahe legt.

2.2 Mobile Kommunikation, mobiles Lernen und kultur-ökologische Perspektiven

Abgesehen von den Internet-Diensten haben an der Schwelle zum 21. Jahrhundert keine anderen Informations- und Kommunikationstechnologien so intensive Entwicklungsdynamiken erfahren wie die mobilen Kommunikationsmedien und -dienste. Das Interesse an diesen Kommunikationstechnologien hat zwar in neuerer Zeit erheblich zugenommen, die einschlägige wissenschaftliche Forschung ist aber zumindest im deutschen Sprachraum noch relativ wenig entwickelt und es liegen kaum wissenschaftlich fundierte Aussagen über alltagsweltliche Nutzungszusammenhänge, Potenziale der Demokratiepolitik und der Überwindung von digital-divide-Dynamiken sowie über individuelles und kollektives Proximitätsmanagement (Nähe-Distanz-Verhältnisse), Aspekte der Mediensozialisation (z.B. Rezeptionsästhetik, Prozesse der Identitätsbildung oder Ludifikation) oder Sozialraumdynamiken (z.B. Gemeinschaftsbildung, Öffentlichkeit und Privatheit) vor.

Diese Situation dürfte sich schnell ändern, zumindest, was die anwendungsorientierten und ökonomisch motivierten Bestrebungen betrifft. Dafür sprechen nicht zuletzt Buchtitel wie »Mobile Web 2.0: The Innovator's Guide to Developing and Marketing Next Generation Wireless/Mobile Applications« (Jaokar/Fish 2006) oder »Next Generation Wireless Applications: Creating Mobile Applications in a Web 2.0 and Mobile 2.0 World« (Golding 2008). Die Titel machen deutlich, dass es hier vor allem um marktnahe Konzepte und Überlegungen geht, wobei bis dato die Darstellungsmodi der Form »2.0«, die an Versionierungsroutinen aus der Softwarebranche angelehnt sind, teilweise in die Irre führen.

Fragen der mobilen Kommunikation sind freilich nicht auf marktnahe Überlegungen beschränkt. Ganz im Gegenteil, in diesem neuen Zweig der Medien- und Kommunikationsforschung geht es u.a. um Fragen

- nach den Modalitäten der Integration sozialer Gruppen in mobilen Kommunikationsnetzen,
- nach den symbolischen Bedeutungen der mobilen Kommunikationsmittel für ihre NutzerInnen,
- des Vertrauens sowie der Herstellung von Öffentlichkeiten und Nähe-Distanz-Verhältnissen,
- nach den Funktionen der mobilen Kommunikation im Zusammenspiel unterschiedlicher Kommunikationsformen sowie
- nach der Rolle mobiler Anwendungen im Kontext sozialer Mobilität, politischer Institutionen oder bei der Organisation sozialer Proteste.

Erste Antworten und weitere zukunftsweisende Fragestellungen finden sich beispielsweise in den Sammelwerken von Nyíri (2003a) und Katz (2008) sowie bei Ling und Donner (2009).

Wenn wir – wie eingangs angeregt – nicht alleine oder in erster Linie die technischen Aspekte in den Blick nehmen, und wenn wir das mobile Lernen auch nicht auf Aspekte psychologischer Lerntheorien, individueller Dispositionen oder Mensch-Maschine-Interaktionen verkürzen, dann können auch jene Fragen und Phänomenbereiche untersucht werden, die sich in kommunikationswissenschaftlicher und kultursoziologischer Perspektive stellen. In einer solcherart erweiterten Perspektive beziehen sich die Fragen nach Gestaltungs- und Nutzungszusammenhängen beispielsweise auf

- verschiedene Aspekte und Ebenen von Mobilität und deren Zusammenwirken (z.B. sozial, kognitiv, konzeptuell, raum-zeitlich, technologisch),
- Modalitäten der Aneignung sowie der Habitus-, Gemeinschafts- und Identitätsbildung,
- cross-over Dynamiken inhaltlicher, didaktischer und technologischer Art (einschließlich kontextübergreifender Aspekte),
- die Relation formeller und informeller Dimensionen sowie
- neue Chancen und Bedeutungen von ›anytime‹, ›anywhere‹ oder ›just-in-time‹.

Für die Theorie und Praxis des mobilen Lernens wird so ein breites Spektrum von Akzentsetzungen eröffnet, das auch im Hinblick auf die Modellierung von Gestaltungsräumen für schulische Lern- und Bildungszwecke von Bedeutung ist.

Es geht also beim mobilen Lernen nicht alleine um die »Übertragung von Content« mittels mobiler Devices und dergleichen, sondern vielmehr um die Befähigung zur Aneignung und Entwicklung jenes Wissens, das für erfolgreiches Handeln in veränderlichen Lagen und Kontexten sowie in sich wandelnden Lernräumen erforderlich ist. Die Vielfalt der Aspekte, die dabei zu berücksichtigen sind, und ihre Komplexität sind mit primär technologisch orientierten Ansätzen nicht angemessen zu bewältigen. Sie legen mehrperspektivische Zugriffe (vgl. Nyíri 2003b; Sharples et al. 2005; Pachler 2007; Sharples 2007; Bachmair 2008 und 2009: 197-223; Vavoula et al. 2009) oder etwa einen kultur-ökologischen Ansatz nahe, wie er von Pachler et al. (2010) entwickelt wird.

Was die erwähnte Vielfalt der Aspekte betrifft, so haben Gunther Kress und Norbert Pachler unter dem Titel »Thinking About the ›m‹ in Mobile Learning« (2007) eine Fülle von Anregungen zusammengetragen. Dabei fungieren die Stichworte Flexibilität und Portabilität, Multifunktionalität, Multimodalität, Nonlinearität, Interaktivität und kommunikatives Potenzial sowie Meta-Kollaboration, Virtualität und Hyperrealität als Ankerpunkte für ihre Überlegungen (Kress/Pachler 2007: 142-144).

Die erweiterten Perspektiven des mobilen Lernens, die sich im Lichte dieser Anregungen ergeben, lassen sich nur dann sinnvoll als Teilaspekte des E-Learnings behandeln, wenn auch Letzteres unter den Auspizien von Lernkultur und Lerntheorie, Theorie der Mediensozialisation und Medienkompetenz, Didaktik und Bildungstheorie sowie Kommunikationstheorie und Kultursemiotik, und nicht primär unter technologischen oder verwaltungsbürokratischen Gesichtspunkten behandelt wird.

2.3 Mobiles Lernen und Mikrolernen

Wenn wir von einem Zusammenspiel von kulturellen, sozialen, medialen, ökonomischen und technologischen Entwicklungsdynamiken (vgl. Rusch 2007) und damit von einer relativen Bedeutung technologiegetriebener Prozesse ausgehen, dann stellt sich die Frage, wie wir von den Optionen im breiten Spektrum möglicher Akzentsetzungen zu Ligaturen und Fokussierungen kommen (können). Nachdem die metatheoretische Aufgabe der Begründung von Relevanzkriterien und der Explikation von brauchbaren Heuristiken hier nicht geleistet werden kann, soll eine Thematisierungsweise exemplarisch dargestellt und plausibilisiert werden.

Im Zuge der Ausdifferenzierung von Medienproduktions-, Angebots- und Nutzungsweisen sind neue Medienkulturen, Sozialformen, Wissensformen, Wahrnehmungsweisen und Industriezweige entstanden. Die Liste ließe sich fortsetzen. Dabei fällt auf, dass Prozesse der Fragmentierung, der Destabilisierung und Rekombination sowie der De- und Rekontextualisierung eine besondere Rolle spielen (vgl. Jacke et al. 2006). Im Zusammenhang der Beschreibung von Wissens-, Lern- und Medienlandschaften werden seit einigen Jahren vielfach Komposita unter Verwendung von »micro« verwendet (vgl. microcontent, microlearning, micromedia, microworld, etc.). Die Tragweite diese »micro«-Entwicklungen wird gerne unterschätzt wie auch die Bedingungen der »micromedia«-Produktion. Umair Haque (2005) nennt einige Bedingungen, auf die insbesondere bei mobilen Anwendungen zu achten ist:

> »Micromedia is media produced by prosumers (or amateurs; sometimes, it's called ›consumer-generated content‹). Micromedia differs fundamentally from mass media. First, it's usually microchunked. Second, because it's microchunked, it's plastic. Third, micromedia is liquid: prosumers can trade info about it via ratings, reviews, tags, comments, playlists, or a plethora of others. These are also micromedia; micromedia whose economic value lies in its complementarity with other micromedia« (Haque 2005).

Die Bedeutung dieser Überlegungen für die Massenkommunikationsforschung wie auch für die Unterhaltungsindustrie und die creative Industries ist nicht mehr zu übersehen. Aber nicht nur Konzepte wie das eines dispersen Publikums werden damit in ihrer Tragweite stark relativiert. Micromedia-Entwicklungen werden künftig in direkter und indirekter Weise auch im Bereich der institutionalisierten Bildung verstärkt eine Rolle spielen. Dabei ist der Fokus auf relativ kleine Lerneinheiten und zeitlich begrenzte Lernaktivitäten in der Geschichte der Pädagogik alles andere als neu (vgl. Hierdeis 2007). Relativ neu sind allerdings jene »micro«-Fokussierungen, bei denen Prozesse der Digitalisierung, Medialisierung und Virtualisierung prominent Beachtung finden. Unter den Auspizien mobiler Kommunikationskulturen sind die alten Fragen der Verbindung von Wissenselementen und Lernschritten sozusagen aufs Neue virulent geworden.

Was ist nun mit »Mikrolernen« (»microlearning«) gemeint? Zunächst ist darunter eine Sammelbezeichnung zu verstehen für verschiedene informelle Lernaktivitäten im Kontext von Social Software-Anwendungen: inzidentelles Lernen mit digitalen Medien, mechanistisches Lernen mit »Lernobjekten«, SMS-Anwendungen etc. Im weitesten Sinne kann Mikrolernen als »Lernen mit Microcontent« verstanden werden, als Lernen mit kleinen und kleinsten Einheiten sowohl im Hinblick auf den Umfang des Lernstoffs als auch im Hinblick auf zeitliche Dimensionen (vgl. Hug/Friesen 2007). Auch wenn der Ausdruck oft im Sinne sehr spezieller Konzepte verwendet wird (s.u.), soll er hier zunächst im Sinne eines Meta-Modells verstanden werden, dessen Konkretisierungen Crossover-Charakter haben. Insgesamt sind damit Perspektiven markiert, die in unterschiedlichen didaktischen und lerntheoretischen Diskurszusammenhängen entfaltet werden können. Entsprechend lassen sich anhand verschiedener Dimensionen (z.B. Zeit, Inhalt, Form, Prozesstyp) sehr unterschiedliche Versionen und Varianten auseinanderhalten (s. Abb. 1).

Im Einzelnen kann es dabei um Fragmente, Facetten, Episoden, spezifische Fertigkeiten, sehr spezielle Teilaufgaben – kurzum: um »micro-steps« im Kontext eines übergreifenden Zusammenhangs gehen. Mikrolernen ist also nicht schon per se einer spezifischen Lerntheorie verpflichtet. Es handelt sich vielmehr um ein relationales Konzept mit vielfältigen Anwendungsmöglichkeiten, insbesondere im Kontext mobiler Lernformen. Diese Anwendungen haben in vielen Fällen einen »Brückenschlag«-Charakter zwischen formellen und informellen Lernformen. Die Integration dieser Perspektiven in übergreifende Konzepte der Didaktik und der Wissensorganisation ist in entsprechend vielfältiger Weise möglich. Der Ansatz ist entsprechend flexibel mit unterschiedlichen didaktischen Orientierungen und Designs kombinierbar (vgl. Hug 2007). Analoges gilt für verschiedene

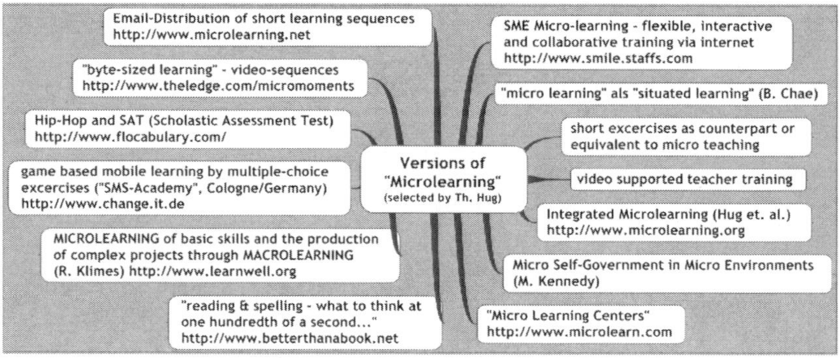

Abbildung 1: Versionen und Varianten des Microlearnings (eigene Darstellung)

Zielsetzungen (z.B. Wissenstransfer, Wissensanwendung, Festigung des Gelernten) sowie für die Verknüpfung mit Ansätzen des Medien-, Wissens- und Kommunikationsmanagements (vgl. Maier 2007; Gläser 2008; Meckel/Schmid 2008).

3. *Praxisbeispiele*

Was im Zusammenhang mobiler Lernformen als Beispiel guter Praxis zählt, hängt von den Beurteilungsperspektiven ab. Extremfälle wie etwa bewahrpädagogisch motivierte Handyverbote an Schulen oder die alleinige Verwendung von PC-Tablets unter Verzicht auf Bücher und Zeitschriften haben eher experimentellen Charakter und werden hier nicht weiter diskutiert. Im vorliegenden Beitrag soll eine Auswahl von kontrastierenden Beispielen vorgestellt werden, in denen sowohl Aspekte des institutionalisierten Lernens (z.B. schulisches Abfragewissen, curriculare Erfordernisse) als auch unterschiedliche Aspekte der Mediensozialisation und Medienkommunikation (z.B. alltagsweltlicher Mediengebrauch, symbolischen Bedeutung der mobilen Kommunikationsmittel für die NutzerInnen) eine Rolle spielen.[1]

3.1 Flocabulary

Die Idee zur Entwicklung von Flocabulary stammt ursprünglich von Blake Harrison, der sie vor dem Hintergrund von Lernschwierigkeiten mit schulischem

1 Für weitere Beispiele siehe Naismith et al. (2004), Faux et al. (2006), Seipold (2008) und Bachmair (2009: 197-223). Einen nicht mehr ganz aktuellen Überblick über Projektaktivitäten auf EU-Ebene bietet Gussenstätter (2005). Eine Fülle von Projekten und Einzelaktivitäten ist in der »kaleidoscope mobile learning initiative« vernetzt (s. http://mlearning.noe-kaleidoscope.org/). Für weitere Hinweise siehe die Internetquellen auf S. 189.

Abfragewissen in der Sekundarstufe entwickelte. Er hat zusammen mit Alex Rappaport die Idee des »vocabulary rap« weiterentwickelt und flocabulary.com begründet. In ihrem Mission Statement heißt es:

> »Flocabulary uses the educational power of hip-hop music to foster literacy and promote academic success in the classroom and beyond. Through a range of multimedia products and live performance programs, we bring our concept of music and learning to students and teachers worldwide«.[2]

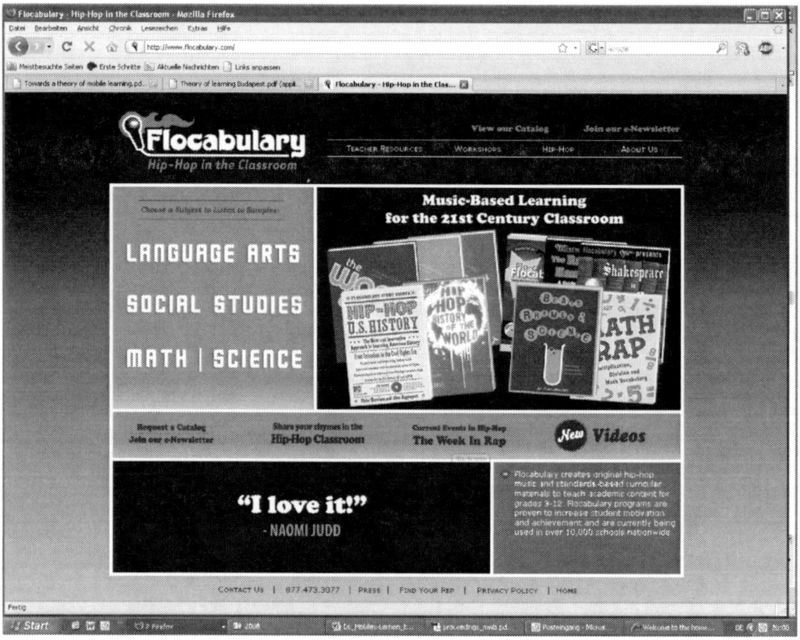

Abbildung 2: Flocabulary-Screenshot
Quelle: www.flocabulary.com.

Im Kern geht es dabei einerseits darum, Hip-Hop-Rhythmen sowie Merksprüche und Gedächtnisstützen für schulische Lernzwecke zu kreieren. Andererseits spielen dabei auch lebensweltliche Dimensionen der Jugendlichen eine tragende Rolle. Die ersten prototypischen Beispiele bezogen sich auf SAT-Vokabeln[3] sowie auf Beispiele aus dem Geschichts- und dem Literaturunterricht. Die Hör-

2 S. www.flocabulary.com.
3 SAT ist ein Akronym für Scholastic Aptitude Test (Standardtest für die Zulassung zum Studium).

beispiele, die online kostenfrei zur Verfügung gestellt werden, vermitteln einen sehr guten Eindruck, wie die Lerneinheiten aufgebaut sind und auch als mp3-files mobil verwendet werden können.

Detaillierte Evaluierungsberichte zum Einsatz der Lernhilfen sind laut Angaben auf der Website verfügbar. In einer Pressemeldung wird von einem Erfolg berichtet, der zumindest anteilig auf den Einsatz von Flocabulary zurückgeführt wird:

> »Menchville High reports that the average SAT writing score for 11th graders in August 2005 was 420. In April 2006, after Flocabulary was introduced into the curriculum, the average score rose to 477« (Garvin 2006).

Es wäre allerdings sehr verkürzt, hier das Augenmerk alleine auf die Steigerung von Gedächtnisleistungen zu legen. Mindestens so wichtig sind hier Fragen der Motivation sowie der institutionalisierten Lernkultur und ihrer Anschlussfähigkeit an Jugendkulturen. Die Grundidee wurde neuerdings unter dem Titel *The Week in Rap*[4] im Sinne »gerappter« wöchentlicher Zusammenfassungen von Nachrichtensendungen erweitert.

3.2 Integriertes Mikrolernen

Im Gegensatz zu »Microteaching« (vgl. Dwight/Ryan 1969) ist »Microlearning« ein relativ junger Begriff. Erst in neuerer Zeit sind verschiedene Verwendungsweisen im Zusammenhang von E-Learning-Ansätzen und Mediendidaktiken in Umlauf gekommen (s. Abb. 1, S. 203). Der Innsbrucker Ansatz des Mikrolernens wurde einerseits auf dem Hintergrund diverser E-Learning-Projekte und von Grundlagenforschungen in den Bereichen Medienpädagogik, sozialwissenschaftliche Alltagstheorie, Lebensweltforschung, Symbolischer Interaktionismus, Konstruktivismus und Wissenstheorie entwickelt. Die ersten konkreten Microlearning-Anwendungen wurden im Kontext außeruniversitärer Forschungen[5] entwickelt und zur Patentierung angemeldet (vgl. Gassler 2004). Ein besonderes Charakteristikum dieser ersten Anwendungen bestand im Anspruch zur Integra-

4 S. http://theweekinrap.com.

5 Austrian Research Centers (ARC), Research Studio eLearning Environments (2003-2006, Studioleitung: Theo Hug, operative Leitung: Gerhard Gassler sowie Silvia Gstrein und Christian Bablick) mit Unterstützung des Österreichischen Bundesministeriums für Wirtschaft und Arbeit und der Tiroler Zukunftsstiftung. Die Weiterentwicklung der Innsbrucker Mikrolernsysteme durch deren Begründer erfolgt im universitären Kontext und seit Mitte 2008 auch in der Yocomo GmbH (www.yocomo.at), einem Spin-off des Austrian Institute of Technology (AIT) und der Universität Innsbruck.

tion des Lernens in private und/oder berufliche Alltagsroutinen. Eine Leitidee, die für die Gestaltung der Lernprozesse bedeutsam ist, lautete entsprechend »Making use of the use of media«.

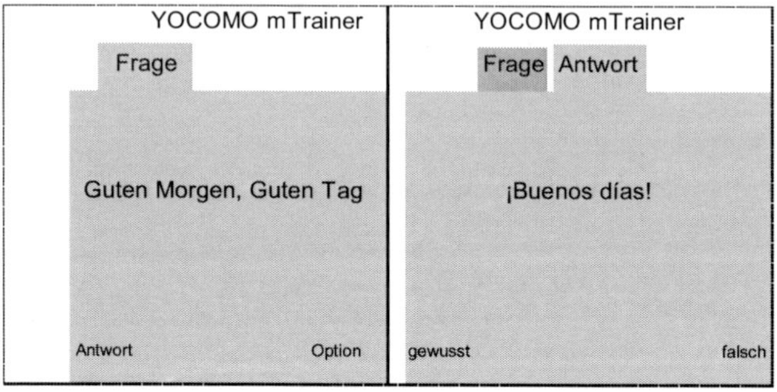

Abbildung 3: Beispiel einer Lernfrage (© Yocomo GmbH)

Abbildung 3 zeigt eine der Anwendungen im Bereich des Fremdsprachlernens, wobei die der Abfragemodus mit unterschiedlichen Endgeräten (z.B. PC-Bildschirmschoner, Mobiltelefon usw.) eingesetzt werden kann. Die hier gezeigte Anwendung hat den Charakter einer mobilen Trainingsanwendung, bei der die Fragemodalitäten auf einem Lernalgorithmus und Selbstüberprüfungsroutinen basieren (Lernkartei-System). Darüber hinaus können Multiple-Choice-Fragen sowie auch Bild- und Tondokumente in den Lernprozess integriert werden. Während Letzteres neueren (technischen) Generationen von Mobiltelefonen vorbehalten bleibt, sind in der aktuellen Version die einfachen textbasierten (Selbst-)Abfragemodalitäten auf 98% der am Markt befindlichen Mobiltelefontypen verwendbar.

Selbstverständlich sind andere Lern-Varianten, etwa unter Verwendung von Bildgeschichten, Karikaturen oder storyline concepts, möglich (vgl. Hug 2005). Der Innsbrucker Ansatz ist in paradigmatischer und lerntheoretischer Hinsicht anschlussfähig an alle Konzeptionen, da der relationale Zusammenhang von Mikrolerneinheiten, Lernformen, Lernzielen, Wissenstypen, Interaktionszusammenhängen und situativen Dimensionen unterschiedlich modelliert werden kann. Im Detail figuriert der Ansatz freilich im Fall instrumenteller oder mechanistischer Lernformen anders als im Fall erfahrungsreflexiver Formen oder Ermöglichungsdidaktiken. Entsprechend resultiert die faktische Charakteristik primär aus dem Gebrauchszusammenhang, der intendierten Zielsetzung, der motivationalen Ausgangslage, den Modalitäten der Getriebenheit durch Interessen, Märkte, Technologien oder Didaktiken und nicht aus einer paradigmatischen Vorweg-Zuordnung. Die Ausfaltung der Mikrodimensionen erfolgt in komplementärer Weise, etwa als Lernanreiz beim mechanistischen Lernen (z.B. Vokabellernen), als Reflexionsanlass beim selbstreflexiven Lernen (z.B. Themenzentrierte Interaktion), als »Stimmungsbarometer« beim emotionalen Lernen (z.B. Selbstmanagement), als episodisches Element beim game-based learning (z.B. »simulation globale«) oder als Schlüsselinformation beim problemlösenden Lernen (z.B. Webquest). Die Realisierung dieser und anderer Möglichkeiten der Entfaltung ist gegenwärtig eher durch den technologischen Entwicklungsstand determiniert und nicht durch einen Mangel an kreativen Anwendungsszenarien oder konzeptionellen Optionen.

3.3 Frequency 1550

Das Projekt »Frequency 1550«[6] ist ein Pilotversuch aus dem Jahre 2005, der von der Waag Society (Amsterdam) in enger Kooperation mit der Amsterdam Montessori School und dem Mobilfunkbetreiber KPN Mobile mit Unterstützung lokaler Behörden (Municipal Archives Amsterdam) durchgeführt wurde. Die Lernumgebung hat den Charakter eines »location-based city games« für SchülerInnen der Sekundarstufe. In pädagogischer Hinsicht sind dabei konstruktivistische Lerntheorien, Gruppenlernen und Teamarbeit, lebensweltliche Aspekte (»digital lifestyle«), Förderung von Kreativität, Förderung von Präsentations- und Reflexionsfähigkeit sowie die Einbindung der Lerninhalte in vorgegebene Curricula bedeutsam. Für die Realisierung der Ziele wurden verschiedenen Technologien (z.B. GPS, Mobiltelefon, Internet, Multimedia-Produktionswerkzeuge) miteinander vernetzt. In der Lernanwendung geht es um die spielerische Aneignung von historischem Wissen über Amsterdam.

Joost Raessens schreibt dazu:

> »*Frequency 1550* […] enables people to participate in a game that is a guided tour along the most significant historic buildings and sites of Amsterdam (such as the Schreierstoren) and learn about their architecture and preservation on the basis of episodes from the life stories of ordinary people (such as the innkeeper of 't Aepgen). The game offers a compelling reconstruction of micro-aspects of everyday life in the medieval city of Amsterdam« (Raessens 2007: 212).

Die ersten Ergebnisse der Begleitforschung sind ermutigend (vgl. Raessens 2007: 208-212). In allen pädagogischen Lernzielbereichen (s.o.) sind überwiegend positive Ergebnisse zu verzeichnen. Ich will allerdings zwei kritische Einwände und Überlegungen zu bedenken geben: Der erste bezieht sich auf die Verzweckung spielerischer Formen, die in der Geschichte der Pädagogik durch-

6 S. http://freq1550.waag.org, http://www.waag.org/project/frequentie.

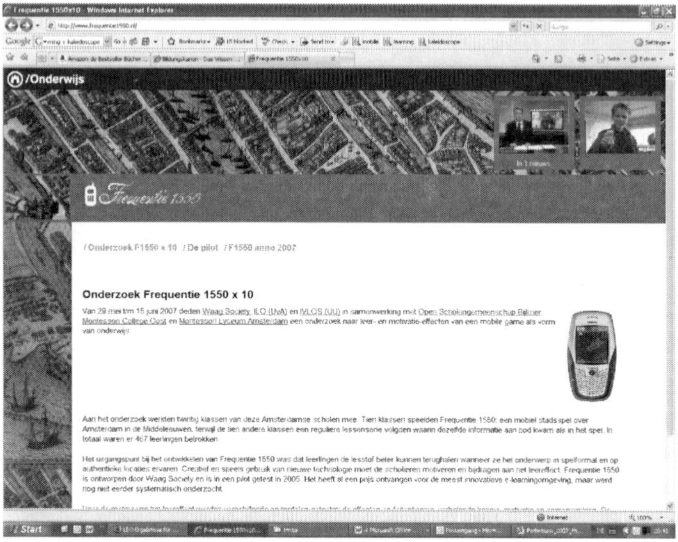

Abbildung 4: Screenshot von Frequency 1550
Quelle: http://www.frequentie1550.nl.

aus eine lange Tradition hat. Hier gilt es aber auch, die Grenzen der Instrumentalisierung auszuloten und im Auge zu behalten. Die zweite Überlegung bezieht sich auf Kostenfragen. Ähnlich wie es in den so genannten »Notebook«-Klassen zu schwer durchschaubaren Dynamiken angesichts sozio-ökonomischer Unterschiede kommen kann und häufig kommt, lässt auch *Frequency 1550* Fragen offen. Zumindest handelt es sich hier um ein sehr kostenintensives Projekt, das ohne beachtliche staatliche Förderung und hohes Sponsoring nicht betrieben werden könnte.

4. Fazit

Die Praxisbeispiele zeigen, wie mobiles Lernen heute und in naher Zukunft Gestalt annehmen kann und welche Rolle unterschiedliche Aspekte des institutionalisierten Lernens und der Mediensozialisation dabei spielen können. Das Spektrum möglicher Gestaltungsformen mobiler Lehr-/Lernprozesse ist damit genauso wenig ausgeschöpft, wie das Spektrum theoretisch motivierter Betrachtungen mit den vorangehenden Überlegungen ausgeschöpft worden ist. Es dürfte jedoch deutlich geworden sein, dass enge Verständnisse des mobilen Lernens zwar vielfach anschlussfähig sein mögen, zu einer Beschreibung, Analyse und Modellierung der relevanten Phänomenbereiche aber nur sehr begrenzt taugen.

Inwieweit differenzierte Konzeptionen auch zu innovativen pädagogischen Praxen beitragen werden, muss an dieser Stelle offen bleiben. An innovativen Potenzialen mangelt es nicht. Viele werden sich allerdings noch an die Hoffnungen auf pädagogische und sozialkritisch motivierte Veränderungsprozesse erinnern, die vor gut 10 Jahren mit E-Learning verknüpft worden sind. E-Learning hat zwischenzeitlich im Großen und Ganzen als Hoffnungsträger für pädagogische Reformen ausgedient. Am meisten profitiert haben bekanntlich die Soft- und Hardwareindustrie sowie die Verwaltungsbürokratien. Wenn beim M-Learning die verschiedenen Dimensionen der Mobilität als Dimensionen einer Conditio humana begriffen werden, dann bestehen zumindest Chancen auf ein angemessenes Verständnis mobiler Lernformen in mobilen Medienkulturgesellschaften.

Literatur

Bachmair, Ben (2008): M-learning and media use in everyday life: towards a theoretical framework. In: Hug, Theo (Hg.): Media, Knowledge & Education. Exploring new Spaces, Relations and Dynamics in Digital Media Ecologies. Innsbruck: Innsbruck University Press, S. 236-265.

Bachmair, Ben (2009): Medienwissen für Pädagogen. Medienbildung in riskanten Erlebniswelten. Wiesbaden: VS.

Dünne, Jörg/Günzel, Stephan (2006): Raumtheorie. Grundlagentexte aus Philosophie und Kulturwissenschaften. Frankfurt a.M.: Suhrkamp.

Dwight, Allen/Ryan, Kevin (1969): Microteaching. Reading: Addison-Wesley.

Europäische Kommission (2004): Gemeinsame Europäische Grundsätze für die Validierung des nicht formalen und des informellen Lernens. Endgültiger Vorschlag der Arbeitsgruppe »H« des Objectives-Prozesses. Brüssel: EU.

Faux, Fern/McFarlane, Angela/Roche, Nel/Facer, Keri (2006): Learning with handheld technologies: Futurelab Handbook. Bristol: Futurelab. Online: www.futurelab.org.uk/resources/documents/handbooks/handhelds_handbook.pdf (letzter Zugriff: 29.09.2009).

Garvin, Keith (2006): Rhyme and Reason: Teaching With a Hip-Hop Beat. Duo Helps Kids Learn With the Music they Love. Internet-Dokument: http://abcnews.go.com/US/Story?id=2249916&page=2 (letzter Zugriff: 29.05.2008).

Gassler, Gerhard (2004): Integriertes Mikrolernen. Innsbruck: unveröff. Diplomarbeit.

Gläser, Martin (2008): Medienmanagement. München: Vahlen.

Göhlich, Michael/Wulf, Christoph/Zirfas, Jörg (Hg.) (2007): Pädagogische Theorien des Lernens. Weinheim und Basel: Beltz.

Göhlich, Michael/Zirfas, Jörg (2007): Lernen. Ein pädagogischer Grundbegriff. Stuttgart: Kohlhammer.

Golding, Paul (2008): Next Generation Wireless Applications: Creating Mobile Applications in a Web 2.0 and Mobile 2.0 World. Chichester u. a.: Wiley.

Goodman, Nelson (1995): Weisen der Welterzeugung. 3. Aufl. Frankfurt a.M.: Suhrkamp (engl. Orig. 1978).

Günzel, Stephan (2009): Raumwissenschaften. Frankfurt a.M.: Suhrkamp.

Gussenstätter, Astrid (2005): Internationales Monitoring »Lernkultur Kompetenzentwicklung: Lernen im Netz und mit Multimedia« – Statusbericht 13: Schwerpunkt: Mobile Learning. Hamburg (Universität der Bundeswehr) Juli 2005. Internet-Dokument: www.abwf.de/content/main/publik/monitoring/LiNe/86_moniline_05_02.pdf (letzter Zugriff: 19.05.2008).

Haque, Umair (2005): Media 2.0. Internet-Dokument: www.bubblegeneration.com/2005/11/media-2.cfm (letzter Zugriff: 19.06.2007).
Hierdeis, Helmwart (2007): From Meno to Microlearning: A Historical Survey. In: Hug, Theo (Hg.): Didactics of Microlearning. Concepts, Discourses and Examples. Münster u.a.: Waxmann, S. 35-52.
Hierdeis, Helmwart/Bickel, Herbert (1998): Anthropologie und Mobilität. Hagen: Studienbrief der FernUniversität.
Hug, Theo (2005): Micro Learning and Narration. Exploring possibilities of utilization of narrations and storytelling for the designing of »micro units« and didactical micro-learning arrangements. In: Online proceedings of the International Conference »Media in Transition 4: The Work of Stories« at the M.I.T. in Cambridge (MA), USA, May 6-8, 2005. Online: http://web.mit.edu/comm-forum/mit4/papers/hug.pdf (letzter Zugriff: 15.06.2008).
Hug, Theo (Hg.) (2007): Didactics of Microlearning. Concepts, Discourses and Examples. Münster u.a.: Waxmann.
Hug, Theo/Friesen, Norm (2007): Outline of a Microlearning Agenda. In: Hug, Theo (Hg.): Didactics of Microlearning. Concepts, Discourses and Examples. Münster u. a.: Waxmann, S. 15-31.
Jacke, Christoph/Kimminich, Eva/Schmidt, Siegfried J. (Hg.) (2006): Kulturschutt. Über das Recycling von Theorien und Kulturen. Bielefeld: transcript.
Jaokar, Ajit/Fish, Toni (2006): Mobile Web 2.0: The Innovator's Guide to Developing and Marketing Next Generation Wireless/Mobile Applications. London: Futuretext.
Katz, James E. (Hg.) (2008): Handbook of Mobile Communication Studies. Cambridge: MIT Press.
Kessl, Fabian/Reutlinger, Christian (2007): Sozialraum – eine Einführung. Wiesbaden: VS.
Krämer, Sybille (1998): Das Medium als Spur und als Apparat. In: Krämer, Sybille (Hrsg.): Medien, Computer, Realität. Wirklichkeitsvorstellungen und Neue Medien. Frankfurt a.M.: Suhrkamp, S. 73-94.
Kress, Gunther/Pachler, Norbert (2007): Thinking About the ›m‹ in Mobile Learning. In: Hug, Theo (Hg.): Didactics of Microlearning. Concepts, Discourses and Examples. Münster u. a.: Waxmann, S. 139-154.
Kukulska-Hulme, Agnes (2005): Introduction. In: Kukulska-Hulme, Agnes/Traxler, John (Hg.): Mobile Learning: A Handbook for Educators and Trainers. New York u.a.: Routledge, S. 1-6.
Ling, Rich/Donner, Jonathan (2009): Mobile Communication. Cambridge: Polity Press.
Maier, Ronald (2007): Knowledge management systems: information and communication technologies for knowledge management. Berlin u.a.: Springer.
Meckel, Miriam/Schmid, Beat F. (Hg.) (2008): Kommunikationsmanagement im Wandel: Beiträge aus 10 Jahren. Wiesbaden u.a.: Gabler.
Meyer-Drawe, Käte (2008): Diskurse des Lernens. München: Wilhelm Fink.
Naismith, Laura/Lonsdale, Peter/Vavoula, Giasemi/Sharples, Mike (2004): Literature Review in Mobile Technologies and Learning: Report 11. Bristol.
Nyíri, Kristóf (Hg.) (2003a): Mobile Communication. Essays on Cognition and Community. Wien: Passagen.
Nyíri, Kristóf (Hg.) (2003b): Mobile Learning. Essays on Philosophy, Psychology and Education. Wien: Passagen.
Pachler, Norbert (Hg.) (2007): Mobile learning: towards a research agenda. London: WLE Centre. Online: www.wlecentre.ac.uk/cms/files/occasionalpapers/mobile learning_pachler2007.pdf (letzter Zugriff: 29.05.2008).
Pachler, Norbert/Bachmair, Ben/Cook, John (2010): Mobile learning: Structures, Agency, Practices. Berlin u.a.: Springer (i.E.).
Popper, Karl R. (1973): Objektive Erkenntnis. Ein evolutionärer Entwurf. Hamburg: Hoffmann & Campe.
Raessens, Joost (2007): Playing history. Reflections on mobile and location-based learning. In: Hug, Theo (Hg.): Didactics of Microlearning. Concepts, Discourses and Examples. Münster u. a.: Waxmann, S. 200-217.

Rusch, Gebhard (2007): Mediendynamik. Explorationen zur Theorie des Medienwandels. In: Navigationen. Zeitschrift für Medien- und Kulturwissenschaften. Jg. 7, H. 1, S. 13-93.
Schütz, Alfred/Luckmann, Thomas (1979): Strukturen der Lebenswelt. Bd. 1, Frankfurt a.M.: Suhrkamp.
Seipold, Judith (2008): Mobile phones in school. Selected m-learning projects from Great Britain and the German speaking countries. In: Hug, Theo (Hg.): Media, Knowledge & Education. Exploring new Spaces, Relations and Dynamics in Digital Media Ecologies. Innsbruck: Innsbruck University Press, S. 266-281.
Sharples, Mike (2007): Learning as Conversation: transforming education in the Mobile Age. Centre for Educational Technology and Distance Learning. University of Birmingham. Online: www.eee.bham.ac.uk/sharplem/Papers/Theory%20of%20learning%20Budapest.pdf (letzter Zugriff: 19.02.2009).
Sharples, Mike/Taylor, Josie/Vavoula, Giasemi (2005): Towards a Theory of Mobile Learning: www.eee.bham.ac.uk/sharplem/Papers/Towards%20a%20theory%20of%20mobile%20learning.pdf (letzter Zugriff: 19.02. 2009).
Vavoula, Giasemi/Pachler, Norbert/Kukulska-Hulme, Agnes (Hg.) (2009): Researching Mobile Learning. Frameworks, tools and research designs. Oxford/Bern/Berlin/Bruxelles/Frankfurt a.M./New York/Wien: Lang.

Ausgewählte URLs zum Thema »mobiles Lernen«

Handheld learning – Learning with mobile or ubiquitous technologies
www.handheldlearning.co.uk.
Handheld-Computer im schulischen Einsatz
www.m-learning.info.
IADIS Mobile Learning: International Association for Development of the Information Society:
www.iadis.org.
International Association for Mobile Learning (IAMLearn)
www.iamlearn.org, http://mlearning.noe-kaleidoscope.org.
Kids in Media and Motion (KiMM)
www.kimm.uni-luebeck.de.
Learning in Hand, Ressourcensammlung von Tony Vincent
www.learninginhand.com.
London Mobile Learning Group (LMLG)
www.londonmobilelearning.net.
M-Learning Projekt an der TU Ilmenau
www4.tu-ilmenau.de/m-learning.
Mobile Learning Engine (MLE)
http://mle.sourceforge.net.
Mobile Technology for Learning (coordinated by Judy Brown/Wisconsin)
http://www.mlearnopedia.com.
MOBIlearn Projektseite
www.mobilearn.at.
Mobiles Lernen im Unternehmen
www.mobileslernen.ch.

Web³ im Hochschuleinsatz: Potenziale digitaler Lernwelten

Markus Walber und Dennis Schäffer

Einleitung

Seit etwa 15 Jahren ist der Einsatz so genannter ›Neuer Medien‹ im Hochschulkontext im Diskurs, was allerdings nicht dazu geführt hat, dass sich flächendeckend eine E-Learningkultur etabliert hat. Dabei ist die Akzeptanz von Neuen Medien nach unterschiedlichen Hochschulkontexten diversifiziert zu betrachten. Insbesondere zu Beginn der Entwicklung sind es am häufigsten technische Fakultäten, die E-Learning als neue Lernform etablieren wollen. In der Diskussion um die Errichtung entsprechender Strukturen steht u.a. die *Substitution von Lehrenden* durch moderne digitale Technologien im Vordergrund. Die verschiedenen Aktivitäten sind bislang trotz hohem Ressourcenaufwand, z.B. zur aufwendigen Produktion von ›Hochglanz-Multimedia‹, und trotz dem Ziel, immer intelligentere tutorielle Systeme (ITS) zu entwickeln, nicht sehr erfolgreich verlaufen. Insbesondere gegenüber komplexen Inhalten und kreativen Lernenden geraten solche Systeme schnell an ihre Grenzen. Das Erfordernis, hohe Produktionskosten für einzelne Features zu refinanzieren, führt zu hoch standardisierten Massenprodukten, die an mehr als einem Hochschulort gleichermaßen einsetzbar sind. Aus lerntheoretischen Erwägungen sollen die Anwendungen gleichzeitig subjektorientiert sein. Hieraus entsteht nicht selten eine Entwicklungsparadoxie. Hochschulen selbst investieren bisher, insbesondere vor dem Hintergrund mangelnder Erkenntnisse hinsichtlich der Kosten-Nutzen-Relation, nur sehr zurückhaltend in reine Softwarelösungen.

Ein zweites Einsatzfeld liegt in der *Unterstützung klassischer Präsenzseminare* durch digitale Medien. Hierzu ist in den letzen 10 Jahren ein breites Spektrum an unterschiedlichen Lernplattformen entstanden. In diesen digitalen Lernumgebungen sind insbesondere die Seminarorganisation und die Ablage seminarrelevanter Ressourcen (Texte, Videos etc.) möglich. Darüber hinaus stehen Kommunikationselemente wie Instant-Message, E-Mail, Foren, Chat und – in sehr seltenen Fällen – Videokonferenzen zur Verfügung, deren Nutzung allerdings nur sehr eingeschränkt stattfindet (vgl. Walber 2007: 129f.). Die Kommunikation wird mittlerweile nicht selten durch den Einsatz eigenständiger Kommunikationssoftware (Skype etc.) aus der eigentlichen digitalen Lernumgebung ausgelagert. Diese Kommunikationsprogramme finden zunehmend im Sinne der Integration einer Neuen Kulturtechnik Eingang in die alltäglichen studentischen und wissenschaftlichen Kommunikationsprozesse.

Neben diesen beiden Einsatzfeldern werden seit ca. zwei Jahren auch digitale 3D-Lernumgebungen, z.B. Second Life, im Hochschuleinsatz getestet. Diese werden insbesondere zur Realisierung sozialer Interaktionen voneinander entfernter Studierender und zur Schaffung von besonderen Erlebnisräumen genutzt. Stellt man diese in den Gesamtkontext der Entwicklung von web2.0-Technologien, dann lässt sich hier der kollaborative Aspekt gemeinsamer Wissens- und Erkenntniskonstruktionen hervorheben.

Nachfolgend werden exemplarische Einsatzpotenziale am Beispiel der E-Learningaktivitäten an der Fakultät für Erziehungswissenschaft der Universität Bielefeld beschrieben. Hierzu werden zunächst unterschiedliche Anwendungsszenarien elaboriert, bevor empirische Ergebnisse zum Einsatz von digitalen 3D-Lernwelten in der Hochschule dargestellt werden. Auf dieser Basis sollen, ausgehend von einem Zusatzqualifizierungsangebot zum E-Trainer für Studierende, die professionellen Kompetenzen skizziert werden, die die Voraussetzung für einen effizienten Einsatz von E-Learning darstellen. Abschließend werden Entwicklungspotenziale aufgezeigt.

Anwendungsszenarien und pädagogische Herausforderungen

Betrachtet man die aktuelle E-Learning-Landschaft an Hochschulen, zeigt sich bis heute eine deutliche Diskrepanz beim Verständnis und dem Einsatz von E-Learning. Dabei kann man deutlich zwischen drei Typen von Anwendungsszenarien unterscheiden (vgl. Hainzel 2009): der klassischen E-Learning Plattform, die ihre hauptsächliche Verwendung bei der Verteilung von digitalen Medien findet; dem interaktiv genutzten Lernmanagementsystem mit verbesserten Möglichkeiten zur Kommunikation und den sich selbst konstruierenden, dynamisch-interaktiven Digitalwelten des aufkommenden Web 3D.[1]

1 Beim Web 3D handelt es sich in unserem Verständnis um die nächste Stufe in der Entwicklung des Internets. Diese Bezeichnung bezieht sich auf die aktuellen Beschreibungen. Web 1.0 bezeichnet das klassische Internet, Web 2.0 steht für das »MitmachWeb«, dessen Fokus auf Partizipation und sozialer Vernetzung liegt. Die dritte Dimension besteht darin, dass die Nutzer nicht mehr nur auf zweidimensionalen Webseiten blättern, sondern auch durch dreidimensionale Webseiten und Firmengebäude wandeln können, um sich zu informieren.

Klassisches E-Learning

Klassische Lernplattformen stellen hauptsächlich Dateiablagen dar. Die Nutzer verwenden diese Systeme in der Regel lediglich als zusätzlichen Service, begleitend zu Veranstaltungen, um Texte und digitale Medien anzubieten oder sich hiermit zu versorgen. Die Interaktion mit diesem System beschränkt sich in der Regel darin, dass Dateien von den Lehrenden hochgeladen und von den Studierenden heruntergeladen werden. Diese Downloads können sowohl nach den jeweiligen Veranstaltungen zu Nacharbeit zur Verfügung gestellt werden als auch bereits im Vorfeld zur Vorbereitung bereitstehen.

Eine Kommunikation zwischen den Nutzern und dem Bereitsteller findet in diesen Systemen so gut wie nicht statt. Sie beschränkt sich in der Regel auf Ankündigungen und kurze Hinweise durch den Bereitsteller. Die Teilnehmer haben keine Möglichkeit, selbst zu gestalten und mitzuwirken. Die Nutzungszeit dieser Umgebung beschränkt sich lediglich auf die kurzen Phasen der Informationsbereitstellung und der Beschaffung der angebotenen Materialien.

Interaktive Lernmanagementsysteme

Um diesen Schwächen entgegenzuwirken, wurde im vergangenen Jahrzent eine neue Konzeption entwickelt. Die entstehenden LernManagementSysteme (LMS) – die auch in weiten Teilen einer neuen, konstruktivistischen Theorie folgen –, legen ihr Augenmerk nun viel stärker auf Interaktion und Kommunikation.

Ein Beispiel für diese Entwicklung ist das LMS »Moodle«, welches auf dem OpenSource-Konzept basiert und kostenlos beschafft und verwendet werden kann.[2] Es verzeichnet seit dem Jahr 2001 einen Siegeszug durch Schulen und Bildungseinrichtungen. Moodle bietet neben der Distribution von Inhalten auch Möglichkeiten zur interaktiven und kollaborativen Erarbeitung von Inhalten. Neben Wikis, Lerntagebüchern, Foren und Peer-Review-Modulen bringt das System in der Standardausstattung rund zehn weitere Lernaktivitäten mit.

Kollaborative LMS bieten für Teilnehmende viel mehr Möglichkeiten zur Nutzung der Lernumgebung und zum gemeinsamen Lernerlebnis. Hierdurch wird eine interaktive Auseinandersetzung über den Lerngegenstand möglich, was sich deutlich positiv auf den eingeschätzten Nutzen von E-Learning auswirkt (vgl. Walber 2008: S. 81f.).

2 http://www.moodle.org.

E-Learning[3]

Fügt man dem E-Learning eine weitere – dritte – Dimension hinzu, dann gelangt der Lerner schnell zum dreidimensionalen Internet. Auch wenn diese Vision noch ein wenig Entwicklungszeit erfordert, gibt es schon heute Möglichkeiten die ersten dreidimensionalen Umgebungen für Lehren und Lernen zu erkunden. Seit annähernd zehn Jahren sind virtuelle Welten mit Namen wie »There«, »Active Worlds« oder »Second Life« in stetiger Entwicklung. Diese Multi-User-Environments zeigen trotz ihrer technischen Abgeschlossenheit, wie sich das Web 3D und somit auch die Lernmöglichkeiten in naher Zukunft entwickeln können. Durch die Interaktion der Lernenden mit diesen konsistenten Umgebungen wird der Effekt der Immersion – des Eintauchens in das Medium – verstärkt. Durch die Persistenz des Avatars und der erschaffenen Objekte verstärkt sich dieser Effekt noch weiter (vgl. Ojstersek 2008: 296). Die Möglichkeit, mit anderen Nutzern gleichzeitig in einem gemeinsam wahrgenommenen Raum zu sein, zu interagieren und zu kommunizieren, führt im Vergleich zu herkömmlichen E-Learning-Angeboten zu einer deutlich erhöhten sozialen Präsenz innerhalb der Lernwelt (vgl. Mersch 2008).

In der virtuellen Welt von Second Life ist neben vielen, auch internationalen Hochschulen das *E-Learning 3D Projekt* der Universität Bielefeld aktiv. Aus den zweijährigen Erfahrungen des Projektes bezüglich Lehren und Lernen in virtuellen Umgebungen haben sich didaktische Konzepte (vgl. Heeren 2009: 254) entwickelt, die im besonderen Maße die Besonderheiten und Anforderungen (vgl. Pivec 2007) von Bildungsveranstaltungen in virtuellen Welten berücksichtigen. Nachfolgend werden einige didaktische Szenarien vorgestellt, die im Rahmen des Projekts *E-Learning 3D*[3] an der Universität Bielefeld erfolgreich erprobt worden sind.

Simulation

In diesem Setting geht es um die möglichst wirklichkeitsgetreue Nachbildung von Situationen oder Abläufen, sodass die Teilnehmenden das Gefühl haben, unmittelbar zu partizipieren. Diese Form des elektronischen Lernens ist aus Anwendungsgebieten bekannt, in denen eine Ausbildung in der realen Situation zu hohe Risiken birgt oder mit zu hohen Kosten verbunden ist. Ein klassisches Anwendungsfeld dieser Form des E-Learnings ist die Ausbildung von Piloten und Schiffskapitänen. Beide Anwendungen haben aber gemein, dass zur Durchführung teure Spezialsimulatoren angeschafft und programmiert werden müssen.

---

3 Vgl. http://www.e-learning3d.de.

Hier liegt die besondere Möglichkeit von Second Life. Die Plattform bietet die technischen Voraussetzungen, um in dieser virtuellen Welt klassische Simulationssituationen abzubilden. Dabei bietet Second Life die Möglichkeit zu einer tiefgehenden Immersion – das Eintauchen in das Medium – bei geringen technischen Anforderungen und Voraussetzungen. Auch wenn die Fähigkeiten zur Simulation in Second Life zurzeit noch nicht ausreichen, um hochkomplexe Situationen wie die Steuerung eines Linienflugzeuges darzustellen, reichen die Möglichkeiten aber sehr wohl aus, um Abläufe und physikalische Prozesse abzubilden. Besonders im Bereich der Naturwissenschaften und technischen Disziplinen ist es auch heute schon möglich, gute und nachvollziehbare Modelle zu erzeugen.

Ein Beispiel für eine solche Anwendung ist das Fach Architektur: In Second Life ist es möglich, nahezu kostenfrei die eigenen Entwürfe in eine begehbare, lebensnahe Repräsentanz zu verwandeln. Obwohl dies schon lange durch spezialisierte Programme möglich ist, spielen die virtuellen Welten hier ihre besonderen Stärken aus. Ein gemeinsamer Rundgang durch ein virtuelles Baugebiet könnte eine Möglichkeit sein, das gemeinsame Raumerleben zu nutzen, um anschließend über die gewonnenen Eindrücke zu sprechen oder aber auch direkt und kollaborativ Möglichkeiten zur Verbesserung zu finden.

Eine weitere Möglichkeit liegt in der Vermittlung komplexer Modelle. Hierbei könnte es sich beispielsweise um ein komplexes Atommodell handeln. Auch hier haben die Teilnehmenden wieder die Möglichkeit, gemeinsam dieses Modell in Übergröße und seiner räumlichen Struktur zu erleben. Sie können um das Modell herumgehen, es aus allen Richtungen betrachten und Zusammenhänge »begreifen«.

Eine weitere Möglichkeit ist die Durchführung von Szenarien und Rollenspielen. Dabei können in der virtuellen Welt Situationen simuliert werden, auf die die Teilnehmenden später real treffen. Hierbei könnte es sich um einen Sprachkurs handeln, in dem beispielsweise in einem virtuellen Bahnhof ein Fahrschein gelöst werden soll. Eine Feuerwehrgruppe könnte den richtigen Ablauf in Notsituation einüben und unterschiedliche Szenarien durchspielen.

Die realistische Darstellung unterschiedlicher Modelle oder realer Situationen in 3D erleichtert es den Teilnehmenden oftmals, komplexe Situationen und Abläufe zu erfassen.

Selbstlerneinheiten

Bei diesen Einheiten handelt es sich um Lernbaukästen. Die Teilnehmenden finden alle wichtigen Informationen zu einem Thema in einem Selbstlernkurs aufbereitet. Je nach didaktischem Verständnis ist es möglich, diese Einheiten als sequenzielle Lerneinheiten aufzubauen oder den Lernenden die freie Wahl der Abfolge zu überlassen. In diese Lerneinheiten können – wie beim klassischen E-Learning – sämtliche bekannten Medien eingebunden sein. Die Teilnehmenden können mit Texten arbeiten, Videos rezipieren oder Grafiken interpretieren. Die Besonderheit von Second Life ist aber die Möglichkeit zum kollaborativen Konstruieren in der virtuellen Welt. Eine Selbstlerneinheit kann hier die Schritt-für-Schritt-Anleitung eines Bauprojektes enthalten, womit die Lernenden in ihrem eigenen Tempo die enthaltenen Inhalte mit einem oder mehreren anderen Avataren umsetzen können, um daraus aktiv erlebend Lernfortschritte zu generieren.

DiscoveryQuest / Lernreisen

Dieses Setting ist eine angereicherte virtuelle Version des bekannten Kinderspiels. Dabei werden die Lerninhalte in kleine Sinneinheiten aufgeteilt und sequenziell aufbereitet. Diese Lerneinheiten werden dann anschließend für Second Life medial aufbereitet und in die virtuelle Welt übertragen. Dabei können von Texten bis hin zu Videos alle vorhandenen Medien genutzt werden. Die »Lernpakete« werden dann an unterschiedlichen Stellen auf dem Gelände versteckt. Dabei sollte es erst durch das Lösen der vorhergehenden Aufgaben möglich sein, die nachfolgende Aufgabe zu lösen bzw. den Ort dieser Lerneinheit zu finden. Die Teilnehmer arbeiten somit eine Aufgabe durch und erhalten als »Belohnung« die Möglichkeit, die nächste Lerneinheit zu lösen. Dieses Setting appelliert an den Ehrgeiz und das spielerische Interesse der Teilnehmenden.

Bildungsteilnehmer in digitalen 3D-Welten

Nachdem unterschiedliche didaktische Anwendungsszenarien skizziert sind, nehmen wir nachfolgend die Teilnehmer von Bildungsveranstaltungen in Second Life in den Blick. Hierzu wurde im Rahmen des Projektes E-Learning 3D an der Universität Bielefeld eine empirische Analyse der Teilnehmer an einem regelmäßig stattfindenden virtuellen Weiterbildungsforum durchgeführt, welches in der 3D-Welt Second Life realisiert wird.

Im Rahmen der Studie wurden insgesamt 94 Probanden mittels eines standardisierten Fragebogens im Anschluss an den Besuch einer Weiterbildungsveranstaltung in Second Life befragt. Die Erhebung der Stichprobe erfolgte im Februar und März 2009. Neben den Sozialdaten wurden unter anderem Fragen zu Bereichen wie Vorerfahrungen, der Rolle in der Veranstaltung, Teilnahmemotiven und Bildungspotenzialen von Second Life gestellt.

In der Stichprobe sind die Geschlechter nahezu gleich stark vertreten. Mit 51,6% ist der Frauenanteil unter den Befragten geringfügig über der Hälfte. Die Altersverteilung zeigt, dass die Teilnehmer an Weiterbildungsveranstaltungen in Second Life nicht ausschließlich junge Erwachsene sind. Vielmehr geht die Altersspanne bis über 70 Jahre nach oben, wenngleich der Anteil der über 50-Jährigen nur knapp ein Viertel (23,3%) ausmacht. Ähnlich groß ist der Anteil bei den 20-29-Jährigen. Der Hauptanteil der Nutzer befindet sich mit einem Drittel (33,3%) in der Altersphase zwischen 40 und 49 Jahren.

Insgesamt weisen die Befragten ein hohes Bildungsniveau auf. So verfügen knapp neun von zehn (88,9%) über Abitur oder Fachabitur. Annähernd zwei Drittel können bereits einen Hochschulabschluss vorweisen, während 26,6% ein Studium absolvieren. Hinsichtlich des Beschäftigungsverhältnisses befindet sich die relative Mehrheit der Teilnehmer in einem Angestellten- bzw. Beamtenverhältnis (46,9%).

Die Darstellung der digitalen Stellvertreter (Avatare) der Bildungsteilnehmer in Second Life orientiert sich stark an den ›echten Personen‹, die leicht mit positiven Eigenschaften (Attraktivität [41,1%], besondere Fähigkeiten [29,8%]) angereichert sind. Die Identifikation der Teilnehmer mit ihren Avataren ist nicht eindeutig zu bewerten. Während die eine Hälfte (46,1%) der Befragten sich stark bzw. sehr stark mit Ihrem Avatar identifizieren tut dies die andere Hälfte (53,9%) schwach oder sehr schwach.

Auffällig ist, dass Bildungsnachfrager in Second Life häufig bereits Kontakt zu anderen Formen von E-Learning aufweisen. Nur 7,3% geben an, vorher noch keine Erfahrung mit E-Learning gehabt zu haben. Allerdings finden nicht nur E-Learning-Enthusiasten den Weg nach Second Life. Gut ein Drittel (36,6%) gibt an, bisher kaum Erfahrung mit E-Learning gesammelt zu haben. Die sehr erfahrenen Teilnehmer machen knapp ein Viertel (24,4%) aus. Bemerkenswert ist das Phänomen, dass es selten bei nur einem Besuch einer Bildungsveranstaltung in Second Life bleibt. Mehr als zwei Drittel (68,4%) besuchen ein solches Angebot zum wiederholten Mal. Darunter befinden sich 30,4%, die sogar bereits öfter als 5-Mal an Bildungsveranstaltungen teilgenommen haben. Etwa ein Fünftel hat bereits aktiv als Referent, Moderator oder didaktischer Planer eine Veranstaltung in Second Life gestaltet.

Die Hälfte der Befragten beschäftigt sich (auch) beruflich mit Second Life. Nur selten suchen die Teilnehmer in solchen Veranstaltung primär private Kontakte (14,9%). Auch das Potenzial der kommerziellen Nutzung von Second Life steht nur bei etwa einem Fünftel (20,3%) im Vordergrund. Die Teilnahme an einer Bildungsveranstaltung erfolgt aus einem zielgerichteten Interesse an Lern-

und Bildungsangeboten (94,6%), wobei momentan die prinzipielle Realisierung von Lernangeboten in Second Life am deutlichsten im Fokus steht (70,8%). Es folgt das Teilnahmemotiv ›Interesse an den Inhalten‹ (59,7%). Insgesamt stehen Eigenmotive im Vordergrund. Fast alle besuchen die Veranstaltungen freiwillig.

Hinsichtlich der Bewertung der besuchten Bildungsangebote besteht ein hohes Maß an Zufriedenheit. Besonders hervorzuheben ist die Zustimmung zu den Items ›inhaltliche Auseinandersetzung (83,6%)‹ und ›Lernklima (84,4%)‹. Auch der Transfer der Erkenntnisse auf die eigenen Anwendungsbereiche wird von 78,4% der Stichprobe positiv eingeschätzt.

Gefragt nach den Bildungspotenzialen, welche die Befragten Second Life zuschreiben, wird mit 72,9% am häufigsten das ›gemeinsame Erleben von besonderen Lernumgebungen‹ genannt. Abbildung 1 (S. 221) gibt einen Überblick hinsichtlich weiterer Bildungspotenziale. Es fällt auf, dass neben der räumlichen Erfahrungsdimension kommunikative Items im Vordergrund stehen.

Zusammenfassend kann festgehalten werden, dass Bildungsteilnehmerinnen in Second Life tendenziell eine *Affinität zu E-Learning aufweisen und sich zurzeit insbesondere* für die *Realisierung* von virtuellen Bildungsveranstaltungen interessieren. Die Angebote werden von Teilnehmern mit einem breiten Altersspektrum (bis ins hohe Alter) besucht. Bei den Teilnehmern handelt es sich in hohem Maße um regelmäßige Nutzer, die insgesamt in hohem Maße mit den besuchten Veranstaltungen zufrieden sind. Die Hauptpotenziale sehen die Teilnehmer in dem *Erlebnis- und Kommunikationsraum* Second Life.

Professionelle Kompetenzen für E-Trainer

Das breite Spektrum der oben dargestellten Anwendungsszenarien von E-Learning lässt erahnen, dass die Realisierung einer professionellen Lernprozesssteuerung hohe Anforderungen an die Lehrenden stellt. Vor diesem Hintergrund erscheint es notwendig, dass Hochschulen ein Qualifizierungsangebot zur Entwicklung eines breiten Kompetenzspektrums des Bildungspersonals entwickeln (vgl. Busch/Mayer 2002, S. 62ff.). Dieses Angebot kann sich sowohl an Studierende, die beispielsweise als E-Tutoren zur Unterstützung von Lehrveranstaltungen eingesetzt werden, als auch an die Lehrenden selbst richten. Das zu entwickelnde Kompetenzspektrum umfasst im Wesentlichen drei Säulen.

1. Technologische Basiskompetenzen,
2. Soziale Kompetenzen sowie
3. Didaktische Kompetenzen.

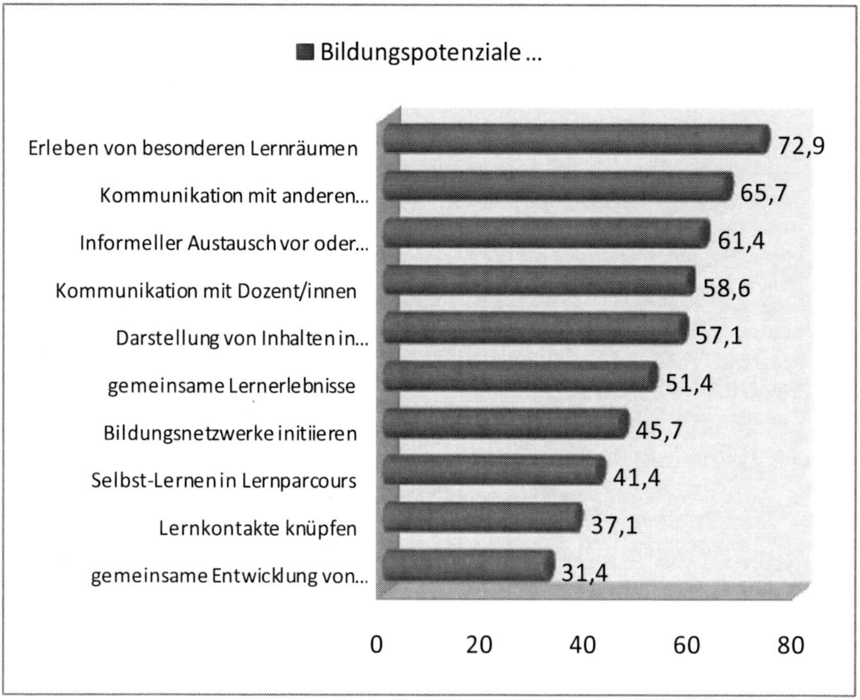

Abbildung 1: Einschätzung der Bildungspotenziale von Scond Life

Zu 1): Technologische Basiskompetenzen

Moderne digitale Lernumgebungen sind mittlerweile in ihrer Bedienung häufig so ausgereift, dass E-Trainer keine besonders weit reichenden Kenntnisse mehr aus dem Bereich der Informatik haben müssen. Dennoch ist es notwendig, einen Überblick über die unterschiedlichen technischen Funktionalitäten und einen versierten Umgang mit den im Lernprozess eingesetzten digitalen Lernelementen zu entwickeln. Hierzu zählt sowohl der Einsatz aktueller digitaler Kulturtechniken wie z.B. die kommunikative Nutzung von Diskussionsforen, E-Mail, Chat, Videokonferenzen und 3D-Lernumgebungen als auch die digitale Aufbereitung von Inhalten, um diese in einer E-Learning-Umgebung nutzbar zu machen. Neben diesen Nutzungskompetenzen sind ebenfalls grundlegende administrative Fähigkeiten von Vorteil, die es den E-Trainern ermöglichen, später ihre eigenen Lernmanagementsysteme zu betreiben. Hierzu reichen aber oftmals bereits

Grundkenntnisse im Umgang mit Servern und Webseiten aus, da die Installationsroutinen der Anwendungen immer nutzerfreundlicher werden.

Zu 2): Soziale Kompetenzen

Neben den Kompetenzen zur funktionalen Bedienung von digitalen Lernumgebungen müssen E-Trainer über ein großes Repertoire an Methoden zur Steuerung sozialer Prozesse in virtuellen Lernkontexten verfügen. Die Gestaltung lerneffizienter gruppendynamischer Prozesse im Rahmen des E-Learnings erfordert ein hohes Maß an sozialem Engagement. Der E-Trainer trägt von Beginn der Veranstaltung an eine herausragende (Mit-)Verantwortung für das Gelingen von virtuellen Lehr-Lern-Interaktionen. Er handelt je nach Anforderungsszenario motivierend, fordernd, entlastend, schlichtend etc. Hierzu ist eine besonders hohe Beobachtungssensibilität und Empathie notwendig, da soziale Handlungen in digitalen Lernwelten – gemessen am Alltag – unter deutlich erschwerten Bedingungen stattfinden. Es sollten kommunikationsformspezifische, situationsadäquate Ansprachen erfolgen. So ist beispielsweise eine soziale Intervention in einem Konfliktfall unter Verwendung von asynchronen Kommunikationstools (Forum, E-Mail) eher zurückhaltend, aber eindeutig zu formulieren, da keine Chance besteht, direkt auf negative soziale Effekte zu reagieren. Aktuelle Studien zeigen, dass die von den Lernenden eingeschätzte Qualität von E-Learning positiv mit der Qualität und Quantität der sozialen Zuwendung durch Lehrende korreliert (vgl. Walber 2007: 129ff.).

Zu 3) Didaktische Kompetenzen

Didaktische Kompetenzen beschreiben hier die professionellen Fähigkeiten zur medien- und zielgruppenadäquaten Thematisierung und Aufbereitung von Inhalten. Hierzu zählen die Kompetenzfelder Fachdidaktik, Methoden, Mediendidaktik, Mediendesign, etc. Beim E-Learning handelt es sich zwar nicht zwangsläufig um selbstgesteuertes Lernen, jedoch wird diese Lernform häufig in Selbstlernphasen, zum Beispiel im Fernstudium, in der Bearbeitung von Inhalten zwischen zwei Präsenzseminaren oder zum kooperativen Lernen zwischen dezentral verorteten Teilnehmern angewandt (vgl. Walber 2007, S. 177ff.). Vor diesem Hintergrund müssen die E-Trainer den Aspekt des selbstgesteuerten Lernens besonders fokussieren. Dazu benötigen sie entsprechende didaktische Kompetenzen. Sie müssen digital realisierbare Methoden beherrschen, um beispielsweise die individuelle Entwicklung von Lernzielen, Lerninhalten und Lernstrategien zu unterstützen. Neben Methoden auf der mikrodidaktischen Ebene gewinnt auch die didaktisch sinnvolle Verknüpfung von E-Learning- und Präsenzphasen zunehmend an Bedeutung. Als eine didaktische Dimension mit wachsender Bedeutung ist die Lernraumgestaltung zu nennen. Insbesondere aktuelle digitale 3D-Welten bieten die Möglichkeit, Räume themen- und zielgruppenadäquat zu gestalten.

Vor dem Hintergrund der skizzierten Kompetenzanforderungen an pädagogisches Personal im Bereich von E-Learning wird an der Universität Bielefeld seit 2002 ein Qualifizierungsangebot für Studierende in Professionsfeld Erwachsenen- und Weiterbildung angeboten. Hier können Studierende das Zusatzzertifikat *E-Trainer* erwerben. Die Qualifizierung erfolgt in einem Modul mit drei Elementen, die systematisch aufeinander aufbauen und zum Ziel haben, aktuelle lerntheoretische Erkenntnisse und praktische Anforderungen im Einsatz von E-Learning miteinander zu verknüpfen (s. Abb. 2). Das Gesamtmodul ist dem übergeordneten Kompetenzfeld ›Professionelle Lernprozesssteuerung‹ zugeordnet.

Im Element *Basiskompetenzen für E-Trainer/innen* werden die Grundlagen geschaffen, um eigene Online-Lernmodule für den Bereich der Weiterbildung zu entwickeln und zu begleiten . Hierzu werden technische, mediendidaktische und medienkommunikative Kompetenzen entwickelt. Das Eingangsniveau ist so gewählt, dass auch E-Learning-Unerfahrene die Möglichkeit haben, an der Qualifizierung teilzunehmen. Alle technologischen Anforderungen werden über Opensource-Lösungen realisiert, sodass diese jedem Studierenden auch über das Seminar frei zugänglich sind und folglich auch problemlos in deren späteren beruflichen Handlungsfeldern eingesetzt werden können.

Nachdem die basalen Kernkompetenzen entwickelt sind, folgt Element 2 »E-Trainer/innen in der Weiterbildung«. Hier werden Konzeption und Planung von E-Trainings in der Weiterbildung in den Blick genommen. Ein besonderer Fokus liegt auf der Rolle des Lehrenden und dessen Funktion als Lernprozessbegleiter (Lernberater) im E-Learning-Prozess. Parallel zur Auseinandersetzung mit den theoretischen Aspekten entwickeln und erproben Lerngruppen kooperativ online-unterstützte Lernszenarios.

Im abschließenden Element werden die in Element 2 elaborierten E-Learning-Angebote in einem praktischen Anwendungsfeld (Weiterbildungs-, Hochschulseminare) von den Studierenden selbst durchgeführt. Zusätzlich findet eine reflexive Prozessbegleitung statt. Hier erhalten die Studierenden die Möglichkeit, ihre praktischen Erfahrungen zu thematisieren, zu reflektieren und auszutauschen. Hierzu werden reale Online-Lehr-/Lernsituationen, die sich aus den Praxisprojekten ergeben, mit entsprechenden Reflexionsmethoden bearbeitet.

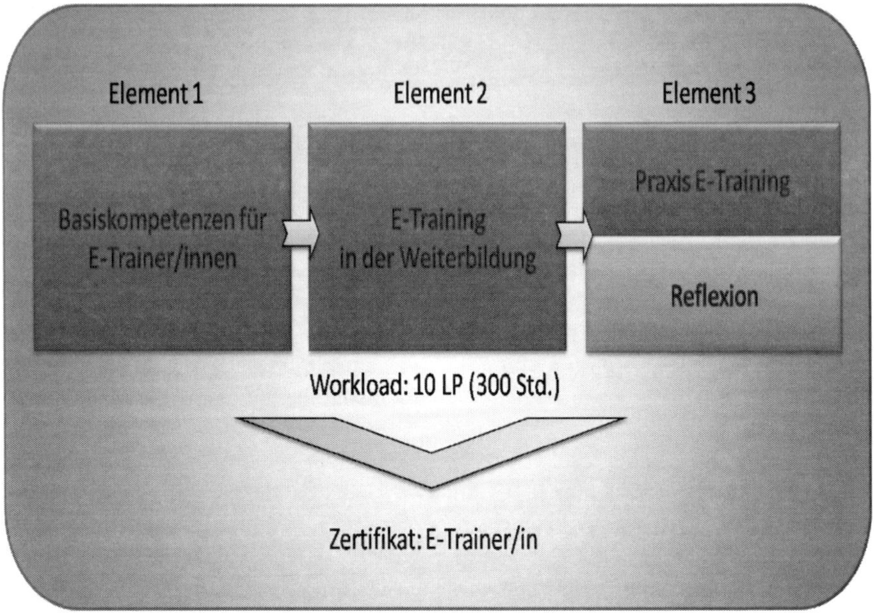

Abbildung 2: Überblick über das Qualifizierungsmodul zum E-Trainer
Quelle: Eigene Darstellung.

Entwicklungspotenziale

Eine aktuell herausfordernde Frage ist, wie sich die Anforderungen an Hochschulen vor dem Hintergrund des rasant voranschreitenden technologischen Wandels in Zukunft darstellen werden und welche Potenziale sich daraus ergeben.

Bis heute geht die Entwicklung der technischen Möglichkeiten immer weiter in die Richtung von dezentralen Lernumgebungen und Insellösungen. Dabei setzen Hochschulen und Bildungseinrichtungen in der Regel auf Systeme, die speziell für ihre Anforderungen modifiziert werden. Über das Internet gibt es zwar die Möglichkeit für Teilnehmer, diese Inseln von außerhalb der Institution zu betreten, doch ist die Vernetzung unter den einzelnen Einrichtungen nur in den wenigsten Bildungsverbänden vorhanden. Somit ist die deutsche Bildungslandschaft zurzeit durch eine Struktur charakterisiert, die eine interinstitutionelle Zusammenarbeit der Lehrenden und Lernenden im Rahmen der angebotenen Lösungen stark erschwert und in der die Vernetzung oft schon an den technischen Schnittstellen scheitert.

Im Bereich der dreidimensionalen Lernwelten gibt es zurzeit eine andere Struktur. Die Nutzer dieser Lernumgebungen greifen fast ausschließlich auf kommerzielle Anbieter zurück, die eine für alle Anwender gleiche Schnittstelle zur Verfügung stellen. Da alle Anwender die gleiche Software zur Nutzung der gleichen virtuellen Welt verwenden, ist eine Zusammenarbeit viel leichter möglich. Ein Beispiel dafür ist die Betreiberfirma »Linden Lab«, deren virtuelle Welt »Second Life« zurzeit im europäischen Raum zu den am weitesten verbreiteten Angeboten zählt. Aus diesem kommerziellen Abhängigkeitsverhältnis ergeben sich aber auch automatisch Fragen zu Nutzungs-, Datenschutz und Persönlichkeitsrechten, die im Rahmen der isolierten E-Learning-Umgebungen der Bildungseinrichtungen bereits geklärt sind. Durch das Aufeinandertreffen von global operierenden Internetfirmen und intranational differenzierten rechtlichen Grundlagen sind diese Fragen für 3D-Welten weitgehend ungeklärt, was deren flächendeckenden Einsatz erschwert.

Aktuell zeichnet sich im Kontext von digitalen dreidimensionalen Welten bereits ein Trend zur Individualisierung ab. In Anlehnung an die Welt von Second Life hat sich bereits seit einiger Zeit die OpenSim-Technologie[4] entwickelt. Dabei handelt es sich um ein OpenSource-Projekt, das eine kostenlose Software zur Verfügung stellt, welche es erlaubt, einen eigenen Server für virtuelle Welten zu betreiben. Somit ist es möglich – wie bei zweidimensionalen Lernumgebungen – zu bestimmen, unter welchen Rahmenbedingungen eine solche Lernumgebung betrieben wird. Durch die Hoheit über die verwendeten Daten sowie die Option, die Rahmenbedingungen für die Nutzung individuell einzustellen, ergeben sich somit neue Möglichkeiten für Bildungseinrichtungen im dreidimensionalen Web.

Im Konzept der OpenSim-Technologie ist bereits eine weiter reichende Vernetzung mitgedacht um zu verhindern, dass erneut abgeschottete Welten entstehen, die dann wiederum nur einem geschlossenen Nutzerkreis zur Verfügung stehen. Es gibt die Möglichkeit, Netzwerkknotenserver einzubinden, um die einzelnen Welten miteinander zu verknüpfen und größere Cluster zu schaffen, zwischen denen die Teilnehmer in der virtuellen Welt reisen können.

Daraus ergibt sich eine Anwendungsvision, die in weiten Teilen derjenigen des Web 3D entspricht: Ein Bildungsverbund könnte gemeinsam einen zentralen Netzwerkserver unterhalten, an den die virtuellen Welten seiner einzelnen Verbundpartner angedockt sind. Die Teilnehmer können von allen Angeboten der Partner profitieren, sich mit allen Teilnehmern und Lehrenden austauschen

4 Die Homepage des OpenSim-Projekts mit Informationen und Downloads zu den neusten Entwicklungen ist erreichbar unter http://opensimulator.org.

und mit allen kooperieren. Somit wird ein institutionsübergreifendes Lernen möglich. Der Verbund hat dabei die Möglichkeit zu steuern, welche Teilnehmer und Institutionen Zugriff auf die virtuelle Welt des Verbundes haben. Die einzelnen Verbundpartner behalten dabei aber gleichzeitig die Hoheit über ihre angedockte Lernumgebung, die sie – vergleichbar mit einer Eingangstür – jederzeit an den Verbund an- und davon abdocken können. Dadurch haben sie die Möglichkeit, einen Besuch durch andere Teilnehmer zu regeln. So wird eine interinstitutionelle, dreidimensionale Lernumgebung äußerst offen, flexibel, sicher und skalierbar.

Führt man den Gedanken weiter und koppelt den Netzwerkserver aus dem skizzierten Beispiel zusätzlich mit Netzwerkservern aus anderen Verbünden, schafft man damit ein immer größer werdendes potenzielles Interaktionsnetzwerk. Am Ende könnte sich dabei eine Struktur herausbilden, die derjenigen des aktuellen WorldWideWeb entspricht, sich allerdings architektonisch als dreidimensionales Web darstellt. Vor diesem Hintergrund besteht die Aufgabe der Hochschulen in Zukunft darin, die bisher in Bildungsprozesse implementierten Lernplattformen um eine Dimension zu erweitern und dort digitale Lernräume zu gestalten und voranzutreiben.

Literatur

Busch, Frank/Mayer, Thomas B. (2002): Der Online-Coach. Wie Trainer virtuelles Lernen optimal fördern können. Weinheim/Basel: Beltz.

Hainzel, Thomas (2009): E-Learning an Hochschulen – eine Drei-Klassen-Gesellschaft. URL: http://bloghauszweinull.net/2009/09/01/e-learning-an-hoch schulen-eine-drei-klassen-gesellschaft (letzter Zugriff: 20.09.2009).

Heeren, Jörg (2009): Lernorte der Second-Life-Repräsentanz E-Learning 3D – didaktischer Einsatz und Nutzen für Großgruppen. In: Schwill, A./Apostolopoulo, N. (Hg.): Lernen im Digitalen Zeitalter. Workshopband der Conferenz zur DeLFI 2009 – Die 7. Fachtagung Informatik der Gesellschaft für Informatik e.V., Berlin 2009, S. 253-252.

Mersch, André (2008): E-Learning 3D – Potentiale und Schwächen dreidimensionaler Lehr-Lernumgebungen in virtuellen Welten. In: Andersson, R. et al. (Hg.): Tagungsband logOS 2008 – Lernen Organisation Gesellschaft. Osnabrück. Onlinezugriff: http://beutel.lernenzweinull.de/el3artikel.pdf (letzter Zugriff: 14.11.2009).

Ojstersek, Nadine (2008): Gestaltung und Betreuung virtueller Lernszenarien in Second Life. In: Hornung-Prähauser, Veronika/Luckmann, Michaela/Kalz, Marco (Hg.): Selbstorganisiertes Lernen im Internet – Einblick in die Landschaft der webbasierten Bildungsinnovationen. Innsbruck/Wien/Bozen: Studienverlag, S. 296- 300.

Pivec, Martin (2007): Informationsdidaktik: E-Learning. In: Weber, W. (Hg.): Kompendium Informationsdesign. Berlin/Heidelberg: Springer, S. 273-302.

Walber, Markus (2007): Selbststeuerung im Lernprozess und Erkenntniskonstruktion. Eine empirische Studie in der Weiterbildung. Münster/New York/ München/Berlin: Waxmann

Walber, Markus (2008): Second Life – ein neuer Bildungsraum? In: Pöttinger, I./ Ganguin, Sonja (Hg.): Lost? Orientierung in Medienwelten. Konzepte für Pädagogik und Medienbildung. Bielefeld: AJZ, S. 79-87.

Selbststudium und Web 2.0

Marina Böhner und André Mersch

Einleitung

Mit dem Einsatz digitaler Medien ist insbesondere die Annahme verbunden, dass hierdurch in besonderer Weise das Selbststudium und selbstgesteuerte Lernprozesse gefördert und begleitet werden können. In einem solchen Lehr- und Lernprozess erhöhen sich jedoch auch die Anforderungen, die an Lehrende und Lernende gestellt werden. Das *Service Center Selbststudium* soll hier als ein Best-Practice Beispiel vorgestellt werden, um zu verdeutlichen, wie das Selbststudium, insbesondere durch die Nutzung digitaler Medien, unterstützt werden kann.

Der vorliegende Beitrag klärt zunächst die Begriffe »Selbststudium« und »selbstgesteuertes Lernen« (1.). Anschließend stellt er das Service Center Selbststudium vor (2.) und reflektiert den Einsatz digitaler Medien in selbstgesteuerten Lernprozessen (3.). Rückblick und Ausblick schließen die Betrachtung ab (4.).

1. Selbststudium und selbstgesteuertes Lernen

Durch lernpsychologische Erkenntnisse, aber auch durch die Bologna-Reform erfahren Selbststudium und selbstgesteuertes Lernen im Kontext von Hochschuldidaktik aktuell zunehmende Relevanz. Die mit der Reform einhergehende Einführung des Kreditpunktesystems ECTS an Hochschulen ermöglicht erstmals, die insgesamt aufgewendete Arbeitszeit der Studierenden (student workload) anzuerkennen, die zur Erreichung von Lernzielen und zum erfolgreichen Absolvieren eines Studiengangs nötig ist. Das bedeutet, dass anrechenbare Studienleistungen nicht nur im Kontaktstudium in Präsenzlehrveranstaltungen, sondern auch im Selbststudium von den Studierenden erbracht werden können.

Das Selbststudium wird hier als eine Lehr- und Lernform betrachtet, in deren Rahmen die Studierenden ihr Lernen weitgehend selbstständig alleine oder in Lerngruppen planen, durchführen und kontrollieren. Dabei sind unterschiedliche Formen möglich (vgl. Landwehr/Müller 2006).

a) *Begleitetes Selbststudium:* Lernaktivitäten werden von Lehrenden initiiert, d.h., diese geben Rahmenbedingungen und Aufgabenstellungen vor. Während der Realisierung werden die Studierenden von den Lehrenden unterstützt, die Ergebnisse werden von den Lehrenden überprüft und besprochen.
b) *Individuelles Selbststudium:* Inhalte aus Präsenzveranstaltungen werden von den Studierenden individuell vertieft bzw. noch einmal aufgearbeitet, in eigener Verantwortung ohne Lern- und Arbeitsauftrag von Lehrenden. Die Studierenden bestimmen selbst, was sie noch tun wollen oder müssen, um den Anforderungen des betreffenden Moduls zu entsprechen.
c) *Freies Selbststudium:* Aktivitäten, bei denen sich die Studierenden aus freien Stücken entlang von eigenen Interessen und selbst gesetzten Zielen mit bestimmten Themen und Inhalten auseinandersetzen.

Die Selbststeuerung des Lernens betrifft bestimmte Freiheitsgrade im Lernprozess, z.B. bei der Entscheidung für Inhalte, Ziele und Methoden sowie bei der Nutzung von Lernmedien und Lernhilfen. Diese Lernform definieren Konrad und Traub folgendermaßen: »Selbstgesteuertes Lernen ist eine Form des Lernens, bei der die Person in Abhängigkeit von der Art ihrer Lernmotivation selbstbestimmt eine oder mehrere Selbststeuerungsmaßnahmen (kognitiver, volitionaler oder verhaltensmäßiger Art) ergreift und den Fortgang des Lernprozesses selbst (metakognitiv) überwacht, reguliert und bewertet« (Konrad/Traub 1999: 13).

Die unterschiedlichen möglichen Phasen und Funktionsbereiche eines selbstgesteuerten Lernprozesses werden in Abbildung 1 veranschaulicht. Dabei sei an dieser Stelle darauf hingewiesen, dass es sich um ein Modell handelt, welches Handlungsabläufe in der Realität nicht immer hinreichend widerspiegelt.

1. Erkennen des Lernbedürfnisses: Zu Beginn ist es für die Lernenden wichtig, ihre Lernziele zu klären und auszuwählen und sich selbst zu motivieren. Die Lernziele sollten idealerweise den individuellen Interessen und Bedürfnissen der Lernenden entsprechen: Selbstgesteuertes Lernen zeichnet sich insbesondere durch eine Zielsetzung aus, die von den Lernenden als interessant und motivierend eingeschätzt wird.

2. Vorbereiten des Lernens: Die Vorbereitung des Lernens besteht darin, den Lernprozess zu planen, die nötigen Ressourcen zu ermitteln und die passenden Lernstrategien auszuwählen. Bereits vorhandenes Vorwissen gilt es durch entsprechende Strategien – z.B. Mappingverfahren, Brainstormingtechniken – zu aktivieren. Diese dienen der kognitiven und motivationalen Vorbereitung auf die zu lernenden Inhalte (zu weiteren Strategien zur Vorwissensaktivierung siehe Krause/Stark 2006).

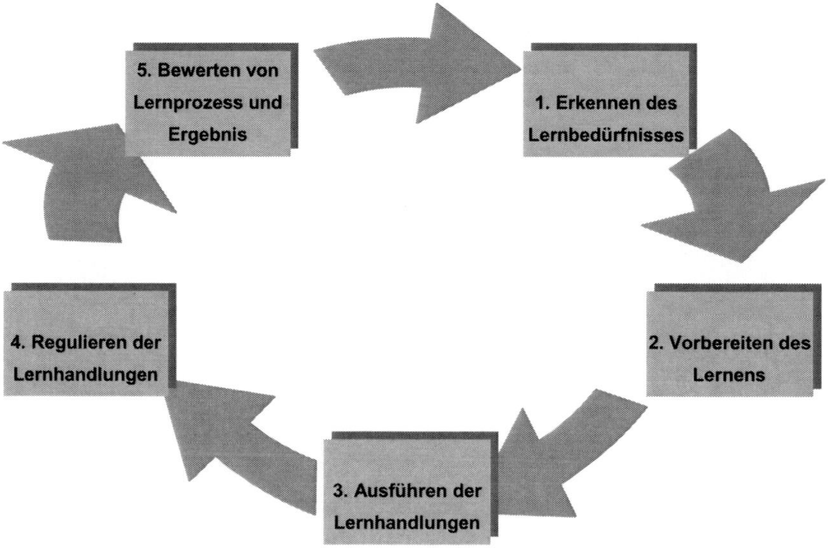

Abbildung 1: Phasen und Funktionsbereiche selbstgesteuerten Lernens
Quelle: Eigene Darstellung in Anlehnung an Konrad/Traub 1999: 42ff.

3. Ausführen der Lernhandlungen: In dieser Phase findet die eigentliche Lernhandlung statt mit dem Ziel, den Lernstoff zu verstehen, zu behalten und anzuwenden. Hier ist es wesentlich, angemessene Lernstrategien wie Mnemotechniken oder Imagery-Strategien anzuwenden, um neue Informationen in bestehende Wissensstrukturen zu integrieren und den späteren Abruf der Informationen zu erleichtern (vgl. Mandl/Friedrich 2006).

4. Regulieren der Lernhandlungen: Der eigene Lernprozess sollte überwacht, überprüft und wenn nötig korrigiert werden. Überwachungsstrategien beinhalten, dass Lernende, während sie den Lernstoff verarbeiten, kontinuierlich selbst überprüfen, ob sie mit der gewählten Lernstrategie ihre Lernziele erreichen. Ferner gilt es für die Lernenden, Motivation und Konzentration zu erhalten und sich vor anderen Reizen abzuschirmen. Das bedeutet, dass sie in der Lage sein sollten, ihr Lernvorhaben gegen äußere Störungen – z.B. andere Aufgaben und Verpflichtungen – abzugrenzen.

5. Bewerten von Lernprozess und Ergebnis: Am Ende einer Aufgabe sollten Lernprozess und Lernergebnis vom Lernenden selbst bewertet werden. Mögliche Bewertungsfragen sind: Wurde das Planungsziel erreicht? Waren die Lernstrategien hilfreich? Ist es gelungen, das Lernen ausreichend von äußeren

Reizen abzuschirmen? Sind weitere Schritte zur Erreichung des Lernziels notwendig? Möglicherweise wird an dieser Stelle wieder oder anhaltend ein Lernbedürfnis erkannt und der Lernzyklus beginnt erneut. Neben der selbstständigen Bewertung des eigenen Lernprozesses kann es für Lernende hilfreich sein, zusätzlich Rückmeldungen von anderen Lernenden oder vom Lehrenden einzufordern.

Die genannten Phasen können Ansatzpunkte zur Gestaltung und Begleitung von selbstgesteuerten Lernprozessen liefern. Durch einen höheren Anteil selbstgesteuerten Lernens im Studium und einer professionellen reflexionsanregenden Begleitung des Selbststudiums besteht die Möglichkeit, überfachliche Kompetenzen wie Sozial- und Medienkompetenz auszubilden. Diese sind für eine spätere erfolgreiche Berufsausübung, insbesondere in unserer Wissensgesellschaft, ergänzend zu fachlichen Kompetenzen wesentlich. »Selbstlernkompetenzen scheinen eine grundlegende Voraussetzung darzustellen, um lebenslanges und selbstgesteuertes Lernen zu bewältigen, denn neben fachlicher Qualifikation werden weitere Kompetenzen nötig, um den Anforderungen, die eine flexibilisierte und immer stärker spezialisierte Arbeitswelt mit sich bringt, zu genügen« (Arnold/Gómez Tutor/Kammerer 2002: 76).

Da diese Kompetenzen bereits im Studium erlernt werden müssen, wird in den Studiengängen der Fakultät für Erziehungswissenschaft an der Universität Bielefeld eine hochgradige Qualität der Selbststudienphasen bei gleichzeitiger Flexibilität der Begleitungsformen angestrebt. Aus diesem Grund gibt es in den konsekutiven Studiengängen in jedem Studienmodul ein Vertiefungselement, welches in Form eines von Lehrenden begleiteten Selbststudiums durchgeführt wird. Um das selbstgesteuerte Lernen mit den unterschiedlichen beschriebenen Phasen erfolgreich durchzuführen, benötigen Studierende und Lehrende umfangreiche Supportangebote.

2. Das Service Center Selbststudium

Das Service Center Selbststudium (SCS) ist eine seit 2007 bestehende Einrichtung der Fakultät für Erziehungswissenschaft. Es bietet Unterstützung für Lehrende und Studierende, zur Gestaltung von Lehre und Lernen mit dem Fokus auf das selbstgesteuerte Lernen, insbesondere mit Unterstützung digitaler Medien. Dies geschieht durch eine umfangreiche Informationswebsite (www.scs-uni-bielefeld.de) mit zahlreichen Leitfäden zum Download, durch Workshops, individuelle Beratungen und mithilfe der webbasierten Lernumgebung Moodle. Ein wesentliches Ziel ist die Unterstützung der Studierenden bei der Entwicklung von Selbstlernkompetenz zur Gestaltung des eigenen lebenslangen Lernens und bei der Bewältigung des Selbststudiums in den modulbezogenen Vertiefungen.

Inhaltlich geht es sowohl in den Workshops als auch in der Lernumgebung und auf der SCS-Infowebsite um die Vermittlung von theoretischen Grundlagen selbstgesteuerten Lernens, von Reflexionsmethoden für die Gestaltung des eigenen Lernprozesses (z.B. webbasiertes Lerntagebuch) sowie um Tipps im Fall von Lernblockaden, kollaboratives Lernen, Selbst- und Zeitmanagement, Prüfungsvorbereitung, Literaturrecherche und -verwaltung etc.

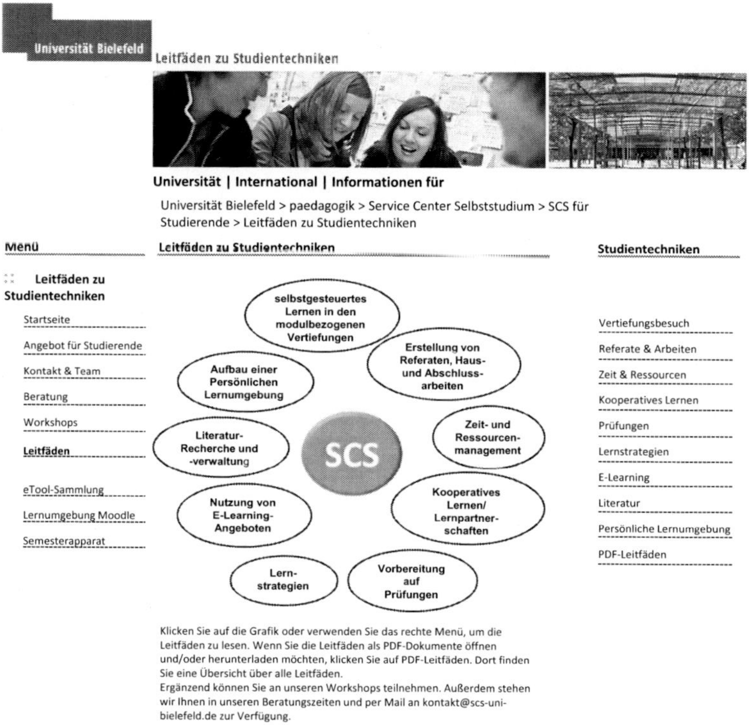

Abbildung 2: Website Service Center Selbststudium

Ein weiteres Ziel des SCS ist es, Lehrende bei der Prozessbegleitung der Wissenskonstruktion von Studierenden zu unterstützen. Lehrende benötigen hochschuldidaktische Kompetenzen zur professionellen Begleitung von Selbstlernprozessen. Es gilt also, die Lehrenden in der Entwicklung dieser Kernkompetenzen (Medienkompetenzen, Reflexionskompetenz, didaktische Kompetenz, Kenntnisse über Phasen selbstgesteuerten Lernens und über handlungsorientierte Methoden wie Kleingruppenarbeit, kooperatives Lernen etc.) zu unterstützen.

Das Projekt verfolgt dabei ein Blended Learning-Konzept, d.h., es findet ein »vermischtes Lernen« statt, indem traditionelle Methoden und Medien mit Möglichkeiten des E-Learning sinnvoll kombiniert werden (vgl. Reinmann-Rothmeier 2003: 29). Blended Learning versucht, die Dynamiken sozialer Interaktion miteinander zu verknüpfen, die sich in Online- wie in Präsenzphasen besonders positiv auf den Erfolg des Lernprozesses auswirken. Eine vollständige Verlegung von Präsenzveranstaltungen in Online-Szenarien hat sich nur in bestimmten Konstellationen als nützlich erwiesen. Mit dem Einsatz digitaler Medien als Ergänzung zu Präsenzangeboten ist aus lerntheoretischer Perspektive die Annahme verbunden, dass sie zu einer Verschiebung von der Instruktion durch Lehrende zur aktiven Konstruktion durch die Lernenden beitragen und so besonders zu einer Förderung selbstgesteuerter Lernprozesse geeignet sind (vgl. Tulodziecki 2003: 261). Auf der Grundlage dieses konstruktivistischen Lernverständnisses kommt den Lehrenden die Aufgabe zu, authentische Probleme in Lernsituationen darzustellen, Werkzeuge zur Problembearbeitung bereitzustellen, den Lernprozess zu begleiten und die Betreuung zugunsten einer zunehmenden Selbststeuerung der Lernenden auszublenden (vgl. Reinmann-Rothmeier 2003: 38). So erfolgt im Anschluss an die Präsenzworkshops des SCS eine weiter andauernde Auseinandersetzung mit dem jeweiligen Themenbereich durch spezifische Aufgabenstellungen und Diskussionen auf der webbasierten Lernplattform Moodle. Dieses Vorgehen zielt darauf ab, den Transfer des Gelernten in den Nutzungsalltag der Lehrenden und Studierenden zu fördern und sie über einen längeren Zeitraum im Lehr- und Lernprozess zu begleiten.

Das strukturelle und inhaltliche Angebot des SCS ist in hohem Maße bedarfsorientiert. Lehrende und Studierende haben die Möglichkeit, Themen zu benennen, zu denen das SCS Workshops und Online-Materialien entwickelt. Im Rahmen des Blended Learning-Konzepts kommt der didaktischen Dimension der digitalen Medien eine besondere Bedeutung zu. Doch bei allen sich durch neue Instrumente eröffnenden Möglichkeiten ist es für das im SCS verfolgte Lernverständnis entscheidend, Instrumente nicht als Heilsbringer, sondern als Hilfestellung auf dem Weg zum Lernerfolg zu verstehen.

Durch die bloße Verlagerung von Lernaktivitäten in virtuelle Umgebungen lässt sich die Qualität des Lernprozesses nicht steigern. Der didaktischen Konzeptionalisierung kommt bei Lernszenarien mit digitalen Anteilen eine mindestens genauso große Bedeutung zu wie im Fall von Präsenzveranstaltungen. Allein durch den Einsatz von digitalen Tools wird der Lehr- und Lernprozess im Selbststudium noch nicht zwangsläufig erfolgreich verlaufen. Das SCS informiert deshalb Lehrende und Lernende über digitale Instrumente, die zur erfolgreichen Gestaltung von Lehr- und Lernprozessen beitragen können, und bietet zugleich Informationen und Hilfestellungen zu ihrer didaktischen Anwendung. Das Lernen im Rahmen der Angebote des SCS findet stets auf zwei Ebenen statt: Einerseits lernen Studierende und Lehrende vielfältige digitale Lernmedien kennen, andererseits wenden sie diese an, d.h., Instrumente werden genutzt, um weitere kennen zu lernen. Ferner wird der Einsatz von digitalen Medien in die Anwendung von Lernstrategien eingebettet.

3. Einsatz digitaler Medien in selbstgesteuerten Lernprozessen

3.1 Einleitung

Ein wesentliches Ziel der Aktivitäten des SCS besteht in der Nutzbarmachung digitaler Medien für selbstgesteuerte Lernprozesse. Hinter dem Schlagwort Web 2.0 verbergen sich Potenziale zur Anreicherung individueller Lernprozesse. Die Möglichkeiten, Informationen aufzutun, haben sich vervielfacht. Neben dem Gang in die Bibliothek ist die Recherche in digital vorliegenden Informationsbeständen unverzichtbarer Teil von Lernprozessen geworden. Möglichkeiten zur schnellen Produktion und Distribution von Informationen durch jedermann erzeugen einen riesigen Datenfundus, durch den Zugänge zu Informationen verschiedener Qualitäten möglich sind. Durch sozialen Austausch entstehen Filter und Einordnungen von Informationen zur Erschließung dieser Wissensbestände.

Obwohl die Menge an Informationen und die Zahl der Zugangswege zu ihrer Erschließung ständig größer werden, nutzen viele Studierende die neuen Möglichkeiten kaum (vgl. Kleimann et al. 2008). Ein wichtiges Ziel des SCS ist es, den Studierenden diese Möglichkeiten durch die Thematisierung und methodische Einbindung in Workshops und Beratung näher zu bringen. Diese Angebote entstehen vor dem Hintergrund der Idee einer Persönlichen Lernumgebung (PLE – Personal Learning Environment), die sich aus den oben beschriebenen lerntheoretischen Überlegungen ableiten lässt. Dieses Konzept folgt der konstruktivistischen Einsicht, dass sich Lernprozesse nur individuell gestalten lassen. Insofern sind Persönliche Lernumgebungen als Konzept zu verstehen, auf dessen Grundlage individuelle Systeme von Instrumenten entwickelt werden, nicht als eine in sich geschlossene Software. Es ist keine von einem Entwickler als nützlich antizipierte Struktur, sondern eine vom Lernenden selbst entlang seiner individuellen Bedürfnisse gestaltete Lernumgebung. Mark van Harmelen beschreibt Persönliche Lernumgebungen (PLE – Personal Learning Environment) als

> »[…] Systeme, die Lernenden helfen, Kontrolle über ihr Lernen auszuüben und es zu gestalten. Sie unterstützen den Lernenden: seine eigenen Lernziele

zu setzen, Inhalt und Prozess des Lernens zu gestalten und mit anderen im Prozess des Lernens zu kommunizieren und dabei Lernziele zu erreichen. Eine PLE kann aus einem oder mehreren Subsystemen zusammengesetzt sein: Als solches kann sie aus Desktop- und/oder verschiedenen Web-Anwendungen bestehen« (übersetzt nach Attwell 2008: 64).

Über onlinegestützte und Desktop-Anwendungen hinaus sind auch konventionelle Lernmedien wie Bücher und Karteikarten sowie die räumlichen Komponenten des Lernens Bestandteil einer Persönlichen Lernumgebung (vgl. Böhner/ Mersch 2008: 3). Vonseiten des SCS wurde eine VLE (Virtual Learning Environment) entwickelt, die als Überbau aller digitalen Aktivitäten des SCS verstanden werden kann. Der Unterschied zwischen PLE und VLE liegt in der Urheberschaft. Eine VLE ist eine institutionell zur Verfügung gestellte Infrastruktur, die den Studierenden Anregung für die Entwicklung ihrer PLE sein soll. Sie kann z.B. ein LMS (Learning Management System), eine konventionelle Webseite, aber auch Web 2.0-Tools enthalten (vgl. Wheeler 2009). Die Verfolgung des PLE-Konzepts hat nicht zum Ziel, Studierenden eine völlig neue Lerninfrastruktur aufzuzwingen. Im Gegenteil geht es darum, Vorschläge zu formulieren, wie sie die bereits genutzten Instrumente und Methoden sinnvoll ergänzen und aufeinander abstimmen können. Die VLE ist dabei ein Beispiel für die Verknüpfung von Instrumenten, auf deren Grundlage durch individuelle Beratung und Reflexion des eigenen Lernens eine PLE entsteht.

Ein Schwerpunkt des SCS liegt dabei auf der Vorstellung digitaler Werkzeuge, so genannter E-Tools, die als themenunabhängige Programme zur Erzeugung, Gestaltung oder Bearbeitung visueller, auditiver oder audiovisueller Produkte dienen und darüber hinaus Kooperations- und Austauschprozesse erlauben (vgl. Tulodziecki 2003: 260). Auf diese Weise bieten E-Tools sowohl für Studierende als auch für Lehrende vielfältige Möglichkeiten zur individuellen Unterstützung von Selbstlernprozessen. E-Tools in dem hier verwendeten Sinne zeichnen sich u.a. dadurch aus, dass sie direkt im Browserfenster genutzt werden können, ohne dass eine Software installiert werden muss. Das ist für Studierende deshalb besonders interessant, weil viele von ihnen Rechner benutzen, auf denen sie keine Rechte zur Installation von Programmen besitzen (z.B. in der Universität). Darüber hinaus sind einige Anwendungen, z.B. soziale Netzwerke, den Studierenden schon aus anderen Kontexten bekannt und deshalb anschlussfähig.

3.2 Einordnung digitaler Lerninstrumente in den Lernprozess

Abbildung 1 (S. 231) zeigt die Phasen eines selbstgesteuerten Lernprozesses, wie er im Rahmen des Selbststudiums vollzogen werden kann. Im Folgenden werden zur Darstellung eines Best-Practice-Modells die einzelnen Schritte dieses Prozesses beschrieben und jeweils passende E-Tools vorgestellt. Der dritte Schritt »Lernhandlungen durchführen« wird dabei besonders in den Blick genommen.

3.2.1 Erkennen des Lernbedürfnisses

Das Lernbedürfnis ist häufig auf einer sehr abstrakten Ebene vorhanden, z.B. in der Form »Vorbereitung eines Referats zum Thema XY«. Häufiger Gegenstand der Beratung und Schulung im SCS sind daher Hilfestellungen zur eigenständigen Eingrenzung eines konkreten Gegenstandes und einer selbst gewählten Definition von Lernzielen. Eine mögliche Methode zur Unterstützung bei der Konkretisierung des Themas ist das Brainstorming mit anschließendem Mind-Mapping. Zur Umsetzung der Methode schlagen wir z.B. die E-Tools *Freemind* und *Mindmeister* vor, um die Ergebnisse zu sichern.

Der individuelle Lernprozess vieler Studierender ist mehr oder – meist – weniger explizit organisiert. Die Studierenden haben Wege entwickelt, Lernziele zu erreichen, waren sich jedoch dabei häufig weder der Definition dieser Ziele noch des Weges zu ihrer Erreichung bewusst. Ziel des SCS ist es deshalb, zunächst das Wissen um diese Prozesse zur Verfügung zu stellen.

3.2.2 Vorbereiten des Lernens

Die Erfahrungsabfragen zu Beginn von Workshops zeigen oft, dass dem Vorbereiten des Lernens und dem Lernprozess kaum Aufmerksamkeit geschenkt wird. Lernen findet einfach statt, eine gesonderte Vorbereitung, Planung oder Kontrolle gibt es in der Regel nicht. Wir schlagen ausgewählte Projektmanagement-Methoden vor, um den bevorstehenden Lernprozess zu planen. Ein Beispiel dafür ist eine Lernplan-Vorlage, in der die Studierenden das Voranschreiten ihres Lernprozesses antizipieren müssen. Wichtig ist die schriftliche Niederlegung und regelmäßige Betrachtung der vorgesehenen Schritte. Als E-Tool zur Visualisierung bietet sich bspw. *Remember the Milk* an, das es möglich macht, Listen zu erstellen, und RSS- oder E-Mail-Erinnerungen zu versenden. Handelt es sich um gemeinsam vorbereitete Arbeiten wie Referate, schlagen wir vor, z.B. Foren oder Wikis auf der SCS-Moodle-Plattform zu verwenden.

Die sinnvolle Einbettung der Planungsaktivitäten in den gesamten Lernprozess ist besonders wichtig. Es gilt, zwischen Kontroll- und Kreationsprozessen zu differenzieren und stets im Auge zu behalten, dass der Aufwand für das

Controlling den für die aktive Wissensgenerierung nicht übersteigen darf (vgl. Frank et al. 2007: 9ff.).

3.2.3 Ausführen der Lernhandlungen

Der Schwerpunkt des SCS-Angebots liegt in diesem Bereich des selbstgesteuerten Lernprozesses im Rahmen des Selbststudiums. Für viele Studierende ist bereits die bewusste Einteilung ihrer Lernaktivitäten in diese Unterbereiche eine wichtige Erkenntnis. Ziel der Beschreibung der Schritte ist es, diese Struktur (s. Abb. 3) mit den in jedem Fall implizit vorliegenden Verfahrensweisen der Lernenden zu verknüpfen und so den individuellen Nutzen deutlich zu machen.

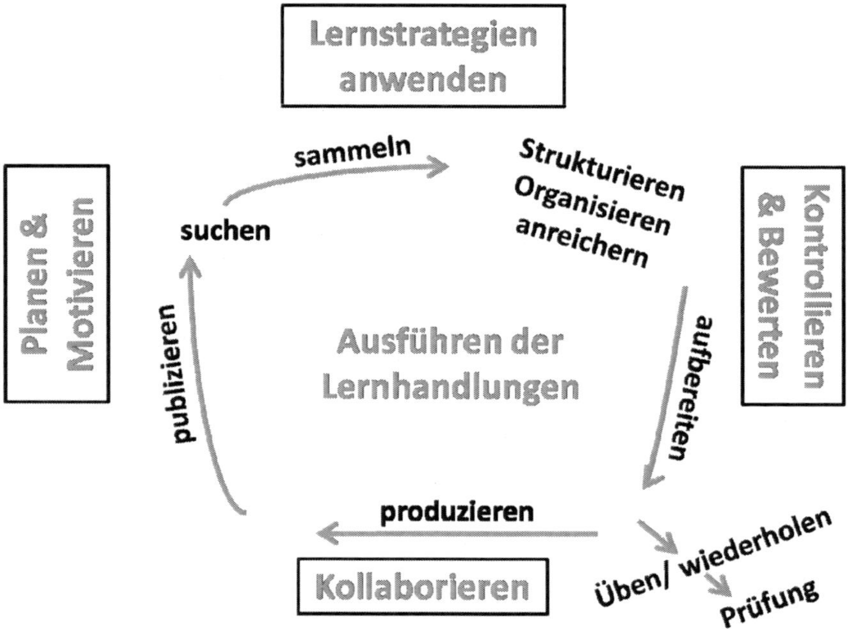

Abbildung 3: Ausführen der Lernhandlungen (eigene Darstellung)

Suchen

Neben dem umfassenden digitalen Angebot der Universitätsbibliothek – wie fachspezifische Datenbanken und die Suche nach Aufsätzen, E-Books und elektronischen Volltexten aus Zeitungsabonnements – sind viele Spezialsuchmaschinen den Studierenden nicht bekannt. *Google Scholar* und die *Buchsuche* sind nur zwei Beispiele, die einen schnellen Zugriff auf Literatur möglich machen. Vor allem aber die Recherchemöglichkeiten per *RSS-Feed* sind weitgehend unbekannt. Im Rahmen unserer Angebote regen wir deshalb dazu an, eine persönliche Startseite, bspw. via *Netvibes* oder *Pageflakes* einzurichten und fachspezifische Weblogs (Blogs), Magazine und Nachrichten zu abonnieren.

Sammeln

Ein zentrales Problem der Studierenden ist die Dokumentation ihrer Rechercheergebnisse. Informationen werden häufig lernprojektspezifisch verarbeitet, ohne bei einem weiteren Projekt noch Zugriff auf die bereits geleistete Arbeit zu haben. Auch in den Lernprojekten selbst gehen gefundene Informationen vielfach verloren, weil kein Ablagesystem zur Verfügung steht. Die in den SCS-Angeboten erwähnte Software zur Literaturverwaltung, wie *Citavi, Zotero* und der auf der Grundlage von Niklas Luhmanns Ablagesystem entwickelte *Zettelkasten* sind weitgehend nicht bekannt. Neben dieser Literaturverwaltungssoftware bietet sich bspw. das *Google Notizbuch* an, in dem sich Informationen leicht und von überall zugreifbar speichern lassen.

Ein besonders interessantes E-Tool ist in diesem Zusammenhang Wikisoftware, die in vielen Varianten kostenlos im Netz zur Verfügung steht. Die Möglichkeit, Inhalte unabhängig von einer Ordnerstruktur miteinander in Beziehung zu setzen und effizient suchen zu können, kann einen enormen Mehrwert für die Organisation gesammelter Inhalte bedeuten. In diesem Zusammenhang weisen wir auf die wichtige Funktion des Taggings, d.h. der Verschlagwortung von Inhalten, hin. Dadurch ergeben sich, ähnlich wie bei dem Prinzip des Zettelkastens, Verknüpfungen von Informationen, die erkenntniserweiternd sein können (vgl. Luhmann 1992). Das Prinzip der Verschlagwortung lässt sich auf eine weitere Ebene heben. Durch das *social tagging* lassen sich schnell relevante Informationen identifizieren. Zum Beispiel durch die soziale Lesezeichenverwaltung bei *Delicous* oder *Mr. Wong* sind Rangfolgen von Internetseiten abrufbar, die von besonders vielen Menschen mit einem bestimmten Begriff verschlagwortet wurden. Auf diese Weise lässt sich die unspezifische Suche über die gängigen Suchmaschinen durch eine neue – eigene – Bedeutungs-Qualität anreichern.

Strukturieren und aufbereiten

Ist das Thema eingegrenzt und sind die Informationen gefunden und gesammelt, gilt es, diese in eine Struktur zu bringen, die je nach Lernziel eine Weiterverarbeitung bzw. Nutzung ermöglicht. Besonders hilfreich sind hier die schon bei der Themeneingrenzung eingesetzten Mind-Map-Tools. Auch der Einsatz von so genannten Concept-Map E-Tools, z.B. *Cmap*, kann an dieser Stelle sinnvoll sein. In Concept-Maps sind neben der für Mind-Map typischen Baumstruktur Querverbindungen möglich. Die so entstandenen Wissenslandkarten können eine sinnvolle Grundlage für das Üben und Wiederholen als Vorbereitung auf eine Prüfung sein. Durch die individuelle Vernetzung von Aspekten lassen sich die Informationen anschlussfähig in die individuellen kognitiven Strukturen der Lernenden einbetten.

Produzieren

Gerade in der Erziehungswissenschaft werden viele Prüfungsleistungen über Referate, Hausarbeiten oder andere Textsorten erbracht, weshalb sich die Studierenden der Herausforderung gegenüber sehen, die von ihnen gesammelten und strukturierten Informationen so aufzubereiten, dass sie für Leser und/oder Zuhörer verständlich sind. An dieser Stelle ist das SCS bemüht, alternative Formen zu den gängigen Präsentations- und Produktionsmöglichkeiten aufzuzeigen.

Bei der Textproduktion wird beispielsweise auf *OpenOfficeOrg* und *LaTex* hingewiesen. Um weitere mediale Formen einzubringen, stellen wir E-Tools wie *Prezi* und *Animoto* vor, die eine Darstellung von Inhalten jenseits der Folienpräsentation möglich machen. Über die individuelle Erzeugung und Dokumentation von Lernergebnissen hinaus ist ein wichtiges Anliegen des SCS die Förderung kollaborativen Lernens. Bei der Vorbereitung von Referaten lassen sich beispielsweise mit Wikis und kollaborativen Texterzeugungstools wie *Google Text und Tabellen*, *Etherpad*, *Buzzword* und *Zoho* unkompliziert gemeinsame Ergebnisse generieren. Ein Tool, das vor allem in jüngster Zeit viel Aufsehen erregt hat, ist der Microblogging-Dienst *Twitter*. Hier lassen sich schnell Informationen verbreiten – aber auch und gerade – finden. Wenn Studierende ihre Twitter-Nachrichten gegenseitig abonnieren und Nutzern folgen, die sich auch mit ihrem Themengebiet befassen, haben sie Echtzeitzugriff auf für sie relevante Informationen. Weitere Dienste sind z.B. das Videokonferenz-Tool *Skype*, virtuelle Klassenräume, wie *Elluminate* und *DimDim*, Gruppenforen in *Moodle* und Gruppenräume wie *Wiki Spaces* oder *Google Groups*.

Publizieren

Die Publikation von im Studium erstellten Texten und Präsentationen ist heute nicht mehr nur über Veröffentlichungen in Zeitschriften oder Büchern möglich. Mithilfe von Web 2.0-Diensten lassen sich Präsentationen und Texte auch ohne ein Informatikstudium leicht mit weltweiter Reichweite distribuieren. Die Möglichkeit, das Ergebnis häufig aufwendiger Lernprozesse über die Abgabe beim Prüfer hinaus Anderen zugänglich zu machen, wird häufig als enorme Motivation wahrgenommen. Deshalb haben die Nutzer der SCS-Angebote z.B. die Möglichkeit, Artikel in Blogs zu veröffentlichen. Für eine eingeschränkte Öffentlichkeit bietet sich die Nutzung der Moodle-internen Blogs und Foren an. Darüber hinaus machen es Dienste, wie *Scribd* und *Slideshare* möglich, die Produkte des eigenen Lernens der Welt zugänglich zu machen und vom Feedback hierauf zu profitieren.

3.2.4 Regulieren der Lernhandlungen

Zur Regulation von Lernhandlungen lassen sich die bei der Planung des Lernprozesses eingeführten Projektmanagement- und Listentools wie *Remember the Milk* einsetzen. Besonders wertvoll kann hier die Zusammenarbeit mit Kommilitonen sein, die bei Bedarf auf die Einhaltung von Fristen achten.

3.2.5 Bewerten von Lernprozess und Ergebnis

Um den eigenen Lernprozess bewerten zu können und so eine kontinuierliche Verbesserung des Lernens zu erreichen, bietet es sich an, ein Lerntagebuch zu führen, in dem täglich zumindest in Stichworten der Lernfortschritt festgehalten wird (vgl. Bett 2007). Es kann vor allem beim Verfassen von Hausarbeiten sinnvoll sein, Fließtexte in das Lerntagebuch zu schreiben, um das Schreiben zu üben. Lerntagebücher lassen sich in Moodle oder auf einem privaten, eventuell zugangsbeschränkten Blog führen. Zukünftig wird im SCS in diesem Zusammenhang die Auseinandersetzung mit dem so genannten E-Portfolio eine wichtige Rolle spielen, um Qualifikationen und Kompetenzen festzuhalten und die Reflexion des eigenen Lernprozesses zu erleichtern.

Tabelle 1 (S. 242) gibt zusammenfassend einen Überblick über verschiedene Gattungen von E-Tools und ihren möglichen Nutzen in selbstgesteuerten Lernprozessen.

4. Zusammenfassung und Ausblick

Digitale Lernwelten bieten eine große Fülle von Möglichkeiten zur Bereicherung selbstgesteuerter Lernprozesse. Sie können helfen, einen Teil des aufgrund seines Umfangs unübersichtlichen Informationsfundus, der durch das Internet zur Verfügung steht, zu erschließen, mit Bezug auf konkrete Fragestellungen Wissen zu generieren, es aufzubereiten und schließlich zu publizieren. Die Vielfalt der Möglichkeiten ist dabei Potenzial und Schwierigkeit zugleich. Auf der einen Sei-

Tabelle 1: E-Tools

E-Tool	**Nutzen in selbstgesteuerten Lernprozessen**
Blog	Interaktive Wissensgenerierung
Document Processor	Gemeinsame Bearbeitung von Dokumenten ohne Versionskonflikte
Document Sharing	Eigene Dokumente online stellen, Quellenrecherche
Feed Reader	Informationsabruf, Abholen statt Suchen
Literaturrecherche und -verwaltung	Archivierung genutzter Literatur, weltweiter Zugriff auf Quellen, soziale Qualitätskontrolle, Anregung für die eigene Recherche
LMS	Komprimierte Informationen, geschützte Inhalte
Mind-Map	Gemeinsam Ideen entwickeln
MUVE	Immersion, ortsungebundene soziale Interaktion
Online Desktop	Nutzen von Desktopanwendungen ohne Programminstallation
Personalisierte Startseite	Individuell filterbare Informationen auf einen Blick
Podcast/Vodcast	Veranschaulichung und kreatives Gestalten von Inhalten
Selbst- und Zeitmanagement	Web gestützte To-do-Listen, Kalender, E-Mail-Erinnerungen
Soziale Lesezeichen-verwaltung	Wissensorganisation, soziale Qualitätskontrolle, Anregungen für die eigene Recherche
Soziale Netzwerke	Kooperatives Lernen, Organisation von Studiengruppen, Informationen zur Anbahnung von Lernpartnerschaften
VOIP	(Video-)Konferenzen, kostenlose synchrone Kommunikation mit vielen Nutzern gleichzeitig
Website	Reputation, Wissensorganisation
WIKI	Wissensorganisation, -dokumentation, -vernetzung

te werden Studierende in die Lage versetzt, eine maßgeschneiderte Lernumgebung für sich zu konstruieren. Auf der anderen Seite bedarf es einer ausgeprägten Medien- und Selbstlernkompetenz der Studierenden wie auch der Lehrenden, um diese Potenziale auszuschöpfen. Durch die Etablierung einer digitalen Lerninfrastruktur, die in Form einer VLE Vorschläge für diese Nutzung macht, sowie durch persönliche Beratung und Workshops unterstützt das SCS beide Zielgruppen bei der Entwicklung einer PLE.

Eine besondere Herausforderung besteht weiterhin darin, Studierenden den möglichen Nutzen digitaler Medien für ihre Lernprozesse aufzuzeigen. Bisher haben nur wenige Studierende bereits E-Tools konsequent genutzt – ein Phänomen, das deutschlandweit zu beobachten ist (vgl. Kleimann et al. 2008). Die Herausforderung besteht auf zwei Ebenen. *Erstens* gilt es, den Studierenden Instrumente vorzustellen und die häufig vorhandene Skepsis gegenüber dem Einsatz neuer Medien zu überwinden. *Zweitens* muss dabei deutlich werden, dass der Einsatz neuer Instrumente allein eigene Lernprozesse noch nicht zwangsläufig erfolgreich verlaufen lässt. Das Verständnis dafür aufzubauen, dass jeder Lernprozess hoch individuell ist und es keine allgemeingültigen Lösungen gibt, mit denen jede(r) effizient arbeiten kann, ist eine wesentliche Aufgabe bei der Planung und Durchführung der Angebote und Beratungen des SCS.

Es ist daher festzuhalten, dass digitale Medien zwar zahlreiche Chancen der Selbststeuerung bieten, der tatsächliche Nutzen von E-Tools und des Blended Learning-Konzepts im Hinblick auf die erfolgreiche Gestaltung von selbstgesteuerten Lehr- und Lernprozessen jedoch von verschiedenen Faktoren abhängt und auch zukünftig begleitend zu evaluieren sein wird. Das Angebot des Internets allein macht die Studierenden nicht zu begeistert selbstgesteuert Lernenden. Dazu müssen aufseiten der Organisation – wie auch aufseiten der Studierenden – zahlreiche Bedingungen erfüllt sein. Studierende müssen den Willen und die Fähigkeit haben, selbstgesteuert zu lernen. Organisationen wie z.B. Bildungseinrichtungen müssen den Machtgehalt ihrer Strukturen reflektieren und echte Möglichkeiten zur Selbststeuerung bieten, wie auch Angebote zum Aufbau von Selbstlern- und Medienkompetenzen machen (vgl. Reinmann 2009: 5ff.). Diesem Ziel sieht sich das Service Center Selbststudium verantwortlich.

Literatur

Arnold, Rolf/Gómez Tutor, Claudia/Kammerer, Jutta (2002): Selbstgesteuertes Lernen braucht Selbstlernkompetenzen. In: Kraft, Susanne (Hg.): Selbstgesteuertes Lernen in der Weiterbildung. Baltmannsweiler: Schneider Verlag Hohengehren, S. 76-89.

Attwell, G. (2008): Personal Learning Environments – a new learning concept or a new learning system? In: Hornung-Prähauser, Veronika/Luckmann, Michaela/Kalz, Marco: Selbstorganisiertes Lernen im Internet. Einblicke in die Landschaft der webbasierten Bildungsinnovationen. Innsbruck/Wien/München: StudienVerlag, S. 64-68.

Bett, Katja (2007): Das Lerntagebuch als Methode zur Unterstützung individuellen Lernens im virtuellen Raum. Online Tutoring Journal, Ausgabe 2 (5), April 2007. Online: www.online-tutoring-journal.de/ausgabeapril07/bett1.htm (letzter Zugriff: 28.08.2009).

Böhner, Marina/Mersch, André 2008: E-Tools in selbstgesteuerten Lehr- und Lernprozessen. In: Andersson, Robby/Bergs, Alexander/Hoppe, Uwe/Hübner, Ursula/Knaden, Andreas/Morisse, Karsten/Vornberger, Oliver/Wiese, Hans-Joachim (Hg.): Tagungsband logOS 2008 – Lernen Organisation Gesellschaft. Osnabrück. Online: http://beutel.lernen zweinull.de/scsartikel.pdf (letzter Zugriff: 28.09.2009).

Frank, Andrea/Haacke, Stefanie/Lahm, Swantje (2007): Schreiben in Studium und Beruf: Schlüsselkompetenzen. Weimar: Metzler.

Kleimann, Bernd/Özkilic, Murat/Göcks, Marc (2008): Studieren im Web 2.0 – Studienbezogene Web- und E-Learning Dienste. HISBUS Kurzinformation Nr. 21. Hannover. Online: https://hisbus.his.de/hisbus/docs/hisbus21.pdf (letzter Zugriff: 27.08.2009.

Konrad, Klaus/Traub, Silke (1999): Selbstgesteuertes Lernen in Theorie und Praxis. München: Oldenbourg.

Krause, Ulrike-Marie/Stark, Robin (2006): Vorwissen aktivieren. In: Mandl, Heinz/Friedrich, Helmut Felix (Hg.): Handbuch Lernstrategien. Göttingen: Hogrefe, S. 38-49.

Landwehr, Norbert/Müller, Elisabeth (2006): Begleitetes Selbststudium. Didaktische Grundlagen und Umsetzungshilfen. Bern: hep.

Luhmann, Niklas (1992): Kommunikation mit Zettelkästen – Ein Erfahrungsbericht. In: Ders.: Universität als Milieu. Bielefeld: Haux, S. 53-61.

Mandl, Heinz/Friedrich, Helmut Felix (Hg.) (2006): Handbuch Lernstrategien. Göttingen: Hogrefe.

Reinmann, Gabi (2009): Selbstorganisation auf dem Prüfstand: Das Web 2.0 und seine Grenzen(losigkeit). In: Bachmair, Ben (Hg.): Medienbildung in neuen Kulturräumen: Aufgaben – Adressaten – Ansätze. Wiesbaden: VS. Preprint online: http://gabi-reinmann.de//wp-content/uploads/2009/01/selbst organisation_web20_preprint_jan09.pdf (Stand 28.08.2009).

Reinmann-Rothmeier, Gabi (2003): Didaktische Innovationen durch Blended-Learning. Bern/Göttingen/Toronto/Seattle: Huber, S. 28-45.

Tulodziecki, Gerhard (2003): Digitale Medien – veränderte Schule? In: Keil-Slawik, Reinhard/Kerres, Michael (Hg.): Wirkungen und Wirksamkeit Neuer Medien in der Bildung. Münster: Waxmann, S. 259-274.

van Harmelen, M. (2007): Personal Learning Environments. Online: http://octette.cs.man.ac.uk/jitt/index.php/Personal_Learning_Environments (letzter Zugriff: 27.08.2009).

Wheeler, Steve (2009): Dead Personal. Online: http://steve-wheeler.blog spot.com/2009/08/dead-personal.html (letzter Zugriff: 27.08.2009).

Selbstorganisiertes Lernen und Lehren in einer digitalen Umwelt: Theorie und Praxis zu E-Portfolios in der Hochschule

Veronika Hornung-Prähauser und Diana Wieden-Bischof

1. Einleitung

Das konstruktivistische Lehr-/Lernkonzept des selbstorganisierten Lernens (SOL) erhält mit der heutigen bildungstechnologischen Welle, insbesondere dem partizipativen Internet, eine neue technologische Unterstützung. Internetbasierte multimediale Bildungstechnologien und Medien stehen für ein individualisiertes, an den Vorerfahrungen und Bedürfnissen der Studierenden ausgerichtetes Lernen, potenziell in größerem Umfang zur Verfügung als je zuvor. Dieser Beitrag beschäftigt sich daher mit der Frage: *Welche Rolle spielt der technisch unterstützte Einsatz von Portfolioarbeit in der Hochschule und welche mediendidaktischen Rahmenbedingungen und Herausforderungen gilt es dabei zu berücksichtigen?*

Der Beitrag beschreibt zunächst bildungspolitische Hintergründe, die den Wandel in der Hochschuldidaktik zwischen selbst- und fremdgesteuertem Lernen beeinflussen, sowie die Erwartungen an das E-Portfoliokonzept als pädagogische Innovation und Modell des SOL (Abschnitt 2). Danach werden mediendidaktische Rahmenbedingungen der E-Portfolioarbeit und die Herausforderungen vorgestellt, die sich durch die technische Unterstützung derselben in der Praxis ergeben (Abschnitt 3). Weiters illustrieren praktische Beispiele den Einsatz von E-Portfolios im Studienverlauf und der akademischen Weiterbildung (Abschnitt 4). Es wurden Praxisbeispiele von Hochschulen aus dem deutschsprachigen Raum ausgewählt, welche jeweils verschiedene Aspekte der Portfolioarbeit im Studienverlauf abdecken: E-Portfolios für

- die Studienplanung und professionelle Berufsreflexion an der Pädagogischen Hochschule St. Gallen, Schweiz,
- die Begleitung von Projektarbeiten an der Universität Augsburg, Deutschland,

- wissenschaftliches Arbeiten an der Fachhochschule Burgenland, Österreich und
- die akademische Weiterbildung an der Donau-Universität Krems, Österreich.

Abschließend werden die Herausforderungen an Studierende, Lehrende sowie Aus- und Weiterbildungsinstitutionen zusammengefasst. Sie können anderen Institutionen als Denkanstoß und Diskussionsgrundlage für Implementierungen in ihrem eigenen Umfeld dienen (Abschnitt 5).

Das Anwendungsfeld EduMedia der Salzburg Research Forschungsgesellschaft (SRFG) beschäftigt sich schon seit mehreren Jahren mit den Nutzungsszenarien von E-Portfolios und hat diese im internationalen Kontext umfassend analysiert (Hornung-Prähauser et al. 2007; Wieden-Bischof/Schaffert 2007; Schaffert et al. 2007). Dieser Beitrag basiert auf der Studie »Didaktische, organisatorische und technologische Grundlagen von E-Portfolios und Analyse internationaler Beispiele und Erfahrungen mit E-Portfolio-Implementierungen an Hochschulen«, die im Auftrag des Forum Neue Medien in der Lehre Austria (fnm-austria) im Juli 2007 von Salzburg Research durchgeführt wurde. Abschnitt 3 basiert auf dem Artikel »E-Portfolios als medienpädagogische Herausforderung«, entstanden anlässlich der Tagung: *Be aware of the Media. Medien zwischen Bildungsanspruch und Kritik. Tagung zu Geschichte, Status quo und Perspektiven der Medienpädagogik in Österreich* im April 2006 (Hornung-Prähauser/Luckmann 2008).

2. SOL in der Hochschulaus- und Weiterbildung

2.1. Begrifflichkeiten

Zum Begriff des SOL gibt es in der einschlägigen Fachliteratur keine einheitliche Definition. Im Allgemeinen wird darunter »die Selbstbestimmung von Lernzielen und Lerninhalten« verstanden, wogegen selbstgesteuertes und selbstreguliertes Lernen »die Organisation und Steuerung des Lernprozesses in den Mittelpunkt rücken« (Wikipedia 2009a, b; Friedrich/Mandl 1997: 219). Nach Weinert (1982) lässt sich kurz sagen: »Selbstorganisiertes Lernen bedeutet, dass Lernende die Entscheidung ob, was, wann, wie, womit und woraufhin er oder sie lernt, gravierend beeinflussen können«. SOL als Bildungsanliegen, realisierbar durch die E-Portfoliomethode, steht für ein Lehr- und Lernkonzept, worin die Lernenden ihren Lernprozess (Aufgaben, Methoden und Zeitaufwand usw.) selbst bestimmen, selbst mitentscheiden und auch selbst verantworten können (Deitering 1996: 45). Die Vermittlung dieser so genannten Selbstorganisations- und Lernkompetenz bezeichnet die Arbeitsstelle für Hochschuldidaktik der Universität Zürich auch als zentrale Herausforderung und appelliert an die Hochschullehrenden, »alle Studierende ungeachtet von Vorbildung, sozialer Herkunft und Geschlecht beim Lernen lernen zu unterstützen – dies aber nicht auf Kosten des Erwerbs von Inhalts- und Methodenwissen, sondern in enger Bezugnahme dazu« (Dossier Unididaktik 2006: 2).

2.1 Wandel in der Hochschuldidaktik

SOL wird als Strategie zur Umsetzung des von der EU geforderten »Lebenslangen Lernens« angesehen und ist damit eine Herausforderung für den tertiären Bildungssektor. Unter lebenslangem Lernen (LLL) wird »alles Lernen während des gesamten Lebens, das der Verbesserung von Wissen, Qualifikationen und Kompetenzen dient und im Rahmen einer persönlichen, bürgergesellschaftlichen, sozialen bzw. beschäftigungsbezogenen Perspektive erfolgt« verstanden (Europäische Kommission 2009). Allen BürgerInnen sollen Lernmöglichkeiten jederzeit zugänglich sein. Lebenslanges Lernen sei eine »zweite Chance« für den Erwerb und zur Auffrischung von Grundfähigkeiten und Lernmöglichkeiten auf höherem Niveau. Lebenslanges Lernen als bildungspolitisches Anliegen in der akademischen Ausbildung scheint sich weitgehend mit einzelnen Zielen und Werten des selbstgesteuerten Lernens – mit oder ohne Technologie – zu treffen. Nach Dimai (2005: 15ff.) steht SOL ebenfalls für

- die Entwicklung zu einem mündigen Menschen, der Selbstbestimmung, Selbstverantwortung und Autonomie im Lernen entwickelt;
- die Entwicklung von Handlungskompetenz bzw. Selbstständigkeit im Denken und Handeln (z.B. einzuschätzen, wo welches Wissen zu finden ist; zu wissen, welches Wissen man für welche Aufgabe braucht; Wichtiges von Unwichtigem zu unterscheiden; Zusammenhänge herstellen und Unterschiede erkennen können);
- die Entwicklung von Lernkompetenz (als Vorbereitung auf ein langes Berufsleben);
- die Unterstützung der sozialen Kompetenz.

Wie in der Basisstudie zu E-Portfolios in der Hochschule ausgeführt, lässt sich aus Hintergrundliteratur zur Hochschuldidaktik vereinzelt auch ein Wandel von einer Input- zu einer Outcome-Orientierung in der Lehre (kompetenzbasiertes Lernen) ablesen. Es wird nun folgende Frage umgeformt: »Welche Inhalte sollen Studierende lernen?« in »Was sollen Studierende/AbsolventInnen können?« Studierende sollen die beim Studium erworbenen Kompetenzen nachweisen, das heißt, sie sollen auch wissen, welche Kompetenzen sie in den einzelnen Lehrveranstaltungen erwerben bzw. hätten erwerben sollen (Hornung-Prähauser et al. 2007: 23ff.). VertreterInnen moderner Hochschuldidaktik formulieren dementsprechend Lehrziele einer modernen Hochschule als

- Vermittlung des Kernwissens;
- Vermittlung von Schlüsselqualifikationen und wissenschaftsmethodischen Kompetenzen;
- Anregung und Anleitung zur individuellen wissenschaftlichen Vertiefung von Teilaspekten und
- Vermittlung von Informations- und Wissenstransferkompetenz sowie von Wissensdarstellung (Grezga 2005; Wildt 2005; Händeler 2003).

Hier konzentriert man sich also nicht auf die konkrete Vorbereitung von AbsolventInnen für einen bestimmten Arbeitsmarkt, sondern auf die Entwicklung von Methodenkompetenz zur Lösung von praktischen Problemen basierend auf fundierten theoretischen Grundlagen.

Ein weiterer Aspekt, wieso SOL in der Hochschuldidaktik wichtig ist, ist das Bewusstsein für gute Lehre und Möglichkeiten ihrer Qualitätsverbesserung. Deren Ziele bestehen u.a. in der permanenten Bewusstmachung der Lernsituation der Studierenden, einem Bewusstsein über die Kontextgebundenheit von Lehren und Lernen sowie dem Erkennen der unterschiedlichen Wirkungen der eingesetzten Medien und Technologien (Schmidt/Tippelt 2005: 103). Der bisher im traditionellen Lehren von SOL wenig berücksichtigte Aspekt der technischen Unterstützung sowie der Vernetzung und aktiven Kooperation durch die neuen Web 2.0-Werkzeuge und Social Software ist nun in den Mittelpunkt der medienpädagogischen Forschung gerückt (ein Überblick über die Eignung von neuen Bildungstechnologien und E-Learning-Werkzeugen zur Unterstützung von SOL findet sich in Hornung-Prähauser/Luckmann/Kalz 2007: 21). Die Erwartungen an das E-Portfoliokonzept als technisch unterstützte, pädagogische Innovation werden im Folgenden aufgezeigt.

2.2. Das E-Portfoliokonzept

Ähnlich schwer wie es ist, das Konzept des SOLs zu definieren, verhält es sich mit E-Portfolios. Langjährige Beobachtungen der Fachliteratur und Teilnahme an internationalen E-Portfolio-Konferenzen deuten an, dass es unmöglich ist, von *einem* E-Portfolio-Ansatz zu sprechen (vgl. Tagungsberichte der internationalen E-Portfolio Konferenzen EIfEL 2005-2009). Folgende Definition gibt einen

Einblick in zwei Aspekte, nämlich Portfolio als Lernprozess und als Lernprodukt: »E-Portfolio ist eine digitale Sammlung von mit Geschick gemachten Arbeiten (= lat. Artefakte) einer Person, die dadurch das Produkt (Lernergebnisse) und den Prozess (Lernpfad/Wachstum) ihrer Kompetenzentwicklung in einer bestimmten Zeitspanne und für bestimmte Zwecke dokumentieren und veranschaulichen möchte. Die betreffende Person hat die Auswahl der Artefakte selbstständig getroffen, und diese in Bezug auf das Lernziel selbst organisiert. Sie (Er) hat als EigentümerIn die komplette Kontrolle darüber wer, wann und wie viel Information aus dem Portfolio einsehen darf« (Hilzensauer/Hornung-Prähauser 2006). Ein E-Portfolio kann aber auch nur als reines Dokumentationsinstrument betrachtet werden. Im Rahmen der E-Portfolio-Initiative Austria findet sich eine einfachere, aber im Kern dasselbe meinende Definition als »persönliche elektronische Wissensdokumentation, um Lernprozesse in allen Bereichen des Lebens zu unterstützen und dabei erworbene Kompetenzen zu veranschaulichen« (eLpA 2007; beide Definitionen zitiert in Hornung-Prähauser et al. 2007: 14-15).

Von der Erziehungswissenschaft werden die Portfolioarbeit und auch das Lerntagebuch – beides ursprünglich aus der Tradition der Reformpädagogik kommend (Hascher 2007; Häcker 2006) – besonders im Hinblick auf die Unterstützung von »echter Lernzeit« (= Aktivierung von Lernenden und intensive Auseinandersetzung mit Inhalten weit über das Unterrichtsgeschehen hinaus) und wegen des diagnostischen Potenzials des einzelnen Lernprozesses und der individuellen Lernstrategien empfohlen. Neben der Erfassung und Beschreibung von Fähigkeiten in verschiedenen Kompetenzfeldern sind die Erfassung von Lernfortschritten und die Reflexion der Wirkung von Lernhandlungen relevant (Hascher 2007: 297ff.). Die heutigen digitalen Werkzeuge erweitern die traditionelle Portfolioarbeit und erlauben die

- Integration einer Vielzahl von digitalen Artefakten, und dies auf mehreren Sinneskanälen (digitales Bild, Sound, Text, Video, Animation),
- flexible, kontextbasierte Ergänzung, Austausch und Verwendung der Portfolioinhalte für verschiedene Zwecke,
- chronologische Darstellung einer Lernbiografie sowie
- Initiierung und Dokumentation von Gruppenlernprozessen durch die Nutzung von webbasierten Kommunikationstools und kollaborativen Lernumgebungen.

> »Das Ziel von elektronischen Portfolios ist es zunächst, Informationen über den Besitzer des Portfolios strukturiert darzubieten und zu zeigen, wie das Individuum sich weiterentwickelt hat. Dabei kann zwischen verschiedenen Typen elektronischer Portfolios wie z.B. Kompe-

tenz- und Bewerbungsportfolios, Lern- bzw. Studienplanportfolios oder Portfolios für projektorientiertes oder wissenschaftliches Arbeiten (Assessmentportfolios) unterschieden werden. Das Potenzial, digitale Werkzeuge für die individuelle Kompetenzentwicklung und Kompetenzdarstellung zu nutzen ist hoch, da E-Portfolios in der Regel ausschließlich von ihren BesitzerInnen verwaltet werden und daher ein hoher Entscheidungsgrad hinsichtlich Auswahl von Inhalten und Art der Darstellung besteht. Auf der anderen Seite zeigen Erfahrungen von Universitäten, die elektronische Portfolios einsetzen, dass Studierende oft nicht wissen, welche Ressourcen sie für ein Portfolio auswählen sollen, und wie sie die Sammlung von Ressourcen zielgruppenabhängig präsentieren sollen« (Hornung-Prähauser/Luckmann 2007: 1).

Der Einsatz von Kommunikations- und Lernwerkzeugen bietet aber nicht nur eine vielfältige Darstellung der Portfolioartefakte, sondern auch das Potenzial zur intensiveren Partizipation und Transparenz im E-Portfolio Reflexionsprozess und damit in seiner Wirksamkeit (Barrett 1999, 2000; Hornung-Prähauser et al. 2005).

2.3 Mehrwert der elektronischen Portfolioarbeit

Der Einsatz von Bildungstechnologien verändert unter Umständen das zugrunde liegende pädagogische Konzept. Technologien sind didaktisch nie neutral, und oft kommt es zu einer Wechselwirkung zwischen der eingesetzten Technologie und der pädagogischen Innovation (Klebl 2007). Im Folgenden werden daher die Unterschiede zwischen »P« (papierbasierter) und »E« (elektronikbasierter) Portfolioarbeit sowie Mehrwertfaktoren, die in der Fachliteratur rezipiert werden, zusammengefasst (Schaffert et al. 2007: 75ff.; Butler 2006: 10ff.; Challis 2005):

- Förderung von Querschnittkompetenzen: Der Einsatz von Informationstechnologien (IT) hat eine psychisch motivierende Wirkung. Die Verwendung von »coolen« Tools hebt das Selbstbewusstsein und die Motivation. E-Portfolioarbeit fördert zugleich IT- und Medienkompetenz anstelle von »Papierschneidekompetenz«.
- Ganzheitliche Erweiterung des Lernprozesses: E-Portfolio-TrägerInnen können durch IT ihre Lernergebnisse, die im formalen Lernsetting erzielt wurden, einerseits flexibler darstellen und mit informellen Lernprozessen (z.B. außerhalb der Schule) direkt verbinden. Darüber hinaus ermöglichen Kommunikations- und Reviewfunktionen neben dem Kontakt zwischen LernerIn und TutorIn auch vielseitige andere Kontakte zu StudienkollegInnen. Weiters ist die Bewertung eines E-Portfolios durch Versionierungen ständig nachvollziehbar.

- Dokumentation und Verwaltung: Die elektronische Speicherung und Verwaltung der Artefakte und die sich daraus ergebende Nachvollziehbarkeit einzelner Entwicklungsschritte ermöglichen unter anderem eine automatische Dokumentation (beispielsweise über History-Funktionen). Zudem können durch Beschreibung der Artefakte und deren Verschlagwortung (Tagging) vielseitige Zugriffe auf sie ermöglicht werden, ohne dass die Artefakte selbst neu arrangiert werden müssen. Die digitale Organisation kann leicht strukturiert werden, Suchfunktionen erlauben die Verwaltung vieler Dokumente (nicht nur linear und hierarchisch); Software ermöglicht die Integration von mehr und umfangreicheren Lernnachweisen, die flexibel angeordnet werden können; durch Einsatz von Hyperlinks gibt es vielfältige Referenzmöglichkeiten zwischen den einzelnen E-Portfolioinhalten/-lernergebnissen.
- Flexiblere Zugänglichkeit: Ein auf einem Webserver abgelegtes E-Portfolio kann sowohl von E-Portfolio-AnwenderInnen, als auch von Personen, die Feedback geben, rund um die Uhr eingesehen werden (Kontrolle obliegt dem/der E-Portfolio-InhaberIn). Durch webbasierte Social Software kann auch ein weiterer Adressaten-/LeserInnenkreis erreicht werden. Dadurch sind Inhalte leichter mit Anderen teilbar. Die erleichterte Zugänglichkeit wiederum bietet Potenzial zur intensiveren Rückmeldung und Lernprozessentwicklung.
- Erleichterung des E-Portfoliotransfers, Verteilung und Präsentation: Die Dokumente sind der/dem EigentümerIn sowie gegebenenfalls leseberechtigten TutorInnen und anderen NutzerInnen zugänglich, ohne dass dazu Papiere im Umlauf sind (die nicht nur verteilt, sondern auch physisch vervielfältigt werden müssen). Webbasierte E-Portfoliopräsentationen können auch von Eltern bzw. Freunden daheim eingesehen und weiterentwickelt werden (E-Portfoliopräsentation im »Online-Wohnzimmer«).

Im Zuge der euphorischen Diskussion wird oft vergessen, dass Lernende heute nicht mit diesem SOL und Portfolio Konzept – ob technologieunterstützt oder nicht – sozialisiert und aufgewachsen sind. Daher ist auch nicht zwangsläufig ein besseres Lernergebnis durch SOL zu erwarten. Eine pädagogische Innovation wird auch nicht durch die Verwendung digitaler Technologien allein passieren, sondern braucht mediendidaktische Rahmenbedingungen.

3. Mediendidaktische Rahmenbedingungen

3.1 Mediendidaktischer Kontext von E-Portfolios

In der mediendidaktischen Literatur wird allgemein gefordert, dass das didaktische Lernarrangement an den Parametern des didaktischen Feldes auszurichten sei. Als solche werden z.B. Merkmale der Zielgruppe, Spezifikation von Lehrinhalten und -zielen, didaktische Methode, didaktische Transformation und Strukturierung der Lernangebote, Merkmale der Lernsituation und Spezifikation der Lernorganisation, Merkmale und Funktionen der gewählten Medien und Hilfsmittel benannt (Kerres 2001). Für den Einsatz von E-Portfolios sind darüber hinaus folgende Aspekte zu beachten:

- Eignet sich mein Studienfach-/Wissensgebiet für offene Portfolioarbeit?
- Wann ist der richtige Zeitpunkt im Studienverlauf für die Arbeit mit E-Portfolios (deutlicher Mehrwert für meine Zielgruppe)?
- Welche Vorerfahrung in der methodischen Portfolioarbeit haben die akademischen E-Portfolio-AnwenderInnen? (Wie gut sind sie z.B. im Reflexionsprozess mit den Regeln des »Feedback Geben und Empfangen« vertraut?)
- Welche E-Portfoliosoftware und Ausgabemedien sind für meine Zielgruppe geeignet? Wie ist das Verhältnis zwischen IT-Kompetenzen und dem sich rasch entwickelnden E-Portfolio Softwaremarkt und/oder Open Source Bereich?
- Welche Strategie hat die durchführende Institution zur Sicherung der E-Portfolio Daten?

Antworten auf diese Fragen zu finden, ist sehr wichtig für eine Verbreitung des E-Portfoliokonzepts, das über den Status von »Pilotprojekten« hinausgeht.

3.2 Pädagogische Innovationen fordern Medienerziehung

Die Aufgabe der Medienerziehung wird in der Anleitung zu reflektiertem Medienkonsum, sinnvoller Mediennutzung und kritischem Umgang mit Medienangeboten, daher auch jener mit E-Portfolios, angesehen (Kerres 2007: 11). Dabei sind vor allem zwei Aspekte relevant:

- die Entwicklung der notwendigen Lernkultur und
- der sensible Umgang mit E-Portfolioinhalten.

Portfolioarbeit erfordert ein verändertes Rollenverständnis von Lehrenden und Lernenden: Von den Lernenden wird mehr Aktivität, Selbststeuerung und Eigenverantwortlichkeit erwartet, von den Lehrenden, dass sie als TutorInnen und BeraterInnen agieren und die Planung und Reflexion von Lernprozessen unterstützen. Der Einsatz des E-Portfoliokonzepts verspricht dadurch, nicht nur Wissen und Qualifikationen zu vermitteln, sondern auch die Entwicklung von Kompetenzen zu ermöglichen und zu unterstützen, beispielsweise in Bezug auf das Lernen und Problemlösen. Implikationen hat die E-Portfolio-Arbeit dadurch unmittelbar für die Leistungsbewertung sowie die Lernkultur der Organisation (Winter 2006 zit. in Hornung-Prähauser/Luckmann 2008). Wildt (2005: 2) spricht in diesem Zusammenhang von einem »Shift from Teaching to Learning«, bei dem es aus hochschuldidaktischer Sicht darum geht, die Lehre vom Studium her neu zu denken. Er postuliert, dass das »herkömmlich vorwiegend präsentational bzw. instruktional ausgerichtete Paradigma der Hochschullehre (vgl. Professor vom lat. profateri = Wissen öffentlich verkünden, zugänglich machen) sich zu einer Lehrauffassung verschiebt, die sich als Lernförderung versteht und aktives Lernen in den Mittelpunkt stellt«. Für den formalen Bildungsbereich bedeutet das aber nicht, dass die klassischen Funktionen einer/s »darbietenden« Lehre/Unterrichts und korrespondierend damit eines »rezeptiven Lernens« nicht weiterhin einen wichtigen Stellenwert beibehalten werden. Vielmehr erweitert die E-Portfolioarbeit, sowohl als persönliche Lernmethode, aber auch als alternativer Leistungsnachweis das didaktische Handlungsrepertoire (ebd.).

3.3 Umgang mit Informationsobjekten im E-Portfolio

Wie in vielen medienkritischen Tagungen oder Zeitschriften erörtert (Ars Electronica 2007; Online Journal First Monday), ist das Web 2.0 nicht nur eine technische Innovation, betreffend die Schaffung, Produktion und Teilung von webbasierten Informationen (E-Content). Während früher klar war, dass die Institution für die Produktion von Lehrinhalten und Archivierung von Lernergebnissen (Tests, Seminararbeiten etc.) verantwortlich war, ist die Rolle von »Nutzergenerierten Inhalten« in heutigen Bildungssettings noch unklar. Wird z.B. ein Weblog als E-Portfoliosystem verwendet, sind die Portfoliodaten unter Umständen weder beim Lernenden noch bei der Institution, sondern bei einem externen Provider gespeichert. Oft wird übersehen, dass bei Verwendung von Social Software Werkzeugen die Informationsobjekte im virtuellen Raum stehen und nicht mehr rückgeholt werden können (»no data in the internet can be deleted«) (Kerres 2006: 3). Webpublizierende LernerInnen hinterlassen unauslöschbare Spuren, eventuell nur in der Lernumgebung, aber auch auf diversen Portalen (Diskussionsforen) und Homepages der jeweiligen Bildungsinstitution. Der sensible Umgang mit dem Internet wurde bisher schon in Ansätzen in EU-Projekten wie z.B. »Safer Internet« (http://www.saferinternet.at) thematisiert. Im Zusammenhang mit E-Portfolios stellen sich aber noch einige weitere Herausforderungen:

- Welche ethischen Konflikte entstehen, wenn E-Portfoliodaten zwischen Studierenden über die »schützende Grenze von Institutionen« im Netz ausge-

tauscht werden (z.B. bei der Nutzung eines hochschuleigenen Tools, auf dem ein Bewerbungsportfolio eingerichtet ist)?
- Wie gut wissen E-Portfolio-AnwenderInnen über die Wiederverwendung digitaler Informationen, speziell über Kopierschutz im Internet und alternative Publizierungslizenzsysteme wie z.B. Creative Commons Bescheid?
- Welchen ethischen »Code of Conduct« hat die Bildungsinstitution, wenn sie E-Portfolios über Pilotprojekte hinaus vollständig in ihre institutionelle Lernumgebung integriert?

3.4 Methodenkompetenz

Kersten Reich, Vertreter der systemisch-konstruktivistischen Didaktik, stellt fest, dass »der Einsatz der konstruktivistischen Portfoliomethode zwar bereits von einer erweiterten Methodenkompetenz zeugt, aber als Methode erzeugt er auch die Notwendigkeit, dass diese Methodenkompetenz zwischen Lehrenden und Lernenden nicht einfach vorausgesetzt, sondern erlernt werden muss (…). Methodenkompetenz auf dieser Grundlage ist nicht einfach instruierbar, sondern muss von den Beteiligten gewollt sein« (Reich 2004: 226ff.). Deshalb ist es notwendig, dass bei Portfolios eine kontinuierliche Zusammenarbeit zwischen Lehrenden und Lernenden stattfindet, die auf die Voraussetzungen der Studierenden ebenso wie auf die Ziele und Rahmenbedingungen des Einsatzes im Studienverlauf (siehe nächster Abschnitt) abgestimmt ist. In der Regel setzt dies auch voraus, dass Lehren und Lernen evaluiert, supervidiert und gecoacht werden, um die wechselseitigen Interessen der Lehrenden und Lernenden besser zu erfassen (siehe die Anleitungen im Konstruktivistischen Methodenpool von Kersten Reich). Gerade dies ist oft eine Schwäche beim Einsatz der Methode, da man hier leicht meinen könnte, Ressourcen einsparen zu können. Praktische Erfahrungen jedoch zeigen, dass dies nicht der Fall ist. Portfolios benötigen bei richtigem Einsatz zusätzliche Energie und Zeit gegenüber herkömmlichen Bewertungs- und Evaluationsverfahren« (Hornung-Prähauser/Luckmann 2008: 3).

4. E-Portfolio in der Praxis

4.1 Nutzen und Einsatz im Studienverlauf und in der akademischen Weiterbildung

In diesem Abschnitt möchten wir nun auf vier verschiedene Einsatzgebiete von E-Portfolios an Hochschulen eingehen und diese mit Beispielen aus der Praxis ergänzen. Die unterschiedlichen Einsatzgebiete und Verläufe (Abbildung 1) verfolgen dabei diverse Zwecke und stellen spezifische Anforderungen an die Lehrenden und Lernenden.

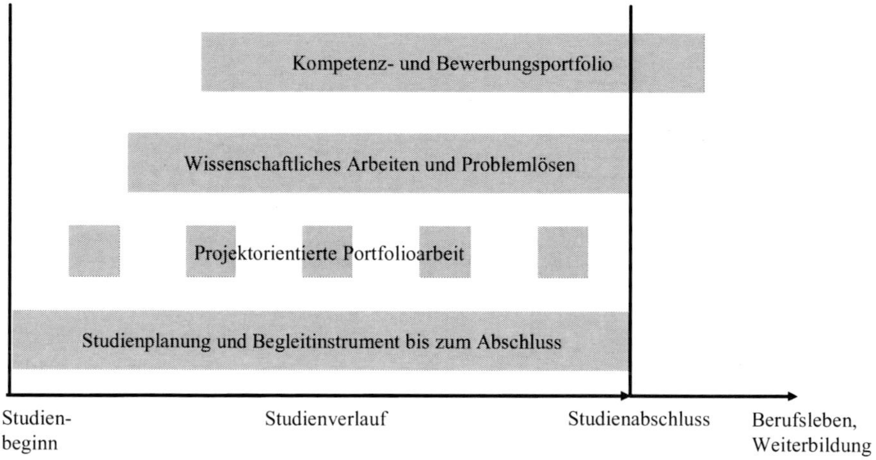

Abbildung 1: E-Portfolio-Einsatz im Verlauf des Studiums und darüber hinaus
Quelle: In Anlehnung an Hornung-Prähauser et al. 2007: 41.

Wie anhand von Abbildung 2 (S. 256) ersichtlich, sind Einsatz und Verwendung der Portfoliomethode an der Hochschule vielfältig und durch unterschiedliche Zielsetzungen geprägt, was auch auf die diversen länderspezifischen Bildungspolitiken und Hochschulkulturen zurückzuführen ist. In manchen Fällen sind die Einsatzgebiete der Portfoliomethode nicht strikt abgrenzbar und decken mehrere Bereiche ab.

Die Beschreibung der folgenden Beispiele basiert auf telefonischen und schriftlichen Interviews mit Verantwortlichen der jeweiligen Institution im Frühjahr 2009. Weiters wurden Sekundärinformationen von den Projektwebseiten sowie Dokumentationsmaterialien der Pilotprojekte und Präsentation herangezogen.

4.2 Studienplanung und Berufsreflexion (Beispiel 1)

An der Pädagogischen Hochschule St. Gallen (PHSG, Schweiz) werden im Studienbereich BSK (Berufs- und Studienkompetenzen) des Studiengangs Kindergarten- und Primarstufe seit 2004 im ersten Semester E-Portfolios eingesetzt, um Aspekte des eigenen Lernens und Lehrens zu dokumentieren und zu reflektieren. Zu Beginn wurden die Portfolios von den Studierenden papierbasiert geführt. Nachdem eine Vorstudie durchgeführt wurde und mit einer Pilotgruppe E-Port-

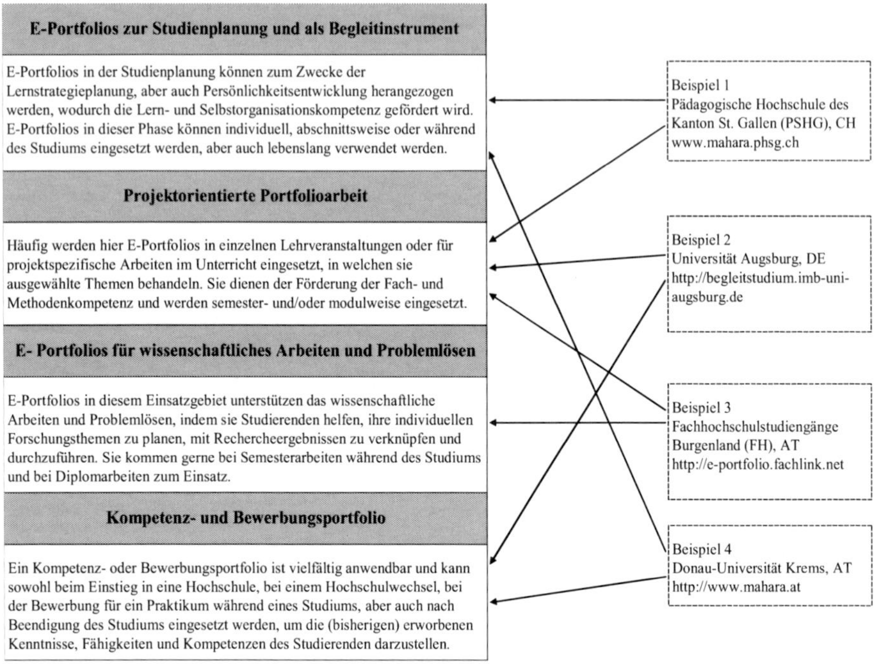

Abbildung 2: Mögliche Einsatzgebiete der Portfoliomethode an der Hochschule
Quelle: In Anlehnung an Hornung-Prähauser et al. 2007: 41.

folios in Blogs realisiert wurden, konnten weitere Lehrende für die Arbeit mit E-Portfolios gewonnen werden. Auch die positivere Einschätzung im Vergleich zur papierbasierten Portfolioarbeit führte letztendlich dazu, dass im Studienjahr 2008/09 eine institutseigene und für die Bedürfnisse angepasste Version der Mahara-Software (www.mahara.phsg.ch) eingeführt wurde. Studierende können nun »ein digitales Kompetenzprofil von sich erstellen und einen oder mehrere Blogs führen, Dateien hochladen und verwalten sowie Kontakte zu anderen Mitgliedern pflegen. Studierende können ihr E-Portfolio individuell gestalten, eine beliebige Anzahl an Ansichten für unterschiedliche Zwecke anlegen und mit Artefakten füllen sowie Teile davon (z.B. bestimmte Elemente, Informationen) auch nur für bestimmte Benutzer(-gruppen) freigeben« (Interview Hofmann 2009). Seit dem Studienjahr 2008/09 werden E-Portfolios nun auch im Studiengang Sekundarstufe 1 in ausgewählten Modulen für den Bachelorabschluss eingesetzt. »Dabei dokumentieren die Studierenden ihre eigenen Lehr- und Lernerfahrungen als Reflexions-, Präsentations- und Career-Portfolio« (Interview Hofmann 2009).

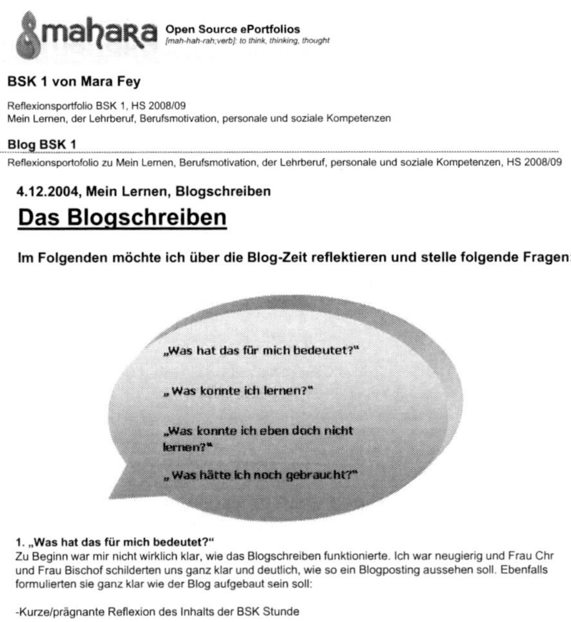
mahara Open Source ePortfolios
[mah-hah-rah;verb]: to think, thinking, thought

BSK 1 von Mara Fey

Reflexionsportfolio BSK 1, HS 2008/09
Mein Lernen, der Lehrberuf, Berufsmotivation, personale und soziale Kompetenzen

Blog BSK 1

Reflexionsportofolio zu Mein Lernen, Berufsmotivation, der Lehrberuf, personale und soziale Kompetenzen, HS 2008/09

4.12.2004, Mein Lernen, Blogschreiben

Das Blogschreiben

Im Folgenden möchte ich über die Blog-Zeit reflektieren und stelle folgende Fragen:

„Was hat das für mich bedeutet?"
„ Was konnte ich lernen?"
„Was konnte ich eben doch nicht lernen?"
„ Was hätte ich noch gebraucht?"

1. „Was hat das für mich bedeutet?"
Zu Beginn war mir nicht wirklich klar, wie das Blogschreiben funktionierte. Ich war neugierig und Frau Chr und Frau Bischof schilderten uns ganz klar und deutlich, wie so ein Blogposting aussehen soll. Ebenfalls formulierten sie ganz klar wie der Blog aufgebaut sein soll:

-Kurze/prägnante Reflexion des Inhalts der BSK Stunde

Abbildung 3: Auszug des E-Portfolios einer Studierenden an der PHSG mit Mahara
Quelle: https://mahara.phsg.ch/view/view.php?id=167 am 21.02.2009.

4.3 Reflexion von Metakompetenzen in Projektarbeit (Beispiel 2)

Das Begleitstudium »Problemlösekompetenz« wird vom Institut für Medien und Bildungstechnologie seit 2004 für Studierende der Universität Augsburg angeboten. Grund für die Entwicklung dieses Angebots war die Erkenntnis, dass das extra-curriculare Engagement von Studierenden durch die Bachelor-Master-Umstellung immer mehr zurückging. Diesem Umstand wollte man vonseiten der Hochschule entgegenwirken. Weiters soll mit dem Begleitstudium der Erwerb überfachlicher Kompetenzen gefördert und unterstützt werden, indem Studierende in selbstorganisierten Projektgruppen wissenschaftliche, praktische und soziale Problemstellungen lösen und dadurch letztendlich verbesserte Schlüsselkompetenzen am Arbeitsmarkt vorweisen können (Sporer et al. 2008: 1).

Seit dem Wintersemester 2008/09 gibt es nun eine hochschuleigene E-Portfolio Plattform (http://begleitstudium.imb-uni-augsburg.de), welche die gesamten Prozesse der Portfolioarbeit auch elektronisch unterstützt. Auf der E-Portfolio Website können sich Studierende beispielsweise im Community-Bereich über aktuelle Projekte im Begleitstudium informieren (z.B. Börsenforum Augsburg

TV, AV-Mediendienste) und Kontakt zu den jeweiligen Gruppenleitern aufnehmen. Auch eigene Projektideen können von Studierenden eingebracht und zu Begleitstudiumsangeboten ausgebaut werden (Universität Augsburg 2009; Informationen der Website).

Im Interview betont Projektmitarbeiter Metscher: »Im Begleitstudium Problemlösekompetenz werden neben einem dreistufigen E-Portfolio Prozess (Working → Story → Test) auch Community-Features (Projektgruppenbildung, Wiki als Wissensbasis usw.) in der Webumgebung zur Verfügung gestellt. Zusammen mit dem Assessment-Bereich, in dem man seine Story- und Test-Portfolios einreichen und anrechnen lassen kann, sind damit auf der e³-portfolio Umgebung drei recht unterschiedliche Bereiche zusammengeführt worden, was auch eine besondere technologische Herausforderung darstellt, da diese Integration so bis jetzt noch nicht umgesetzt wurde« (Metscher 2009).

Mithilfe eines Projekttagebuchs dokumentieren die Studierenden all ihre Projektarbeiten sowie am Ende des jeweiligen Semesters einen Projektbericht. Der Portfolio-Bereich der Plattform unterstützt die Teilnehmer des Studienangebots bei der Erstellung dieser Dokumente. Im Assessment-Bereich steht den Teilnehmern eine Übersicht ihrer erbrachten Leistungen zur Verfügung und man kann die Anrechnung der Leistungen im Begleit- und Fachstudium sowie seine eigenen Lern- und Arbeitsleistungen organisieren. Insgesamt müssen 24 Credit Points erworben werden, um das Begleitstudium erfolgreich abzuschließen. Studierende erhalten nach Absolvierung des Begleitstudiums ein Zertifikat, in dem die erworbenen Kompetenzen beschrieben sind. Dies hat zum Ziel, dass sich zukünftige (potenzielle) Arbeitgeber ein besseres Bild über die in Projektarbeiten erworbenen Kompetenzen des Bewerbers machen können (Universität Augsburg 2009; Informationen der Website).

Trotz der erfolgreichen und von den Studierenden gerne angenommenen Zusatzqualifikation besteht die Herausforderung für Lernende hauptsächlich darin, sich zu disziplinieren und regelmäßig Einträge in ihrem E-Portfolio zu schreiben. Aus diesem Grund bekommen Studierende, die regelmäßig ihr Projekttagebuch führen und am Ende den Bericht dazu verfassen, ECTS-Punkte angerechnet. Wichtig ist, dass die Studierenden im E-Portfolio deutlich machen, was sie in den Gruppen gemacht und gelernt haben. Daher gibt es beispielsweise auch eine Vorlage als Hilfestellung für Projektberichte (Vorlage: http://imb-uni-augsburg.de/files/Vorlage_Projektbericht.doc). Auch Lehrende kämpfen mit gewissen Herausforderungen, da es beispielsweise nicht einfach ist, Bewertungsmaßstäbe an die im E-Portfolio dokumentierten Leistungen anzulegen. Aus diesem Grund werden insbesondere die dokumentierten Lernprozesse und die Refle-

Abbildung 4: Das Begleitstudium Problemlösungskompetenz »e³-portfolio« an der Universität Augsburg

Quelle: http://begleitstudium.imb-uni-augsburg.de am 18.02.2009.

xion bewertet. Die erzielten Lernresultate (als Artefakt eingestellt) spielen dabei im Assessment keine zentrale Rolle. Für Lehrende ist es auch manchmal schwierig, sich in Studierende hineinzuversetzen, die sie nicht so gut kennen, um ihnen ein produktives Feedback zu geben (Sporer 2009).

4.4 Wissenschaftlich arbeiten in Ausbildung (Beispiel 3)

An der Fachhochschule Burgenland wurden 2005 die ersten E-Portfolios mit dem »Factline Community Server (FCS)« im Masterstudiengang »Angewandtes Wissensmanagement« sowie am FH-Studiengang »Informationsberufe« eingeführt. Studierende sollten u.a. durch den Einsatz von E-Portfolios eine aktivere Rolle und Verantwortung für ihre Studienplanung übernehmen, ihr Profil schärfen sowie ihre wissenschaftlichen Kompetenzen fördern. Der Studiengang Angewandtes Wissensmanagement »basiert auf einem explizit personen- und erfahrungsorientierten didaktischen Konzept«, welches die Verwendung von E-Portfolios verpflichtend von allen Studierenden verlangt. Dieser Studiengang geht weiters davon aus, dass E-Portfolios nicht auf Einzelfunktionen zu reduzieren sind, sondern dass Personen überall lernen, wodurch Privatleben, Studium und Beruf nicht voneinander zu trennen sind (Jelinek/Meinl 2008: 145).

Der »Factline Community Server (FCS)« unterstützt dabei die genannten Prozesse und hilft als integriertes Gesamtsystem bei der Umsetzung von E-Portfolios im Curriculum. Ein Benutzerverwaltungssystem ermöglicht eine einfach zu bedienende und individuelle Lernumgebung mit flexibler Gestaltungsfreiheit und selbst zu verwaltenden Zugriffskontrollen, welche auf jeder Ebene des Portfolios individuell anpassbar und strukturierbar sind. Das E-Portfolio-System lässt auch das Hochladen von sehr unterschiedlichen Inhalten wie beispielsweise Texte, Bilder und Postings zu. Eine weitere wichtige Funktionalität des Systems ist das Konzept zur Verlinkung von Informationen. Es ermöglicht Lernenden, sowohl auf einzelne Informationsstücke als auch auf andere E-Portfolios zu verlinken. Auch wenn Informationen aktualisiert werden, bleibt der Link bestehen (Factline Webservices GmbH 2007; Informationen der Website).

Die von den Studierenden autonom verwendeten E-Portfolios werden als Werkzeuge im Unterricht, als Begleiter individueller und kollaborativer Lern- und Arbeitsprozesse sowie bei Bedarf auch zu persönlichen Präsentationszwecken für beispielsweise Bewerbungsgespräche eingesetzt. Auch nach dem Studium können die Nutzer über ihre E-Portfolios verfügen. Im Juni 2007 wurden sogar erstmals Diplomprüfungen auf Basis der E-Portfolios durchgeführt (Jelinek/Meinl 2008: 146).

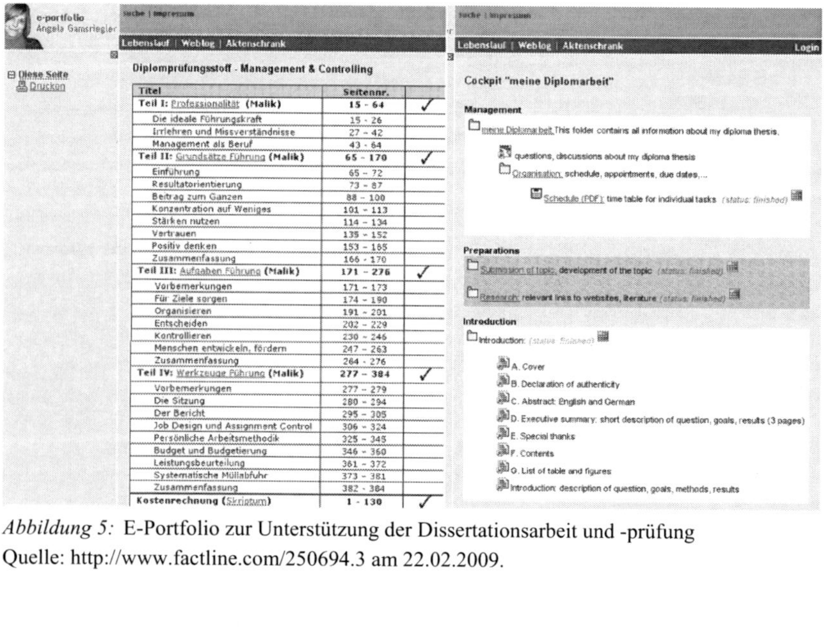

Abbildung 5: E-Portfolio zur Unterstützung der Dissertationsarbeit und -prüfung
Quelle: http://www.factline.com/250694.3 am 22.02.2009.

Das folgende Beispiel zeigt ein E-Portfolio, welches im Zuge des FH-Studienjahres »Informationsberufe« von einer Studierenden zur Unterstützung der Erstellung ihrer Diplomarbeit und der Vorbereitung auf die Diplomprüfung aufgebaut wurde. Sie erstellte sich somit ein E-Portfolio für wissenschaftliches Arbeiten, welches gleichzeitig auch die Entwicklung der Arbeit und der dabei erworbenen Fähigkeiten und Kompetenzen dokumentierte.

Eine ausführliche Beschreibung zu den funktionalen Eigenschaften des FCS-Factline Community Servers findet sich in Hornung-Prähauser et al. (2007: 86ff.).

4.5 Wissenschaftlich arbeiten in Weiterbildung (Beispiel 4)

Die Donau-Universität Krems (DUK), Department für Interaktive Medien und Bildungstechnologien (IMB), hat im März 2005 ein Begleitprogramm für »Research-PhD Programme« der Leeds Metropolitan University, UK (LMU) eingerichtet, welche in Form von Certified Programs in Krems durchgeführt werden. Das so genannte »Research Training Programme« (RTP) stellt ein Kompetenzraster zu drei Lernfeldern des Studiums zur Verfügung, wobei die Nachweise auf verschiedene Arten zustande kommen können, beispielsweise auch in Form eines »Learning Portfolios«. Erstmals mit Start des Lehrgangs im Sommer 2007 sollte begleitend der Einsatz von E-Portfolios in englischer Sprache die Prozesse des Studiums unterstützen. Folgende Hauptziele wurden mit dieser Einführung verfolgt (Bratengeyer/Himpsl 2009: 1):

- Erleichterung der Dokumentation der Lernaktivitäten und der zugehörigen Nachweise,
- Bessere Verweis- und Planungsmöglichkeiten der notwendigen Fähigkeiten und Kompetenzen,
- Erleichterung für die BetreuerInnen (SupervisorInnen) in Leeds und Krems,
- Entwicklung des eigenen Forschungsvorhabens soll bestmöglich begleitet werden sowie
- Förderung der gegenseitigen Unterstützung und des Peer-Reviews bei den Studierenden.

Nach einer Vorstudie von Salzburg Research (Hornung-Prähauser et al. 2007) fiel die Entscheidung für die tatsächliche Umsetzung der E-Portfolios im Juni 2007 auf das Mahara-System (www.mahara.at), hinter welchem ein »durchdachtes pädagogisches, lernerInnenzentriertes Konzept für ein individuelles Portfolio das lebensbegleitend geführt werden kann; ein flexibles Community-Konzept mit guten Peer-Review-Funktionen und die zusätzliche Möglichkeit der institutionellen Verankerung durch eine Schnittstelle zur Lernplattform Moodle« steht (Bratengeyer/Himpsl 2009: 2). Begleitend zu Vorlesungen und DissertantInnenseminaren wird daher zusätzlich auch noch das Open-Source-LMS Moodle verwendet, welches von der Donau-Universität Krems am eigenen Server angeboten wird. Die Auswahl der geeigneten Softwarelösung war die schwierigste Herausforderung, da sich die Studierenden ein E-Portfolio-System wünschten, welches leicht zu bedienen sein musste und den formalen Prozess der Anerkennung von Lernnachweisen erleichtern sollte. Weitere Wünsche vonseiten der Studierenden waren, dass die zusätzliche Arbeitsbelastung so gering wie möglich gehalten werden müsse, da die meisten von ihnen neben dem PhD-Begleitstudium auch eine sehr hohe berufliche Arbeitsbelastung haben. Auch Sicherheitsbedenken bezüglich der personenbezogenen Daten im E-Portfolio wurden genannt (Bratengeyer/Himpsl 2009: 2).

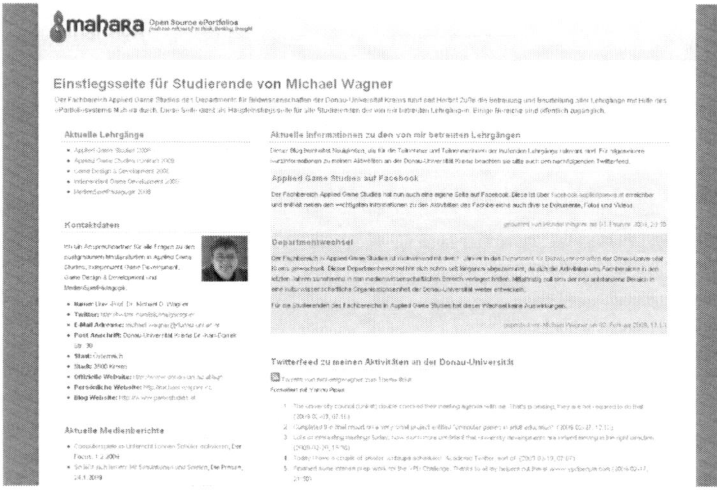

Abbildung 6: E-Portfolio-Einsatz eines Lehrenden im Begleitstudium
Quelle: http://www.mahara.at/view/view.php?id=2555 am 02.03.2009.

Letztendlich wurde entschieden, dass aufgrund des kompetenzorientierten Curriculums der Fokus bei der Implementierung und laufenden Betreuung der Portfolio-Arbeit auf der Seite der Studierenden zu sehen und eine enge Einbindung von Lehrveranstaltungen und deren DozentInnen nicht notwendig ist. Durch intensive Vorbereitung und Betreuung werden Studierende nach und nach befähigt, das E-Portfolio als gewinnbringendes Hilfsmittel für die Selbstorganisation ihres Studiums und Forschungsvorhabens zu erkennen und einzusetzen, ihre Kompetenznachweise zu sammeln und Querverweise zum Curriculum bequem herzustellen. BetreuerInnen (SupervisorInnen) werden für die Durchsicht der von den Studierenden »freigegebenen« Portfolioinhalte und zu Feedback-Zwecken herangezogen. Für Lehrende wie auch BetreuerInnen (SupervisorInnen) gibt es im Wesentlichen kaum Probleme, da nach Einstieg in das System automatisch die Lerngruppen der Studierenden aufscheinen, die freigegebenen Portfolios bzw. -teile betrachtet und über eine Kommentarfunktion Feedback gegeben werden kann (Bratengeyer/Himpsl 2009: 3).

5. Zusammenfassung: Herausforderung von SOL mit E-Portfolios in der Hochschule

5.1 Allgemeines

Die Arbeit mit E-Portfolios stellt für Hochschulen eine interessante Erweiterung oder Erneuerung des didaktischen Rahmens durch Einbindung von Technologien in das Lern- und Lehrgeschehen dar. So erwarten sich Hochschulen, die E-Portfolios eingeführt haben, häufig beispielsweise eine verbesserte Kompetenzorientierung, Befähigung zu Lebenslangem Lernen, Steigerung der Qualität der Lehre, Verhinderung von Studienabbrüchen, aber auch Förderung der Selbstorganisation. Abschließend und zusammenfassend möchten wir noch kurz auf die Herausforderungen eingehen, welche mit der E-Portfolio-Einführung an Hochschulen verbunden sind. Diese können, wie im internationalen Vergleich, auch in dieser Gegenüberstellung beispielsweise strategischer, didaktischer, bildungspolitischer, aber auch technologischer Art sein (vgl. Hornung-Prähauser et al. 2007: 153ff.).

5.2 Spezifische Herausforderungen

Strategische Herausforderungen:
Wie man auch aus den Beispielen herauslesen kann, werden E-Portfolios häufig eingesetzt, um die Entwicklung von Kompetenzen zu fördern, unter anderem jene, die besonders am (Forschungs-)Arbeitsmarkt nachgefragt werden (Beispiel 2). Da die Implementierung von technologieorientierten pädagogischen Innovationen Zeit, Geduld und finanzielle Mittel braucht, ist es eine strategische Herausforderung für die Hochschule, die jeweiligen Einsatzgebiete der E-Portfolio-Methode (z.B. Studienplanung, Erwerb von Metakompetenzen oder Weiterbildung) und der betroffenen Zielgruppe (z.B. StudienanfängerInnen, DiplomandInnen, TeilnehmerInnen an Masterstudiengängen und Weiterbildungen) ziel-

orientiert und in einer Art Stufenplan (z.B. Beginn mit Pilotprojekten und leicht bedienbaren Tools, die einen schnellen »return« versprechen) festzulegen.

Didaktische Herausforderungen:
Der Einsatz von E-Portfolios soll den Dialog zwischen Studierenden und DozentInnen über das Lernen selbst unterstützen. Dazu müssen auch verschiedene und individuelle Feedbackmöglichkeiten in einem E-Portfolio-Konzept angedacht sein (Beispiel 4). Aber auch Herausforderungen für Lernende und Lehrende sowie im Zusammenhang mit dem Lerninhalt selbst müssen bei der Implementierung gemeistert werden. Für Lernende ist es von Bedeutung, bei der Verwendung von E-Portfolios rasch einen Mehrwert zu erkennen und zu erreichen, denn der Arbeitsaufwand, welcher in ein E-Portfolio eingebracht wird, muss mit dem Nutzen vergleichbar sein. Hilfreich dabei ist auch eine formale Anerkennung (Beispiel 2), beispielsweise mit ECTS-Punkten oder Zertifikaten, und die nachhaltige Möglichkeit der Verwendung des E-Portfolios, auch wenn der Studierende bereits sein Studium beendet hat (Beispiel 3). Eine weitere Herausforderung, die es zu bewältigen gilt, ist die Verwaltung der Zugriffskontrollen durch die Studierenden selbst. Hier können Studierende Teile oder individuell zusammengestellte Portfolios einem bestimmten Publikum (Betreuer, potenzieller Arbeitgeber) zugänglich machen (Beispiel 1 und 3). Damit Studierende, aber auch Lehrende, mit den E-Portfolios gezielt und selbstständig umgehen können, bedarf es Schulungen (z.B. Bedienung des Tools), aber auch Unterstützung bei der Arbeit selbst (z.B. Steuerung der Lernprozesse; Beispiel 4). Auch Lehrende müssen erst von den E-Portfolio-Potenzialen überzeugt werden (Beispiel 1) und müssen entsprechend motiviert werden (z.B. Anerkennung des Mehraufwands). Aber auch durch die Verwendung und Führung eines eigenen E-Portfolios durch die Lehrenden kann Verständnis und Interesse für den Portfolio-Einsatz geweckt und die nötige Motivation erreicht werden (Beispiel 4). Die Lerninhalte unterliegen ebenfalls didaktischen Herausforderungen. So können diese beispielsweise im Curriculum auch vorgegeben sein (Beispiel 1) oder das E-Portfolio oder E-Arbeiten können für Prüfungen herangezogen werden (Beispiel 3).

Bildungspolitische und institutionelle Herausforderungen:
Auf institutioneller Ebene können die Herausforderungen bereits in der Einbindung des E-Portfolio-Konzepts in das reguläre Curriculum (d.h. Studien- und Prüfungsordnungen) liegen (Beispiel 2). Studierenden, aber auch Lehrkräften ist wichtig, dass die Institution den vertraulichen Umgang mit E-Portfolio-Informationen und persönlichen Daten (Beispiel 4) sowie eine Qualitätssicherung gewährleistet.

Technologische Herausforderungen
Einige der Hochschulen haben ihre ersten Erfahrungen mit Portfolios bereits mit der Einführung von papierbasierten Varianten gesammelt (Beispiel 1) und kamen erst nach und nach auf die Vorteile einer elektronischen Variante. Um E-Portfolios an der Hochschule erfolgreich einsetzen zu können, bedarf es einer an die konkreten Bedürfnisse angepassten Hard- und Software (Beispiel 2) sowie eines möglichst einfach zu bedienenden Sets von Werkzeugen (Tools). Häufig werden im Vorfeld Studien durchgeführt oder bestehende herangezogen, um die tatsächlichen Anforderungen festzulegen, welche von der Institution an das E-Portfolio-System gestellt werden (Beispiel 1 und 4). Daraus ergibt sich auch, dass sich nicht jede E-Portfolio-Software für alle Einsatzgebiete und Bedürfnisse eignet und dies in weiterer Folge auch eine Frage der Nutzerfreundlichkeit, Kosten usw. ist. Aus diesem Grund werden häufig auch eigene E-Portfolio-Lösungen entwickelt (Beispiel 2), kommerzielle Angebote implementiert (Beispiel 3) oder bestehende Open-Source-Produkte herangezogen und angepasst (Beispiel 1 und 4). Weiters dürfen bereits vorhandene technologische Werkzeuge bei der Einbindung nicht vergessen werden (Beispiel 4).

5.3 Zukunftsausblick und Forschungsauftrag

Dieser Beitrag hat gezeigt, dass die Implementierung von Möglichkeiten zum selbstorganisierten Lernen einen Wandel in der Hochschulkultur bedeutet. Die technische Umsetzung der pädagogischen Innovation E-Portfolio ist ein sehr komplexer Prozess, der je nach Anforderungen, Bedürfnissen, Ziel und Zweck an den einzelnen Hochschulen sehr individuell ist. Um eine erfolgreiche Implementierung zu gewährleisten, ist eine präzise Planung erforderlich. Hierbei bestehen sowohl auf der theoretischen Seite der Medienpädagogik bzw. Medientheorie noch offene Fragen über die Wechselwirkungen zwischen Technologie und Portfolioarbeit als auch auf der praktischen Seite über Erfolgs- und Risikofaktoren der hochschulweiten Implementierung.

Literaturverzeichnis

Ars Electronica (2007): Goodbye Privacy. Online: www.hatjecantz.de/controller.php?cmd=detail&titzif=00002025 (letzter Zugriff: 24.02.2009).

Barrett, Helen (2000): Electronic Portfolios = Multimedia Development + Portfolio Development. The Electronic Portfolio Development Process. Online: http://electronicportfolios.com/portfolios/EPDevProcess.html (letzter Zugriff: 03.03.2009).

Bratengeyer, Erwin/Himpsl, Klaus (2009): Endbericht DUK – 3. Endergebnis Modellfall Donau-Universität Krems. Zugesendete Unterlagen und Informationen [24.02. 2009].

Butler, Philippa (2006): A review of the literature on portfolios and electronic portfolios, eCDF ePortfolio Project. Massey University College of Education Palmerston North, New Zealand. Online unter: http://eduforge.org/docman/?group_id=176ePortfolio Project Research Report.pdf (letzter Zugriff: 10.12.2009).

Challis Di (2005): Towards the mature ePortfolio: Some implications for higher education. In: Canadian Journal of Learning and Technology, 31 (3). Online: http:// www.cjlt.ca/content/vol31.3/challis.html (letzter Zugriff: 10.01.2008).

Deitering, Franz G. (1996). Humanistische Bildungskonzepte. In: Greif, Siegfried (Hg.): Handbuch Selbstorganisiertes Lernen. Göttingen: Verlag für Angewandte Psychologie, S. 45-53.

Dimai, Bettina (2005): Selbstgesteuertes Lernen. Institut für Future Studies. Online: http://con tent.tibs.at/pix_db/documents/Selbstgestuerertes%20Lernen_fin.pdf (letzter Zugriff: 02.03.2009).

Dossier Unididaktik (2006). Lernportfolio. (Ausgabe 1/2006). Online: www. afh.uzh.ch/ instrumente/dossiers-2/duPort2006-1.pdf (letzter Zugriff: 02.03.2009).

Donau-Universität Krems (2009): Einstiegsseite für Studierende von Michael Wagner. Online unter: www.mahara.at/view/view.php?id=2555 (letzter Zugriff: 02.03.2009).

Eifel Conference Proceedings 2006-2009. Online: www.eife-l.org/publications (letzter Zugriff: 02.03.2009).

eLpA – ePortfolio Initiative Austria (2007): Entwurfsversion des Folders. Online: http:// e-portfolio.at (letzter Zugriff: 03.05.2007).

Europäische Kommission (2009): Lifelong Learning. Was ist lebenslanges Lernen? Online: http://ec.europa.eu/education/policies/lll/life/what_islll_de.html (letzter Zugriff: 26.02.2009).

Factline Webservices GmbH (2007): Factline e-portfolio. Online: www.factline.com/fs Download/produktblatt%20-%20e-portfolio_070430.pdf?forumid=284&v=1&id=29 1219 (letzter Zugriff: 22.02.2009).

Factline Webservices GmbH (2009): E-Portfolio zur Unterstützung der Dissertationsarbeit und -prüfung. Online: www.factline.com/250694.3 (letzter Zugriff: 22.02.2009).

First Monday (1995-2009) (Online Journal): http://firstmonday.org (letzter Zugriff: 22.02. 2009).

Friedrich, Helmut Felix/Mandl, Heinz (1997): Psychologische Aspekte autodidaktischen Lernens. In: Unterrichtswissenschaft, 3, S. 197-218.

Gläser-Zikuda, Michaela/Hascher, Tina (2007): Lernprozesse dokumentieren, reflektieren und beurteilen. Lerntagebuch und Portfolio in Bildungsforschung und Bildungspraxis. Bad Heilbrunn. Julius Klinkhardt.

Grzega, Joachim (2005): Lernen durch Lehren und Forschen: Bildungs-, lehr- und lernökonomische Hinweise und Materialien. Online: www.ldl.de/material/berichte/uni/ grzega2005.pdf (letzter Zugriff: 24.02.2009).

Häcker, Thomas (2006): Portfolio: ein Entwicklungsinstrument für selbstbestimmtes lernen. Eine explorative Studie zur Arbeit mit Portfolios in der Sekundarstufe I. Baltmannsweiler: Schneider Verlag Hohengehren.

Händeler, Erik (2003): Die Geschichte der Zukunft: Sozialverhalten heute und der Wohlstand von morgen (Kondratieffs Globalsicht). Moers: Brendow.

Hascher, Tina (2007): Lerntagebuch und Portfolio – Ermöglichung echter Lernzeit. In: Gläser-Zikuda, Michaela/Hascher, Tina: Lernprozesse dokumentieren, reflektieren und beurteilen. Lerntagebuch und Portfolio in Bildungsforschung und Bildungspraxis. Bad Heilbrunn: Julius Klinkhardt, S. 295-302.

Hilzensauer Wolf/Hornung-Prähauser Veronika (2006): ePortfolio – Methode und Werkzeug für kompetenzbasiertes Lernen. SRFG-Broschüre, Salzburg. Online: http://edu media.salzburgresearch.at/images/stories/EduMedia/Studienzentrum/eportfolio_srfg. pdf (letzter Zugriff: 02.03.2009).

Hofmann, Martin (2009): E-Portfolio Network. Pädagogische Hochschule des Kantons St. Gallen (PHSG, Schweiz). Online: http://eportfolio-phsg.ning.com/profile/MartinHof mann (letzter Zugriff: 17.02.2009).

Hilzensauer, Wolf/Hornung-Prähauser, Veronika (2006): ePortfolio – Methode und Werkzeug für kompetenzbasiertes Lernen. Salzburg: SRFG-Broschüre. Online: http:// edumedia.salzburgresearch.at/images/stories/EduMedia/Studienzentrum/eportfolio_ srfg.pdf (letzter Zugriff: 02.03.2009).

Hornung-Prähauser, Veronika/Luckmann, Michaela (2008): E-Portfolios als medienpädagogische Herausforderung. In: Blaschitz, Edith/Seibt, Martin (Hg.): Medienbildung in Österreich. Münster/Wien u.a.: Lit, S. 248-259.

Hornung-Prähauser, Veronika/Luckmann, Michaela/Kalz, Marco (Hg.) (2007): Selbstorganisiertes Lernen im Internet. Einblick in die Landschaft der webbasierten Bildungsinnovationen. Innsbruck: StudienVerlag.

Hornung-Prähauser, Veronika/Geser, Guntram/Hilzensauer, Wolf/Schaffert, Sandra (2007): Didaktische, organisatorische und technologische Grundlagen der E-Portfolios und Analyse internationaler Beispiele und Erfahrungen mit E-Portfolio-Implementierungen an Hochschulen. Salzburg. Online: http://edumedia.Salzburg research.at/images/ stories/e-portfolio_studie_srfg_fnma.pdf (letzter Zugriff: 16.02.2009).

Jelinek, Martina/Meinl, Paul (2008): E-Portfolios am Fachhochschul-Studiengang »Angewandtes Wissensmanagement«. In: Hornung-Prähauser, Veronika/Luckmann, Michaela/Kalz, Marco: Selbstorganisiertes Lernen im Internet. Einblick in die Landschaft der webbasierten Bildungsinnovationen. Innsbruck: StudienVerlag, S. 145-147.

Kerres, Michael (2001): Multimediale und telemediale Lernumgebungen. Konzeption und Entwicklung (2nd ed.). München: Oldenbourg.

Kerres, Michael (2006): Potenziale von Web 2.0 nutzen. In: Hohenstein, Andreas/ Wilbers, Karl (Hg.) Handbuch E-Learning, München: DWD-Verlag. Online: http:// mediendidaktik.uni-duisburg-essen.de/system/files/web20-a.pdf (letzter Zugriff: 19. 02.2009).

Kerres, Michael (2007): Zum Selbstverständnis der Mediendidaktik – eine Gestaltungsdisziplin innerhalb der Medienpädagogik? In: Sesink, Werner/Moser, Heinz/ Kerres, Michael (Hg.): Jahrbuch Medienpädagogik. Zum Selbstverständnis der Medienpädagogik. Wiesbaden: VS. Online: http://mediendidaktik.uni-duisburg-essen.de/ system/files/Jahrbuch_Kerres.pdf (letzter Zugriff: 18.02.2009).

Klebl, Michael (2007): Die Verflechtung von Technik und Bildung – Technikforschung in der Bildung. www.bildungsforschung.org, Ausgabe 2007-2 (12.09.2008).

Metscher, Johannes (2009): Schriftliches Kurzinterview am 25.02.2009.

Pädagogische Hochschule St. Gallen (2009): Auszug des E-Portfolios einer Studierenden an der PHSG mit Mahara. Online: https://mahara.phsg.ch/view/view.php?id=167 (letzter Zugriff: 21.02.2009).

Reich, Kersten (2004): Konstruktivistische Didaktik. Lehren und Lernen aus interaktionistischer Sicht. 2. Aufl. Neuwied: Luchterhand.
Reich, Kersten (2009a): Kurze Beschreibung der Methode. Online: www.uni-koeln.de/ew-fak/konstrukt/didaktik/portfolio/frameset_portfolio.html (letzter Zugriff: 18.02. 2009).
Reich, Kersten (Hg.) (2009b): Methodenkompetenz. Online: www.uni-koeln.de/hf/konstrukt/didaktik/portfolio/portfolio_reflexion.html. In: Methodenpool. http://methodenpool.uni-koeln.de (letzter Zugriff: 20.02.2009).
Schaffert, Sandra/Hornung-Prähauser, Veronika/Hilzensauer, Wolf/Bischof, Diana (2007): E-Portfolio Einsatz an Hochschulen: Möglichkeiten und Herausforderungen. In: Brahm, Taiga/Seufert, Sabine (Hg): »Ne(x)t Generation Learning«: E-Assessment und E-Portfolio: halten sie, was sie versprechen? SCIL-Arbeitsbericht 13, März 2007. Online: www.scil.ch/fileadmin/Container/Leistungen/Veroeffentlichungen/2007-03-brahm-seufert-next-generation-learning. pdf (letzter Zugriff: 25.02.2009).
Schmidt, Bernhard/Tippelt, Rudolf (2005): Besser lehren – Neues von der Hochschuldidaktik. In: Teichler, Ulrich/Tippelt, Rudolf (Hg.): Hochschullandschaft im Wandel. Beiheft der Zeitschrift für Pädagogik, S. 103-114.
Sporer, Thomas (2009). Schriftliches Kurzinterview am 26.02.2009.
Sporer, Thomas/Jenert, Tobias/Meyer, Philip/Metscher, Johannes (2008): Entwicklung einer Plattform zur Integration informeller Projektaktivitäten in das formale Hochschulcurriculum. Online: http://studiki.de/files/Begleitstudiumsplattform_DeLFI2008.pdf (letzter Zugriff: 17.02.2009).
Universität Augsburg (2009). Begleitstudium Problemlösungskompetenz – e³-portfolio Plattform. Online: http://begleitstudium.imb-uni-augsburg.de (letzter Zugriff: 18.02. 2009).
Weinert, Franz (1982): Selbstgesteuertes Lernen als Voraussetzung, Methode und Ziel des Unterrichts. In: Unterrichtswissenschaft, 10(2), S. 99-110.
Wieden-Bischof, Diana/Schaffert, Sandra (2007): Der Einsatz der E-Portfolio Methode bei der persönlichen Studienorientierung und beim Erlernen wissenschaftlichen Arbeitens. In: Batinic, Barnard/Koller, Alfons/Sikora, Hermann (Hg.): E-Learning, digitale Medien und lebenslanges Lernen. Linz: Trauner, S. 43-51.
Wikipedia (2009a): Selbstgesteuertes Lernen. Online: http://de.wikipedia.org/wiki/Selbstgesteuertes_Lernen (letzter Zugriff: 01.03.2009).
Wikipedia (2009b): Selbstorganisation. Online: http://de.wikipedia.org/wiki/Selbstorganisation (letzter Zugriff: 01.03.2009).
Wildt, Johannes (2005): Vom Lehren zum Lernen – hochschuldidaktische Konsequenzen aus dem Bologna-Prozess für Lehre, Studium und Prüfung; Kurzfassung eines Vortrags zur Expertentagung des EWFT »From Teaching to Learning«, Berlin am 17.11.05. Online: http://www.fb12.uni-dortmund.de/dyn/ewft/index.php?module=Pagesetter&tid=20&filter=core.pid:eq:6&showSub=1 (letzter Zugriff: 26.11.2009).
Winter, Felix (2006): Es muss zueinander passen: Lernkultur – Leistungsbewertung – Prüfungen. In: Brunner, Ilse/Häcker, Thomas/Winter, Felix (Hg.): Das Handbuch Portfolioarbeit. Konzepte, Anregungen, Erfahrungen aus Schule und Lehrerbildung. Seelze-Velber: Klett/Kallmeyer, S. 212-217.

Digitale Lernwelten und Lernsoftware: Die ›Designer-Perspektive‹ oder Wie kann man Metaphern mit Leben füllen?

Olaf Schneider und Volker Wittenbröker

Das Lernen mit didaktischen Medien im digitalen Zeitalter soll in *Lernwelten* und *Lernumgebungen* stattfinden. Es soll »eigenaktiv, konstruktiv und kommunikativ« sein (van Lück 1996: 6). So oder ähnlich lauten seit etlichen Jahren die Anforderungen der Fach- und Mediendidaktiker an die Gestalter und an die Gestaltung von Lernsoftware. Auch Rolf Schulmeister plädiert für mehr *offene* Lernumgebungen, die einen Lernanlass oder einen Rahmen für den eigentlichen Lernprozess setzen sollen (Schulmeister 2005: 43). Doch wie sollen die Metaphern der *Lernumgebungen* und *-welten* mit den Konnotationen Offenheit, Weite und Bewegungsfreiheit in kommerzieller Lernsoftware für privates[1] und schulisches Lernen praktisch umgesetzt werden? Was heißt in diesem Kontext eigentlich *eigenaktiv, konstruktiv, kommunikativ und offen?* Diese Anforderungen sind in der Vergangenheit von den Entwicklern von Lernsoftware und deren Auftraggebern entweder weitgehend ignoriert oder höchst unterschiedlich interpretiert worden.

Vor diesem Hintergrund soll ein mediendidaktisches Konzept vorgestellt werden, das an der Universität Bielefeld erdacht und nach seiner Ausgründung 2000 von dem Unternehmen AMMMa AG umgesetzt wurde. Es stellt ebenfalls *eine* Interpretation der anfangs genannten Anforderungen an Lernsoftware und der in diesem Zusammenhang benutzten Metaphern dar. Auf Grundlage dieses Konzepts sind zahlreiche Lernsoftwareprodukte entstanden, mit denen sich heute Schüler/-innen auf das Abitur vorbereiten, medienintegrativer Unterricht durchgeführt wird und mit deren Hilfe Lehrer/-innen ihren Unterricht gestalten.[2]

---

1 Privates Lernen im Sinne von nach- und vorbereitendem Lernen für die Schule und insbesondere für Prüfungen wurde lange Zeit mit dem Schlagwort ›Nachmittagsmarkt‹ bezeichnet.

2 Beispielsweise mit den CD-ROMs ›Texte.Medien – Literatur des 20. Jahrhunderts. SELGO – Deutsch‹, ›Texte, Themen und Strukturen interaktiv‹, ›Linder Biologie Abitur- und Klausurtrainer‹, ›Elemente der Mathematik – Abitur- und Klausurtrainer‹, ›The New Summit – Abitur- und Klausurtrainer‹, ›Praxis Geographie 1 – Interaktive Unterrichtsvorbereitung‹, ›Seydlitz Geo-

Selbstverständlich muss jedes Lernsoftwareprodukt an die jeweilige Zielgruppe und den spezifischen Einsatzzweck angepasst werden. Dies schließt aber nicht aus, dass all diese Produkte – so unterschiedlich sie auch sein mögen – auf *ein* umfassendes grundlegendes Konzept zurückzuführen sind. Dies im Kontext der ›Lernsoftware-Landschaft‹[3] herauszuarbeiten und anschaulich zu belegen, ist Ziel dieser Veröffentlichung.

Zunächst wird daher ein kurzer Überblick über die kommerzielle Lernsoftwareentwicklung der letzen zwei Jahrzehnte gegeben. Berücksichtigt werden dabei auch ökonomische Hintergründe, soweit sie Implikationen auf die Realisierung von Lernsoftware bzw. didaktischen Modellen in Lernsoftware hatten und haben. Mit anderen Worten: Es soll auch um die Produktionsbedingungen von Lernsoftware gehen, und ebenso soll das eigene *Handeln* im Bereich der Lernsoftwareerstellung hinterfragt werden.

Lernsoftwareentwicklung: Zwei fragwürdige Strategien

Hinter jedem Autorenwerkzeug zur Erstellung von Lernsoftware stehen lerntheoretische Annahmen und ein didaktisches Konzept, wie die Aneignung von Wissen durch das Zusammenspiel von Lernobjekten, Nutzerführung und Handlungsoptionen der Lernenden funktioniert. Ein Blick auf den gegenwärtigen Lernsoftwaremarkt zeigt, dass ein Großteil der produzierten Lernprogramme noch immer im Spannungsfeld zwischen drillartigen Frage-und-Antwort-Programmen und hochanimierten Computerspielewelten steht.

Betrachtet man die Entwicklung der ›Lernsoftware-Landschaft‹ in den letzten zwei Jahrzehnten, wird deutlich, dass die Bildungsmedienverlage bei der Produktion von Lernsoftware vorwiegend in zwei unterschiedliche Strategien investiert haben. Der am häufigsten beschrittene Weg kann grob als Neuauflage des programmierten Unterrichts der 1960er-Jahre beschrieben werden. Bei dem meist als *Drill & Practice* bezeichneten Konzept werden linear-sequenzielle Informationseinheiten mit zahlreichen Übungen verknüpft. Baumgartner und Payr halten den Begriff *Practice* (zu dt. Praxis) in einem erweiterten handlungsorientierten Verständnis als viel zu umfassend für die damit gemeinte Software und schlagen die Bezeichnung *Drill & Test* vor (Baumgartner/Payr 1999: 154). Kri-

graphie 1 – Interaktive Software zur Unterrichtsvorbereitung‹ und ›Kammerlohr interaktiv – Epochen der Kunst‹.

3 Unter der Metapher ›Lernsoftware-Landschaft‹ verstehen wir die Zusammensetzung des Marktes aus den diversen Lernsoftwareprodukten von einem bestimmten Zeitpunkt in der Vergangenheit bis heute. Der Begriff betont die Diversität von Softwareprodukten und wird häufig im englischsprachigen Raum in Übersichtsstudien verwendet.

tischere Stimmen sprechen auch von *Drill & Kill* und meinen damit missbilligend die »notdürftige Verpackung von phantasielosen Datenbanken in alberne Spiele« (vgl. Elling 1995; Krauthausen/Scherer 2001; Rüschoff/Wolff 1998). Es scheint für die Gestalter von Lernsoftware nicht leicht zu sein, auf das Primat der Instruktion zu verzichten und eben nicht eine Neuauflage des programmierten Unterrichts der 1960er-Jahre mit Neuen Medien aufzuführen. Über 40 Jahre später wird die heutige Lernsoftware-Landschaft immer noch dominiert von linear-sequenziellen, drillartigen Frage-und-Antwort-Programmen, die darauf abzielen, analog den instruktionalen *Teacher/Learner*-Modellen eine Zielrealität auf die Lernenden quasi zu kopieren. Die Interaktionsformen, die mit dem Begriff *Drill* verbunden sind, ließen und lassen sich programmtechnisch besonders leicht (und kostengünstig) realisieren (Baumgartner/Payr 1999: 155).

Durch derartig gestaltete Software werden Lernchancen durch eigenaktive, relativ freie Problemlösungsmöglichkeiten mithilfe geeigneter Werkzeuge geradezu verhindert (Schneider/Berghoff 2000: 54). Rolf Schulmeister bringt das Dilemma dieses Ansatzes auf den Punkt: »Lernende haben deshalb häufig das Gefühl, in einer Zwangsjacke zu stecken, weil durch die strikt sequentielle Anordnung subjektive Assoziationen behindert, vorauseilende Gedanken zwecklos, Gedanken zum Ziel des Ganzen indirekt untersagt und Schlussfolgerungen, die auf das Ende einer Problemstellung hinzielen, schlicht abgebogen werden« (Schulmeister 2007: 101).

Die *Drill & Test*-Strategie führte zur Entwicklung von Autorenwerkzeugen, deren hauptsächliche Stärke in der (möglichst automatisierten) schnellen und variantenreichen Erstellung von Übungen und Feedbackformen liegt: Dabei ›überprüft‹ das Programm die Ergebnisse der Übungen ›computergerecht‹ auf eine mathematisch-logische Weise. Damit war der Einsatzzweck der Übungen eindeutig auf zielgerichtetes Funktionstraining in hochformalisierten Kontexten, Überprüfung von Faktenwissen und Training zum Ausgleich von Kenntnisdefiziten festgelegt. Heute noch machen Produkte, die mit solchen Übungsgeneratoren erstellt wurden, einen Großteil der am Markt verfügbaren Software für schulbezogenes und privates Lernen aus. In den letzten 10 Jahren ist überdies die Diskussion über solche Software-Modelle durch Standardisierungsprozesse und Lernmetadaten wie z.B. *SCORM* (Sharable Content Object Reference Model) bestimmt. Die z.T. sehr technizistisch geführte Diskussion über Lernmetadaten lässt didaktische Belange paradoxerweise häufig in den Hintergrund treten und thematisiert nur selten ihre Herkunft aus dem militärischen Bereich und der Luftfahrtindustrie. Die mit solchen Metadatensystemen angestrebte Austauschbarkeit und Wiederverwendbarkeit von Lernobjekten ist unserer Meinung nach größtenteils unter Vermarktungsgesichtspunkten und -erwartungen zu sehen, die sich bisher aber nicht erfüllt haben.

Als eine der wichtigsten Aufgaben des Bildungssystems im Allgemeinen und von Schule im Besonderen gilt zunehmend die Förderung von eigenaktiven Lernformen, in deren Rahmen die Lerner unter Betreuung durch Lehrer/-innen weitgehend selbst für ihren Lernprozess und auch für ihren Lernerfolg verantwortlich sind. Begriffe wie selbstreguliertes, selbstgesteuertes, selbstorganisiertes, selbstinitiiertes, selbsttätiges, selbstbestimmtes, selbstkontrolliertes, autonomes, autodidaktisches, eigenverantwortliches, eigenständiges oder offenes Lernen kennzeichnen die lange noch nicht abgeschlossene Diskussion um diese ›Selbst-Tu-Didaktik‹ (Berghoff 2008).

Mit der zunehmenden Bedeutung und finanziellen Förderung der verschiedenen Formen des selbstständigen Lernens, beispielsweise durch das BMBF-Programm »Neue Medien in der Bildung« (z.B. mit dem Projekt SELGO: Selbstständiges Lernen in der gymnasialen Oberstufe), wurde es jedoch immer schwieriger, mit den vorhandenen Übungsgeneratoren die Anforderungen adäquater Lernformen zu verwirklichen: Diese Programme hatten die ›Faktoren‹ Selbstständigkeit und freies Handeln in ihrer grundlegenden Konzeption nicht berücksichtigt. Um die konzeptionellen Mängel der Übungsgeneratoren in Bezug auf Didaktik, Lernmotivation und Handlungsorientierung zu kompensieren, wurden so erstellte Programme häufig auf ›Hochglanz getrimmt‹, ›hoch-animiert‹ oder mit ›Belohnungs-Spielen‹ versehen. Diese Kompensationen, vor allem im Bereich der Animation, machten – und machen noch heute – einen Großteil der Entwicklungsbudgets von Lernsoftware aus. Dass dies häufig nur noch wenig mit den eigentlichen didaktischen Prozessen zu tun hat, wurde als Anpassung an einen allgemeinen *modischen Trend* von den Bildungsmedienverlagen und den öffentlichen Geldgebern leider viel zu lange akzeptiert.

Verschärfend kommt hinzu, dass *Drill & Test*-Programme lange Zeit mangels Alternativen als ›Unterrichtssoftware‹ etikettiert wurden, obwohl sie für den Unterrichtseinsatz ganz und gar nicht geeignet sind. Diese zumeist von den Marketing-Abteilungen forcierte Strategie, es mit der Etikettierung von Lernsoftware nicht so genau zu nehmen, um zumindest die Entwicklungskosten über Einnahmen zu decken, dürfte der allgemeinen Akzeptanz von Softwarekauf und -einsatz bei Lehrer/-innen (trotz anfänglicher Euphorie) nachhaltig geschadet haben. Ein gutes Beispiel für diese Vorgehensweise ist der inflationäre, unreflektierte Gebrauch des Begriffs *interaktiv* zu Werbezwecken, den Riehm und Wingert schon vor über zehn Jahren kritisiert haben (Riehm/Wingert 1995). Selbst Büchern beigelegte CD-ROMs mit PDF-Arbeitsblättern werden heute als *inter-*

aktive CD-ROM betitelt. Es wird interessant sein, welche Software-Produkte in Kürze mit dem Zusatz *Whiteboard optimiert*, *Whiteboard zertifiziert* oder *Whiteboard friendly* unverändert neu aufgelegt werden, nur weil die entsprechende Hardware (z.B. ActiveBoards, Smartboards) von den Schulen im Rahmen von Förderprogrammen angeschafft werden konnte.

Eine andere Interpretation der eingangs vorgestellten Forderungen der Didaktik führte unter dem Label *Edutainment* in Richtung von 3-D-Lernprogrammen. *Lernwelten* und *-umgebungen* sind Metaphern, die dreidimensionale begehbare Welten suggerieren. Diese *3-D-Lern- und Spielewelten,* deren Vorbilder im Bereich der kommerziellen Computerspiele (3-D-Adventures, 3-D-Ego-Shooter, Rollen-, Aufbau- und Simulationsspiele) lagen, versprachen auf den ersten unkritischen Blick eine hohe Motivierung der Lernenden.

Schaut man sich den rasant wachsenden Markt der Computerspiele der letzten zehn Jahre an, so treten schnell die wesentlichen Unterschiede zu den 3-D-Lernprogrammen der Bildungsmedienverlage hervor. Die Entwicklungsetats von Computerspielen übersteigen inzwischen die Produktionskosten großer Hollywood-Filme. Im Zuge eines *cross media-Marketing* wachsen Film, Buch, Computerspiele und Musik zusammen und können global vermarktet werden. Im Gegensatz zu Lernmedien, die in Deutschland häufig auf spezielle Anforderungen einzelner Bundesländer zugeschnitten werden müssen, lassen sich Computerspiele leicht an lokale Besonderheiten anpassen und so weltweit verkaufen.

Mit steigenden Entwicklungsetats für Computerspiele steigt die Qualität der Spiele in Bezug auf Unterhaltungswert, Geschwindigkeit, Spieltiefe, Animation und Grafik. Begleitet von schnellerer Hardware werden Computerspiele immer stärker fotorealistisch und bedienen so die (selbst) gesteigerten Ansprüche der Nutzer.

Da 3-D-Lernprogramme und Computerspiele die gleiche Metapher (3-D-Welt) benutzen, konkurrieren ihre grafischen Benutzeroberflächen (GUI) direkt miteinander. Aus diesem Grund hatten die *Edutainment*-Spielewelten der Bildungsmedienverlage nie eine wirkliche Chance, den Ansprüchen der Schüler/-innen zu genügen und somit von ihnen ernst genommen zu werden.

Betrachtet man neben den finanziellen Rahmenbedingungen auch das Spielprinzip von 3-D-Welten im Kontext von Lernen, werden zusätzlich methodische Schwächen von *Edutainment-Spielewelten* sichtbar. Das Spielprinzip der 3-D-Welten lebt davon, dass ›Werkzeuge‹ und Informationen, die man zur Lösung von Problemen (Aufgaben) an einer bestimmten Stelle benötigt, in der virtuellen Welt verteilt bzw. versteckt sind. Diese Werkzeuge bzw. Informationen müssen – meist mit sehr hohem Zeitaufwand und komplexen Orientierungs- und Navigationsleistungen – gefunden und an den richtigen Ort transportiert werden, wo die Aufgabe nach dem Schlüssel-Schloss-Prinzip gelöst werden kann. Beim Lernen wünscht man sich hingegen eine bestmögliche Verfügbarkeit der Lernwerkzeuge. Die Aufgaben und Lernziele der meisten 3-D-Lernwelten sind im Vergleich zu diesem hohen Zeitaufwand der Informationsbeschaffung und den damit einhergehenden aufwendigen Navigationsleistungen häufig trivial.

Hier zeigt sich auch die Schwäche der unreflektiert übernommenen Metaphern der 3-D-Welten, die das gleichzeitige Vergleichen von ›entfernten‹ Gegenständen/Informationen nicht erlauben und somit auch eine grundlegende komparatistische Herangehensweise verhindern. Ted Nelson, der 1963 den Begriff ›Hypertext‹ (Nelson 1965) prägte, bringt das Problem der Übernahme von lebensweltlichen Metaphern in Softwarekonzepte auf den Punkt: »The metaphor becomes a dead weight. Once the metaphor is instituted, every related function has become a part of it (…). The problem is (…) that slavish adherence to a metaphor prevents the emergence of things that are genuinely new« (Nelson 1990: 237).

Offene Lernumgebungen: Handeln mit Text, Bild und Film

Mit dem nachfolgend beschriebenen mediendidaktischen Konzept wurde versucht, die anfangs formulierten Forderungen der Fach- und Mediendidaktiken durch die Eröffnung weitreichender Handlungsmöglichkeiten zu erfüllen.

Die didaktische Interaktion der Lernenden mit vielfältigen Lernobjekten wird als Gegenentwurf zu Lernprogrammkonzepten gesehen, bei denen die Handlungsimpulse in erster Linie durch das Beschreiten vorgegebener Wege, vorbereiteter Handlungen sowie kostenintensive, didaktisch aber häufig fragwürdige Animationen gesetzt werden.

Grundlage dieses Konzepts, das einen handlungs- und produktionsorientierten Zugang zu unterschiedlichen Lernszenarien ermöglicht, sind frei bewegliche, kombinierbare und editierbarere Boxen (so genannte *»didaktische Textboxen«*), in denen die Inhalte der Lernumgebung direkt auf der Arbeitsfläche erscheinen (Schneider/Berghoff 2000: 55). Dabei ist die Möglichkeit der freien Bewegung von Medienobjekten mitsamt den daraus resultierenden Gestaltungs- und Handlungsoptionen ein konstitutives Schlüsselelement des Konzepts. Die nach diesem Konzept erstellten Lernumgebungen eröffnen auf hypertextuell strukturierten Arbeitsflächen (so genannten ›Arrangements‹) und in Kursstrukturen vielfältige Handlungsmöglichkeiten mit den jeweiligen Lernobjekten. Statt auf Instruktion setzt das Konzept dabei auf die konstruktiven Kompetenzen der

Lernenden, auf selbstbestimmtes Entwerfen von Lösungswegen und eigenständiges Handeln.

Die Lernumgebungen sind hypertextuell konstruiert, haben aber die besondere Eigenschaft, dass *Links* grundsätzlich nicht von der aktuellen Seite wegführen (wie überwiegend im *World Wide Web*), sondern dass die mit diesen Links aufgerufenen Informationseinheiten (in der Hypertextterminologie *nodes* zu dt. Knoten) zusätzlich auf die aktuelle Seite geladen werden. Wir sprechen in diesem Zusammenhang von einem »kumulativen Hypertext«: ein Prinzip, das die kreativ-produktiven Möglichkeiten des Vergleichens und Gegenüberstellens von medialen Elementen betont, die viele Lernprogramme durch eine an das Buch angelehnte Seitenkonstruktion oder eine streng ausgelegte 3-D-Welt-Metapher (vgl. Nelson 1990) nicht ermöglichen.

Das hypertextuelle Element der Lernumgebung wird um eine räumliche Komponente ergänzt, indem die Links Informationen enthalten (können), an welcher Stelle der Arbeitsfläche ein Hypertextknoten erscheint. Diese Verortung von medialen Elementen auf der Arbeitsfläche spielt besonders bei ästhetischen Inszenierungen und im Ästhetischen Lernen eine wichtige Rolle (Schneider 2001: 216).

Den Lernumgebungen ist grundsätzlich ein ›anti-autoritäres‹ Element eigen, das es den Lernenden erlaubt, die multimedialen Gestaltungen der Softwareautoren wieder zu dekonstruieren. Dieses anti-autoritäre Element ist in nicht-kommerziellen Produkten wie z.B. ›Themenpark Landschaft und Heimat‹ & ›Themenpark Ernährung‹ (kostenlos erhältlich unter www.themenpark-nachhaltig keit.de) naturgemäß deutlicher ausgeprägt als z.B. in Softwareprodukten zur Prüfungsvorbereitung.

Die Anforderung, kommunikative Lernumgebungen zu entwickeln, wird nicht als technische, sondern als didaktische Anforderung gesehen. Lernszenarien sollten so ergebnisoffen strukturiert sein, dass sie eine didaktisch sinnvolle Kommunikation über die Ergebnisse des Lernprozesses zulassen. So wird Differenz in der Ergebnispräsentation dann auch zum alternativen, qualitativ höheren Wert zu dem lange und immer noch vorhandenen Richtig/Falsch-Feedback-Paradigma in herkömmlichen *Drill & Test*-Lernprogrammen.

Alle im Folgenden kurz vorgestellten Lernumgebungen ermöglichen die Arbeit mit den Medien Text, Bild, Audio und Film, setzen aber jeweils (fachlich bedingt) unterschiedliche Schwerpunkte.

Handeln mit Texten

Ausgangspunkt der Entwicklung des mediendidaktischen Konzepts war das internetbasierte Projekt TIDE (Texte in digitalen Erfahrungsräumen, s. Abb. 1), das 1998 bis 1999 an der Universität Bielefeld am Lehrstuhl für ›Deutsche Sprache und Literatur und ihre Didaktik‹ durchgeführt wurde (Schneider 2001). Literarische Texte wurden zu diesem Zeitpunkt am wenigsten mit dem Schlagwörtern ›Multimedia‹ und ›Interaktivität‹ in Verbindung gebracht und in entsprechenden Lernprogrammen hauptsächlich in datenbankartigen Strukturen angeboten. Ziel des Projektes war daher u.a., die Entwicklung von Konzepten und Werkzeugen für handlungs- und produktionsorientierte Zugänge zu literarischen Texten in Digitalmedien. Viele der Interaktionsformen der späteren kommerziellen Produkte sind bereits in TIDE erkennbar. In der AMMMa AG wurde das Konzept unter dem Namen ›LearnWeb‹ weiterentwickelt und auf Basis einer neuen technischen Plattform professionell umgesetzt.

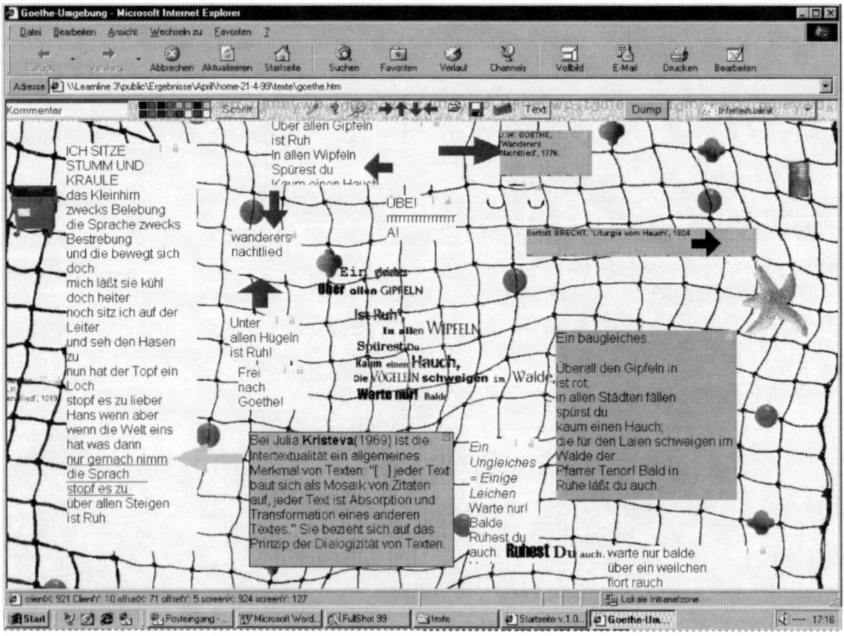

Abbildung 1: Räumliche Nähe steht für Zusammenhang: Die Goethe-Umgebung in TIDE ermöglicht es den Lernenden, sich dem Phänomen *Intertextualität* explorativ und produktiv anzunähern.

2001 konnte das mediendidaktische Konzept im Rahmen der Entwicklung des Produkts ›Texte.Medien – Literatur des 20. Jahrhunderts‹ (Schroedel Verlag 2001) weiterentwickelt und die technische Grundlage ausgebaut werden. In ›Texte.Medien‹ finden sich neben einer umfangreichen Textsammlung zur Literatur des 20. Jahrhunderts auch Bilder, Audio- und Videodateien. Der Schwerpunkt der Interaktionsformen war jedoch auf handelnden Umgang mit Text abgestimmt. ›Texte.Medien‹ ist daher nicht nur Materialsammlung, sondern vor allem ein Werkzeug – ganz im Sinne von ›empowering tools‹ (Hughes 2007: 103) –, das sowohl analytische als auch produktive Verfahren ermöglicht, und mit dem die Lernenden literarische Texte vielfältig bearbeiten und in Beziehung setzen können. So schreibt Barsch:

> »Mit Interaktivität, digitaler Lernumgebung, situativem und explorativem Lernen sind zentrale Aspekte von Texte.Medien charakterisiert (...). Das Konzept von Texte.Medien basiert nicht auf Instruktionen oder Abfragen wie bei drill-and-practice-Programmen. Es setzt fundamental auf die Eigenaktivität der Nutzer. Es wird eine offene Lernumgebung bereit gestellt, begleitet von Arbeitsanregungen mit dem Ziel des explorativen Lernens« (Barsch 2006: 212f.).

Eine weitere wichtige Eigenschaft der Lernumgebung ist ihre Offenheit für eigene Medienelemente der Lernenden. Weitgehende Annotations- und Editiermöglichkeiten ermöglichen es den Lernenden, die Lernumgebung als Autoren zu bearbeiten, zu verändern und zu erweitern. Dadurch bietet sich den Lernenden die grundlegende Chance, auf multimediale Daten zu reagieren und sich maximal in die Lernumgebung ›einzubringen‹. »Je stärker Lernende sich in Lernanwendungen ›einbringen‹ können, desto attraktiver wird die Anwendung und motiviert auch zum Lernen. Interaktivität kann dabei verschiedenes heißen, wie etwa Anmerkungen und Kommentare einfügen, Texte schreiben oder auswählen zu können« (Aufenanger 1999: 5).

Die Offenheit von ›Texte.Medien‹ für unterschiedliche Medien und die Möglichkeit, diese collageartig anzuordnen, erlauben und motivieren gerade auch die Herstellung intermedialer Bezüge (s. Abb. 2 und 3). Frederking (2005: 189) spricht in diesem Zusammenhang von ›Symmedialität‹ und schreibt mit Bezug auf ›Texte.Medien‹: »In einer solchen interaktiven Lernumgebung können nach dem Prinzip des symmedialen Erfahrungs- und Handlungsraumes (...) in idealtypischer Weise Text-, Bild-, Ton- und Filmdokumente miteinander kombiniert

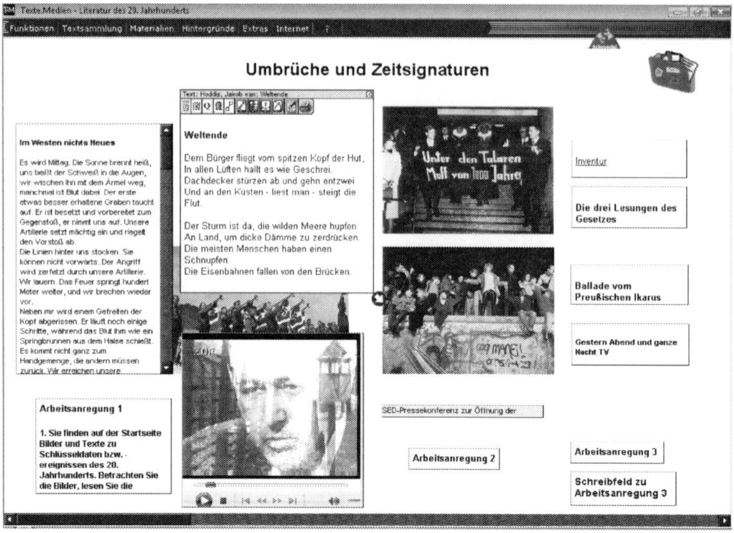

Abbildung 2: Rezeptions-, Assoziations-, Produktions- und Präsentationsfläche: Die Textbühne von ›Texte.Medien‹ ermöglicht den Lernenden ,die Medienobjekte frei anzuordnen und in Beziehung zu setzen.

Abbildung 3: Handeln mit Text vor Hintergrundbildern: Intermediale Bezüge in ›Texte.Medien‹ schaffen neuartige Assoziationen.

und analytisch-diskursiv wie handelnd-produktiv bearbeitet werden« (Frederking/Krommer/Maiwald 2008: 263).

Stand bei Texte.Medien das explorative Lernen und die freie produktive Auseinandersetzung mit literarischen Texten im Vordergrund, so wurden mit ›SELGO Deutsch‹ bzw. dem lehrwerksangebundenen ›Texte, Themen und Strukturen interaktiv‹ die Möglichkeiten der Kursstruktur erweitert – und gleichzeitig auch derart ›eingeschränkt‹ – dass das selbstständige Vertiefen und Wiederholen von Fachbegriffen und Methoden sowie die selbstständige Erarbeitung einer SII-Deutschklausur möglich wurden (s. Abb. 4).

Berghoff beschreibt die Balance zwischen Offenheit und handlungsleitenden Elementen der Lernumgebung so: »Die Lern- und Arbeitsumgebung *Texte, Themen und Strukturen interaktiv* verbindet kursorientiertes und selbstständiges Lernen durch die Kombination von angeleitetem Lernen am Modell und die gleichzeitige Eröffnung von hohen Freiheitsgraden. Die Lerner werden zu jeder Zeit zu eigenständigem Denken und Handeln ermuntert und mit abgestuften Hilfsangeboten bei ihrer Arbeit unterstützt« (Berghoff 2005: 60).

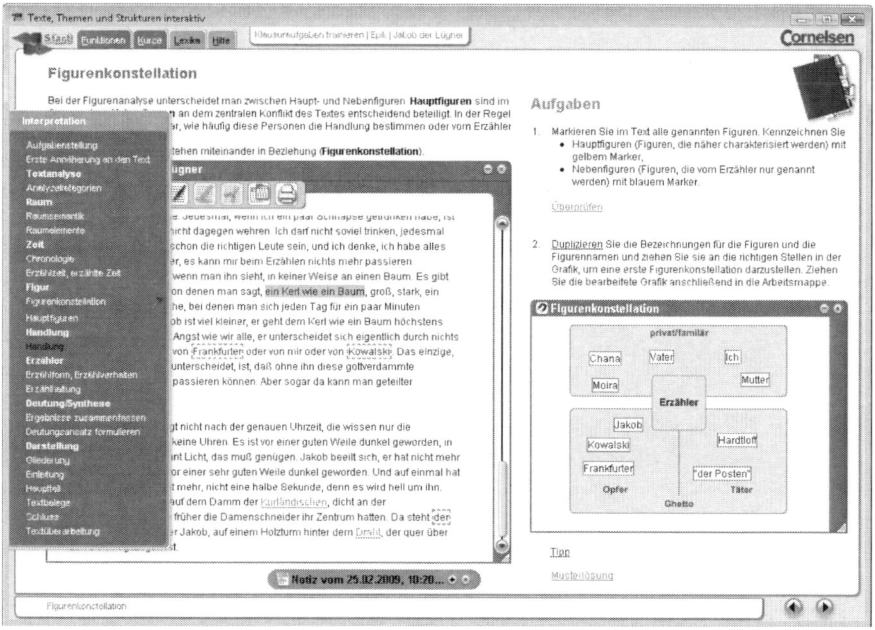

Abbildung 4: Lernen am Modell: ›Texte, Themen und Strukturen interaktiv‹ ermöglicht angeleitetes Methodenlernen wie z.B. die Erstellung eines Interpretationsaufsatzes.

Die Lernumgebungen von ›Mediendidaktik Deutsch‹ sind als Online-Seminar im Rahmen der »Virtuellen Hochschule Bayern« konzipiert. Sie sollen Lehramtsstudierende in die literarische, sprachliche und ästhetische Bildung im medialen Wandel einführen. Die Lernumgebungen setzen nach Frederking inhaltlich und im didaktischen Interaktionsdesign einen Schwerpunkt auf symmediale Bezüge (s. Abb. 5). Er meint damit »kein beliebiges Nebeneinander printmedialer, analoger oder digitaler Medien (…), sondern das sinnvolle, durch einen didaktischen Mehrwert spezifizierte Aufeinanderbezogensein ›alter‹ wie ›neuer‹ Medien im Unterrichtsprozess« (Frederking 2005: 192).

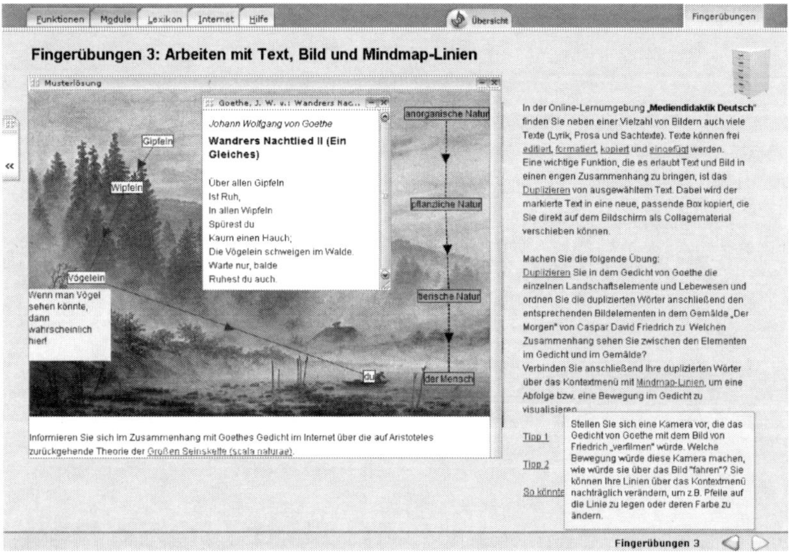

Abbildung 5: Symmediale Bezüge herstellen in der Lernumgebung ›Mediendidaktik Deutsch‹.

Handeln mit Bildern

Die Lernumgebung ›Kammerlohr interaktiv – Epochen der Kunst‹ unterstützt in besonderer Weise den handelnden Umgang mit Bildern und das Herstellen kunstgeschichtlicher Bezüge. Schüler sollen über didaktisch reduzierte Bildanalyse-Werkzeuge zur Eigenaktivität und zum explorativen Lernen angeregt werden. Wir verstehen ›Kammerlohr interaktiv‹ mit seinem ausgeprägten Werkzeugcharakter als einen Gegenentwurf zu gängigen Lernprogrammen im Fach Kunst bzw. Kunstgeschichte, die häufig als minimal-interaktive Diashows mit einer autoritären Stimme aus dem *Off* die Passivität der User zum Prinzip erheben.

Das der Lernumgebung zugrunde liegende mediendidaktische Konzept wurde um bildspezifische Arbeitsweisen erweitert. So ermöglicht z.B. die Funktion *›Visuelles Zitieren‹*, ein beliebiges Bildelement aus einer visuellen Quelle in Form eines Screenshots zu zitieren, der unmittelbar auf der Arbeitsoberfläche als Collage-Material (mit Quellenangabe) erscheint und sich mit den Funktionen des Programms weiter bearbeiten lässt (s. Abb. 6).

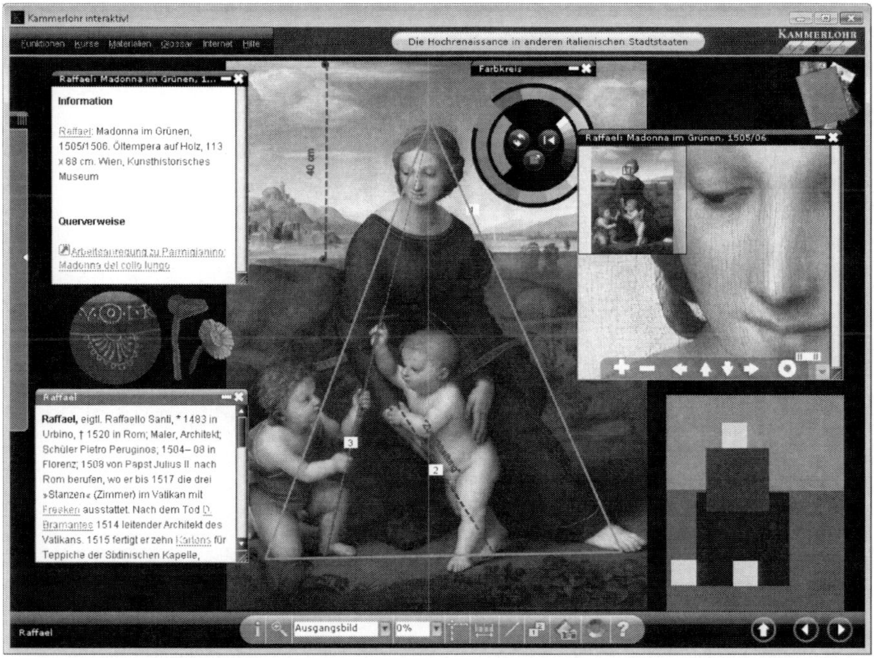

Abbildung 6: Schule des Sehens: Die Wahrnehmung und Analyse von Bildern in ›Kammerlohr interaktiv‹ wird z.B. unterstützt durch Hilfslinien, Filtereffekte, Lupen-, Farbkreis-, und Screenshotwerkzeug.

Handeln mit Bewegtbildern (Film und Clips)

Auch im handelnden Umgang mit Filmen und Clips steht ein hohes Maß an Eigenaktivität und Gestaltungsmöglichkeiten der Lernenden im Vordergrund. Die für den Bereich Film erstellten Lernumgebungen sollen eine handlungsorientierte Alternative zu reinen *Filmvorführungen* und *-besprechungen* bieten.

Statt einen linearen Wissensdiskurs vorzugeben, der den Lerner zur Passivität verurteilt, ermöglicht das LearnWeb dem Nutzer, selbstständig verschiedene Filmsequenzen simultan miteinander in Beziehung zu setzten. So ist eine komparatistische Herangehensweise möglich, bei der sich das aktive Nachdenken über Film aus vielfältigen frei gewählten Verknüpfungen von Filmausschnitten ergibt. Die Lernumgebungen ermöglichen so eine »Filmdidaktik ohne die ›wissende‹ Stimme eines Spezialisten, der die Resultate einer Analyse, eines Denkens liefert, dessen Voraussetzungen, Entstehung und Mechanismen die Lernenden nicht kennen« (Bergala 2006: 82).

Einige grundlegende Funktionen der LearnWeb-Lernumgebungen zeigen gerade im Bereich der Filmanalyse ihr didaktisches Potenzial. So ermöglicht eine einfache Funktion wie z.B. das beliebig häufige Kopieren einer Filmsequenz in einer Box das im Unterrichtsalltag mit ›klassischen Medien‹ kaum realisierbare Gegenüberstellen unterschiedlicher Einstellungen und die interaktive Analyse filmsprachlicher Mittel (s. Abb. 7).

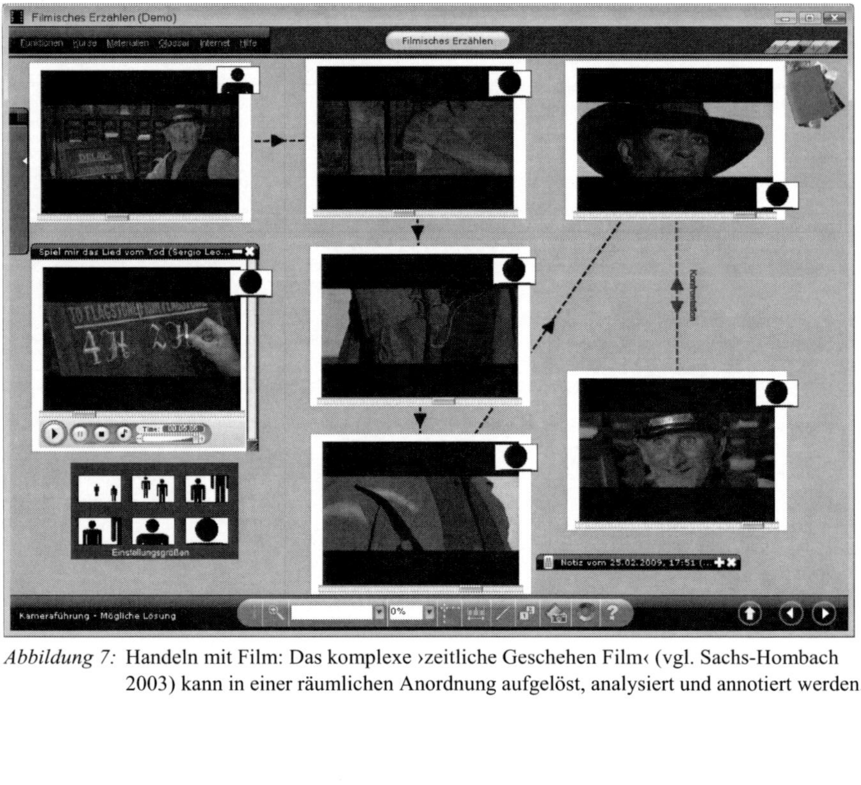

Abbildung 7: Handeln mit Film: Das komplexe ›zeitliche Geschehen Film‹ (vgl. Sachs-Hombach 2003) kann in einer räumlichen Anordnung aufgelöst, analysiert und annotiert werden.

So lassen sich mit diesen Funktionalitäten, wie von dem französischen Filmdidaktiker Alain Bergala gefordert, verschiedene Nutzungs- und Herangehensweisen der in Beziehung gesetzten Filmausschnitte realisieren: spielerisch bis begriffsorientiert, poetisch bis filmsprachlich (Bergala 2006: 84).

In der zukünftigen Weiterentwicklung des Konzepts und der LearnWeb-Software steht die Erweiterung der medienübergreifenden Handlungs- und Interaktionsmöglichkeiten als Vermittlung zwischen analytischen und produktionsorientierten didaktischen Ansätzen im Vordergrund. Eine besondere Herausforderung wird in diesem Zusammenhang sein, den sich aktuell abzeichnenden Veränderungen des Computereinsatzes im Unterricht (Digitale Whiteboards, Touchscreens, alternative Eingabegeräte, Netbooks etc.) didaktisch sinnvoll Rechnung zu tragen.

Literatur

Aufenanger, Stefan (1999): Lernen mit neuen Medien – Was bringt es wirklich? Forschungsergebnisse und Lernphilosophien. In: medien praktisch 99, H. 4, S. 4-8.

Bachmair, Ben/Diepold, Peter/de Witt, Claudia (Hg.) (2005): Jahrbuch Medienpädagogik 4. Wiesbaden: VS.

Barsch, Achim (2006): Mediendidaktik Deutsch. Paderborn: Schöningh.

Baumgartner, Peter/Payr, Sabine (1999). Lernen mit Software. 2. Aufl. Innsbruck: StudienVerlag.

Bergala, Alain (2006): Kino als Kunst. Filmvermittlung an der Schule und anderswo. Marburg: Bundeszentrale für politische Bildung/Schüren.

Berghoff, Matthias (2005): Texte, Themen und Strukturen interaktiv. In: Computer + Unterricht H. 57, S. 60.

Berghoff, Matthias (2008): Reflexion von Fachsprache – ein Unterrichts-vorhaben unter kritischem Einbezug des SelGO-Fachangebots Deutsch zur Förderung selbstständigen Arbeitens in der Jahrgangstufe 11. In: Frederking, Volker/Kepser, Matthis/Rath, Matthias (Hg.): LOG IN! Kreativer Deutschunterricht und Neue Medien. Hartmut Jonas zum 65. Geburtstag. München: kopaed, S. 185-241.

Elling, Barbara (1995): The Stony Brook ›Experiment‹ and How it Grew. In: The CALICO Journal, H. 12, S. 128-136.

Ehrenspeck, Yvonne/Schäffer, Burkhard (Hg.) (2003): Film- und Fotoanalyse in der Erziehungswissenschaft. Ein Handbuch. Opladen: Leske + Budrich.

Frederking, Volker (2005): Symmedialität – mediendidaktisches Theorem und Entwicklungsprinzip im E-Learning-Bereich. In: Kleber, Hubert (2005), S. 187-203.

Frederking, Volker/Krommer, Axel/Maiwald, Klaus (2008): Mediendidaktik Deutsch. Eine Einführung. Berlin: Erich Schmidt.

Hughes, Bob (2007): Dust or Magic. Creative work in the digital age. Bristol: Bosko Books.

Kleber, Hubert (Hg.) (2005): Perspektiven der Medienpädagogik in Wissenschaft und Bildungspraxis. München: kopaed.

Krauthausen, Günter/Scherer, Petra (2001): Einführung in die Mathematikdidaktik. Heidelberg/Berlin: Spektrum Akademischer Verlag.
Laurel, Brenda (Hg.) (1990): The Art of human-computer interface design. Reading: Addison-Wesley.
Nelson, Theodor H. (1965): Complex information processing: a file structure for the complex, the changing and the indeterminate. ACM/CSC-ER Proceedings of the 1965 20th national conference. New York: ACM Press, S. 84-100.
Nelson, Theodor H. (1990): The Right Way to Think about Software Design. In: Laurel, B. (1990), S. 235-244.
Riehm, Ulrich/Wingert, Bernd (1995): Multimedia. Mythen, Chancen und Herausforderungen. Mannheim: Bollmann.
Rüschoff, Bernd/Wolff, Dieter (1998): Fremdsprachenlernen in der Wissensgesellschaft: Zum Einsatz der Neuen Technologien in Schule und Unterricht. München: Hueber.
Sachs-Hombach, Klaus (2003): Vom Bild zum Film. Zur begrifflichen Analyse wahrnehmungsnaher Kommunikationsformen. In: Ehrenspeck/Schäffer (2003), S. 121-134.
Schneider, Olaf (2001): Texte in digitalen Erfahrungsräumen. TIDE – Ein Projekt zur Erstellung internetbasierter Lernsoftware. In: Wermke (2001), S. 191-217.
Schneider, Olaf/Berghoff, Matthias (2000): Texte in digitalen Erfahrungsräumen. Zur Konzeption einer eigenaktiven, konstruktiven und kommunikativen Lernumgebung im Internet. In: Computer und Unterricht, H. 39, S. 54-57.
Schulmeister, Rolf (2005): Plädoyer für Offene Lernumgebungen. In: Bachmair/Diepold/de Witt (2005), S. 43-53.
Schulmeister, Rolf (2007): Grundlagen hypermedialer Lernsysteme. Theorie – Didaktik – Design. 4. aktualisierte Auflage. München/Wien: Oldenbourg.
van Lück, Willi (1996): Verändertes Lernen: eigenaktiv, konstruktiv und kommunikativ. In: Computer + Unterricht, H. 23, S. 5-9.
Wermke, Jutta (Hg.) (2001): Hören und Sehen. Beiträge zu Medien- und Ästhetischer Erziehung. 1. Auflage. München: kopaed.

Bildnachweis (Screenshots der besprochenen Softwareprodukte)

Filmisches Erzählen – Demoversion (AMMMa AG 2008).
Kammerlohr interaktiv! 3 – Von der Frührenaissance zum Rokoko (Oldenbourg Schulbuchverlag GmbH und Bayerischer Schulbuch Verlag GmbH 2008).
MEDIENDIDAKTIK DEUTSCH. Einführung in literarische, sprachliche und ästhetische Bildung im medialen Wandel (Universität Erlangen-Nürnberg, Lehrstuhl für Didaktik der deutschen Sprache und Literatur, Prof. Dr. Volker Frederking 2007, 2008).
Texte.Medien – Literatur des 20. Jahrhunderts. Ein multimediales Zusatzangebot. CD-ROM (Bildungshaus Schulbuchverlage Westermann Schroedel Diesterweg Schöningh Winklers GmbH 2001).
Texte, Themen und Strukturen interaktiv – Literatur und Gattungen. CD-ROM (Cornelsen Verlag GmbH 2005).
TIDE: Texte in digitalen Erfahrungsräumen (Universität Bielefeld, Fakultät für Linguistik und Literaturwissenschaft Lehrstuhl für Deutsche Sprache und Literatur und ihre Didaktik 1999).

IV. Ausblick

Digitale Lernwelten: Annäherungen an die Zukunft. Eine Diskussion

Rolf Arnold und Gabi Reinmann

Rolf Arnold und Gabi Reinmann diskutieren fünf Fragen, die ihnen die Herausgeber dieses Bandes vorgelegt haben: Zur zukünftigen Erschließung digitaler Welten für Lehr-Lernprozesse in unterschiedlichen pädagogischen Feldern, zum Verhältnis von digitalen und analogen Lernformen, zur Frage einer zunehmenden Verschmelzung von Offline-Welt und Online-Welt, zur Gefahr einer neuen Bildungsungleichheit durch die verstärkte Nutzbarmachung digitaler Lernwelten sowie – vor dem Hintergrund des Lernens mit Web 2.0-Technologien und des mobilen Lernens: Welches sind die zukünftigen Kompetenzen der Subjekte, die es mithilfe professionellen pädagogischen Handelns zu fördern gilt? Dadurch wird im Rückblick auf die bisherige Entwicklung des Lernens und Lehrens mit digitalen Medien eine Abschätzung für die Zukunft angestrebt.

1. Frage: Digitale Welten haben sich in den letzten Jahrzehnten rasant entwickelt. Zunehmend werden deren Zukunftspotenziale thematisiert. Wie stellen Sie sich deren Erschließung für Lehr-Lernprozesse in den nächsten zehn Jahren vor? Werden die digitalen Welten in den jeweiligen pädagogischen Feldern unterschiedlich schnell und intensiv fruchtbar gemacht werden?

Reinmann: Es stellt sich hier für mich zunächst die Frage, was genau man unter »digitalen Welten« einerseits und »pädagogischen Feldern« andererseits versteht. Grob vereinfacht schlage ich vor, eigenständige und in sich abgeschlossene digitale Welten wie z.B. Second Life (digitale *Welt)* von digital unterstützen

Prozessen in der realen Welt *(digital unterstütze* Welt) zu unterscheiden. Zudem kann man pädagogische Felder in Bildungsinstitutionen wie Schule, Hochschule und Berufsbildung (also institutionalisiertes Lernen), die immer auch fremdorganisiert sind, von solchen trennen, die selbstorganisiert funktionieren und vorzugsweise im Alltag entstehen (also informelles Lernen). Erst in der Kombination dieser beiden Dimensionen zu einer Vier-Felder-Matrix lässt sich meiner Einschätzung nach die Frage sinnvoll beantworten: (a) Versuche, eigenständige digitale Welten für das institutionalisierte Lernen zu schaffen, sind meines Wissens bis dato stets gescheitert, und ich gehe davon aus, dass hier auch in Zukunft keine großartigen Innovationen zu erwarten sind. Dafür fehlen mir auch überzeugende pädagogische Argumente. (b) Eigenständige digitale Welten für das informelle Lernen dagegen sind bereits existent: Weil sich z.B. für den Unterhaltungsbereich die dazu erforderlichen hohen Investitionen auszahlen, gibt es entsprechende Angebote für prinzipiell auch bildungsrelevante Domänen, die außerhalb der Bildungsinstitutionen auf breites Interesse stoßen. (c) Ebenfalls gängig sind für das informelle Lernen digital unterstützte Welten: Wikipedia, Google Earth, Online-Wörterbücher, Expertenblogs und andere Anwendungen und Dienste werden genutzt, um Informationen einzuholen und für sich zu lernen, was einen interessiert. (d) Die Herausforderung für uns als Bildungswissenschaftler wird darin bestehen, diese Dienste und Anwendungen in Verbindung mit sinnvollen didaktischen Szenarien auch für das institutionalisierte Lernen fruchtbar zu machen, also digital unterstützte Welten in Bildungsinstitutionen zu verankern. Hier sind den zahlreichen Konzepten und Projekten noch keine flächendeckenden Veränderungen gefolgt. Ob genau das allerdings tatsächlich für die nächsten *zehn Jahre* gilt, das kann heute angesichts der Dynamik auf diesem Feld wohl niemand genau sagen.

Arnold: Nun, ich bin zwar kein Prophet, doch ist schon jetzt beobachtbar, dass die Bildungsinstitutionen sich zu öffnen beginnen und dabei in verstärktem Maße die unübersehbaren Vorteile der komfortableren Distribuierung von Wissen nutzen. Dies geschieht noch nicht immer didaktisch wohl begründet, aber immerhin: Es sind Anfänge zu beobachten. Auch die Hochschulen sind in dieser Weise aktiv, wobei sie vereinzelt an den Erfahrungen mit den Fernstudien-Angeboten ansetzen. Was dabei allerdings erst langsam in Bewegung kommt, ist die Verschränkung neuer Selbststudien-Angebote mit tragfähigen didaktischen Konzepten der Kompetenzentwicklung. Bisweilen ist zu beobachten, dass man den alten Wein in neue Schläuche gießt und dadurch die frontalunterrichtliche Lehre gewissermaßen virtuell neu entstehen lässt. Wegweisend finde ich viele Konzepte in den Kontexten der betrieblichen Personalentwicklung bis hin zu den neueren Formen eines E-Coachings. Während die Unternehmen vereinzelt bereits ihr Wissensmanagement und ihre Weiterbildung virtuell auflegen, unterfüttern und neu orientieren – eine spannende Entwicklung, wie ich finde. Der Schulbereich ist demgegenüber unterschiedlich und bundesland- sowie regionenspezifisch »in Bewegung«, was viel mit der Ausstattungsfrage zu tun hat – trotz der lobenswerten Initiative »Schulen ans Netz«. Nach meinem Eindruck setzt man dabei allerdings in zu starkem Maße medienpädagogisch motiviert an und stellt zu wenig die de facto vorhandenen Medienroutinen und -kompetenzen der Schülerinnen und Schüler in Rechnung, die meist mehr Zeit am PC als in der Schule selbst verbringen.

2. Frage: »Je schneller das Neuste zum Alten wird, desto schneller kann Altes wieder zum Neuen werden« (Marquard 2003: 229). Wird Ihrer Ansicht nach die zunehmende Digitalisierung zu einer Renaissance analoger Lernformen führen? Welche werden die zukünftig beständigen Werte der analogen Welt sein?

Reinmann: Die Frage legt eine Pendelbewegung vom Analogen zum Digitalen und wieder zurück zum Analogen nahe. Ich denke nicht, dass es zu einer solchen Pendelbewegung im großen Stil kommen wird. Vielmehr sehen wir ja schon jetzt, dass stattdessen Verschmelzungen analoger und digitaler Medien und dazugehörige Nutzungsformen stattfinden. Alle bisherigen Erfahrungen auf dem Mediensektor sprechen für ein *Nebeneinander* verschiedener Medien und Mediennutzungsformen und weniger dafür, dass sich diese gegenseitig ablösen – in welche Richtung auch immer. Längst sind analoge Medien in digitale integriert – man denke nur an Google-Books: Eine Online-Recherche und -Archivierung sowie das Lesen von Auszügen in digitalisierten Büchern aber ersetzt bis heute nicht die klassische Lektüre. Beständig ist, was Bedürfnisse erfüllt – in dieser Hinsicht gebe ich Konstruktivisten wie Ernst von Glasersfeld recht, der dieses Prinzip als Viabilität bezeichnet hat. Das gilt wohl ebenso für die »Werte« analoger und digitaler Medienangebote. Auch wenn Neuerungen auf dem Sektor digitaler Technologien natürlich Bedürfnisse erst wecken können, halten sich in der Regel nur diejenigen, die von den Nutzern als bedeutsam erlebt werden.
Arnold: Ich hoffe, dass die analogen Lernformen endlich in ihrer eigentlichen didaktischen Valenz (»Was können sie leisten?«) zum Zuge kommen werden, denn sie sind untervalent genutzt, wenn wir die Zusammenkunft mit den Lernenden für die Distribuierung des Inhaltes vergeuden. Dabei gehe ich zudem davon aus, dass die Virtualität nur eine Seite der Medaille Modernisierung ist; die andere Seite ist eine wirksame Initiierung, Gestaltung und Begleitung von

Transformationsprozessen, über deren spezifische Form uns die neueren systemischen Konzepte der Veränderungswissenschaften Wichtiges zu sagen haben. Lernen ist Veränderung von Menschen, die alle in sich die Tendenz tragen, so bleiben zu wollen, wie sie sind. Wenn wir Lernen als Veränderung definieren, dann müssen wir berücksichtigen, wie ein »profound change« gelingen kann, wobei wir nicht nur Individuen, sondern auch Gruppen und Organisationen sowie Gesellschaften in den Blick nehmen sollten. Die wesentlichen Werte dieser Entwicklung sind: Autonomie, Selbststeuerung und Respekt – alles Werte einer kybernetischen Wende, um einen Begriff von Heinz von Foerster ins Spiel zu bringen.

3. Frage: Der technologische Purismus digitaler Welten wird zunehmend personalisiert. So sind mittlerweile Avatare komplexe digitale Wesen, in welche deren ›analoge Besitzer‹ temporär schlüpfen und so besondere Beziehungen zu ihnen aufbauen. Führt dies perspektivisch zu einer Verschmelzung der Welten? Ist die Unterscheidung zwischen digitalen und analogen Lebenswelten perspektivisch überhaupt noch sinnvoll?

Reinmann: Ich würde sagen, wir haben bereits eine Verschmelzung dieser Welten. Es stellt sich allerdings die Frage, *von welcher Warte aus* man eine solche Verschmelzung beobachtet und beschreibt. Die Frage impliziert, wir könnten bereits von einem Primat der digitalen Welten ausgehen, in die Elemente der realen Welt integriert werden. Das aber entspricht mit Sicherheit *nicht* dem Erleben der meisten Mediennutzer. Eher verhält es sich umgekehrt so, dass Elemente aus digitalen Welten in die reale Welt integriert werden. Besonders eindrucksvoll lässt sich das auf dem Sektor der Kommunikation und Kooperation zeigen: Gut eingespielte Teams empfinden etwa eine Skpye-Leiste, die anzeigt, wer aus dem Team online ist, als soziale Präsenz, signalisiert der Partner durch seine Status-Einstellung immerhin, ob er ansprechbar, gerade abwesend oder beschäftigt ist. Eine Ansprache kann per Text, Audio oder audiovisuell erfolgen und passt sich damit in ein reales Kommunikationsgeschehen geradezu nahtlos ein.
Arnold: Nein, ich glaube nicht, dass wir es hier mit einem wirklich bedeutsamen Trend zu tun haben. Ähnliche Parallel-Identitäten gab und gibt es auch in der Literaturwelt, in den Phantasien Jugendlicher – und Erwachsener – sowie als sukzessives Durchschlüpfen möglicher biografischer Optionen in der Postmoderne. »Neu« scheint mir allenfalls die Verdichtung und mögliche Gleichzeitigkeit dieser Formen von Identitäts-Jongliererei zu sein. Man kann vermuten, dass

diese Entwicklungen dazu führen werden, dass die Bedeutung des Identitätslernens auf allen Ebenen des Bildungswesens an Bedeutung gewinnt, was ja nicht schaden kann: Moderne Gesellschaften benötigen Menschen, die nicht festhalten an dem, was sie einmal waren, sondern nicht nur äußerlich, sondern auch innerlich mobil sind. Doch wer innerlich mobiler ist, benötigt um so stärker einen biografischen Referenzpunkt. Die Entwicklung und Stärkung dieses Referenzpunktes ist die wesentliche Aufgabe von Identitätsarbeit und Identitätslernen.

4. Frage: Unter dem Schlagwort »Technologische Transzendenz« beschreibt Horx ein mögliches Zukunftsszenario, in dem Technik den Evolutionskern der Zukunft bildet (vgl. Horx 2005: 12). Wird durch die evolutionäre Integration digitaler Lernwelten in die Gesellschaft nicht eine neue Differenz erzeugt, indem bestimmte Bevölkerungsgruppen ausgeschlossen werden?

Reinmann: Der »Evolutionskern der Zukunft« ist und bleibt für mich der *Mensch*. Es gibt keine Technik ohne den Menschen (wenn man mal von »Werkzeugen« im Tierreich absieht). Der Mensch bestimmt Ziele und Gestaltung von Technik und muss dafür sowie für deren Gebrauch die Verantwortung tragen. Wenn man von *dieser* Prämisse ausgeht, dann führt nicht die Integration digitaler Welten in die Gesellschaft *an sich* dazu, dass bestimmte Bevölkerungsgruppen ausgeschlossen werden. Vielmehr sind es die vom Menschen verursachten sozialen Ungleichheiten, ungleich verteilter Zugang zu Bildung u.ä., die dann auch zur so genannten digitalen Spaltung führen. Die Technik ist hier wie ein Brennglas für soziokulturelle Probleme, um die man sich ursächlich und nicht nur symptomatisch – etwa über die Versorgung mit Internet-Anschlüssen – kümmern muss. Eine Fokussierung auf die Technik halte ich hier weder bei der Suche nach Ursachen noch bei der Gestaltung von Lösungen für geeignet. Gründe für soziale Exklusionsprozesse welcher Art auch immer liegen tiefer und an denen dürfen wir uns nicht vorbeimogeln.

Arnold: Nein, das glaube ich nicht, sieht man einmal davon ab, dass Segmentation ein generelles Problem darstellt. Mein Eindruck ist, dass bestehende Segmentationen durch die Digitalisierung sowohl verschärft als auch gemildert werden können. So wissen wir z.B., dass Bildungsberatung über das Netz einen Zugang zu Gruppen finden kann, die zwar in den Cyberspace, aber nicht in die Volkshochschule gehen. Deshalb würde ich davor warnen, solchen generellen Thesen wie der von Horx wirklich weit zu folgen. Es kommt darauf an, die grundsätzliche Ambivalenz technischer Entwicklungen zu erkennen und darauf zu achten, dass diese sich nicht einfach nach Marktlogiken entfalten, sondern einer sozialen Gestaltung der Technik unterliegen.

5. Frage: Nicht zuletzt durch Web 2.0-Technologien sowie mobile, drahtlos vernetzte Endgeräte entstehen neue *digitale Lernwelten*, sowohl als feste, eingrenzbare und lokalisierbarer Bildungsangebote als auch als geografisch entgrenzte und nicht-formalisierte Angebotsstrukturen, die auf ein explizites Bildungsziel verzichten. Vor diesem Hintergrund: Welche sind die zukünftigen Kompetenzen der Subjekte, die es mithilfe professionellen pädagogischen Handelns zu fördern gilt?

Reinmann: Hier komme ich auf meine Antwort auf die erste Frage zurück: Durch Web 2.0-Anwendungen digital unterstützte Welten sind – wenn auch nicht für alle Bevölkerungsgruppen – schon Realität, insbesondere außerhalb der klassischen Bildungsinstitutionen. Umso wichtiger ist es, diese *in* die Institutionen zu bringen und *allen* die Chance zu geben, Kompetenzen zu entwickeln, mit denen eine selbstständige und selbstbewusste Nutzung des Web 2.0 möglich und wahrscheinlich wird. Eine auf neue Technologien reagierende Auflistung von Einzelfähigkeiten und -fertigkeiten hat in der Pädagogik allerdings noch nie viel bewirkt: Angesichts der bereits angesprochenen Verschmelzung digitaler und realer Welten ist eine eigenständige Medienkompetenz womöglich nicht mehr sinnvoll. Reduktionen auf sicherlich wichtige Bereiche wie Information oder Kooperation (also Informationskompetenz und/oder soziale Kompetenzen) sind ebenfalls unbefriedigend. Ich denke, wir sollten unsere Energien *nicht* auf neue Kompetenzlisten, sondern darauf verwenden, didaktische Szenarien zu entwickeln und zu erproben, in denen Lernende einen eigenen Standpunkt und auf dieser Basis Fragen und Bedürfnisse entwickeln können, hinter denen sie stehen, die ihnen wichtig sind und die dann die Grundlage dafür bilden, Medien zu nutzen, Informationen mithilfe der Medien zu suchen und zu bewerten und/ oder mediale Kommunikations- und Kooperationswege im Alltag zu nutzen. Je differenzierter und dynamischer das Angebot digitaler Technologien wird, um so wichtiger sind geradezu »klassische« Ziele wie Selbstorganisation, Reflexion und Verantwortung (vielleicht sogar im Sinne einer »Aufklärung 2.0«).
Arnold: Web 2.0 halte ich nicht für neu, nur für flexibler. Deshalb sehen wir uns beim Web 2.0 mit Tendenzen konfrontiert, die wir schon länger kennen. Bildung muss sich entgrenzen, Bildungsinstitutionen müssen ihre Lernorte flexibilisieren, Mixed-Mode-Strukturen entwickeln und auch das Lernen am Arbeitsplatz begleiten und unterstützen. Dabei gewinnen Formen einer aufsuchenden Bildungs-

arbeit an Bedeutung. Dieser Prozess wird neuartige Professionalitätsmuster von uns verlangen.

Literatur

Horx, Matthias (2005): Wie wir leben werden. Unsere Zukunft beginnt jetzt. Frankfurt a.M./New York: Campus.
Marquard, Odo (2003): Zukunft braucht Herkunft. Philosophische Essays. Stuttgart: Reclam.

Autorinnen und Autoren

Arnold, Rolf, Univ.-Prof. Dr., Professor für Pädagogik (insbesondere Berufs- und Erwachsenenpädagogik) sowie Aufsichtsratsvorsitzender und Wissenschaftlicher Direktor des Distance and International Studies Centres (DISC) an der TU Kaiserslautern. Arbeitsschwerpunkte: Erwachsenenbildung, Systemische Pädagogik, Emotionales Lernen und Interkulturelle Berufspädagogik.

Bader, Roland, Prof. Dr. phil., Professor für Medienwissenschaft und Medienpädagogik an der HAWK Hochschule für Angewandte Wissenschaft und Kunst Fachhochschule Hildesheim Holzminden Göttingen an der Fakultät Management Soziale Arbeit Bauen. Schwerpunkte: Medienpädagogik in der Jugendarbeit und Erwachsenenbildung, E-Learning.

Biermann, Ralf, Dr., Wiss. Mitarbeiter am Lehrstuhl für Erziehungswissenschaftliche Medienforschung und Medienbildung unter Berücksichtigung der Erwachsenen- und Weiterbildung am Institut für Erziehungswissenschaft der Otto-von-Guericke-Universität Magdeburg. Arbeits- und Forschungsschwerpunkte: Mediensozialisation unter der Berücksichtigung milieuspezifischer Ansätze, Lernen und Lehren mit neuen Medien in Bildungsprozessen, Kommunikations- und Interaktionsformen in virtuellen Welten, Digital Game Studies.

Böhner, Marina, Dipl.-Päd., Wissenschaftliche Mitarbeiterin an der Fakultät für Erziehungswissenschaft an der Universität Bielefeld. Schwerpunkte: Leitung Service Center Selbststudium (SCS), Koordination und Qualitätssicherung von Tutorien und Studiengruppen, Durchführung von Beratungen und Workshops zur Unterstützung von Selbstlernprozessen, Didaktische Gestaltung von Lehr- und Lernarrangements mit neuen Medien. Kontakt: marina.boehner@uni-bielefeld.de

Ehlers, Ulf-Daniel, Mitarbeiter an der Universität Duisburg-Essen. Arbeitsgebiete: Qualitätsforschung im E-Learning. Forschungsschwerpunkte: Qualitätsforschung für E-Learning, pädagogische Modellentwicklung für mediengestützte Lernprozesse und die Erforschung der Wirksamkeit von Qualitätskonzepten im Bildungsbereich.

Fromme, Johannes, Prof. Dr., Lehrstuhl für Erziehungswissenschaftliche Medienforschung und Medienbildung unter Berücksichtigung der Erwachsenen- und Weiterbildung am Institut für Erziehungswissenschaft der Otto-von-Guericke-Universität Magdeburg. Aktuelle Arbeits- und Forschungsschwerpunkte: Wandel von Mediensozialisation, Medienkulturen und Medienbildung, Digital Game Studies und veränderte Formen der audiovisuellen Kommunikation, Mediale Unterstützung von Lern- und Bildungsprozessen.

Grafe, Silke, Dr. phil., wissenschaftliche Mitarbeiterin am Institut für Erziehungswissenschaft der Universität Paderborn. Forschungsschwerpunkte: Medienpädagogik in internationaler Perspektive, Unterrichtswissenschaft, Lehrerbildung.

Herzig, Bardo, Prof. Dr. phil., Professur für Schulpädagogik und Allgemeine Didaktik unter besonderer Berücksichtigung der Medienpädagogik am Institut für Erziehungswissenschaft der Universität Paderborn. Forschungsschwerpunkte: Medienpädagogik, Unterrichtswissenschaft, Lehrerbildung.

Hornung-Prähauser, Veronika, Mag. MAS. Wissenschaftliche und EU-Projektleiterin Mitarbeiterin bei Salzburg Research im Anwendungsfeld Bildung und Medien. Arbeitsschwerpunkte: Sozialwissenschaftliche und interdisziplinäre Erforschung der Wechselwirkungen zwischen Informations- und Kommunikationstechnologien (Internet und Neue Medien), Lehr-/Lern- und Wissensprozesse aus systemisch-konstruktivistischer Sicht.

Hug, Theo, Prof. Dr., außerordentlicher Universitätsprofessor am Institut für Erziehungswissenschaften der Universität Innsbruck und Sprecher des interfakultären Forums Innsbruck Media Studies. Aktuelle Arbeitsgebiete: Medienpädagogik und Medienbildung, E-Education und Mikrolernen, Wissenstheorie und Wissenschaftsphilosophie.

Hugger, Kai-Uwe, Prof. Dr., Professor für Medienpädagogik und Mediendidaktik an der Humanwissenschaftlichen Fakultät der Universität zu Köln.

Iske, Stefan, Dr., wissenschaftlicher Mitarbeiter am Lehrstuhl Allgemeine Pädagogik der Otto-von-Guericke Universität Magdeburg. Aktuelle Forschungsschwerpunkte: Medienbildung, Didaktisches Design, Web-Didaktik, Navigationsanalyse, Digitale Ungleichheit.

Jütte, Wolfgang, Prof. Dr., Professor für Weiterbildung an der Fakultät für Erziehungswissenschaft an der Universität Bielefeld, Arbeitsbereich Weiterbildung und Bildungsmanagement. Aktuelle Schwerpunkte: Kooperations- und Netzwerkforschung; Internationale Erwachsenenbildung; Pädagogische Professionalität; Wissenschaftliche Weiterbildung und hochschuldidaktische Forschung.

Kamin, Anna-Maria, Diplom Pädagogin, Wissenschaftliche Mitarbeiterin am Arbeitsbereich Medienpädagogik und empirische Medienforschung der Universität Paderborn, Schwerpunkte: Informelles Lernen, Neue Medien und Weiterbildung.

Kerres, Michael, Prof. Dr., Lehrstuhl für Mediendidaktik und Wissensmanagement an der Fakultät für Bildungswissenschaft der Universität Duisburg-Essen, Forschungsschwerpunkte: Bildungsinnovation und Lernen mit Medien in Schule, Hochschule und Weiterbildung.

Meder, Norbert, Prof. Dr., Fakultät für Bildungswissenschaften, Institut für Berufs- und Weiterbildung / Allgemeine Pädagogik an der Universität Duisburg-Essen. Aktuelle Forschungsschwerpunkte: Allgemeine Systematische Pädagogik, Bildungsphilosophie, Bildungstheorie, Cultural Diversity, Didaktische Qualität und Web-Didaktik.

Meister, Dorothee M., Prof. Dr. habil., Professur für Medienpädagogik und empirische Medienforschung an der Universität Paderborn; Vizepräsidentin für Lehre, Studium und Qualitätsmanagement. Schwerpunkte: Lernen mit Neuen Medien, Neue Medien und Weiterbildung, Medienkompetenz und empirische Medienforschung.

Mersch, André, Dipl.-Päd., wissenschaftlicher Mitarbeiter des S(kim) – Service: Kommunikation Information und Medien an der Hochschule Ostwestfalen-Lippe. Schwerpunkte: Erkenntnistheoretische Grundlagen der Lehr- und Lernprozessgestaltung,

Technologieunterstützung, Selbststeuerung, Lernraum, Selbststudium in Persönlichen Lernumgebungen (PLE).

Ojstersek, Nadine, Dr., Wiss. Mitarbeiterin am Lehrstuhl für Mediendidaktik und Wissensmanagement an der Fakultät für Bildungswissenschaft der Universität Duisburg-Essen, Forschungsschwerpunkte: Online-Tutoring und Lernen in Virtuellen Welten.

Preußler, Annabell, Dr., Wiss. Mitarbeiterin am Lehrstuhl für Mediendidaktik und Wissensmanagement an der Fakultät für Bildungswissenschaft der Universität Duisburg-Essen, Forschungssschwerpunkte: Informelles Lernen, Reputationserwerb in Online-Communities, Evaluation

Reinmann, Gabi, Dr., Univ.-Prof., Professorin für Medienpädagogik an der Universität Augsburg. Schwerpunkte: E-Learning/Blended Learning und Wissensmanagement in Schule, Hochschule, Non-Profit-Bereich und Wirtschaft.

Schäffer, Dennis, Mitarbeiter im Forschungsprojekt »E-Learning 3D« und der Arbeitsgruppe »Weiterbildung und Bildungsmanagement« an der Fakultät für Erziehungswissenschaft an der Universität Bielefeld. Aktuelle Schwerpunkte: Virtuelle Lernumgebungen, Social Web, E-Learning sowie Coaching & Moderation.

Schirra, Klaus, freiberuflicher Berater für Bildungsorganisationen, Zeuthen

Schlag-Schöffel, Roger, Geschäftsführer der Gesellschaft für Personalentwicklung und Bildung mbH, Berlin.

Schneider, Olaf, Dipl. Biol., Vorstand AMMMa AG (Akademie für Medienforschung, Medienpädagogik und Multimedia), Bielefeld. Aktuelle Schwerpunkte: Gestaltung von handlungs- und produktionsorientierten hypermedialen Lernumgebungen, Interaktionsdesign für Lernumgebungen, Konzepte zum selbstgesteuerten Lernen in digitalen Lernwelten, Lernumgebungen zur Bild- und Filmanalyse.

Stratmann, Jörg, Dr., Wiss. Mitarbeiter am Zentrum für Hochschul- und Qualitätsentwicklung der Universität Duisburg-Essen, Forschungsschwerpunkte: Implementierung digitaler Medien in einer Institution, Gestaltung lernförderlicher Infrastrukturen, Alternative Formen der Leistungsmessung, E-Moderation.

Unger, Alexander, Dr., Wiss. Mitarbeiter Lehrstuhl für Erziehungswissenschaftliche Medienforschung und Medienbildung unter Berücksichtigung der Erwachsenen- und Weiterbildung am Institut für Erziehungswissenschaft der Otto-von-Guericke-Universität Magdeburg. *Arbeits- und Forschungsschwerpunkte:* Medialisierung und Bildung, Raum als pädagogische Kategorie, Gestaltung und Evaluation von (virtuellen) Lern- und Bildungsumgebungen; Neue Lernkultur und Wandel der Lernkultur, produktive Praxis in der Convergence Culture.

Walber, Markus, Dr., Wiss. Mitarbeiter der Fakultät für Erziehungswissenschaft an der Universität Bielefeld, Arbeitsbereich Weiterbildung und Bildungsmanagement. Aktuelle Arbeitsschwerpunkte: Weiterbildung und Medien, Lernen im Web^3, Selbststeuerung und Erkenntniskonstruktion, Wissensproduktion und -rezeption, Professionalisierungsprozesse in der Weiterbildung und Didaktik der Erwachsenenbildung.

Wieden-Bischof, Diana, Mag., wissenschaftliche Mitarbeiterin bei Salzburg Research im Anwendungsfeld Bildung und Medien. Arbeitsschwerpunkte: Sozialwissenschaftliche Aspekte bei der Verwendung von Informations- und Kommunikationstechnologien, Social Software Technologien in verschiedenen Anwendungsfeldern, Entstehung von virtuellen Communities und die Beobachtung von Usern und deren Aktivitäten im interaktiven Web.

Wittenbröker, Volker, Dipl. Medienpädagoge, Vorstandsvorsitzender AMMMa AG (Akademie für Medienforschung, Medienpädagogik und Multimedia), Bielefeld. Aktuelle Schwerpunkte: Entwicklung internetbasierter Bildungsangebote, Gestaltung handlungs- und produktionsorientierter Lehr-/Lernumgebungen, Konzeption von Selbstlernumgebungen, Kompetenz- und Bildungsmanagement.